Den Notizen des jungen Gustave Flaubert von jener abenteuerlichen Reise, die ihn von Oktober 1849 bis Juni 1851 zusammen mit dem Journalisten Maxime Du Camp bis nach Nubien, Damaskus und Konstantinopel führte, kommt eine herausragende Bedeutung für die Ausprägung einer Ästhetik der Moderne zu. Belegen sie einerseits das durch Napoleons Ägyptenfeldzug ausgelöste wissenschaftliche Interesse an den frühen Hochkulturen des Nillandes, so betreiben sie andererseits die Ausstattung des Orients zum mythischen Schauplatz aller verlockenden, archaischen bzw. »barbarischen« Andersartigkeit, deren Verbannung aus dem Leben der industrialisierten Gesellschaften Europas Kunst und Literatur zunehmend beklagen.

Dieses neben Nervals Reisebildern unmittelbarste und ausführlichste Dokument der Orient-Wahrnehmung durch die französische Literatur des 19. Jahrhunderts besticht durch seine illusionslose Aufzeichnung jener sinnlichen Extreme, die in den großen Romanen *Salammbô* und *Die Versuchung des heiligen Antonius* zu höchster poetischer Dichte ausgestaltet werden.

Die in den vorliegenden Band aufgenommenen Photographien Maxime Du Camps von dieser Reise veranschaulichen als frühe Meisterleistungen des neuen Mediums einen inzwischen unwiederbringlichen Zustand der Tempelruinen und Landschaften des Vorderen Orients.

insel taschenbuch 619
Flaubert
Reise in den Orient

GUSTAVE FLAUBERT
REISE IN DEN ORIENT

ÄGYPTEN · NUBIEN
PALÄSTINA · SYRIEN · LIBANON

Aus dem Französischen
von Reinold Werner und André Stoll
Mit Photographien von Maxime Du Camp,
einem Register und einem Nachwort
Herausgegeben von
André Stoll

INSEL VERLAG

Umschlagabbildung:
Ipsambul (Abu Simbel). Westlicher Koloß des
Phré-Speos. Photographie von
Maxime Du Camp

insel taschenbuch 619
Erste Auflage 1985
© Insel Verlag Frankfurt am Main 1985
Alle Rechte vorbehalten
Vertrieb durch den Suhrkamp Taschenbuch Verlag
Satz: LibroSatz, Kriftel
Druck: Nomos Verlagsgesellschaft, Baden-Baden
Printed in Germany

3 4 5 6 7 – 92 91

ÄGYPTEN · NUBIEN

Oktober 1849 - Juli 1850

ABREISE

Geschrieben nach der Rückkehr, in Anlehnung
an die Reisenotizen

Ich bin am Montag, den 22. Oktober 1849, aus Croisset
abgefahren. Unter den Leuten des Hauses, die mir bei der
Abfahrt Lebewohl sagten, war Boissière, der Gärtner, der
einzige, wie mir schien, der wirklich bewegt war. Mir
selbst war es zwei Abende zuvor so ergangen, samstags,
als ich meine Schreibfedern wegräumte (die, mit der ich
hier schreibe, war auch dabei) und meine Schränke schloß.
Das Wetter war weder schön noch schlecht. Meine Schwä-
gerin kam mit ihrer Tochter zur Eisenbahn mir Lebewohl
sagen. Bouilhet war auch da, ebenso der junge Louis
Bellangé, der während meiner Reise gestorben ist. Im
selben Waggon wie wir, mir gegenüber, saß das Dienstmädchen des Herrn Präfekten des Departements Seine-
Inférieure, eine kleine Schwarze mit Kraushaar.

Am Tage darauf dinierten wir bei Monsieur Cloquet.
Leserrec war schon dort. Meine Mutter war während der
ganzen Zeit des Diners traurig. Abends traf ich mich
wieder mit Maurice in der Komischen Oper und sah mir
dort einen Akt lang die *Rosenfee* an; im Stück kam ein
Türke vor, dem man Ohrfeigen verabreichte.

Hamard war darüber erstaunt, daß ich in den Orient
reisen wollte, und fragte mich, warum ich nicht lieber in
Paris bliebe, um mir Molière anzuschauen oder André
Chénier zu studieren.

Am Mittwoch sind wir um 4 Uhr nach Nogent aufgebrochen.

Vater Parain ließ lange auf sich warten; ich fürchtete,
wir würden den Zug versäumen, das wäre mir als ein

schlechtes Omen erschienen. Schließlich traf er ein; in der Hand hielt er einen Sonnenschirm für seine Enkelin. Ich bestieg mit Eugénie ein Kabriolett; dem Fiaker folgend, durchquerten wir ganz Paris und kamen rechtzeitig bei der Bahn an.

VON PARIS NACH NOGENT – nichts; mir gegenüber im Waggon ein Herr mit weißen Handschuhen. Abends Familienumarmungen.

Der darauffolgende Tag, Donnerstag, gräßlich, der schlimmste von allen, die ich je erlebt habe. Ich sollte eigentlich erst am übernächsten Tag abreisen, doch ich entschloß mich, gleich abzureisen, ich hielt es nicht mehr aus: (endlose!) Spaziergänge mit meiner Mutter durch den kleinen Garten. Ich hatte die Abreise auf fünf Uhr festgesetzt, der Zeiger rückte einfach nicht vor, meinen Hut hatte ich im Salon bereitgelegt und meinen großen Reisekoffer vorausgeschickt; ich hätte mir nur einen Ruck geben müssen. Was die Besuche aus den Bürgerkreisen betrifft, so erinnere ich den von Madame Dainez, der Vorsteherin der Briefpost, und den von Monsieur Morin, dem Vorsteher der Pferdepost, der mir durch das Gitter die Hand drückte und dabei sagte: »Sie werden ein großes Land kennenlernen, eine große Religion, ein großes Volk« usw. und noch eine Menge ähnlicher Phrasen.

Endlich habe ich mich davongemacht. Meine Mutter saß in einem Sessel gegenüber dem Kamin; während ich sie streichelte und ihr gut zusprach, küßte ich sie auf die Stirn, stürzte dann zur Tür, ergriff im Speisezimmer meinen Hut und lief raus. Was für einen Schrei sie ausstieß, als ich die Tür zum Salon schloß! Er erinnerte mich an den, den ich von ihr beim Tode meines Vaters gehört hatte, als sie dessen Hand ergriff.

Meine Augen blieben trocken, mein Herz war verkrampft, kaum Rührung, wenn nicht aus Nervosität, einer Art Wut, mein Blick mußte wohl hart sein. Ich zündete eine Zigarre an, und Bonenfant gesellte sich mir zu. Er sprach von der Notwendigkeit, von der Schicklichkeit, ein Testament aufzusetzen, eine Vollmacht dazulassen; meiner Mutter könnte ja in meiner Abwesenheit ein Unglück zustoßen. Niemals habe ich ein solches Haßgefühl gegen jemanden empfunden wie gegen ihn in jenem Augenblick. Gott wird ihm sicherlich das Leid, das er mir zugefügt hat, verziehen haben, doch die Erinnerung daran wird deswegen in mir nicht verlöschen. Er brachte mich zur Verzweiflung, ich vertrieb ihn auf höfliche Art.

Am Bahnhofseingang ein Pfarrer und vier Nonnen: schlechtes Omen! Den ganzen Nachmittag über hatte ein Hund aus der Nachbarschaft schauerlich geheult. Ich beneide die starken Naturen, die in solchen Augenblicken auf so etwas nicht achten.

Vater Parain dagegen sagte nichts: der Beweis für ein großmütiges, gutes Herz. Ich bin ihm für sein Schweigen dankbarer als für einen großen Gefallen.

Im Wartesaal befand sich ein Herr (in Geschäftsbeziehungen mit Bonenfant), der das Los der Hunde in der Eisenbahn beklagte, »sie kommen dort mit unbekannten Hunden zusammen, die Flöhe auf sie übertragen; die kleinen werden von den großen gewürgt; man würde lieber etwas mehr zahlen« usw.

Eugénie kam weinend herbeigelaufen: »Monsieur Parain, Madame ruft nach Ihnen, sie hat einen Anfall!« – und so sind sie fortgegangen.

VON NOGENT NACH PARIS – welch eine Reise! Ich schloß die Fenster (ich war allein), hielt mir ein Taschentuch vor den Mund und begann zu weinen. Die Laute meiner Stimme (sie erinnerten mich einige Male an Dorval) brachten mich wieder zu mir; dann ging es von neuem los. Irgendwann fühlte ich, wie sich mir der Kopf drehte, und ich bekam Angst: »Nur mit der Ruhe! Nur mit der Ruhe!« Ich öffnete das Fenster: in Wasserlachen glänzte der Mond, um den Mond herum Nebel; es war kalt. Ich stellte mir meine Mutter vor, verkrampft und mit herabgezogenen Mundwinkeln weinend . . .

IN MONTEREAU bin ich ausgestiegen und habe am Büfett drei oder vier Gläschen Rum getrunken, nicht um mich zu betäuben, sondern um überhaupt etwas, irgendeine Handlung zu tun.

Meine Traurigkeit nahm jetzt eine andere Gestalt an: ich hatte den Einfall zurückzufahren (an allen Stationen zögerte ich und wollte aussteigen; die Angst, als Feigling zu gelten, hielt mich zurück), und ich stellte mir Eugénies Stimme vor, die rief: »Madame, das ist Monsieur Gustave!« Diese unermeßliche Freude hätte ich ihr ohne weiteres sofort machen können, es lag nur an mir, und ich wiegte mich in dieser Vorstellung; ich war gebrochen, und daran erquickte ich mich.

ANKUNFT IN PARIS. Endloses Warten auf das Gepäck. Ich durchquere Paris über den Marais und komme an der Place Royale vorbei. Ich mußte mich indessen entscheiden, noch vor der Ankunft bei Maxime; er war nicht da. Aimée empfängt mich, sie macht sich am Feuer zu schaffen. Maxime kommt um Mitternacht heim, ich war matt und unentschlossen. Er stellte mich vor die Wahl; der feste Entschluß bewirkte, daß ich nicht nach Nogent zurückfuhr. Ich habe ihn hier, diesen Brief (habe ihn gerade wieder gelesen, er läßt mich kalt), geschrieben um ein Uhr morgens, nach einem ganzen Abend des Schluchzens und einer Zerrissenheit, wie sie mir noch keine Trennung verursacht hatte; das Papier hier sagt über einen auch nicht mehr als irgendein anderes aus, und die Buchstaben sind wie die anderen Buchstaben aus ganz anderen Sätzen! Zwischen dem Ich des heutigen Abends und dem Ich jenes Abends liegt ein Unterschied wie der zwischen einem Leichnam und dem Chirurgen, der ihn seziert.

An den beiden darauffolgenden Tagen lebte ich in vollen Zügen, Fressen, Saufen, Huren; die Sinne sind nicht weit von der Zärtlichkeit entfernt, und meine armen, auf so grausame Weise gemarterten Nerven hatten ein wenig Entspannung nötig.

Tags darauf, Freitag, in der Oper, *Der Prophet*. Neben mir der Perser (wie gern hätte ich ihn zum Freund gemacht, daß er zu mir spräche!) und zwei Bourgeois, ein Gatte mit seiner Frau, die versuchten, den Handlungsfaden des Stückes zu erraten. Im Parkett erspähe ich den alten Bourguignon rot vor Geilheit beim Beschauen der Tänzerinnen. Im Foyer Piédelieux und Ed. Monnais getroffen.

Wie gut mir Madame Viardot getan hat! Hätte ich nicht befürchten müssen, lächerlich zu erscheinen, ich hätte gebeten, sie umarmen zu dürfen. Sei gesegnet, armes Herz, solange du schlägst, für die Wonne, die du in das meinige gegossen hast!

Tags darauf, Samstag, Besuch von Hennet, Kesler und Fovard bei Maxime; es wird über Sozialismus geredet.

Abschied von Madame Pradier auf ihrer Treppe.

Am Sonntagmorgen gehe ich zur Eisenbahn, Bouilhet zu empfangen. Von der Holzbrücke aus, die den Bahnhof überquert, sehe ich, wie der Zug ankommt. – Besuch bei Cloquet, bei dem sich Pradier mit Sohn befindet, in dessen Gegenwart er anstößige Reden führt. – Besuch bei Gautier, den wir zum Essen einladen. – Spaziergang mit Bouilhet nach Saint-Germain-des-Prés und zum Louvre (Ninive-Galerie). – Abends Diner bei den *Drei provenzalischen Brüdern* im grünen Salon, L. de Cormenin, Théophile Gautier, Bouilhet und ich. – Nach dem Diner ich und Bouilhet bei der Guérin. Er verabredet sich mit Antonia für den 1. Mai 1851, zwischen 5 und 6 vor dem *Café de Paris*; sie mußte es sich aufschreiben, um es nicht zu vergessen. Ich habe das Rendezvous versäumt, ich war noch in Rom, doch wüßte ich gern, ob sie erschienen ist. Wenn ja (was mich erstaunen würde), gäbe mir das eine hohe Vorstellung von den Frauen.

Maxime verbringt einen Großteil der Nacht damit, Briefe zu schreiben; Bouilhet schläft auf seinem schwarzen Bärenfell; am nächsten Morgen bringe ich ihn wieder zur Eisenbahn nach Rouen; wir umarmen uns, bleich; er verläßt mich, ich mache kehrt. Gott sei Dank! Es ist geschafft, keine Trennung mehr von niemandem, mein Herz ist um ein großes Gewicht leichter!

Bei Maxime herrscht Durcheinander, seine Möbel werden ausgeräumt, Freunde kommen, um ihm Lebewohl zu sagen. Cormenin, der auf einem Tisch sitzt, ertrinkt in seinen Tränen; Fovard ist am starrsten; Guastalla weint, den Zwicker auf der Nase: »Nur zu, paßt gut auf euch auf!« Welch ganz anderes Gefühl hat er dann wenig später demselben Freund entgegengebracht! Ist es möglich, daß eine Kleinigkeit eines Menschen Herz so verändern kann?

Ich füge hier ein paar Seiten ein, die ich auf dem Nil, an Bord unserer Canja geschrieben habe. Ich hatte die Absicht, meine Reise abschnittweise niederzuschreiben, in Form kleiner Kapitel, nach Maßgabe der Zeit: das war nicht durchführbar; ich mußte darauf verzichten, sobald der Chamsin vorübergezogen war und wir die Nase wieder nach draußen stecken konnten.

Ich hatte dies *Die Canja* betitelt.

AN BORD DER CANJA

I

6. Februar 1850. »An Bord der Canja«. Ich glaube, es war am
12. November des Jahres 1840. Ich war achtzehn Jahre alt.
Ich kam aus Korsika (meiner ersten Reise) zurück. Die
Niederschrift des Reiseberichts war abgeschlossen, und –
ohne sie eigentlich zu sehen – betrachtete ich ein paar Blätter Papier, die über den Tisch ausgebreitet waren und mit
denen ich nichts mehr anzufangen wußte. Soweit ich mich
erinnere, war es Briefpapier von blauer Tönung, das noch
heftweise aufgeteilt war, damit die Schnüre meiner Reise-
mappe es besser zusammenhielten.

Sie waren in Toulon gekauft worden, an einem jener
Morgen voll literarischem Hunger, an denen es so aussieht, als sei der Hunger groß genug, um sich über irgend
etwas maßlos zu verbreiten. Ich warf noch einen langen
Abschiedsblick auf die geschwärzten Seiten, dann stieß
ich sie beiseite, rückte meinen Stuhl vom Tisch und stand
auf. Danach ging ich im Zimmer auf und ab, die Hände in
den Hosentaschen, den Hals zwischen den Schultern, die
Füße in meinen Hausschuhen, das Herz in Traurigkeit.

Ich hatte es geschafft. Ich hatte die höhere Schule hinter mir. Was sollte ich tun? Ich hatte viele Pläne, viele Vor-
haben, hundert Hoffnungen und schon tausend Abneigun-
gen. Ich hatte Lust, Griechisch zu lernen. Ich bedauerte,
kein Pirat zu sein. Ich wurde von der Verlockung heimgesucht, einen Renegaten, einen Maultiertreiber oder einen
Kamaldulenser aus mir zu machen. Ich wollte aus mir heraus, aus meinem Ich heraus, irgendwo und überall hinfah-
ren und den Rauch meines Kamins und die Blätter meiner
Akazie mitnehmen.

Schließlich stieß ich einen langen Seufzer aus und setzte mich wieder an den Tisch. Ich verschloß die Bögen aus weißem Papier und versiegelte sie vierfach; darauf vermerkte ich das Datum vom Tage und außerdem: »Papier, das für meine nächste Reise bestimmt ist«, gefolgt von einem großen Fragezeichen; ich drängte das alles in meine Schublade und verschloß sie.

Ruhe in Frieden unter deinem Umschlag, armes, weißes Papier, du, welches den Überschwang der Begeisterung und die Freudenschreie der freien Phantasie in sich bergen sollte. Zu klein war dein Format und zu zart deine Farbe. Eines Tages werden meine älter gewordenen Hände deine verstaubten Siegel aufbrechen. Was werde ich dann wohl auf dir niederschreiben?

II

Das war vor zehn Jahren. Heute befinde ich mich auf dem Nil, und soeben sind wir an Memphis vorübergefahren.

Wir haben das alte Kairo bei günstigem Nordwind verlassen. Unsere beiden Segel, deren Spitzen sich kreuzten, waren in ihrer ganzen Weite aufgebläht, seitlich geneigt glitt die Canja dahin, ihr Kiel durchfurchte das Wasser. Jetzt kann ich hören, wie sie sanfter dahintreibt. Vorn hockte auf Türkenart unser Reis Ibrahim, blickte geradeaus und rief von Zeit zu Zeit, ohne sich dabei umzuwenden, den Matrosen Manövrieranweisungen zu. Der zweite Mann stand auf dem Achterdeckaufbau, welcher das Dach unserer Kabine bildet; er hielt das Ruder und rauchte dabei seine lange Pfeife aus schwarzem Holz. Die Sonne schien mächtig, der Himmel war blau. Durch unsere Feldstecher konnten wir hier und da am Ufer Reiher und Störche sehen.

Das Nilwasser ist ganz gelb, es befördert viel Grund; mir kommt es vor, als sei es müde von all den Ländern, die es durchquert hat, und als murmelte es immerfort die eintönige Klage von irgendeiner Reisemüdigkeit. Wenn Niger und Nil nur ein und derselbe Strom sind, woher kommen dann all diese Massen? Was haben sie gesehen? Dieser Strom hier läßt ganz wie der Ozean die Gedanken in geradezu unermeßliche Fernen schweifen; dem muß dann noch das ewige Träumen der Kleopatra und, als ein großer Abglanz der Sonne, die goldene Pharaonensonne hinzugefügt werden. Mit dem Einbruch der Dämmerung ist der Himmel rechts ganz rot und links ganz rosa geworden. Die Pyramiden von Sakkâra hoben sich grau vor dem karminroten Hintergrund am Horizont ab. Ein Glühen lag über dieser ganzen Seite des Himmels, es tauchte ihn in goldenes Licht. Am anderen Ufer, links, eine rosa Tönung, die dem Erdboden zu, intensiver wurde. Das Rosa wurde in zunehmender Höhe blasser, dann gelb und grünlich; das Grün verblaßte und ging nach einem kaum wahrnehmbaren Weiß in ein Blau über, das sich über unseren Köpfen wölbte, wo die zwei großen Farben (brüsk) ineinander übergingen.

Tanz der Matrosen. – Joseph an seinen Kochtöpfen. – Zur Seite geneigtes Boot. – Der Nil inmitten der Landschaft. – Wir befinden uns im Mittelpunkt. – Die Palmbüschel unterhalb der Pyramide von Sakkâra sehen wie Brennesseln am Fuße von Gräbern aus.

III

Irgendwo dahinten, an einem ruhigeren, nicht so antiken Fluß, habe ich ein weißes Haus, dessen Blendläden geschlossen sind, jetzt wo ich nicht dort bin. Im kalten

Nebel zittern Pappeln ohne Laub, und die Eisstücke, die der Fluß befördert, stoßen sich an den hart gewordenen Ufern. Die Kühe sind im Stall, die Matten über den Spalieren, langsam steigt der Rauch vom Haus zum grauen Himmel empor.

Ich habe die lange, von Linden gesäumte Louis-XIV-Terrasse weit hinter mir gelassen, über die ich sommers im weißen Hausrock spazierengehe. In sechs Wochen wird man sie schon sprießen sehen. Dann wird jeder Zweig rote Knospen haben, und später kommen die gelben, grünen, roten, irisfarbenen Primeln hinzu. Sie übersäen den Rasen der Höfe. Ach, Primelchen, meine Kleinen, vergeudet nur eure Samen nicht, damit ich euch im nächsten Frühjahr wiedersehen kann!

Ich habe die große, mit Rosen überzogene Mauer und den Pavillon am Wasser hinter mir gelassen. Ein Geißblattbüschel wächst draußen auf dem Eisenbalkon. Im Juli, um ein Uhr nachts im Mondlicht, kommt man gern dorthin, dem Angeln der Calujoten zuzusehen.

Zu erzählen, was man im Moment des Aufbruchs empfindet, wie einem das Herz bricht, wenn man sich plötzlich von den innigsten Gewohnheiten trennen muß, würde zu weit führen, ich überspringe das alles.

Der gute Pradier war zum Postkutschenhof gekommen, um uns Lebewohl zu sagen. Daß zu Beginn dieser Reise in die Antike der Antikste unter den Modernen herbeigelaufen kam, um uns zu umarmen, mußte Glück bedeuten. Er kam auf uns zu und sagte: »Famos, famos! Wissen Sie, was ich heute morgen auf dem Barometer gesehen habe? Unveränderlich schön! Das ist ein gutes Zeichen, ich bin abergläubisch, das hat mich gefreut.«

Wir sind losgefahren, die Postkutsche rollte unter dem Lärm der Pferdehufe, Fensterscheiben und alten Eisenteile über die Quais. Das Wetter war trocken, der Himmel klar, Wind wehte. – Zwischen uns beiden im Coupé saß schweigend eine etwa fünfzigjährige Dame, das Gesicht unter Schleiern vermummt, den Körper in einen pelzgefütterten Seidenmantel gewickelt. Eine junge Frau und ein Herr hatten sie bis zum Amt gebracht. Als wir am Meilenstein der Rue Saint-Honoré abbogen, weinte sie. Sie fuhr ins Burgund und sollte abends oder in der Nacht da sein. Ihre Reise endete in ein paar Stunden, und sie weinte! Ich aber weinte nicht, der ich viel weiter fuhr und bestimmt viel mehr hinter mir zurückließ. Was hat mich an ihr indigniert? Warum hatte ich Mitleid mit ihr? Warum hatte ich Lust, diese brave Frau zu beschimpfen? Wäre denn nur immer die eigene Freude die einzig berechtigte, die eigene Liebe die einzig wahre, nur immer der eigene Schmerz eines Mitgefühls wert?

Bei Fontainebleau flogen ein paar Funken von der Lokomotive herüber, einer war ins Coupé geraten und versengte in aller Ruhe meinen Paletot, da wurde ich plötzlich von schrillen Schreckensschreien aufgeweckt, die von unterhalb des Hutes meiner Nachbarin kamen; sie glaubte uns alle schon bei lebendigem Leibe verbrannt, wie in Meudon, und gab die Schuld unseren Zigarren, obwohl wir doch höflicherweise auf sie verzichtet hatten. Als sie bei Einbruch der Nacht vor Kälte zitterte, habe ich meinen Gehpelz über ihre Knie gelegt. Kurze Zeit später mußte sie sich durch den Kutschenschlag hindurch übergeben, den wir um des lieben Friedens willen geöffnet lassen mußten.

Ich bin dann auf das Verdeck gestiegen. Da es kalt war, hatten wir die Fensterklappe heruntergelassen. Rauchend überließ ich mich dem Rhythmus der Eisenbahn, die uns über die Schienen davontrug. Einem Schiff ähnlich schaukelte vor uns auf dem Ladewaggon eine Postkutsche; Steinkohlefunken sausten rechts und links der

Strecke vorüber. Wir kamen an Dörfern und Hügeln vorbei, die von der Trasse senkrecht durchschnitten wurden, oder auch durch kleine Weinfelder, deren Rebenpfähle wie in den Boden gerammte Stecknadeln aussahen.

Rechts von mir saß ein dünner Herr mit weißem Hut; links zwei Postkutscher, die ihre blauen Kittel über die Jacken gestreift hatten. Der eine, der von Pocken gezeichnet war und einen dicken, schwarzen »Mazagran«-Bart trug, war unser Kutscher. Sein Gefährte, ein dicker Bursche mit fröhlicher Miene, hatte vor ein paar Tagen seine Entlassung eingereicht und begab sich jetzt nach Lyon, um eine Vergnügungsreise zu machen und sich der Jagd hinzugeben. Welch Gemisch an heiteren Vorstellungen einem doch beim Anblick eines Kutschers durch den Kopf geht! Finden Sie nicht auch dabei so wie ich die geliebte Erinnerung an ausgelassene Ferienfreuden wieder, an das Umherschweifen, wenn man siebzehn ist, das Träumen unter freiem Himmel, dazu fünf Pferde, die über eine schöne Landstraße vor einem hergaloppieren, und Landschaften am Horizont, den Duft von Heu, den Wind auf der Stirn und die ungezwungenen Gespräche, lautes Lachen, die endlosen Pfeifen, die man wieder und wieder stopft und anzündet, all das, was das Trinken unter Kumpanen so mit sich bringt, ganz zu schweigen von den geheimnisvollen Körben, die am Neujahrstag morgens gegen zehn, während man noch beim Frühstück im geheizten Eßzimmer sitzt, unerwartet hereinschneien?

Haben Sie nie diesen geduldigen Mann, der immer antwortete, mit Fragen über die Länge des Weges bombardiert? Gibt es nicht irgendwo in Ihrem Gedächtnis die noch bewegte Erinnerung an irgendeine Steigung, zu deren Füßen sich ein erträumtes Land ausbreitete?

Haben Sie je in einem Postkutschenhof zwischen einem schreibenden Kommis und einem Träger, der Ballen zurechtlegte, voller Ungeduld mit den Füßen gestampft? Haben Sie je traurigen Auges den Mann mit der Mütze beneidet, der nach allen anderen auf die schwere Maschine sprang, deren Fahrt Sie dann mit dem Blick verfolgten, bis sie um alle Straßenecken gebogen war?

V

Ich erinnere mich, daß es in der ersten Nacht eine Steigung hinaufging. Das war inmitten von Wäldern. Stellenweise fiel Mondlicht auf die Straße. Links muß ein großes Tal gewesen sein.

Die Laterne unter dem Sitz des Postillions beleuchtete die Kruppen der zwei vorderen Pferde. Meine Nachbarin war eingeschlafen und schnarchte mit offenem Mund an meiner Schulter. Wir redeten nicht; wir rollten dahin.

Abends gegen zehn Uhr machten wir in Nangis-le-Franc halt, um zu essen; die Männer saßen in der Küche um den großen Kamin herum und rauchten; Handlungsreisende schwätzten für sich allein. Einer von ihnen behauptete, einen anderen wiederzuerkennen, was dieser abstritt. Dennoch wollte er ihn bei Goyer in Clermont gesehen haben. Das sei wohl schon gute achtzehn Jahre her, und jener habe sogar Krach geschlagen, weil man ihm ein zu kurzes Bett gegeben habe. – »Oh je! Sie waren vielleicht wütend. – Doch, gewiß, Sie haben ganz schön krakeelt.« – »Vielleicht, Monsieur, ich bestreite das nicht, möglich, aber mir fehlt jede Erinnerung daran!«

VI

Nichts Nennenswertes also von Paris nach Marseille (das
ist jetzt das dritte Mal, daß ich diese Strecke rauf- oder
runterfahre, und in welch unterschiedlicher Verfassung
jedesmal!).

Unter den Passagieren auf dem Saône-Schiff beobachteten wir eine junge, schlanke Kreatur, die über ihrer
italienischen Strohkapotte einen langen, grünen Schleier
trug.

Unter ihrem Schoßjäckchen aus Seide hatte sie eine
kleine Männerredingote mit Samtkragen und mit Seiten-
taschen, in die sie ihre Hände steckte; sie war auf der
Brust zweireihig zugeknöpft, was den Körper etwas ein-
schnürte und ihre Hüften sich abzeichnen ließ; dort fingen
dann die zahlreichen Falten ihres Kleides an, die, wenn
der Wind ging, sich gegen ihre Knie legten. Sie trug engan-
liegende, schwarze Handschuhe und blieb die meiste Zeit,
das Ufer betrachtend, gegen die Reling gelehnt.

Dann saß da noch auf einem Klappstuhl eine alterslose
Frau, die ihre Mutter, Tante, eine Freundin der Familie,
ihre Gouvernante, Kammerfrau oder Vertraute sein moch-
te; und in ihrer Nähe hielt sich ein kleiner schöner Jüngling mit gezwirbeltem Schnurrbart auf, der sich ihnen
näherte, sie verließ, zu anderen ging, zu ihnen zurück-
kehrte; er rauchte Zigaretten, sprach mit einer flötenden
Stimme, klimperte mit seinen Anhängern und führte sich
wie ein Prinz auf. Er holte aus all dem Zeug, das an einem
Kettchen auf seinem Gilet baumelte, ein Medaillon hervor, und ich hörte, wie er ganz laut zu seinen beiden
Nachbarinnen sagte: »Das hier sind Haare von der Baro-
nin.« Ach ja, die Forderungen des Publikums! Bald darauf
indessen legte er sich so etwas wie einen langhaarigen,
verschlissenen, gebürsteten Abtreter über, der noch pas-

send war und in jeder Hinsicht bei seinem Besitzer auf
eine uneingestandene Vertrautheit mit heimlicher Sparsamkeit schließen ließ. Wenn auch der ganze Mensch –
Stimme, Gesten, Reden, Krawatte, Stiefel und Gerte –
eine gewisse Gefälligkeit an den Tag legte, wenn all das für
das Publikum arrangiert war und auf dessen Bereich zu-
geschnitten war, so gehörte dieser Überzieher dagegen,
dieser erbärmliche Überzieher, nur seinem Herrn, ihm
allein, daran hing er mit den verborgensten Wurzeln seines Lebens. Zweifellos kannten sie voneinander so man-
ches Geheimnis und waren Seite an Seite durch die
Schauer schlechter Tage gegangen. Der Bedauernswerte,
er hatte mit Sonne gerechnet . . . die Kälte war hereingebrochen, so mußte er sich in seinen Lumpen zeigen.

Was mich betrifft, so wurde ich von meiner Begabung
für ursächliche Zusammenhänge heimgesucht; ich ging
die Schiffsbrücke auf und ab und suchte in meinem Kopf
nach der gesellschaftlichen Kategorie, in der diese Leute
unterzubringen wären, und von Zeit zu Zeit warf ich, um
meiner Diagnose auf die Sprünge zu helfen, einen verstoh-
lenen Blick auf die Adressen der Kisten, Schachteln und
Taschen, die sich bunt durcheinandergewürfelt vor dem
Schornstein stapelten.

Ich habe nun mal diese Manie, gleich ganze Bücher über
Figuren zu entwerfen, denen ich begegne. Was ich auch
anstelle, eine unbezähmbare Neugier wirft die Frage in
mir auf, welches Leben wohl dieser Passant da führt, der
mir über den Weg läuft. Ich möchte seinen Beruf, sein
Herkunftsland, seinen Namen wissen, das, was ihn im
Augenblick beschäftigt, was er bereut, was er hofft, seine
vergessenen Liebschaften, seine gegenwärtigen Träume,
alles, bis hin zum Saum seines Flanellgilets und seinem
Gesichtsausdruck, wenn er ein Abführmittel nimmt. Und
wenn es sich dann noch um eine Frau handelt (vor allem

mittleren Alters), dann wird der Juckreiz geradezu bei-
ßend. Wie gern man sie gleich nackt sehen würde, geben
Sie es schon zu, nackt bis aufs Herz! Was man nicht
anstellt, um zu erfahren, woher sie kommt, wohin sie geht,
warum sie gerade hier und nicht woanders ist! Man läßt
seinen Blick über sie schweifen, und schon hängt man ihr
Abenteuer an. Schon unterstellt man ihr Gefühle. Man
denkt an das Zimmer, das sie hat, und an tausend andere
Dinge, was weiß ich! An die umgeschlagenen Pantoffeln
etwa, in die ihre Füße schlüpfen, wenn sie aus dem Bett
steigt.

Dann bin ich unten in den Gemeinschaftsraum gegangen, um den Platz zu wechseln und an etwas anderes zu
denken. Ich lag auf einer harten Samtbank und war unter
dem Geräusch der Dampferräder und dem Geklirr der
Messer, die auf den Tellern gegen die Gabeln schlugen,
halb eingeschlafen, als plötzlich mein Gefährte offenen
Auges und mit einem breiten Lachen auf den Wangen
hereintrat; er hatte eben, als er zufällig den Damensalon
betrat, unsere beiden Kapitäne gesehen, die sich in trau-
tem Tête-à-tête bei den Damen der ersten Klasse aufhiel-
ten: vor den Mädchen kniend, die auf Hockern saßen, rot,
erregt, ohne ihre Mützen, ließen sie ihre Hände zum *Venus-
tempel* wandern; dabei tranken sie alle im Verein aus kleinen Gläschen Anisette.

VII

Wir wußten, daß Gleyre in Lyon bei seinem Bruder,
Schwager oder dergleichen weilte. Da waren wir nun,
gerade erst angekommen, und gingen in irgendeinem Al-
manach alle Gleyres durch, die verzeichnet waren. Zufällig stoßen wir auf den richtigen. Max sendet ihm ein paar

Zeilen, und um 11 Uhr, wir lagen schon im Bett, erschien Gleyre. Wir schwätzen über Ägypten, die Wüste, den Nil, er berichtet von Sennâr und macht uns verrückt mit den Affen, die nachts kommen und die Zeltplane hochheben, um die Reisenden zu betrachten; die Perlhühner lassen sich abends in den großen Bäumen nieder, und die Gazellen nähern sich herdenweise den Brunnen. Es gibt dort Savannen mit hohen Gräsern und Elefanten, die so schnell galoppieren, daß man sie nicht einholen kann. Um ein Uhr morgens immerhin sagen wir uns Lebewohl, und die ganze Nacht über träumen wir von Sennâr.

Wir mußten gleich nach 5 Uhr aufstehen, um uns auf das Rhône-Schiff zu drängeln, das wegen Nebel erst um 10 Uhr ablegte. Diese Schiffsreise war alles in allem unangenehm: man fror, man langweilte sich, es wurde einem schlecht, das Schiff war überfüllt mit Ölfässern und einem Haufen Passagiere; das alles machte einen schmutzig, man trank Absinth, gab tausenderlei Dummheiten von sich, war so unausstehlich, daß es einen umbrachte. Um 4 Uhr nachmittags waren wir erst in Valence mit der Aussicht, die Nacht auf dem Wasser zu verbringen und erst spät am nächsten oder übernächsten Tag in Marseille anzukommen.

Zufällig stand eine Postkutsche da. Schnell schlingen wir ein schäbiges Diner in uns hinein, springen auf den Klapperkasten, und eine Viertelstunde später rollen wir über die Straße nach Marseille.

Man merkt jetzt, daß man nicht mehr im Norden ist, die Berge sind bei Sonnenuntergang bläulich getönt. Die Landstraße verläuft gerade, von Olivenbäumen gesäumt. Die Luft ist durchsichtiger und durchdrungen von hellem Licht.

Mitten in der Nacht hielten wir in einer Stadt an, in der ich Montélimar wiedererkannte, was mich an Dosen mit scheußlichem Nugat erinnerte, die ich hier mal gekauft habe, und an ein sehr kaltes Essen in Gesellschaft des seligen Du Sommerard. Wenn ich mich recht erinnere, schnupfte er aus einer kolossalen Tabaksdose aus Buchsbaum, hatte starke Augenbrauen, einen dicken Mantel, ein gemütliches und sehr verschlossenes Aussehen.

In Avignon mußten wir gleich in den Zug steigen, wir konnten nicht noch einmal den päpstlichen Palast und sein reizendes Museum sehen, in dem man ganz allein sein und unter dem Rauschen der Bäume im Garten, die sich gegen die Scheiben neigen, antike Inschriften auf den Marmorstelen lesen kann.

In dieser Stadt habe ich früher einmal, als ich durch eine Straße ging (und von der Straße aus), in ein Zimmer im Erdgeschoß gesehen, in dem sieben Betten Kopf an Kopf hintereinanderstanden. Das war mir wenigstens noch eine purpurne Prostitution; die Fenster standen weit offen und die Damen in rosa Kleidern auf der Türschwelle.

Um dem schönen Stil Respekt zu erweisen, grüße ich hier Chapelle und Bachaumont, die auf päpstlichem Boden Monsieur d'Assoucy mit seinem kleinen Pagen wiedertrafen. Zwei tolle Burschen, die sich wohl kaum um Archäologie scherten! Die, wenn sie reisten, nur wenig mit dem Malerischen im Sinn hatten. Andere Zeiten, andere Sätze, jedem Jahrhundert seine Tinte.

In der Eisenbahn befanden wir uns allein mit einem Herrn, der jedes Mal, wenn eine Lokomotive vorüberfuhr, lächelte und zwischen den Zähnen wiederholte: »Na? Also wenn das nichts ist, dieser menschliche Erfindungsgeist!«

Es regnete, als wir in Marseille ankamen, und nach dem Essen machten wir auf unseren Betten ein Schläfchen.

VIII

Das erste Mal war ich in Marseille an einem November-
morgen angekommen. Damals schien die Sonne auf das
Meer, es war so glatt wie ein Spiegel, ganz himmelblau,
funkelnd. Wir waren oben auf der Anhöhe über der Stadt
nach Aix zu. Ich war gerade erst aufgewacht. Ich stieg aus
dem Wagen, um freier atmen zu können und um mir die
Beine zu vertreten. Ich schritt aus. Das war eine männliche Lust, wie ich sie seither nie wieder erlebt habe. Und
was für eine Liebe mich packte zu diesem antiken Meer,
von dem ich so oft geträumt hatte! Ich bewunderte das
Segelwerk der Tartanen, die weiten Hosen der griechischen Seeleute, die tabakfarbenen Strümpfe der Frauen
aus dem Volk. Die warme Luft, die in den dunklen Straßen
zwischen den hohen Häusern wehte, trug die Schlaffheit
des Orients in mein Herz, und die großen Pflastersteine der
Canebière, von denen die Sohlen meiner Bastschuhe ganz
heiß wurden, bewirkten, daß ich die Kniekehlen spannte
bei dem Gedanken an die brennendheißen Strände, über
die ich so gern gelaufen wäre.

An einem Abend war ich ganz allein in der Schwimm-
schule von Lansac bei der Seeigelbucht, wo es die großen
Netze für den Thunfischfang gibt, die über den Meeresgrund gespannt werden.

Ich schwamm in dem blauen Gewoge; unter mir sah
ich die Kiesel durchschimmern und den Meeresgrund, der
mit dünnen Gräsern überzogen war. In lustvoller Ruhe
streckte ich meinen Körper dem nassen Kosen der Najade
hin, die über mich hinwegging. Es gab gar keine Wellen,
sondern nur ein weites Wogen, das einen murmelnd
wiegte.

Zum Hotel zurück bin ich in einer Art Kabriolett mit
vier Sitzen gefahren, zusammen mit dem Direktor des

Bads und einer jungen, blonden Person, deren nasses Haar in Flechten unter ihrem Hut aufgesteckt war. Auf ihren Knien hielt sie einen Havanna-Mops, den sie mit sich ins Wasser genommen hatte. Das Tier klapperte mit den Zähnen. Um es aufzuwärmen, rieb sie es mit ihren Händen. Der Wagenkutscher saß auf der Gabeldeichsel und trug einen großen, grauen Filzhut.

Mein Gott, wie lange das her ist! *20. Februar, Mittwoch, 1850*

Hier endet *Die Canja*.

Ich kopiere nun meine Notizbücher.

MARSEILLE. Steigen im Hôtel du Luxembourg bei Parocelle ab.

Besuch bei Doktor Cauvière, der mit uns über Politik und Ministerienwechsel redet, während wir ihn lieber vom Orient hätten reden hören.

Besuch bei Clot-Bey, den wir mit Lob überfüttern und der uns sehr freundlich aufnimmt. – Sein Sekretär, junger Franzose, gekleidet wie ein Nisam.

Ich gehe noch einmal beim Hôtel de la Darse vorbei (geschlossen!) und erkenne die Tür kaum wieder.

Am Donnerstag, Allerheiligen, betraten wir eine Zeltbude beim Hafen, »Il signor Valentino – Die Schönheit meines Körpers«. – Zwei kleine Kraushaardamen. Um die Echtheit ihres Haares prüfen zu lassen, gingen sie von Bank zu Bank, das Publikum faßte sie bei ihrem Schopf, dicke, teerbeschmierte Hände gruben sich hinein und zogen daran. – Er singt uns eine Arie aus *Lucrezia Borgia*.

An einem Abend gehen wir ins Theater und sehen zwei Akte lang *Die Jüdin*.

Wir ziehen durch die Kabaretts der unteren Rue de la Darse; in einem wird *Ein Herr und eine Dame* gegeben, in einem anderen Sänger, unter ihnen ein Wesen von zweifelhaftem Geschlecht, *non so come si fa.*

Sonntagmorgen, 4. November. Um 8 Uhr Einschiffung an Bord der *Nil;* Kapitän: Rey, Leutnant: Roux. – Passagiere: Monsieur Codrika, französischer Konsul in Manila, seine Frau, seine kleine Tochter und sein kleiner Sohn; die Herren Lambrecht und Lagrange, Indienreisende; Monsieur Pélissier, Konsul in Tripolis (Berberei), ein Sohn mit Tarbusch, eine große achtzehnjährige Tochter, die einer häßlichen Ausgabe von Laure Le Poittevin gleicht; dann noch ein Junge in Internatskleidung. In der zweiten Klasse: Perückenmacher, Spiegelfabrikanten, Vergolder usw., die von einem Mamamuschi mit Tarbusch und großem Hund zu Abbas-Pascha gebracht werden; sie setzten sich oft in die erste Klasse, wo sie uns mit ihrem Geschwätz auf die Nerven gingen. – »Diamantene Creme«.

Beim Ablegen starke Brise, wir tanzen. – Herr Codrika sitzt mit seiner Frau auf einer Bank. – Beim *Château d'If* wird mir schwindlig; ich stürze ein Glas Rum in mich hinein, das ich gleich wieder erbreche; ich gehe in meine Kabine, in der ich den ganzen Tag regungslos und wie betäubt liegenbleibe.

Montag, schon besser, doch ohne Appetit. Abends passieren wir die Mündung bei Bonifacio. Roux steht auf der Brücke und kommandiert.

An Bord gab es eine beachtliche Komik, die sich bei den Mahlzeiten noch ballte: die Rivalität zwischen Dr. Barthélemy, einem stattlichen Mann, und Borelli, dem Zweiten Leutnant, einem recht schwerfälligen, kahlköpfigen Burschen aus der Provence. – Der Schiffsoffizier: ein großer Kerl in grauem Überzieher, mit blatternarbigen Ohren. Kapitän Rey, das eine Auge geschlossen, ließ die Leute reden, ließ alles durchgehen. Dieses kleine, beschränkte Leben wirkte in einem solch großzügigen Milieu

noch beschränkter; die Regelmäßigkeit der Gewohnhei-
ten, die durch nichts unterbrochen wurde, machte jeden
Zeitbegriff zunichte, man wußte nie genau, an welchem
Tag der Woche man war.

Mein bester Freund war Roux, der Erste Offizier; wir
unterhielten uns über Seereisen; Erzählungen vom Kap
Hoorn, Mann, der durch den Schnabelhieb eines Albatros
über Bord geworfen und untergetaucht wurde (verschwunden).

Dienstagabend, Sicht auf Maritimo. Der Mond wälzt sich
über die Wellen; er windet sich gleichsam in ihnen wie eine
große Fackel. Erscheinung von Helmen, die auf der Gischt
treiben, sich auffüllen und dann verschwinden; erinnert an
die Punischen Kriege. – Ich fühlte mich wohl auf dem Meer.

MALTA. Mittwochabend, Ankunft in Malta gegen 9 Uhr. –
Nach dem Diner Gespräch über Politik und Sozialismus.
– Der alte Pélissier meint, Maxime von den Juni-Ereignis-
sen her zu kennen.

Am Donnerstag ist das Wetter beim Aufwachen recht
schön. Im Hafen kreuzen rotgrün gestreifte Boote mit
Sonnensegeln aus Indienne und Baumwollquasten. Ein
hochkant gestelltes Brett bildet die Bugerhöhung. Sind
zwei Leute auf diesem Wasserfahrzeug, so steht der eine
(eher nach hinten zu) und drückt, der andere dagegen sitzt
und zieht (indem er wie bei uns rudert).

Will man in die Stadt, kommt man zunächst unter
einem großen Gewölbegang her und steigt dann eine von
Käse- und Trockenfischhändlern bevölkerte Straße hinauf, die einen mit dem Gestank der griechischen Krämer
vertraut macht, auf die man überall in der Levante trifft,
von Alexandria bis Patras.

Sauberer, malerischer Anblick; sämtliche Straßen ab-
schüssig oder wie Treppen, gescheuert. – Englische Rein-

lichkeit vermählt sich mit irgend etwas Orientalischem. Alle Häuser, aus Quadersteinen, haben Fensterbalkone, die von Louis-XIV-Kragsteinen abgestützt werden; das Balkongehäuse oder vielmehr die Überdachung ist gewöhnlich aus grünem Holz.

Kirche San Giovanni. – Mit Grabplatten belegt, die aber mit großen Strohmatten abgedeckt sind; man geht also mit den Gräbern wie mit Sesseln um: an Festtagen wird der Schonbezug einfach abgezogen. Es ist eine italienische Kirche: Vergoldungen, Malerei; die Seitenkapellen sind durch romanische Torbögen miteinander verbunden. Diese Kapellen (vor allem perspektivisch gesehen) machen auf mich den Eindruck, als hätten sie sich gut für die spanischen Rendezvous des 16. Jahrhunderts geeignet: eine Frau kniet, man selbst steht unter einem der Bögen und sieht zu, wie sie mit geneigtem Haupt unter ihrem großen, schwarzen Schleier betet.

In einer der rechten Seitenkapellen Grabmal eines Komturs: die Büste wird von zwei Männern, einem Neger und einem Mauren, auf den Schultern getragen. – Andere Kapelle mit Silbergitter.

Admiralität. – Nichts weiter als schöne Gemächer, das Porträt seiner Majestät Georgs IV. mit roter Krawatte, scheußlich, ein richtiger, in Windeln gewickelter Gockel; düstere Behänge, türkischer Teppich.

Im Arsenal sind die Trophäen durch Schilde aus Pappe ergänzt; wir haben große Mühe, zwei oder drei Schilde zu heben, so schwer sind sie.

Gegenüber der französischen Dampferverwaltung bietet sich die Frau eines englischen Lotsen feil, eine alte Andalusierin mit länglichen Gesichtszügen und liebeswilden Augen; das Altersfett hat sich darüber gelegt. Fett ist bei alten Frauen das, was bei Trümmern der Efeu ist: es verbirgt die Ruine und hält sie gleichzeitig zusammen.

Maltesische Frauen, meist klein und von blasser Gesichtsfarbe, mit einem Kopfschurz, der schon dem Schleier ähnelt.

Am Donnerstag um 3 Uhr nachmittags Abfahrt aus Malta. – Gepflegte Nacht. – So um zehn Uhr Schwüle. Herr Codrika mit kleinen homöopathischen Pillen, dem Ersticken nahe; das Gewitter hat sich auf seine Nerven gelegt. Der Regen gießt in Sturzbächen herab, und der Lieferant weigert sich, eine Orange herauszugeben; Barthélemy läßt ihn zu sich kommen und befiehlt es ihm. Schließlich haben wir eine.

Knarren des Schiffes. Ich teile mit dem alten Borelli bis zwei Uhr morgens die Wache, er findet das Wetter nicht übel. Das Meer wälzte sich hin und her. In den Intervallen des Mondscheins, wenn der Mond einen Augenblick aus den Wolken hervortritt, sehe ich die mächtigen Wogen emporschnellen; das Ruder schlägt gegen das Heck; es hörte sich an wie Kanonendonner. Ich steige mehrmals von meiner Kabine an Deck und von Deck wieder hinunter in meine Kabine. Eingewickelt in meinen Gehpelz lag ich auf der Bank am Steuerbord; die Wolken lasteten auf meiner Brust. Während des ganzen Unwetters mußte ich an Alfred [Le Poittevin] denken; das Dröhnen von den Schlägen des Meers gegen die Trommeln drang bis zu mir herüber. Am nächsten Morgen meint Roux, man kehre besser nach Malta um; das war schneller gesagt als getan: um 3 Uhr nachmittags wußte man immer noch nicht, wo man war. Diejenigen, die wußten, was vor sich ging (man hatte Malta gesichtet, war aber wieder aufs offene Meer hinausgefahren, weil man die Fahrtrinne nicht hatte finden können), wurden eine Viertelstunde lang von Unruhe gepackt; Monsieur de Lagrange erblaßte. (In der Nacht hatten Mechaniker geweint; während der Überfahrt hatte ich mitbekommen, wie ein Matrose ein Unglück voraussagte, und der Obermaat traut der Reise von Alexandria nach Beirut nicht recht, ohne genau zu wissen warum: »Das ist so eine Idee von mir«; ich bin jetzt in Sorge um ihn wegen dieses Vorgefühls und sähe das Schiff gern wieder im Hafen.) Was mich betrifft, so spürte ich ein Rumoren im Bauch, das mich im Nu entstopfte; das kam nicht von der Angst, sondern von der Erregung her; es bestand ja keine greifbare Gefahr, es war nur die wenig lustige Vorstellung, wir könnten in der Nacht an den Klippen von Malta zugrunde gehen.

Wiederankunft in Malta; abgestiegen im Hôtel de la Méditerranée (Santa-Lucia-Straße). Wir essen tierisch, wärmen uns auf und wechseln die Kleider. – Gefühl von Erholung und Kraft, von normannischer Roheit und von Verdauung. – Die Besitzer hatten sich in der Nacht gesorgt: *la povera vapore, la povera vapore,* rief die Wirtin immer wieder; abends ausgezeichnet geschissen. Nach dem Diner spricht uns an der Ecke der Santa-Lucia-Straße ein junger Bursche an: »Frauen gefällig, Monsieur?« – Wir finden dieses Unikum später nicht mehr wieder. – Café; Limonade mit Schneeschaum, der kam bestimmt vom Ätna. Als Mauerverzierung Stoffvorhänge im Geschmack der Restauration.

Am nächsten Morgen steigen wir auf die Hotelterrasse, um einen Blick auf das Wetter zu werfen. – Dunkelblaues, gegen den Horizont zu noch heftiges Meer. – Der junge Pélissier mit seiner roten Mütze rauchte eine Zigarette, während der alte Pélissier im Hotel den Sultan spielte: er brüllte wie ein Tiger wegen der Würzung der Speisen.

VON CITTA LAVALETTA NACH CITTA VECCHIA. – Wir besteigen eine *calessina,* um nach Città Vecchia zu fahren. – Ausgezeichnete Beschreibung dieser Kiste im Buch von Maxime, aber eine *calessina* gewinnt noch an Chic, wenn ein Priester drin ist: von der Seite gesehen, nimmt sich das mit dem geistlichen Dreispitz sehr reizvoll aus. Oft sind die Pfarrer in Begleitung von Damen; man könnte hübsche Geschichtchen darüber schreiben.

Am Stadttor bieten sich uns mehrere Führer an; wir nehmen einen mit prächtigen Körperbewegungen beim Gehen; fast weiße Hose. – Weite Landschaftslinien, rechts zwei Palmen. – Aquädukt. – Paulskirche und Kathedrale unbedeutend. – Eine Grotte mit dem heiligen Paulus, eine weitere Grotte des heiligen Paulus, mit einem kleinen Altar im Hintergrund, diese ist voll Wasser. Die Grotten sind in ein scheußlich weißes Weichgestein gehauen. – Braves Volk will uns Medaillen verkaufen.

In den weichen Felsen: Katakomben, aneinandergereihte, kurvenreiche Gänge (viel kleiner und verschlungener als die von Neapel). Zu beiden Seiten Höhlungen zur Bestattung der Toten: den oberen Abschluß bildet jeweils ein sorgfältig ausgeführter Halbbogen; auf der Seite oftmals ein weiteres kleines Loch für das Kind; gelegentlich befinden sich zwei unmittelbar nebeneinander. An den Scheidewegen so etwas wie flach gelegte Mühlsteine. – Wir entdecken Formen kannelierter, direkt in den Stein gehauener Säulen. – Zum Ersticken. – Die Ausdehnung dieser Katakomben ist nicht bekannt. Unser Führer, ein dunkelhäutiger Mann, grimmiger Pfaffe, klein, hager, eine Mischung aus Spanier, Beduine und Jesuit, erzählt uns, in seiner Kindheit habe sich einer der Professoren aus dem Seminar hierher gewagt und sei nie wieder herausgekommen; dagegen sei ein losgelassenes Schwein in den Straßen von Città Lavaletta wieder aufgetaucht. Seiner Meinung nach erstrecken sich die Katakomben über die ganze Insel.

VON MALTA NACH ALEXANDRIA. – Samstagabend um sechs
Uhr nach einem sehr fröhlichen Diner an Bord wieder aus
Malta abgefahren; das ganze Schiff hat einen Narren an
mir gefressen; ich gebe so manche Schnurre zum besten
und gelte als ein höchst geistreicher Mann.

Sonntag und Montag recht ruhig, Dünungen; am Montag gegen drei Uhr höherer Seegang; der Gegenwind verläßt uns nicht mehr, wir schneiden ihn; die Segel werden
gehißt, um das Schiff zu beschweren. Die Nacht war hart.
Frau Codrika belämmerte ihren Mann: »Ach! Deine armen, kleinen Kinder! Das ist der Hochmut der Kreatur«
etc. Der Schweiß des bejammernswerten Mannes, das
Profil dieses aufs äußerste geplagten Mannes! Er kam
völlig zerzaust, niedergeschlagen, blaß aus seiner Kabine
und nahm meine Hand: »Sie, mein Freund, Sie sind ja
nicht verheiratet, Sie Glücklicher!« Ich bleibe auf der
Brücke, an ein Hecktau geklammert; der Wachoffizier
kann sich nicht auf den Beinen halten; überall knarrt,
kracht und bebt es, ein Schot zerreißt wie ein Bindfaden;
der große Hund des Abbas-Pascha weiß nicht, wo er sich
hinlegen soll, und der vom Mannschaftskapitän verkriecht sich hinter dem Kompaß. Ich versuche an verschiedenen Stellen, mich hinzulegen; der Kommandant
schläft vollständig angekleidet auf seinem Kanapee, der
Servierjunge vom Dienst liegt in eine Plane eingewickelt
auf dem Boden in der Offiziersmesse. Von Zeit zu Zeit muß
ich unwillkürlich über die Groteske lachen, die um mich
herum geschieht: Leute motzen und kotzen, das ächzende
Schiff, umherirrende Hündchen, das sich streitende Ehe-
paar Codrika. Bei jedem Brecher taucht das Schiff steuerbord ein und wirft sich wie eine Pfanne wütend wieder auf.

Ich verspüre in mir Seemannsgelüste; das Salzwasser
schäumt mir im Herzen; zuweilen befällt mich das Verlangen, in die Want zu klettern und zu singen; dann wieder

bin ich für einen Augenblick betreten bei dem Gedanken, daß man auf dem Meer ja durchaus auch umkommen kann. Codrika neben mir ließ die Worte fallen:
»Wenn ich bedenke, daß diese armen Kinder noch vor zwei
Wochen auf den Champs-Elysées gespielt haben!« Dann
sagten wir »feuchtes Gebirge«, »flüssige Ebene« – und
schimpften auf Racine. Zwischen 4 und 6 Uhr morgens
legt sich der Orkan; das Schiff ist in einem traurigen
Zustand: seine Kupferbeschläge am Kiel sind voller Beulen, eine von den Grätingen ist weggerissen worden, der
Kessel ist leck und geht aus, er muß mit Muskelkraft
nachgefüllt werden.

Die See war ebenso aufgewühlt wie in der Nacht von
Donnerstag auf Freitag, wenn nicht noch mehr, nur hatte
es kein Sankt-Elms-Feuer, weder Gewitter noch Regen
gegeben; das Wetter war vielmehr klar und der Himmel
mit Sternen übersät; das und die hochgehende See stimm-
ten eher froh.

Dienstag und vor allem Mittwoch: schönes Wetter. Wir
räkeln uns auf unseren Gehpelzen an Deck unter dem
Zeltdach der 1. Klasse. Lagrange macht ein Porträt von
Codrika als Don Quichotte mit Rasierbecken, Codrika
macht eines von Roux.

Mittwochabend lange und vertrauliche Plauderei mit
Codrika. Sie fing wie alle solche Plaudereien mit dem
Thema Bordell an, dann wurde sie sentimental; er erzählte aus seinem Leben drei Liebesgeschichten: 1. in
Paris, eine Maitresse im Faubourg Saint-Honoré, er klet-
terte in ihren Garten und verbrachte oft einen Großteil
der Nacht mit den Füßen im Schnee; 2. in Griechenland:
gefensterlt; 3. in Genf Verabschiedung von einer Frau, die
er seit langem liebte. Eines nebeligen Morgens sah sie ihn
die Terrasse hinuntersteigen und weggehen – »und wieder
war eine Seite im Buche des Lebens umgeschlagen, wir

haben uns nie wiedergesehen.« – Ein leidenschaftlicher, nervöser, kranker Mann von großer Lebensart, hat viel einstecken müssen; muß wohl viele heftige Bitternisse und Stürme bewirkt und auch selbst durchlebt haben; schöne, nervöse Natur; ihm fehlt es an Vermögen und an legitimen Möglichkeiten, Energie abzulassen.

Donnerstagmorgen, prächtiges Wetter; jedermann ist guter Laune; bald werden wir anlegen. Für die Einfahrt in den Hafen von Alexandria nahmen wir einen Lotsen, er hat einen weißen Turban. (An Bord, auf den Laufplanken, waren zwei algerische Hadschis, die sich nicht von der Stelle bewegten.) Im Hafen angekommen, verlangte er von Roux Käse und Brot, wobei er ihm an den Bart faßte: »Hast du wenigstens saubere Hände, verfluchtes Schwein?« – Anlandgehen, Stimmengewirr und Durcheinander von Paketen. Am Rand des Kais, linker Hand, rechtschaffene Araber beim Angeln. Das erste Schiff, das ich im Hafen erblicke, ist ein Zweimaster aus Saint-Malo, und das erste Lebewesen auf ägyptischer Erde ein Kamel. Ich war in die Want geklettert und sah den Serail des Mohammed Ali, dessen Dach in der Sonne glänzte, eine schwarze Kuppel inmitten eines strahlenden Silberlichts, das sich über das Meer ergoß. – Negerinnen, Neger, Fellachen. – Das Ruderboot bringt uns an Land; an dieser Stelle befindet sich ein Brunnen, wohin die Kamele zum Füllen der Schläuche kamen. – Feierliches Gefühl und Unruhe, als ich fühlte, wie mein Fuß sich auf ägyptischen Boden setzte.

ALEXANDRIA. Großstadt, mit dem Platz der Konsuln, Bastardstadt, halb arabisch, halb europäisch. – Herren in weißen Hosen und mit Tarbusch. – Hakakim-Bey, Schwager des Artim-Bey; die grünen Gläser auf seiner großen Nase (während der *Norma*-Aufführung) gaben ihm das

Aussehen eines phantastischen Tieres, halb Kröte, halb Truthahn. – Aber welch ein hübscher kleiner Neger! – Die Herren Jorelle, Gallis-Bey, Gérardin, Prinstot-Bey, Villemin, Soliman-Pascha; Pater Abro vom holländischen Konsulat in Smyrna in armenischer Tracht.

Am Abend unserer Ankunft Spaziergänger auf den Straßen mit Schiffslaternen in der Hand; Kinder verabreichen uns leichte Stockschläge auf die Beine. Am nächsten Tag ein Beschneidungsfest: ein mit Goldpiastern bedecktes Kamel, alle Gewerbe vertreten, ein beweglicher Phallus. – Besichtigung der Kleopatra-Obelisken rechter Hand der Stadt bei einem Wachlokal; einer davon steht aufrecht, der andere liegt auf der Erde.

Die Pompejussäule: Monolith mit prächtigem korinthischem Kapitell und dem Namen »Thompson of Sunderland«, der in drei Fuß hohen Buchstaben von schwarzer Farbe auf dem Sockel geschrieben steht; die Gräber sind von dem gleichen Grau wie der Boden, überhaupt kein Grün.

Die Bäder der Kleopatra: eine kleine Meeresbucht mit den Grotten zur Linken. Schillernde Farben in allen Tönen, die Felsenränder unter Wasser waren von einem Rot, als sei dort Bodensatz von Wein ausgegossen worden; ein barfüßiger Araber mit geschürztem Gewand stand bis zu den Knöcheln im Wasser und reinigte mit dem Messer ein Schafsfell. Auf all das stach die Sonne ein, ich stand da und war stumm. – Einige in ihre grauen Decken gehüllte Beduinen aus der Lybischen Wüste.

Rast in einem Caféhaus nahe der Mahmûdîje, wir essen Zwieback. – Das erste türkische Bad, düsterer Eindruck: als würde man einbalsamiert.

REISE NACH ROSETTE. Aus Alexandria *Sonntag, den 18.*, um Viertel nach sieben morgens aufgebrochen.

Violette Wolken, breiter Weg, Landvillen vor der Stadt,

Palmen mit Trauben von Datteln. Der Vergleich Sanchos auf der Hochzeit Camachos: »Oh, welch schönes Mädchen, das da kommt mit einem Ohrgehänge, gleich einer Palme beladen mit Datteln« bestich mich durch seine Triftigkeit. – Am Ausgang der Stadt beginnt die Wüste. Hier und da Sandhügel, vereinzelt Palmen. Leicht steigende und abfallende Route; es gibt keinen Weg; wir folgen den Pferde- und Eselsspuren. – Von Zeit zu Zeit ein Araber auf seinem Zuchtesel, die reicheren haben über dem Kopf große Schirme. – Kamelzug, geführt von einem Mann im Hemd.

Frau unter einem Schleier aus ganz neuer, schwarzer Seide; ihr Mann auf einem anderen Esel. »Tajeb«, und ohne anzuhalten antwortet man »Tajeb, tajeb« – Bild: ein voranschreitendes Kamel, frontal, in Verkürzung; dahinter, seitwärts, ein Mann; noch weiter hinten auf derselben Seite zwei Palmen; ganz im Hintergrund die wieder ansteigende Wüste. – Erster Spiegeleffekt. – Zu unserer Linken das Meer.

ABUKIR zur Linken, am äußersten Ende einer schmalen Landzunge. – Festung, wo wir um halb 11 ankommen. Der Wachposten auf der Mauer neben seinem Schilderhaus ruft uns zu, stehenzubleiben; zwei weiße Hunde kommen jaulend über die Zugbrücke auf uns zu gelaufen. Beim Namen Soliman-Paschas werden wir eingelassen; der Offizier und seine türkischen Soldaten haben die harmlosesten Schädel der Welt. Wir sitzen auf Steinbänken unter der Brücke, die auf den Hof der Festung führt, und essen eins von den mitgebrachten Hühnchen; das war eine der besten Mahlzeiten meines Lebens. Unsere braven Türken bewundern unsere Waffen; wir reden über Krieg, Militär und Rußland; Maxime entlockte ihrem Mund das Sprichwort aus Konstantinopel: »Die Franzosen sind gute Soldaten etc., die Russen sind gute Schweine.« Ausgezeichneter Kahveh. Um halb zwölf brechen wir wieder auf, wir folgen beständig der Meeresküste; unsere Pferde zertreten mit ihren Hufen Muscheln; die Wellen, die im Sand auslaufen, sind braun wie Weinhefe. Hier und da ein verendeter Hai am Strand; auf dem Sand Tiergerippe, darunter ein halb verscharrter Ochse, dessen unversehrter Kopf mumifiziert ist. Schon als wir Alexandria verließen, haben wir ein Kamel gesehen, das zu zwei Dritteln abgenagt war.

Mit der Fähre nach Edku übergesetzt. Zwei Kamele waten seelenruhig durch die Furt; wieder an Land, legen sie sich zum Trocknen in den Sand, in dem sie sich blökend wälzen. Große Schwierigkeiten, das Maultier (das unsere Vorräte trägt und auf dem Joseph reitet) auf das Schiff zu bugsieren; alle geben sich große Mühe, ausgenommen der Besitzer des Maulesels, ein alter, hartgesottener Schuft. Beim Verlassen der Fähre bemerkt Sassetti, daß sein Gewehrkolben zerbrochen ist; die Pferde schlagen aus, wiehern und bäumen sich; ihr Zaumzeug besteht nur aus einem Halfter, und so hören sie auf Pfiffe. Sie sehen zwar wie elende Schindmähren aus, sind aber ausgezeichnete Tiere, die auf Zuruf loslaufen.

Wir folgen dem Meeresufer; Schiffstrümmer, Überbleibsel der Schlacht von Abukir. Wir schießen auf Kormorane und Meerelstern; unsere Araber (Kinder, außer dem Alten mit kleinem Turban) rennen wie die Windhunde los, um freudig die von uns erlegten Tiere einzusammeln.

Einsamkeit. – Das Meer ist grenzenlos. – Düstere Wirkung des gleißenden Lichtes, das etwas Schwarzes an sich hat. – Geschichte vom Mann mit den Datteln und der Tracht Prügel; Wirkung, die von Sassettis Jacke ausgeht, als der Wind sie davonträgt, und von dem alten, schwarzen Hintern des Mannes inmitten der weißen Wogen. Diese Schreie, welche Prügel aber auch!

Wir reiten bis 5 Uhr abends am Meer entlang. Dann biegen wir rechts ab. Hier und da Säulen aus Ziegeln in der Wüste, die den Weg nach Rosette anzeigen. Der Sand ist sehr weich, die Sonne geht unter: wie feuervergoldetes, am Himmel schmelzendes Silber; dann Wolken von kräftigerem Rot in Form von riesigen Fischgräten (einen Moment lang war der Himmel eine karminrote Tafel, und der Sand sah wie Tinte aus). Vor uns und zur Linken, dem Meer zu und in Richtung Rosette hat der Himmel zartblaue Pastelltöne; unsere beiden parallel voranschreitenden Schatten zu Pferde sind gigantisch, sie gehen im gleichen Schritt wie wir vor uns her, so wie zwei große Obelisken, die sich Seite an Seite fortbewegen.

Die weißen Minarette von Rosette. – Die Vegetation beginnt wieder, Palmen, Anhöhen. Einer unserer kleinen Sais läuft vor uns her, wir machen mehrere Umwege, die Nacht ist schon vollends hereingebrochen, als wir vor dem Tor von Rosette ankommen; beim Öffnen quietscht es wie ein Scheunentor. Wir gehen durch enge Gassen mit vergitterten Muschrabijen; sie sind düster und eng, die Häuser scheinen sich zu berühren; die Bazarläden werden von ölgefüllten Gläsern erhellt, die an einem Draht hängen. Hätten wir unsere Gewehre quer über den Sattel liegen lassen, wären sie wegen der Enge der Gassen zerbrochen; ein Pferd füllt in der Tat fast ganz allein den Gang zwischen den Läden aus. Wir durchqueren die ganze Stadt und gelangen zur Kaserne. Dunkle Treppe, Wachtposten vor der Tür zum Pascha (Hussein-Pascha). – Geräumiges, zum Meer hin vorgebautes Zimmer mit Fenstern nach allen Seiten; der Pascha sitzt auf Kissen, rechte Hand verkrüppelt; Ähnlichkeit mit Beauvallet; Oberst Ismail-Bey, ein gerissener Hund, der einen recht tapferen Eindruck macht, mit halb geschlossenem Auge. Langer Austausch von Höflichkeiten; das Zimmer, das man uns

zum Schlafen zuweist, liegt nebenan. Türkisches Nachtmahl, ausgezeichnete, süße Blätterteigküchlein. Schlechte
Nacht, die Hunde von Rosette heulen fürchterlich; Flöhe
und Bauchweh!

Am nächsten Morgen, *Montag, den 19.*, ich wusch mich
gerade, führte der Pascha Dr. Colucci herein; gutmütiges,
offenes, liebenswürdiges Kerlchen. Wir gehen mit ihm
aus, besichtigen eine Reismanufaktur: große Holzstamp-
fer mit einer Eisenschraube am Ende. – Baumwollspinne-
rei im Handbetrieb; ein tief gebeugter Mann drehte die
Haspel und lief wie ein Mühlpferd hin und her; lächelnd
bat er uns um ein Bakschisch.

Wir entdecken im Hof einer halb geöffneten Moschee
bemalte Säulen. In der Tür steht ein junger Türke, der
Louis Bellangé ähnelt. Wir gehen in eine Art Spital, wo in
niedrigen Räumen auf den Dielen Kranke liegen, die mir
wirklich sehr krank vorkommen; Fieber- und Schweißge-
ruch; durch die Spalten der Bretterwände dringt Sonnenlicht. Wir gehen zum Apotheker rauf, der uns eine Pfeife
anbietet. – Ich komme um vor Hunger, zurück zur Kaserne, Besuch beim Pascha, noch ein Kaffee, noch eine
Tschibuke. Um halb zwei Diner: mindestens dreißig Ge-
richte (ein Neger hält mit einem kleinen Wisch die Fliegen
fern, das Fenster zum Meer hin steht offen, zahlreiches Die-
nergesindel, kunterbunte Hautfarben und Seidengewän-
der); das Backwerk schmeckt mir ganz gut, der Rest ist
scheußlich; ich probiere arabisches Brot, halbgebackenen
Teig in Form runder Fladen. Ich passe so gut wie möglich
auf mich auf, um mich nicht ungebührlich zu benehmen.

Nach dem Mahl Spaziergang nach Abu-Mandûr auf
dem linken Nilufer. – Gärten und Schilf (die einzige Nil-
stelle, wo ich welches gesehen habe, es kommt sonst kaum
vor an den Nilufern) – pralle Sonne über dem Wasser.

Bei Abu-Mandûr macht der Nil einen Knick nach links

(rechtes Ufer), nach jener Seite zu gibt es hohe Sandbö-
schungen.

Eine Canja, einer Tartane ähnlich, gleitet über das Wasser: das ist der wahre Orient, melancholische und betäu-
bende Wirkung; man ahnt hier schon etwas von dem
Grenzenlosen, Erbarmungslosen, in dem man verloren ist.

Auf einer Befestigungsanlage verrichtet ein Muselmane
sein Gebet und wirft sich in Richtung auf die untergehende Sonne in den Staub. Abu-Mandûr ist ein Santon. –
Sykomore. – Der Mann, der den Santon bewacht, schenkt
uns ein paar Sykomorenfrüchte, die wie Feigen aussehen.
Was wir in Europa Sykomore nennen, ähnelt der Sykomore überhaupt nicht. Der Santonwächter gibt mir außerdem ein paar Datteln, ein Hund folgt mir, ich werde
von einer Kolik durchschüttelt. Der Nil macht hier einen
Knick, die Wüste liegt vor uns und rechts; links, jenseits
des Nils, liegen riesige, grüne Wiesen mit großen Wasserlachen. – Wir steigen zum Telegraphen hinauf, der Wächter küßt mir die Hand.

Rückkehr in die Kaserne. Zu dritt essen wir in unserem
Zimmer auf europäische Art; vorzügliche Bohnen, Verabschiedung vom Pascha, gute Nacht.

Am nächsten Morgen, *Dienstag*, Aufbruch; der Pascha
grüßt uns von seinem Fenster aus. Den ganzen Tag über
ist es kühl, und wir behalten unsere Kapuzenmäntel an.
Am Meeresufer begegnen wir wieder den Kamelen mit den
Datteln; der geprügelte Mann sah uns von fern und suchte
sofort das Weite.

EDKU. Während die Passagiere aufgerufen werden, gehen
wir im Sumpf jagen; Max und ich töten auf einen Streich
fünf Meerelstern, von denen zwei im Wasser verschwinden: es ist meine erste Wildbeute.

Wir verspeisen auf der anderen Seite der Übergangsstelle im Schutze der Telegraphenmauer eine Hälfte unseres zweiten Hühnchens und den von Hussein-Pascha gestellten Proviant. Es ist kühl, das Meer ist aufgewühlt, wir finden weniger Muscheln als vorgestern.

Etwa eine Meile von Alexandria entfernt werden wir rechts von zwei Kamelen eingeholt, auf denen ein Neger und ein Araber reiten; sie tragen keine Lasten, die Stricke überkreuzen sich am Sattel und hängen über die Flanken herab; die Männer stehen auf ihnen und schlagen mit Palmstöcken heftig auf sie ein, dabei lachen sie mit rauher Stimme; die Kamele trippeln wie Puten. Rasch sind sie an uns vorbeigezogen. – Lachen, wildes Aussehen, gutturale, durchdringende, von heftigen Armbewegungen begleitete Laute.

Vor Alexandria linker Hand auf einer Anhöhe ganz einsam eine Mühle.

Wir bleiben bis Sonntag, den 25., in Alexandria. Viel Besuche. Bauchweh.

VON ALEXANDRIA NACH KAIRO. *Sonntag, der 25.,* morgens Abfahrt mit einem Schiff, das von einem kleinen Dampfer gezogen wird, der gerade Platz für die Maschine hat. Die flachen und toten Ufer der Mahmûdije; am Ufer laufen ein paar völlig nackte Araber herum; von Zeit zu Zeit zieht ein Reisender zu Pferde vorbei; ganz in Weiß gehüllt, trabt er auf seinem türkischen Sattel dahin. – Passagiere: Madame Chedutan, groß, mager, elegant, griechisch gekleidet; ihr Gatte, französischer Arzt im Dienste des Vizekönigs, liegt unten auf Decken, an seiner Seite eine Abessinierin, die ihn pflegt; gräßliche englische Familie; die Mama sah aus wie ein alter, kranker Papagei (wegen des grünen Augenschirms, der ihre Kapotte verlängerte); Monsieur Duval de Beaulieu, belgischer Botschaftssekretär in Konstantinopel; ein englisch sprechender, arabischer Ingenieur, der sich abends bei Tisch mit *Porter* besäuft.

ATFEH. Hühner auf den Häusern, sie ähneln denen der Fellachen von Alexandria (und von ganz Ägypten). Mir kommen sie unheimlich vor, besonders bei Sonnenuntergang. Die im Wasser eingesunkenen Barbareskenschiffe werden durch eine Planke aus Ton überhöht. Die Sonne geht unter, links am Horizont blinken weiß die Minarette von Fuah, davor grüne Wiesen.

In Atfeh erreicht man den Nil und nimmt ein größeres Boot. – Erste Nacht auf dem Nil. – Bin in einem Zustand von Erfüllung und lyrischer Begeisterung, zappelig, ich zitiere Verse von Bouilhet; ich kann mich nicht entschließen, schlafen zu gehen; ich denke an Kleopatra. Das Wasser ist gelb, Windstille, ein paar Sterne. Fest in den Gehpelz eingepackt, schlafe ich auf meinem Feldbett ein, das ich auf der Brücke habe aufschlagen lassen – welche Lust! Ich werde noch vor Maxime wach; beim Aufwachen streckt er seinen linken Arm aus, um mich zu suchen.

Auf der einen Seite, rechts (auf dem linken Ufer), die Wüste; links grünes Weideland. Mit seinen Sykomoren erinnert es von fern an eine normannische Ebene mit ihren Apfelbäumen. Rechts graues Rot. – Man kann die beiden Pyramiden sehen, dann noch eine kleinere dritte. – Arbeiten an einem Staudamm, es ist eine angefangene Brücke mit mehreren romanischen Bögen.

Auf dem Hügel zu unserer Linken drängt sich Kairo zusammen, die Mohammed-Ali-Moschee reckt ihre Kuppel empor; hinter ihr, kahl, der Mokattam.

Ankunft in BULAK. Tohuwabohu bei der Landung; dennoch etwas weniger Stockhiebe als in Alexandria!

Von Bulak nach Kairo über eine Art Chaussee, die von Akazien oder Kassien gesäumt wird. Wir kommen zur Ezbekija, ganz bepflanzt. – Bäume, Grün. – Im Hôtel d'Orient bei Coulon abgestiegen.

KAIRO

Besuch beim Konsul, Monsieur Delaporte, schöner Mann;
ein Neujahrsgesicht. – Man darf nicht auf den Sand in
seinem Hof treten. – Der radebrechende Bekir-Bey. –
Hübsche Wohnung mit Pflanzen und Nippsachen im
Salon. – Madame Mari, weißgewandet mit goldenem Tarbusch; ehemals prächtige Frau, vierschrötiger Arsch. –
Lubbert-Bey. – Linant-Bey zeigt uns seine Zeichnungen.

Am Abend unserer Ankunft Feier eines Santons: Männer, aufgestellt in Form eines Parallelogramms, psalm-
odierten und gestikulierten dabei unter Anleitung eines
Mannes in der Mitte; ein anderer an der Ecke sang die Me-
lodie. Idiotengesicht eines Jünglings (mager, wulstige Lippen, fliehender Schädel, vorspringende Nase), der durch
den Rhythmus in Taumel geriet. Auch ein Kind sang und
bewegte sich dabei wie die Männer.

Mehrere Possenreißer bei einer Hochzeitsfeier; einer
spielte die Frau. – Obszöne Späße über eine kranke Frau
und ihren Arzt: »Wer ist da? Nein, ich mache nicht auf.
Wer? – Es ist . . . – Nein. – Wer? (etc., immer wieder) wer?
eine Hure? Ah so! treten Sie ein. – Was macht der Doktor?
– Er ist im Garten. – Mit wem? – Mit seinem Esel, er fickt
ihn.«

Gestern, am 1. Dezember, haben wir am Fuße der Zitadelle einem Gaukler mit einem sechs bis sieben Jahre alten
Knaben und am Boden zwei barfüßigen kleinen Mädchen
in blauen Kitteln und mit spitzen Wollmützen zuge-
schaut. – Fürze, die die kleinen Mädchen mit ihren Händen erzeugten. – Der kleine Knirps war köstlich, klein,
häßlich, kräftig: »Wenn Sie mir fünf Paras geben, bring ich
Ihnen meine Mutter zum Ficken. – Ich wünsche Ihnen das
Allerbeste, vor allem eine lange Latte!« – Seine Art, *Allah*

zu sagen, als er einen mit Kuchen gefüllten Napf entdeckte. – Ich fand die arabische Sprache bezaubernd. –
Über den Platz fuhren zwei oder drei Wagen von Paschas,
ohne daß sich das Volk umgedreht hätte. – Eine bunte
Schnur kam aus dem Mund des Meisters; doppelte Stöcke,
um sich zu schlagen. – In einer Szene über das Taubsein
schrie ihm das Kind aus Verzweiflung darüber, sich nicht
verständlich machen zu können, in den Hintern.

Nach wenigen Tagen schon tauschen wir – trotz der
Gesellschaft des Monsieur Neuville – das *Orient-* gegen das
*Nil-*Hôtel ein, das von Bouvaret und Brochier geleitet
wird. – Personal: Doktor Ruppel, Mouriez, Delatour, Baron von Gottbert. Der Flur im ersten Stock ist mit Ga-
varni-Lithographien tapeziert, die aus dem *Charivari* ge-
rissen sind. Wenn die Scheiks vom Sinai herkommen, um
mit den Reisenden zu verhandeln, streift ihr Wüstenge-
wand an der Wand alles, was die Zivilisation als Quintes-
senz Pariser Raffinesse hierhergeschickt hat (Bouvaret ist
ehemaliger Provinzschauspieler, er selbst klebt diese Sachen an die Wandverkleidungen); die Loretten, die Stu-
denten aus dem Quartier Latin und die Bourgeois von
Daumier verziehen keine Miene, wenn vor ihnen ein Neger
die Nachttöpfe ausleert.

Eines Tages treffen wir hinter dem Hôtel d'Orient auf
einen Hochzeitszug. Männer mit kleinen Pauken sitzen
auf Eseln, prachtvoll gekleidete Kinder auf Pferden;
Frauen mit schwarzen Schleiern (von vorn sehen sie aus
wie jene Papierringe, durch die die Reiter hindurchsprin-
gen, nur daß sie schwarz sind) stoßen den Zagarit hervor;
ein über und über mit Goldpiastern bedecktes Kamel;
zwei nackte, eingeölte Kämpfer in kurzen Lederhosen, sie
kämpfen aber gar nicht, sondern führen nur die Posen
zweier mit Holzsäbeln und Schilden kämpfender Männer
vor; ein Tänzer, es war Hassan el-Bilbesi, als Frau frisiert

und gekleidet, in bestickter Jacke, das Haar zu einem
Band geflochten, die Augenbrauen schwarz geschminkt,
sehr häßlich, Goldpiaster über den ganzen Rücken; um
den Rumpf wie ein Wehrgehänge eine Kette mit großen,
viereckigen Goldamuletten; er schlägt die Klapper; phantastisches Bauch- und Hüftendrehen, er läßt seinen
Bauch rollen wie Meereswellen; großartige abschließende
Ehrenbezeigung, wobei sich seine Hose weit schwingend
aufplusterte.

Kleine Straße hinter dem Hôtel d'Orient. Man bittet
uns, in ein geräumiges Zimmer hinaufzusteigen. Der Diwan ist zur Straße hin vorgebaut; zu beiden Seiten des
Diwans kleine Fenster, die auf die Straße gehen und die
sich nicht schließen lassen; gerade gegenüber dem Diwan
ein großes Fenster ohne Rahmen und Scheiben, mit einem
Eisengitter, durch das man eine Palme sehen konnte. Auf
einem großen Diwan links hockten zwei Frauen; auf einer
Art Kamin ein brennendes Dauerlicht und eine Flasche
Raki. Die Triestinerin ist heruntergekommen, kleine,
blonde Frau mit roter Gesichtsfarbe. Die erste der beiden
Frauen: dicke Lippen, plattnasig, ausgelassen, derb, »un
poco matta, signor«, sagte uns die Triestinerin; die zweite:
groß, schwarze Augen, gerade Nase, Ausdruck von Müdigkeit und Wehmut, ist sicherlich die Mätresse irgend-
eines Europäers in Kairo. Sie versteht ein paar Worte
Französisch und weiß, was ein Ehrenkreuz ist. Die Triestinerin hatte höllische Angst vor der Polizei und daß man
Lärm bei ihr machen könnte. Abbas-Pascha, der die Männer liebt, schikaniert die Frauen sehr; man darf in diesem
öffentlichen Haus weder tanzen noch Musik machen. Sie
spielte mit ihren Fingern auf dem Tisch Tarabuka, während die andere, die ihren Gürtel aufgewickelt und in
Höhe der Hüften festgeknotet hatte, dazu tanzte; sie hat
uns einen Tanz aus Alexandria vorgetanzt, dessen Arm-

bewegungen darin bestehen, die Handrücken abwechselnd an die Stirn zu führen. Anderer Tanz: gerade nach vorn abgestreckte Arme, die Ellenbogen etwas angewinkelt, der Oberkörper unbeweglich, Triller mit dem Bekken. Vorherige Waschung dieser Damen. Ein ganzer Wurf kleiner Katzen sprang von meiner Decke herunter. Hadely hat ihre Jacke nicht aufgeknöpft, sie gab mir zu verstehen, daß sie Schmerzen in der Brust hätte.

Impression: sie voran, Rascheln der Kleider, Geräusch der Goldpiaster an ihrem Haarnetz, helles, gedehntes Geräusch. – Mondschein. – Sie trug einen Leuchter.

Auf dem Mattengeflecht: festes Fleisch, bronzefarbener Arsch, rasiertes Möschen, trocken, wenn auch fett; das Ganze erinnerte an Pestkranke und Aussatzigenlager. Sie hat mir beim Ankleiden geholfen. – Ihre arabischen Wörter, die ich nicht verstand. Es waren Fragen aus drei oder vier Wörtern, auf die sie eine Antwort erwartete; die Augen durchdringen einander, die Intensität des Blickes verdoppelt sich. – Josephs Miene bei all dem mittendrein. – »Liebe machen« mit Hilfe eines Dolmetschers.

Zitadelle. – Wenn man sie nicht vom Rumelienplatz aus betritt, steigt man über Straßen zu ihr auf, die von hohen Mauern gesäumt sind.

Auf der Plattform befindet sich die Mohammed-Ali-Moschee: in der Mitte des Hofes ein hübscher Alabasterbrunnen; in einer Ecke der Moschee (man baut gerade an ihr) das vorläufige Grab des Mohammed-Ali, von einem Holzgerüst umgeben, mit Teppichen abgedeckt, unter einem Kristallüster.

Von der Höhe der Zitadelle hat man den Überblick über ganz Kairo.

Die Pyramiden waren in pralles Sonnenlicht getaucht, man konnte sie nicht sehen; rechts die Ebene mit den Kalifengräbern; gegenüber: Kairo; etwas weiter links die

Trümmermassen, die sich vor dem alten Kairo erstrecken; hinter einem, runzelig und traurig, der Mokattam.

Josephsbrunnen. – Mehrere Stufen, schwarzgraues Gemäuer, eine riesige Akazie prangt darüber: ein wahrhaft biblischer Winkel. Man steigt in dieses große, viereckige Loch hinab, das direkt in das Felsgestein gehauen ist; in die rechte Mauerfüllung hat man quadratische Öffnungen gehauen, um Licht hereinzulassen. Das Wasser steigt mit Hilfe eines Wasserrades nach oben. In einer Mauernische befindet sich das Grab Josephs: ein aus dem Felsen herausgehauener Block, darüber eine kleine Kugel; er klingt hohler als der angrenzende Felsen. Zurück steigen wir über jenen Weg in die Stadt hinab, wo die Mamelucken massakriert wurden; Mohammed sah dem Gemetzel von der Höhe des dicken Turms aus zu, wo der Telegraph steht. – Noch vor dem Tor, das auf den Rumelienplatz führt, Begegnung mit einem alten Türken, der jetzt Zuhälter (*pesevenque*) ist; er ist mit Napoleon nach Frankreich gegangen und ist wieder nach Kairo zurückgekehrt. – Auf dem Platz treffen wir wieder den Gaukler von neulich mit den beiden kleinen Mädchen und dem Buben.

A propos Spaßmacher:

Mohammeds Narr nahm sich im Bazar eine Frau und vögelte sie *coram populo* auf dem Ladentisch. Vor einiger Zeit ließ sich ein Kind von einem Affen sodomisieren. Ein Marabut ging splitternackt auf der Straße mit einem Hut auf dem Kopf und einem anderen vor dem Schwanz spazieren; um zu pinkeln, nahm er ihn ab; und die unfruchtbaren Frauen hockten sich unter den Urinstrahl und ließen sich damit übergießen. Ein Heiliger (Idiot) starb vor einiger Zeit an Erschöpfung vom Befriedigen all der Frauen, die ihn aufgesucht hatten.

Dienstag, 4. Dezember, schöner Tag.

Als ich vom Hôtel d'Orient zurückkam und nach dem

Arbeiter suchte, der Maximes Photographie-Stativ in-
stand setzt, habe ich das hübsche Portal des Stadthauses
betrachtet, in dem das Gesandtschaftspersonal der Tos-
kana wohnt: romanische Arkade mit gebrochenen Rund-
stäben; viersäulige Schäfte, die wie Stricke geflochten
sind; im Hof zwei frei umherlaufende Straußenvögel, die
sich mit den Schnäbeln die Läuse vom Rücken kratzen.

Khân el-Khalîli. – Bazar der Goldschmiede; eng, dunkel, lärmend. – Bazar der Parfümhändler. – Zum Essen
heimgekehrt, vier Briefe von meiner Mutter.

Ritt zu den Kalifengräbern zwischen der Erdaufschüt-
tung hinter den Toren Kairos und dem Mokattam. – Grau
der Erde, der Gräber und der Moscheen; am Horizont, der
Wüste von Suez zu, finden sich Erhebungen im Gelände,
die wie Zelte aussehen.

Die Moschee von X . . . (?). – Im Zentralhof ein von
Vögeln belagerter Baum. Wir steigen auf das Minarett;
die Steine sind verwittert, zersetzt. Auf den oberen Stufen
Überreste von Vögeln, die zum Sterben hierhergekommen
sind, so hoch wie möglich, fast in den Lüften. Von hier aus
habe ich Kairo unter mir; rechts die Wüste mit den Kamelen, die über sie hingleiten, und ihrem Schatten, der sie
eskortiert; gegenüber, jenseits der Weiden und des Nils,
die Pyramiden: der Nil ist von weißen Segeln gesprenkelt,
die beiden großen Segel, die sich wie ein Halstuch kreuzen,
geben dem Schiff das Aussehen einer Schwalbe, die mit
zwei riesigen Flügeln dahinfliegt. Der Himmel ist ganz
blau, um uns herum kreisen die Sperber; unten, in weiter
Ferne, die ganz kleinen Menschen, lautlos kriechen sie
dahin. Das flüssige Licht scheint durch die Oberfläche der
Dinge zu dringen und sich darin einzurichten.

Maxime feilscht mit einer Frau um eine Korallenkette,
Kette mit Kugeln aus feuervergoldetem Silber. Sie stillte
ein Kind; schamvoll zog sie sich zurück, um ihre Kette

abzunehmen, nichtsdestoweniger zeigte sie ihre zwei »Titten«, wie der alte Ruppel zu sagen pflegt. Der Handel kommt nicht zustande.

Bei Einbruch der Dunkelheit erfüllt graublauviolettes Licht die Atmosphäre.

Rückkehr zur Stadt. – Pfeife und Kaffee in einem Caféhaus. Beginn der Vorbereitungen für die Expedition zu den Pyramiden. – Körperliche und geistige Verfassung gut; guter Dinge und guter Verdauung. Na was denn, es geht doch alles ganz gut! *Dienstag, 4. Dezember, halb zwölf abends.*

DIE PYRAMIDEN · SAKKARA
MEMPHIS

Aufbruch. *Freitag*, mittags zu den Pyramiden aufgebrochen. Maxime ist auf einen Schimmel gestiegen, der sich wie ein Weihrauchfaß bewegt, Sassetti auf einen kleinen Schimmel, ich auf einen Braunen, Joseph auf einen Esel.

Wir kommen an den Gärten des Soliman-Pascha vorbei. – Rôda-Insel. – Wir überqueren den Nil in einer Barke; während gerade die Tiere verladen werden, kreuzt uns ein Toter, der in seinem Sarg mit Armkraft getragen wird. – Dieser Mumm der singenden Ruderer, sie lehnen sich nach vorn und werfen sich unter anspornenden Zurufen wieder zurück. Das Segel ist stark gebläht, wir gleiten schnell dahin.

GIZEH. Lehmhäuser wie in Atfeh, Palmenhain. – Zwei Schöpfräder: das eine wird von einem Ochsen gedreht, das andere von einem Kamel.

Jetzt erstreckt sich vor uns eine riesige, sehr grüne Weidelandschaft mit schwarzerdigen Karrees, frisch bearbeiteten und von der Überschwemmung geräumten Flächen, die sich wie Tusche von dem eintönigen Grün abheben. Ich muß an die Anrufung der Isis denken: »Heil dir, Heil, schwarze Erde Ägyptens«. Die ägyptische Erde ist schwarz. Büffel äsen; hier und da ein schlammiger wasserloser Graben, in dessen Schlick unsere Pferde bis zu den Knien einsinken; bald durchqueren wir große Wasserlachen oder Bäche.

Gegen halb vier sind wir schon nahe der Wüste, aus der die drei Pyramiden emporragen. Ich kann mich nicht länger halten und treibe mein Pferd an, das im vollen Galopp durch den Sumpf stampft. Maxime macht es mir

zwei Minuten später gleich. Furioser Ritt. – Unwillkürlich
stoße ich Schreie aus, einem Wirbelwind gleich geht es
rauf bis zum Sphinx. Anfangs folgten uns noch die Araber,
sie riefen: »Σφίγξ, σφίγξ, oh! oh! oh!« Er wurde immer
größer und größer und erhob sich aus dem Boden gleich
einem Hund, der sich aufrichtet.

Ausblick auf den Sphinx Abu-el-Hul (Vater des Schrek-
kens). – Sand, Pyramiden und Sphinx, alles grau und in
heftiges Rosa getaucht; der Himmel ist ganz blau; Adler
kreisen langsam schwebend um die Spitzen der Pyramiden. Wir machen vor dem Sphinx halt, er blickt uns
furchterregend an; Maxime ist ganz blaß; ich fürchte, mir
dreht sich der Kopf, und versuche, meiner Erregung Herr
zu werden. In wilder Jagd reiten wir wieder los und lassen
uns, ganz von Sinnen, über die Steine davontragen; dann
umkreisen wir im Schritt die Pyramiden, dicht an ihrem
Sockel. Das Gepäck ist immer noch nicht da, die Nacht
senkt sich herab.

Man stellt das Zelt auf (dies war seine Einweihung;
heute am 27. Juni 1851 habe ich es gerade mit Boissière
mangelhaft wieder zusammengefaltet: dies ist sein Ende).
– Diner. – Wirkung der kleinen Laterne aus weißem Tuch,
die am Zeltmast hängt. – Unsere Waffen lehnen über
Kreuz an den Stangen, die Araber sitzen um das Feuer
herum oder schlafen in Decken gewickelt in Gräben, die
sie mit den Händen in den Sand gegraben haben. Sie liegen da wie Leichen in ihren Grabtüchern. Ich schlafe in
meinem Gehpelz ein, indes ich all diese Dinge genieße;
die Araber singen eine monotone Kanzone, ich höre, wie
einer eine Geschichte erzählt: so ist das Leben in der
Wüste!

Um 2 Uhr weckt uns Joseph, weil er glaubt, es sei schon
Tag; es war aber nur eine weiße Wolke gegenüber am
Horizont, und die Araber hatten Sirius für Venus gehal-

ten. Ich rauche unter dem Sternenzelt ein Pfeifchen und betrachte den Himmel; ein Schakal heult.

Aufstieg. – Um 5 Uhr als erster aufgestanden, ich wasche mich vor dem Zelt in dem Eimer aus Segeltuch. Wir hören wiederholt das Heulen der Schakale. – Aufstieg auf die Große Pyramide, die zur Rechten (Cheops). Die Steine, die aus einer Entfernung von zweihundert Fuß so groß wie Pflastersteine aussehen, sind immerhin, selbst die kleinsten, drei Fuß hoch; im allgemeinen reichen sie einem bis an die Schulter. Wir steigen an der linken Kante (gegenüber der Chephrenpyramide) hoch; die Araber schieben mich, ziehen mich, ich kann nicht mehr, es ist zum Verzweifeln vor Anstrengung. Fünf- oder sechsmal muß ich verschnaufen, Maxime ist vor mir aufgebrochen und kommt schnell vorwärts. Schließlich bin ich oben.

Wir warten eine gute halbe Stunde lang auf den Sonnenaufgang.

Vor mir ging die Sonne auf; das ganze in Nebel gehüllte Niltal glich einem weißen unbeweglichen Meer, und die Wüste dahinter mit ihren Sandhügeln einem weiteren, dunkelvioletten Ozean mit lauter versteinerten Wellen. Indessen tauchte die Sonne hinter der arabischen Bergkette auf, der Nebel zerriß zu großen, hauchdünnen Schleiern, und die von Kanälen durchschnittenen Wiesen waren wie grüne Teppiche mit arabesken Randverzierungen. Alles in allem drei Farben: zu meinen Füßen im Vordergrund ein unermeßliches Grün; der Himmel von einem gelben, abgenutzt wirkenden Karminrot; im Hintergrund und zur Rechten eine weite, hügelige Ebene in einem schillernden, braunroten Ton, Minarette von Kairo, Canjas, die in der Ferne vorbeiziehen, Büschel von Palmbäumen.

Schließlich hat der Himmel da, wo die Sonne aufgehen wird, einen orangefarbenen Streifen. Alles, was sich zwischen dem Horizont und uns befindet, ist ganz weiß und ähnelt einem Ozean; das zieht sich zurück und steigt an. Es scheint, als höbe sich die Sonne ganz rasch über die länglichen Wolken empor, die wie Flaum von unaussprechlicher Zartheit sind; man könnte meinen, die Bäume in den Büscheln von Dörfern (Gizeh, Matârîje, Bedrachein usw.) stünden oben am Himmel, da die ganze Fernsicht lotrecht ausgerichtet ist; ich hatte so eine Sicht schon einmal vom Paß der Picade in den Pyrenäen; hinter uns, wenn wir uns umdrehen, liegt die Wüste, violette Sandwogen: ein violetter Ozean.

Es wird heller, und da sind zwei Dinge: die trockene Wüste hinter uns, und vor uns eine riesige, reizvolle, von endlosen Kanälen durchzogene, hier und da von Palmbüschen durchsetzte Grünlandschaft; dann im Hintergrund, ein wenig nach links, die Minarette von Kairo und insbesondere die alle anderen überragende Mohammed-Ali-Moschee (eine Imitation der Hagia Sophia). (Der aufgehenden Sonne zu entdecke ich, mit Stiften an einen Stein befestigt: *Humbert frotteur*. – Pathetischer Zustand Maximes, der dieses gleich zu holen sich beeilt hatte und dann dermaßen außer Atem war, daß ihm dünkte, krepieren zu müssen.) – Müheloser Abstieg über die entgegengesetzte Kante.

Inneres der Großen Pyramide. – Nach dem Essen besichtigen wir das Innere der Pyramide. Sie besitzt eine Öffnung auf der Nordseite; gleichförmiger Gang (einem Abwasserkanal ähnlich), durch den man hinabsteigt; Gang, der nach oben führt; wir schlittern über den Dreck von Fledermäusen. Es sieht so aus, als seien diese Gänge eigens dafür angelegt worden, unproportionierte Särge sachte durch sie hindurchgleiten zu lassen. Vor der Königskammer ein etwas breiterer Korridor mit großen, längs verlaufenden Rillen im Gestein, als habe man irgendeine Egge darin herabgelassen. – *Königskammer*: ganz aus riesigen Granitsteinen, leerer Sarkophag im Hintergrund. – *Kammer der Königin*: kleiner, von der gleichen quadratischen Form, vermutlich mit der Königskammer verbunden.

Als wir auf allen Vieren aus einem Gang herauskriechen, treffen wir auf Engländer, die hinein wollen, alle in derselben Haltung wie wir; wir tauschen Höflichkeiten aus, und jeder geht seiner Wege.

Chephrenpyramide. – Kein Mensch besteigt sie, es sei denn Abdallah. »Abdallah fünf Minuten aufsteigen«; an der Spitze ist die Verkleidung noch intakt, sie ist durch den Vogelkot ganz weiß geworden.

Inneres. – Die Belzonikammer. Im Hintergrund ein leerer Sarkophag. Belzoni hat hier nur ein paar Rindergerippe gefunden, vielleicht waren es die der Apis-Stiere. Unter dem Namen von Belzoni steht nicht weniger groß der des Monsieur Just de Chasseloup-Laubat. Diese Unzahl überall hingeschriebener Namen von Dummköpfen verärgert einen: oben auf der Großen Pyramide steht in schwarzen Lettern ein Buffard, 79, rue Saint-Martin, Tapetenfabrikant; ein schwärmerischer Engländer hat »Jenny Lind« hingeschrieben; dann eine Birne, die Louis-Philippe darstellen soll (fast alles moderne Namen), und das arabische Spiel: ein mit kleinen Löchern versehenes Parallelogramm; es handelt sich um ein Rechenspiel, in die Löcher werden Steinchen gesteckt.

Rhodopispyramide. – In ihr gibt es mehr Fledermäuse als in den anderen; die Stille in diesen verborgenen Gemächern wird durch ihre kurzen, spitzen Laute unterbrochen. – Eine eingestürzte Kammer; ob da wohl Rhodopis geruht hat? Die Decke ist folgendermaßen gemacht: zwei konvexe Steine, die sich berühren, bilden einen sehr weiten Spitzbogen.

Etwas weiter durch die Gänge, und man stößt auf eine zweite Kammer, die noch Seitenzellen für die Mumien aufweist; es gibt insgesamt sechs Zellen, zwei im Hintergrund und vier auf der rechten Seite.

Totentempel hinter der Großen Pyramide. – Auf den Wänden, halb erhaben, Priester, Tieropfer, Seegefechte; eine kalbende Kuh, das Kalb wird von einem Mann herausgezogen. Der Gang ist gewölbt, die Wölbung aber wird von einem einzigen konvexen, ausgekehlten Steinblock gebildet.

Sphinx. – Am Boden im Sand hockend, rauchen wir eine Pfeife und betrachten ihn. Seine Augen wirken noch voller Leben, die linke Seite ist vom Vogelkot geweißt (die Haube der Chephrenpyramide hat deshalb auch weiße, längliche Flecken), er ist genau der aufgehenden Sonne zugewandt, sein Kopf ist grau, sehr große Ohren, abstehend wie bei einem Neger, sein Hals ist verwittert und geschrumpft; vor seiner Brust ein großer Krater im Sand, der ihn noch mehr zur Geltung bringt; die fehlende Nase verstärkt noch die Ähnlichkeit, da er dadurch plattnasig wirkt. Im übrigen muß es sich um einen Äthiopier gehandelt haben; die Lippen sind dick.

Nachdem wir die zweite Pyramide begutachtet hatten, kamen uns die drei Engländer in unserem Zelt besuchen (wir hatten sie dahin eingeladen): Kaffee, Tschibuken, Fantasia unserer Araber; der alte Scheik hüpft umher, wobei er sich mit beiden Händen auf einen Stock stützt. Die Araber gehen in die Knie und erheben sich dann wieder, wobei sie in die Hände klatschen und singen: »Pso malem jara leudar; pso malem jara leudar«, das ist Beduinensprache und heißt: »Hüpfen wir alle im Kreis!«

Wir hatten in Gizeh einen Aufseher geheuert, einen furchterregenden Neger, bewaffnet mit einem Stock, an dessen Ende sich ein Eisenring befand.

Oben auf der Pyramide zeigte uns einer unserer Führer
die Stelle, wo die Schlacht stattgefunden hatte, und sagte
zu uns: »Napouleoùn, Sultan Kebir? aicouat, mameluks«,
und mit beiden Händen machte er die Geste des Kopfab-
schneiders.

Nachts geht ein starker Wind; das Zelt bebt an seinen
Pflöcken; der Wind hämmert gegen die Plane wie gegen
ein Schiffssegel.

Sonntag. Kühler Morgen, mit Photographieren verbracht; ich posiere oben auf der Pyramide, die sich hinter
dem südöstlichen Winkel der Großen befindet.

Schachtgrab. – Eine kreisförmige Grube mitten im
Felsgestein, dann eine Plattform und in deren Mitte ein
quadratisches Loch von ungefähr 80 Fuß (von oben nach
unten gesehen) auf etwa dreißig Fuß Breite, daneben (zu
den Pyramiden hin) ein quadratischer Schacht. – Phanta-
stische Gewandtheit unserer Beduinen. – Auf dem Grund
der Gruft ein Sarkophag, darin eine große Figur aus Granit, von der man nur noch den Kopf sieht. Ich bin nicht
hinabgestiegen.

Kleine Grotten unten am Hügel der Pyramiden. – Sie
sehen aus wie ehemalige Troglodytenbehausungen. Die
Felswand ist auf eine Weise zerklüftet, daß sie wie Tierge-
stalten aussieht, ähnlich unförmigen Wirbeln. Der Sand
ist überhäuft und angefüllt mit menschlichen Überresten,
die im Sonnenlicht schwarz und weiß erscheinen, Mu-
mienteile, Schenkelknochen. Wir heben einige davon auf,
wie schon gestern, als wir – unterwegs zum Sphinx – zu
den drei Granitfiguren kamen, die in den Sand eingebettet
sind. Irgend jemand hat einen Teil der Kartusche entfernt, die sich auf einer von ihnen befindet. – Szenen im
Halbrelief: Abgaben, die einem König überbracht werden, Rinder, Esel (vollständig); im Hintergrund überlebensgroß Isis und Osiris sitzend, sehr schön. Diese

Skulpturen hier wirken von reinerem Stil als die im Totentempel. – Kleine, nicht sehr tiefe Zellen; auf derselben
Seite steht eine schadhafte Statue, ihr Kopf steckt ein
wenig zwischen den Schultern.

Nachmittags Spazierritt durch die Wüste. Wir reiten
zwischen der ersten und der zweiten Pyramide hindurch
und gelangen bald an eine Allee aus Sand, die den Eindruck macht, als sei sie durch einen einzigen, mächtigen
Windstoß entstanden. Weite Flächen mit Steinen, die wie
Lava aussehen. – Eine Zeitlang im Galopp, Ausprobieren
unserer kleinen Blashörner, Stille. Es kommt uns vor, als
seien wir auf einem Sandstrand und als müßten wir jeden
Moment die Wellen erblicken; unsere Schnurrbärte sind
salzig, der Wind ist scharf und kräftigend; Schakalspuren,
vom Wind halb verwehte Kamelfährten. Jedesmal bevor
man auf eine Anhöhe kommt, ist man auf etwas Neues
gefaßt, und jedesmal entdeckt man nur die Wüste.

Wir kehren zurück; die Sonne geht unter. – Im Hintergrund das grüne Ägypten; linkerseits abfallendes, ganz
weißes Gelände, man könnte meinen: Schnee; der Vordergrund ist ganz violett; die Steine blinken, buchstäblich in
violette Farbe getaucht; man könnte meinen: eines jener
Gewässer, die so durchsichtig sind, daß man sie nicht
sieht, und die Steine, umgeben von diesem Licht, das wie
Politur auf der Farbe liegt, schimmern metallisch. Ein
Schakal rennt an uns vorbei und sucht rechts das Weite.
Man kann sie bei Einbruch der Dunkelheit kläffen hören.
– Rückkehr zum Zelt, vorbei am Fuße der Chephrenpyramide, die mir maßlos groß und ganz senkrecht vorkommt;
das sieht aus wie eine Klippe, wie etwas Naturwüchsiges,
ein Berg, der aus irgend etwas Ungeheuerlichem geschaffen worden wäre, das einen erdrücken möchte. Man sollte
die Pyramiden nur bei Sonnenuntergang sehen. *Sonntag,
9. Dezember, halb 9 abends, im Zelt.*

VON DEN PYRAMIDEN NACH MEMPHIS. *Montag, der 10.* Wir
reiten am Saum der Wüste entlang, die langsam zum Tal
hin abfällt. – Sonne, frische Luft. – Die Pyramiden von
Sakkâra sind um vieles kleiner und verfallener als die von
Gizeh. In Sakkâra haben wir das Gepäck verloren; ich
bleibe im Zentrum des Dorfes, einem Palmenhain, zurück,
während Max in rasendem Galopp durch die Gegend
streift, um unsere Leute wiederzufinden. Ein paar rauchende Araber am Fuße einer Lehmmauer. – Hof, umgeben von einem Zaun aus getrocknetem Schilfrohr; hier
und da Hühner. – Unser Sais in einem kleinen, blauen
Kittel (beim Laufen hielt er, wie ein Vogel, die Ellbogen
nach hinten und streckte den Kopf nach vorn) mit den
gekreuzten Kordeln darüber und mit einem kleinen, weißen Turban auf dem Kopf, führte mein schweißgebadetes
Pferd im Schritt spazieren. Araber bringen uns wieder auf
den richtigen Weg, und so erreichen wir Memphis. – Wir
lagern auf einer Art palmenbestandenem, kleinem Vorsprung am Ufer eines großen Teiches, den Überresten der
Überschwemmung. Linker Hand staffelförmig ansteigende Häuser und ein weißer Santon; im Hintergrund
flache Perspektive, Grün.

Dienstagmorgen, der 11. Spaziergang am Seeufer mit
geschulterten Gewehren. – Ankunft Neuvilles, der von
einer Vielzahl von Herren eskortiert wird. – Pfeife und
Kaffee, ein Schwarm von Turteltauben am Rande eines
Loches, in dem ein Koloß (Sesostris?), und zwar auf sich
selber ruhend, bäuchlings im Wasser liegt.

Wir steigen auf die Pferde und reiten auf einer langen,
staubbedeckten Landstraße an bebauten Feldern vorbei
in Richtung auf die Pyramiden von Sakkâra. Am Fuße
einer dieser Pyramiden treffen wir jene Herren wieder, sie
haben Neuville verloren, dessen Gewehrsalven man in der
Ferne hören kann. – Unglaubliche Mengen von Skorpio-

nen. – Araber kommen auf uns zu, um uns vergilbte
Schädel und bemalte Täfelchen feilzubieten. Der Boden
scheint aus menschlichen Überresten zu bestehen; um das
Zaumzeug meines Pferdes wieder in Ordnung zu bringen,
hat mein Sais ein Stück Knochen genommen. Die Erde ist
von Brunnen durchlöchert und buckelig, es geht auf und
ab; die Ebene ist dermaßen aufgebrochen, daß es gefährlich wäre zu galoppieren. Mittendurch ziehen Kamele,
geführt von einem schwarzen Kind.

Um Ibisse zu bekommen, steigen wir in einen Brunnen;
dann kommt ein Gang, durch den man bäuchlings kriechen muß; man rutscht über feinen Sand und Tonscherben; hinten stehen die Ibiskrüge, im Verbund aufgereiht
wie Zuckerhüte beim Krämer.

Totentempel. – Durch eine enge Öffnung stürzt man auf
den Sand herab: halb verschüttete, quadratische Säulen,
Reste von Malerei und einer schönen Zeichnung; Kam-
mern mit Gewölben aus länglichen, konvexen Steinen;
Gesimskonsolen, Mumiennischen. Muß eine sehr schöne
Stätte gewesen sein.

Rückkehr von Abukîr nach Memphis im Galopp.

Auf dem Teppich liegend, lesen wir unsere Aufzeichnungen über Memphis; die Flöhe springen aufs Papier. – Bei
Sonnenuntergang Spaziergang durch die Palmenhaine;
ihre Schatten erstrecken sich über das grüne Gras wie früher wohl die der Säulen über die großen, verschwundenen
Steinplatten. – Die Palme, ein architektonischer Baum. –
Alles in Ägypten scheint für die architektonische Gestaltung geschaffen zu sein, Geländeanordnung, Vegetation,
menschliche Anatomien, Horizontlinien.

Mittwoch, Rückkehr nach Kairo, fast immer unter Palmen. Der Staub, der unten an ihren Stämmen liegt, ist von
Sonnenflecken gesprenkelt, die hindurchdringen; ein Feld
mit blühenden Bohnen strahlt Duftbalsam aus; die Sonne

ist warm und wohltuend. Unter den Hufen meines Pferdes finde ich einen Skarabäus. Wir überqueren den Nil bei Bedrachein und lassen Tura auf der anderen Seite des Nils leicht rechts liegen.

Weite Sandflächen bis hin zu den Mameluckengräbern, angenehme Sonne, Geschmack von Landstraße; Staubwirbel, Hitze. Ich klemme das Pferd zwischen die Knie und reite vornübergebeugt, den Kopf auf der Brust. Wir kehren über Karameidan und an der Zitadelle vorbei heim.

Mittwoch, der 12., war mein Geburtstag, 28 Jahre alt.

RÜCKKEHR NACH KAIRO

Hassan-Moschee: runde Vorhalle, Gewölbezwickel oder Stalaktiten, große Stricke, die von oben herabhängen. Wir ziehen Schlappen aus Palmgeflecht über.

Ibn-Tulûn-Moschee, fast zerstört, war von Ibrahim-Pascha für ein Spital vorgesehen. Abbas-Pascha zog die Arbeiter ab zur Errichtung seines Landhauses an der Straße nach Matarijeh. – Riesenhof; Seitenschiffe mit Spitzbögen, die von rechteckig angeordneten Pfeilern getragen und an den vier Ecken jeweils von einer Säule flankiert werden.

Rumelienplatz. – Auf dem Rumelienplatz treffen wir wieder unsere Freunde, die Gaukler. Das Kind spielte (sehr gut) einen Toten, es wurden Almosen gesammelt, um es wieder zum Leben zu erwecken; man steckte ihm einen eisernen Karabinerhaken in den Mund, mit dem es völlig nackt umherlief. Nicht weit entfernt eine Gruppe von Arabern, die auf Tarabuken spielten und sangen; etwas weiter erzählte ein anderer ein Märchen, neben ihm brannte Weihrauch.

Türkisches Bad. – Kleiner Junge mit rotem Tarbusch, der mir mit Trauermiene den rechten Schenkel massierte.

Braut auf der Straße. – Ich hörte einen Hochzeitszug und beeilte mich. Unter einem Baldachin aus rosafarbener Seide die Braut, eskortiert von zwei Frauen mit wundervollen Augen, vor allem die zu ihrer Linken; die Braut ist wie üblich mit einem roten Schleier verhüllt, der ihr zusammen mit der kegelförmigen Frisur das Aussehen einer Säule gibt; die Braut ist dermaßen eingeschnürt, daß sie kaum gehen kann.

Santone. – Ein Santon aus Rosette fällt über irgendeine Frau her und vögelt sie vor aller Augen; die umherstehenden Frauen nahmen ihre Schleier ab und verhüllten die Paarung. – Geschichte von einem Franzosen, der sich in Oberägypten verirrte und ohne Existenzmittel war; um zu überleben, kommt er auf den Einfall, sich als Santon auszugeben, was ihm gelingt. Ein Franzose erkennt ihn wieder. Der Santon erhält schließlich eine 12 000-Francs-Stellung in der Militärverwaltung. *Sonntag, 16. Dezember 1849.*

Als ich vom Essen hochkam, hörte ich den durchdringenden Schrei von L . . ., die im Sterben lag. – Auf meinem Diwan habe ich die Aufzeichnungen des Bekir-Bey über Arabien gelesen, es ist halb 4. – Um 5 Uhr ging ich runter in den Garten, um eine Pfeife zu rauchen. Madame X . . . war gestorben; im Treppenhaus konnte ich die Verzweiflungsschreie ihrer Tochter hören. Am Wasserbecken, in der Nähe des an einen Mimosenbaum angebundenen Äffchens, stand ein Franziskaner; er grüßte mich, wir sahen uns an, und er sagte: »Es gibt noch etwas Grüüin«, dann ging er weiter. Die Kinder von der Judenschule spielten im Garten, zwei kleine Mädchen und drei Jungen, von denen einer eine mechanische Vorrichtung zum Quietschen brachte, woraufhin sich Soldaten in Bewegung setzten. Doktor Ruppel kam und gab dem Affen eine Nuß, der ihn sogleich besprang: »Ah! du Schwein. Ah, Schwein du, du kleines Schweinchen!« rief er, dann ging er in die Stadt, wohl um Besorgungen zu machen, denn er trug seinen Hut. Im Hof sagte Bouvaret, in Hemdsärmeln und seine Zigarre rauchend, zu mir: »Es ist vorbei.« Man schickt sich an, Mutter und Tochter, die sich an sie klammert, voneinander zu trennen; jetzt schreit sie aus Leibeskräften, es hört sich fast an wie Gebell.

Es handelte sich um eine in Paris erzogene Engländerin; in dem Quartier, wo sie wohnte, hatte sie die Bekanntschaft eines jungen Mohammedaners gemacht, der jetzt

Kaimakam ist, und wurde auch Mohammedanerin. Jetzt streiten sich die islamischen und die katholischen Priester wegen der Beerdigung; heute morgen hat sie noch gebeichtet, doch nach der Beichte ist sie zu Mohammed zurückgekehrt und wird jetzt wohl auf Türkenart bestattet werden. (*Viertel vor 4*)

Seit Montag, dem 17., hat es die ganze Woche geregnet; wir haben uns die Zeit mit dem Begutachten der Aufzeichnungen von Bekir-Bey und mit Photographieren vertrieben. Zweimal haben wir uns in hohen Stiefeln auf die Straßen von Kairo gewagt, die mit Schlammlachen bedeckt sind: die armen Araber wateten bis zu den Knien darin herum und zitterten; die Geschäfte werden liegengelassen, die Bazare sind geschlossen, trauriger und kalter Anblick; Häuser stürzen unter dem Regen ein. Um den Schlamm auszutrocknen, schüttet man Asche und Abfall darauf; auf diese Weise hebt sich allmählich das Bodenniveau.

Samstag, der 22. Besichtigung des Ibrahim-Pascha-Grabmals in der Ebene zwischen Mokattam und Nil, hinter Karameidan. Sämtliche Gräber der Familie Mohammed Alis sind von erbärmlichem Geschmack: Rokoko, Canova, europäisch-orientalisches Gemisch, Malereien und Girlanden wie in einem Wirtshaus, und darüber kleine Kronleuchter aus einem Ballsaal.

Wir gehen den Aquädukt entlang, über den Wasser bis zur Zitadelle geleitet wird; herrenlose Hunde schliefen in der Sonne oder streunten umher, am Himmel zogen Raubvögel ihre Kreise. – Ein Hund reißt einen Esel in Stücke, von dem nur noch ein Teil des Skeletts und der Kopf mit dem vollständigen Fell übrig war; sicherlich ist der Kopf wegen der Knochen das schlechteste Stück. Die Vögel fangen immer bei den Augen an, die Hunde im allgemeinen mit dem Bauch oder dem After; alle fangen sie jedenfalls bei den zarteren Teilen an und gehen nach und nach zu den zähen über.

Rôda-Park. – Groß, schlecht unterhalten, voll schöner Bäume, indischer Palmenkohl. An seinem Ende, der Kairinischen Seite zu, führt eine Treppe ins Wasser. – (Rechts, wenn man auf Kairo blickt) Palast des Mehmet-Bey, der seinen Sais nageln ließ, weil der um Markubs gebeten hatte. – Im Rôda-Park steht auf der Gizeh-Seite unter Bäumen versteckt, nahe einer prächtigen Sykomore, ein Haus, das früher an die Konsuln vermietet wurde und in dem es toll orientalisch zugehen könnte . . .

Kasr el'-Aini-Spital. – Sehr ordentlich. – Ein Werk des Clot-Bey, man stößt noch auf Spuren von ihm. – Hübsche Fälle von Syphilis; im Saal der Abbas-Mamelucken haben manche sie im Arsch. Auf ein Zeichen des Arztes hin stellten sich alle aufrecht in ihren Betten, lösten ihre Hosengürtel (es wirkte wie ein Militärmanöver) und öffneten mit den Fingern den Anus, um ihre Schanker zu zeigen. – Ungeheure Infundibula; einer hatte einen Docht im Arsch; bei einem Alten war der Schwanz ganz ohne Haut; ich trat bei dem Gestank, der von all dem ausging, unwillkürlich einen Schritt zurück. – Ein Rachitiker: verbogene Hände, die Fingernägel so lang wie Krallen; die Struktur seines Rumpfes war sichtbar wie bei einem Skelett, und auch der Rest des Körpers war unvorstellbar mager, der Kopf war von weißlichem Aussatz bedeckt.

Anatomieraum: Präparat aus Auzoux-Wachs, an der Wand Zeichnung eines Muskelmodells, Auzoux-Fötus in einem runden Behälter; auf dem Seziertisch die Leiche eines Arabers mit schönem, schwarzem Haar, sie lag vollständig geöffnet da.

Korsischer Apotheker im Jagdrock.

Abends Szene mit Sassetti.

Montag, 24. Dezember; den Tag auf dem Mokattam zugebracht, wo es nichts zu sehen gab. Zwischen zwei Felsen gegessen; die Esel sind verschwunden, Joseph verbringt seine ganze Zeit damit, sie zu suchen. Wir laufen durch Wüste, wir lagern uns auf der Erde, gedankenlos, fast wortlos, angenehmer Tag voll Muße und frischer Luft. Auf der Anhöhe gegenüber der Zitadelle eine alte Moschee. Wir steigen die verfallenen Stufen zum Minarett empor, von wo aus man auf Kairo blicken kann, beinahe im Vordergrund Alt-Kairo, die zwei hohen weißen Minarette der Mohammed-Ali-Moschee, die Pyramiden, Sakkâra, das Niltal, dahinter die Wüste, Schubra im Hintergrund rechts. In einem Caféhaus nahe der Zitadelle haben wir Kaffee getrunken, aus langen Schischeh-Pfeifen (aus Mekka) geraucht. Zu meiner Linken, etwas hinter mir, verrichtete ein Mann, der auf eine Bank gestiegen war, sein Gebet; ein Kind blies aus Schabernack in Josephs kleines Horn; an der Tür stand ein Esel in Parthenon-Haltung: ein Bein vorgestreckt und der Kopf so steif wie bei dem Esel Jesu auf Flandrins Fresko in Saint-Germain-des-Prés. Nachdem er sein Gebet verrichtet hatte, kämmte sich der Mann in aller Ruhe seinen Bart, ganz wie ein Monsieur in seinem Ankleidezimmer. Maximes Esel, derselbe, der früher oft iahte, stieß schließlich Gurgellaute aus wie ein Kamel; rührt das daher, daß er ihrer so viele gehört hat? Man hat noch nicht untersucht, wie weit bei den Tieren das Nachahmen geht; das könnte bis zur Entstellung ihrer Sprache, bis zur Verdrängung ihrer Stimme gehen.

Lateinische Mitternachtsmesse. – Bischof unter einem Baldachin, Kerzen, mit rotem Damast verhängte Säulen. – Darüber eine Frauenempore aus Palmenholz in Form eines Bauches (wie gegen sie und die Macht ihrer eigenen Bestimmung gerichtet?); da hindurch lassen sich ein paar Frauenschleier wahrnehmen. – Tänzelnde Weisen auf der Orgel, während die Priester ihre Meßgewänder anlegten.

Dienstag, der 25., Weihnachtstag; Besuch bei Monsieur Delaporte. Madame Delaporte, klein und blond, ist Engländerin, ihre untere Gesichtshälfte wie die der Muse. – Lambert ist nicht zu Hause. – Mougel-Bey. – Endloser Spaziergang durch Ezbekija mit Lubert und Bekir. Furcht dieser Herren, sich zu kompromittieren. Was für ein dummes und trauriges Leben! – Der Sohn des Scherifs von Mekka mit seinem ganzen Gefolge zu Pferde, Kaschmirturban, grüner Kaftan, kaffeefarbener Teint. – Diner, mehr als leichte, später sozialphilosophische Konversation; muß für die Gesellschaft wenig amüsant gewesen sein.

Am 26. Besichtigung der Moscheen mit Delatour und Mosiö Malézieux: Gehrock, Kragen, Hut, gelbe Handschuhe, Aussehen eines erbärmlichen Schwachkopfes, die arabische Architektur scheint ihm gar nicht zuzusagen. Wurde dagegen munter, als wir am Bazar der Neger beim Bab el-Futûh vorüberkamen: »Sagen Sie doch Ihrem Führer, er soll ihr sagen, sich ganz auszuziehen!«, im Hinblick auf eine arme Negerin, die vor uns herging.

El-Azhar-Moschee. – Im Hof Mollahs in der Sonne, schreibend, salbadernd; Säulenfluchten, zu deren Füßen man Kreise weißer Turbane erblickte. Der Scheik trieb die Menge um uns herum mit Stockhieben auseinander, wenn diese zu dicht wurde. – Roheit unseres Kavassen, um die Leute zur Ordnung zu bringen: auf den Stufen der Moscheen nahm er seinen langen Stock mit Silberknauf in beide Hände und drosch rechts und links drauflos.

Sejidna-'l-Hassanein.

Bürgerspital von Ezbekija. – Irre, die in ihrer Zelle brüllen. – Ein Alter bat weinend, man möge ihm den Kopf abschlagen. – Der schwarze Eunuch der Großprinzessin kam, mir die Hand zu küssen. – Eine alte Frau flehte mich an, sie zu vögeln, sie stellte ihre schlaffe, lange, bis zum Nabel reichende Brust zur Schau und klopfte darauf; mit einem außerordentlich sanften Lächeln legte sie den Kopf zur Seite und zeigte ihre Zähne. Machte, als sie mich im Hof bemerkte, einen Kopfstand »und zeigte ihnen den Arsch«; das ist so ihre Art, wenn sie Männer sieht. – Eine Frau tanzte in ihrem Verschlag und schlug dabei auf ihren Nachttopf aus Blech wie auf eine Tarabuka.

Affe vor dem Hôtel d'Orient. – Eine Dame aus dem Gefolge der Großfürstin von Holland gab ihm ihre Handschuhe. Begleitet wurde sie von einem Herrn, der mit dem großen niederländischen Löwen dekoriert war und eine Krawattennadel in Form eines Dreidampfers trug. – Besuch bei Batissier.

Abends Maskenball in der Straße der Walachenbordelle. – Alles in allem gab es zwei Masken, die das Äußere von Drei-Francs-Huren hatten, schwarze, pelzbesetzte Spenzer. – Eine Dicke, Vorsteherin des Etablissements, Spieltisch, Getränke aus kleinen Gläschen: das alles war von kalter, stupider Komik.

Donnerstag, den 27. Bazar der Parfümhändler. – Besuch beim katholischen Bischof, Refektorium, gutes Diner bei diesen Herren: es gibt zwei Sorten Savoyer Kuchen. – Man kann nichts aus ihnen herausholen; nach zwanzig Minuten fast ausschließlicher Alleinunterhaltung sage ich der Gesellschaft guten Abend.

Grabmal der Kalifen, wo Maxime photographiert.

Delatour. – Rückkehr nach Kairo; alles liegt im Dunkeln, nur über Alt-Kairo eine goldene Stelle am Himmel, vor dem sich schwarz ein paar Minarette abheben.

Kairo im Glanz der Lichter.

Freitag, der 28. Ergebnislose Versuche, Handelsauskünfte einzuholen. – Besuch beim koptischen Bischof, der mich in seinem Hof empfängt; Hassan geht voraus und sagt zu ihm:»Da ist ein französischer Kawadscha, der die ganze Erde bereist, um sich zu bilden, und der zu dir kommt, mit dir über deine Religion zu reden«. In einem baumbestandenen Gärtchen Rabatte mit hohen, dunkelgrünen Pflanzen; um es herum läuft ein vergitterter Diwan.

Der koptische Bischof, ein weißbärtiger Alter im Gehpelz, hockte barfüßig in einer Ecke des Diwans; er hüstelte. Um ihn herum Bücher; in einer gewissen Entfernung drei schwarz gewandete Doktoren, jünger als er, stehend, doch ebenfalls mit langen Bärten.

Als er müde war, machte ein anderer Priester weiter. – In der Mitte stand Hassan mit verschränkten Armen, die in den weiten Ärmeln steckten. – Meinen Kurbasch hatte ich am Eingang gelassen. – Ich auf dem Diwan sitzend und plaudernd.

Samstag, der 29. Nachmittags um drei in Bulak gewesen, um unseren ersten Besuch bei Lambert-Bey zu machen. – Abends gesellt sich ein gutmütiger Alter zu uns; er hat Bonaparte gekannt und gibt uns eine genaue Beschreibung seiner Person:»Klein, bartlos, das schönste Gesicht, das er je gesehen habe, schön wie eine Frau, mit gelbblonden Haaren; er gab unterschiedslos Almosen an Juden, Christen und Mohammedaner«. Der gute Alte sagt uns, daß er sich langweile, und möchte, daß wir ihn mit in unser Land nehmen. Er ist ein Opiumraucher; die einzige Wirkung, die das bei ihm zeitigt, ist, daß er länger auf seiner Frau bleibt, manchmal bis zu einer Stunde. Früher war er sehr reich, war 21mal verheiratet und ist jetzt ruiniert.

Wir hatten an jenem Tag nach dem Essen Tänzer bei uns, den berühmten Hassan el-Bilbesi und noch einen anderen mit Musikern; sein Begleiter wäre auch ohne ihn aufgefallen. Kostümiert waren beide mit weiten Hosen und einer bestickten Jacke, die Augen waren mit Antimon

(Khôl) bemalt. Die Jacke fällt bis auf die Magengrube
herab, während die Hosen, die durch einen übergroßen,
mehrmals übereinander gefalteten Kaschmirgürtel gehalten werden, etwa erst am Schambein beginnen, so daß der
ganze Bauch, die Hüften und der Gesäßansatz durch die
schwarze Gaze nackt hindurchschimmern, die ihrerseits
von den unteren und den oberen Kleidungsstücken gehalten wird. Sie legt sich bei jeder Bewegung, die sie ausfüh-
ren, wie eine durchsichtige Welle über ihre Hüften in
Falten. Die schrille Flöte, die Tarabuka, dringt einem
durch Mark und Bein; das alles wird noch vom Sänger
übertönt.

Hier die Übersetzung dessen, was der Sänger während
des Tanzes sang:

»Ein türkisches Ding von schlanker Gestalt besitzt feurige
und durchdringende Blicke.

Ihretwegen haben die Liebenden die Nacht in den Fesseln
der Knechtschaft verbracht.

Ich opfere meine Seele für die Liebe eines Rehkalbs, das
Löwen zu bändigen wußte.

Mein Gott, wie süß es ist, den Nektar ihres Mundes zu
saugen!

Ist nicht dieser Nektar schuld an meiner Sehnsucht und
an meinem Siechtum?

Oh Vollmond, genug der Härte und der Qualen! Es wird
Zeit, daß du dein Versprechen erfüllst, das du einem
schmachtenden Liebenden gegeben hast.

Und vor allem laß die Gunst nicht enden, die du ihm
schenken wirst«.

Die Tänzer entfernen sich und kommen wieder zurück.

Ausdruckslose Gesichter unter der Schminke und dem
perlenden Schweiß.

Die Wirkung ergibt sich aus der feierlichen Kopfhal-
tung einerseits und den lasziven Körperbewegungen an-

dererseits; zwischendurch werfen sie sich auf dem Rücken
vollständig zu Boden, ähnlich einer Frau, die sich hingibt,
um sich dann plötzlich mit einem brüsken Sprung wieder
zu erheben, ähnlich einem Baum, der sich nach einem
Windstoß wieder aufrichtet. Ruhepausen beim Grüßen
und Verneigen; ihre roten Hosen blähen sich unvermittelt
auf wie ovale Ballons, um dann beim Entweichen der Luft
wieder zusammenzufallen. Hin und wieder während des
Tanzes macht der Kornak Scherze und küßt Hassan auf
den Bauch. Hassans Blick ist während der ganzen Zeit
nicht von seinem Spiegelbild gewichen.

Unterdessen speiste Mouriez links an einem kleinen
runden Tisch.

Sonntag, die koptische Kirche im alten Kairo besichtigt. – Monsieur de Voltaire hätte gesagt: »Ein paar böse
Spitzbuben, die sich in einer häßlichen Kirche versam-
melt haben, verrichten ohne Pomp die Riten einer Religion, deren Gebete sie nicht einmal verstehen«. Von Zeit
zu Zeit sagt der erstbeste Anwesende dem Priester ganz
laut die Aussprache des Wortes vor, welches dieser nicht
lesen kann.

Krypta der Jungfrau, hier soll sie sich mit ihrem Kinde
nach der Ankunft in Ägypten ausgeruht haben. Die
Krypta wird an den Seiten von vollen Rundbögen getragen. Ansonsten bedeutungslos. Uns werden Bruchstücke
aus dem Evangelium vorgelesen.

Amr-Moschee im alten Kairo, erbaut nach dem Plan
der Moschee von Mekka. Man zeigt uns die Säule, welche
Omar mit Peitschenhieben aus Mekka fortjagte und der er
befahl, sich hierher zu begeben, was sie dann tat; man
kann die Markierung des Peitschenhiebs noch sehen. Man
zeigt uns einen Brunnen, in dem ein Algerier kürzlich
seine Tasse wiederfand, die er in den Zenzem-Brunnen
hatte fallen lassen. Links vom Eingang wird eine Zwil-

lingssäule gezeigt: der Mensch, der nie gelogen hat, kann durch sie hindurchgehen, obwohl beide Säulen sehr eng beieinanderstehen, danach erst schließen sie sich wieder.

Besuch bei Birr, Kommandeur, Adjutant des Soliman-Pascha; großer, gemütlicher Deutscher, der uns zu essen anbietet, was wir ablehnen.

Montag, Silvester. Auf Dromedaren Ausritt zum Stauwehr; er gelingt uns recht gut. Delatour und Joseph trippeln auf Eseln. – Familie Mongel. – Mohammed.

Photographie. – Auf der anderen Nilseite Fellachendörfer. – Musikalische Soiree. – Auf der Canja übernachtet. – Delatour schockiert.

Dienstag, Neujahr. Kühler, nebliger Morgen. Wir machen uns mit den Dromedaren auf den Heimweg. – Schrecklich traurig bis Schubra, war nicht in der Lage zu sprechen.

Mittwoch, Besuch bei Linant-Bey. Er empfängt uns in seinem Garten, wo die Hecken gestutzt werden; es gibt hier Rosen, wir schreiben den 2. Januar. Linant zeigte uns den Atlas des Monsieur Jomard von dessen Reise zur Ammon-Oase.

Donnerstag, der 3. Sämereien gekauft, ausgezeichnetes Bad.

MATARIJEH-HELIOPOLIS. *Freitag, der 4.* Aufbruch nach Matarijeh. Unter Bäumen her. – Obelisk im Garten des Selim-Effendi. – Armenier mit langer Raubvogelnase, Unterscheidungsmerkmal seiner Rasse. – Kleine Sakije am Eingang zum Garten, in dem der Obelisk steht. – Der Baum der Heiligen Jungfrau steht in einem anderen Garten, auf dem Weg nach Matarijeh rechts; er sieht aus, als habe man mehrere Holzscheite aufrecht gestellt und als wachse oben aus ihrer Mitte der Stamm. Der Garten ist voller Rosen.

In guter Verfassung kehre ich allein nach Kairo zurück. Morgens auf dem Hinweg hatte ich einen weißen Ibis gesehen, der neben den Büffeln im grünen Gras herumpickte; manchmal kann man sie auf deren Rücken oder Hörnern hocken sehen.

Samstag, der 5. Ich habe Kairo zu Fuß durchstreift, weil es so glitschig war. Mal stieg ich wütend von meinem Esel und ging ein paar hundert Schritt zu Fuß, dann stieg ich wieder auf, und so ging das immerfort den ganzen Weg über. Der junge Mohammed schrie aus Leibeskräften: »Haênbraim aibraim!!«, doch Brahim kam nicht. Unsere Grabungen bei zwei quadratischen Steinsäulen am Eingang von Matarijeh bleiben ergebnislos, wir finden nichts außer einem großen Tornister, einem runden Stein und einer Art Armband aus Ton. – Rückkehr nach Kairo durch die Wüste von Suez. – Abends beim Essen denkbar zwanglose Unterhaltung.

Sonntag, 6. Januar. Josephsaquädukt. Wir verbringen den ganzen Nachmittag damit, längs des Pharaonenaquädukts auf Raubvögel zu schießen. Weißliche Hunde, Wolfsgestalten mit spitzen Ohren, treiben sich in diesen stinkenden Gegenden herum; sie machen Löcher in den Sand, Nester, in denen sie schlafen. – Gerippe von Kamelen, Pferden und Eseln. – Bei manchen war die Schnauze violett von geronnenem Blut, das in der Sonne hart gebacken ist; trächtige Muttertiere laufen mit ihrem dicken Bauch herum; je nach individuellem Charakter bellen sie gellend oder aber machen uns Platz, um uns vorbeizulassen. Kommt ein Hund von einem andern Stamm, wird er sehr schlecht in dem fremden Rudel empfangen. – Wiedehopfe mit Tigerstreifen und langen Schnäbeln picken zwischen den Kadaverkörpern nach kleinen Würmern. – Die flachen, kräftigen Kamelrippen ähneln entlaubten und gekrümmten Palmwedeln. – Während ich den Aasgeiern auflauere, zieht eine Karawane von vierzehn Kamelen an den Aquäduktbögen vorbei. Die Kadaver stinken unter der starken Sonne; die Hunde pennen, wenn sie verdauen, oder sie reißen in aller Ruhe das Fleisch in Stücke.

Nach der Jagd auf Adler und Milane haben wir auf die Hunde geschossen: wenn eine Kugel in ihre Nähe fiel, machten sie sich, ohne zu laufen, langsam davon. Wir standen auf einer Kuppe, sie auf einer anderen; das kleine Tal zwischen uns und ihnen lag vollständig im Dunkeln. Ein weißer Hund, in der Sonne aufgepflanzt, mit aufgerichteten Ohren. – Der, den Maxime an der Schulter verletzt hat, krümmte sich wie ein Halbmond, rollte zuckend am Boden und trollte dann weiter . . . sicher um in seinem Loch zu verrecken. An der Stelle, wo er getroffen worden war, sahen wir eine Blutlache, und eine Spur kleiner Tropfen führte in Richtung Schlachthaus. Es handelt sich um ein Gehege von mittelmäßigem Umfang, 300 Schritt von dort entfernt; außerhalb liegen aber hundertmal mehr Kadaver als drinnen, wo man kaum etwas anderes als Eingeweide und Berge von Unrat sieht. Dahinter, zwischen der Mauer und dem daran anschließenden Hügel, kann man für gewöhnlich die meisten umherkreisenden Vögel sehen. Das ganze Gelände dieses Viertels besteht nur aus Aschehaufen und Tonscherben. Auf einem Stück Ton Blutstropfen.

Hier, längs des Aquädukts, halten sich für gewöhnlich die Soldatenmädchen auf, die sich für ein paar Paras der Liebe hingeben. Der jagende Maxime kam einer Gruppe dazwischen, und ich habe unsere drei Eseltreiber für die Summe von 60 Paras (eineinhalb Piaster, ungefähr sieben Sous) mit Venus erfreut. An jenem Tag rauchten ein paar Soldaten und Frauen unten an den Bögen und aßen Orangen; einer von ihnen war auf den Aquädukt geklettert und stand Schmiere. Ich werde nie die brutalen Bewegungen meines alten Eseltreibers vergessen, als er über das Mädchen herfiel; er faßte sie mit dem rechten Arm, streichelte ihre Brüste mit dem linken Arm und zog sie mit sich, all das geschah in einer einzigen Bewegung; dabei lachten seine großen, weißen Zähne, die Tschibuke aus schwarzem Holz hing auf seinem Rücken, seine Lumpen unten an seinen kranken Beinen hatte er aufgerollt.

Montag, der 7. Einzug der Prinzessin, der Schwiegermutter des Abbas-Pascha, in Kairo; sie kommt von einer Pilgerreise nach Mekka zurück. Man war ausgezogen, um sie in ihrem Palast zu erwarten, der sich in der Suezwüste befindet. – Pilger auf Kamelen steigen ab und werfen sich in die Arme ihrer Freunde oder Verwandten. – Zwei Männer umarmen sich weinend und entfernen sich sogleich wieder. – Wüstenmanöver der irregulären Infanterie. – Es ist kühl, viel Staub; Bekir-Bey läßt uns zu dem Regimentsstab vor; die Musik spielt Polkas. – Zu Pferd der Kapellmeister: ein Dickwanst in Gehrock und Schnürstiefeln; Nabar-Bey, junger Armenier mit Quartier-Latin-Gehabe; groteskes Aussehen dieser armen türkischen Paschas, die in europäische Uniformen gezwängt sind.

Die Kamele der Prinzessin haben Knieschützer mit Spiegeln, um die herum Perlenketten hängen, um den Hals eine dreifache Kette mit Glöckchen, auf dem Kopf bunte Federsträuße.

Die Fenster ihrer Sänfte haben die Form von Bullaugen und sind im Innern spiegelverziert.

Die Lanzen der *Irregulären* sind an den Schaftenden mit igelförmigen Federbüschen geschmückt.

Am Mittwoch spaziere ich bei schönem Sonnenschein ganz allein durch Kairo, in dem Viertel, das sich zwischen Karameidan und dem Bulaktor erstreckt (demjenigen, das im Herzen von Ezbekija liegt, linker Hand, wenn man nach Norden schaut). Ich verirre mich in den kleinen

Straßen und gerate in Sackgassen. Von Zeit zu Zeit stoße
ich auf einen Platz aus Häusertrümmern oder eher aus
fehlenden Häusern; Hühner scharren nach Nahrung, auf
den Mauern sind Katzen. – Stilles, warmes und abgeschie-
denes Leben. – Einige Wirkungen, die von der strahlenden Sonne ausgehen, wenn man plötzlich aus den Gäß-
chen kommt, die so eng gebaut sind, daß sich die Vordä-
cher der Muschrabijen an den Häusern überschneiden.

Donnerstag, der 10. Rückkehr der Karawane aus
Mekka, Einzug des *Teppichs*.

Wir stehen früh auf und gehen auf die Straße beim Bab
el-Futûh, um die Karawane abzuwarten. An den Fenstern
und unter den Vordächern der Muschrabijen kann man
Köpfe von Frauen sehen, die sich sofort verschleiern,
wenn sie merken, daß man sie anschaut.

Auf einem Kamel ein bis zur Taille nackter Mann, der
sich wie ein Derwisch im Takt wiegt. Die Männer der
irregulären Kavallerie haben ein prächtiges Gebaren in
ihrer Zerlumptheit und Wildheit; keine Flicken an ihren
Gewändern, Staub und keine Flecken; doch andererseits,
wie (relativ) diszipliniert die Truppe auch sein mag, so ist
sie doch von einem grotesken Kontrast. – Europäisches
Plagiat, die armen Offiziere mit Stegen, und was für
Schuhwerk!

Chammas. – Mademoiselle Rose Jallamion. – Geschichte
von Birr und vom Baron von Gottbert.

Donnerstag, der 17. Bulak, Nil, Canja, Sonne, tiefes und
ruhiges Durchatmen. – Bäder, allein, Düfte, Licht durch
die Glaslinsen der Rotunden. – Bardaschen. – Wir arbeiten bis ein Uhr nachts mit Khabel-Effendi.

Dreikönigsfest der Griechen; wir verlassen um ein Uhr
morgens das Haus; die Zeit bis zur Öffnung der Kirche
verbringen wir in einem Caféhaus. Die Kirche wird um
4 Uhr morgens geöffnet. – Kirche der Armenier: eine Art

Rundbau mit verglastem Eingang, in dem Kerzen verkauft werden. Als wir eintreten, stehen die Gläubigen gerade mit dem Rücken zum Altar und mit dem Gesicht zur Tür. Die Heiligenbilder sind vom selben Stil wie bei den Kopten. – Reizender Effekt der halblauten (Kinder-) Chöre, die die Fermate der vom Offizianten gesungenen Kopfstimme halten. Wenn die Kopfstimme die Fermate ausklingen läßt, singt der Chor *mezza voce* weiter. Die Gewänder nicht besonders schön. Kreuzzeichen vermischen sich mit echt mohammedanischen Verbeugungen: erst also ein Kreuzzeichen, danach eine Verbeugung, bei der die Stirn den Boden berührt.

Erneuter Halt in einem Caféhaus, Max geht schlafen, die Griechen haben immer noch nicht geöffnet. – Dritte Rast in einem Caféhaus, Joseph und ich; es ist 4 Uhr morgens.

In der griechischen Kirche byzantinische Bilder in russischem Geschmack, das bringt einem den Schnee wieder nahe. Beim (zweiten) Betreten der Kirche fing es gerade an zu dämmern; ich hatte dieses Augenstechen wie jemand, der die ganze Nacht auf den Beinen war. Ein paar vornehme griechische Damen betraten die Kirche; ich wurde in eine Wolke angenehmen (frischen) Duftes gehüllt, der unter ihrem Schleier hervorkam, als sie diesen mit einer heftigen Ellbogenbewegung wieder auf ihrem Kopf befestigten und der Wind ihn in die Höhe hob. Jetzt gerade sehe ich vor mir einen Strumpf aus rosa Stoff und eine Fußspitze in einem spitzen, gelben Pantoffel vorübergehen.

Der Gottesdienst dauerte endlos lange. Der Patriarch auf seiner Kanzel, stolz und mit hartem Blick, fuhr mehrmals heftig die Frauen an, die auf der Frauenempore schwatzten. – Kleiner Junge im Gehrock, der ihm die Hand küssen ging und sich verneigte. – Übertriebenes

Handküssen. – Er selbst küßt das Evangelium. – Nach der Kollekte wird den Anwesenden Orangenblütenwasser über die Hände gegossen. – Ich mache mich um 8 Uhr davon, und die Messe ist erst um zehn zu Ende!

Am nächsten Morgen im Konsulat Vertragsabschluß mit Reis Ferzalis.

Montagmorgen, Besuch bei Soliman-Pascha.

Freitag, 25. Januar, Danseh-Zeremonie. – Trampeln. – Chaotisches Farbenmeer aus all den dicht zusammengedrängten Turbanen. Zwei Wagen nur mit Fremden; ein dritter, grüner Wagen, aus dem ein Negerkopf herausschaut. Rechts auf der Palastterrasse Eunuchen, die zuschauen. Zwei Männertrupps haben sich genähert, sie wiegen sich in den Hüften und heulen, einige mit eisernen Spießen, die durch die Wange gezogen, oder mit kleinen Stangen, die durch die Brust gestoßen sind, jeweils mit einer Orange an beiden Enden. Ein großer Neger mit vorgestrecktem Kopf war so außer sich, daß man ihn zu viert festhalten mußte; er wußte nicht mehr, wo er war. Eunuchen droschen mit ihren Palmstöcken derb auf die Menge ein, um Platz zu machen; man hörte die Schläge so auf die Tarbusche niederprasseln, als würde auf Wollballen eingeschlagen, wie das regelmäßige, dichte Rauschen eines Regens. Auf diese Weise wurde in der Menge ein Gang freigemacht, in ihn wurden die Gläubigen Kopf an Fuß gelegt, mit dem Bauch auf die Erde. Noch vor dem Durchritt des Scherifs schritt ein Mann über diese Allee aus Menschen, um zu sehen, ob auch alle dicht beieinanderlägen und kein Zwischenraum mehr bliebe.

Der Scherif im grünen Turban, blaß, schwarzer Bart, wartet einige Augenblicke, bis die Reihe gut zusammengepfercht ist; zwei Sais halten sein Pferd in Höhe des Mauls fest, der Scherif seinerseits ist von zwei Männern flankiert, die ihn festhalten. Das Pferd: dunkler Fuchs;

der Scherif in grünen Handschuhen. Zum Schluß fingen
seine Hände an zu zittern, und er wurde am Ende des
Ritts auf seinem Sattel fast ohnmächtig. Nach Augen-
schätzung lagen da etwa 300 Männer; das Pferd schritt
heftig und widerwillig aus, es hat bestimmt mit den Flanken Stöße verteilt. Ist das Pferd vorübergegangen, strömt
gleich die Menge hinter ihm her, und man kann nicht
ausmachen, ob jemand getötet oder verletzt worden ist.
Bekir-Bey hat uns versichert, daß es keinen Unfall gegeben hätte.

Am Abend vorher waren wir im Kloster der Derwische
gewesen. Wildes Tamburinschlagen, am Boden wälzte
sich ein Mann mit einem Messer. Und was für ein Trommeln auf der Tarabuka! Keine Kanone erreicht so schrek-
kenerregende Wirkungen. – Zelte im Ezbekija-Park, wir
gehen dort abends unter der Beleuchtung spazieren, um
den langen Menschenreihen beim Singen zuzuschauen.

Montag, der 28. Vorstellung des Monsieur Lemoyne,
Generalkonsul, im Konsulat von Kairo. – Trister Anblick
des silberbestickten Rocks von Monsieur Belin, ohne Or-
denskranz, zwischen denen von Monsieur Lemoyne und
Monsieur Delaporte. – Pomp. – Monsieur Desgontanis als
Europäer, den wir am Abend zuvor als alten Ägypter
gesehen hatten, als er den Gesängen in einem Zelt des
Ezbekija-Parks zuschaute.

Dienstag, der 29. Empfang bei Monsieur Lemoyne auf
der Zitadelle. – Keine Truppenentsendung; dennoch Aufbruch. – Großer Brokatelldiwan. – Im Hintergrund in
einem Winkel Abbas-Pascha (in etwa wie Baudry, nur
größer). – Jämmerliche Mamelucken, sie ähneln gemiete-
ten Domestiken. – Trauriger Luxus. – Chammas mit einem goldenen Band an der Hose, mit Stock zu Pferde. –
Besuch im Konsulat. – Zizinia entsteigt ganz in Silber
gewandet dem Wagen; glich einer in Stanniolpapier ge-

wickelten Stange Apfelzucker. Er steigt in eckiger Haltung aus seinem Wagen. – Besuch bei Bekir-Lubert: »Seine Hoheit waren bezaubernd«. – Monsieur Benedetti und Madame Mari. – Die bis zum Kinn in ihren weißen Schleier gehüllte Negerin Bekirs trägt Tschibuken und Kaffee auf.

Kalter Abend ohne Sonne.

Dienstag, 5. Februar, Diner bei Soliman-Pascha mit Monsieur Macherot, Ex-Zeichenprofessor an der Schule von Gizeh (aufgelöst).

Um 8 Uhr auf der Canja schlafen gegangen; zur Einweihung von Flöhen aufgefressen.

AUF DEM NIL

Die Nacht über bleiben wir vor dem Konak des Soliman-Pascha vor Anker liegen. Maxime erwartet mit der Morgenpost Spiegelgläser.

Mittwoch, der 6., morgens hören wir, wie bei Soliman Billard gespielt wird. – Wir machen mit einer Sandalie eine kleine Rundfahrt bis zur Spitze der Rhôda-Insel; unsere Matrosen sind ganz erstaunt, einen Kawadscha mit Rudern hantieren zu sehen. Um 2 Uhr erscheint Joseph . . . ohne Spiegelgläser! Wir brechen auf.

Günstiger Rückenwind; nach und nach lichten sich die Reihen der zahlreichen Barken. – Essen. – Die Canja segelt steuerbords geneigt dahin; der Zollkahn legt seitwärts an: drei Piaster – und wir können weiterfahren.

Das Wetter ist schön, unsere Seeleute sind gut gelaunt; unsere Matrosen musizieren; Joseph führt am Herd, den Schaumlöffel in der Hand, ein paar Schritte aus. Schimy, der komische Vogel der Truppe, tanzt mit einem Bardaken auf dem Kopf. Bei Einbruch der Nacht läßt der Wind nach. – Sonnenuntergang. Die Pyramiden von Sakkâra heben sich grau vom Gold ab, das sich von der Bodenlinie bis zum Himmel erstreckt; die linke Seite ist zunächst rosa, gelb, grün und schließlich blau; mittendrin der gelbe Nil, und mitten auf dem Fluß die Canja, und mitten auf der Canja Joseph mit einem Taschentuch, das er um seinen Tarbusch gewickelt hat.

Donnerstagmorgen, der 7. – Als ich an Deck steige, sind wir dicht am Ufer. Die Farbe der Erde gleicht haargenau derjenigen der Nubierinnen, die ich im Sklavenbazar gesehen habe.

Wir werden mit einem Strick getreidelt. Gegen 10 Uhr legen wir an einer Flußinsel an; die Pyramiden von Sakkâra liegen rechts hinter uns. Wir betreten mit unseren Gewehren die Insel; wir stoßen auf zwei Männer – sie liegen im Schilf –, auf Enten und weiße Vögel; der komische Mannschaftsvogel trottet mit einem großen, dicken Stock hinter uns her. – Der Sand gleicht fast überall dem der Ozeanstrände; am Uferstreifen einige feuchte Stellen, die wie graue Schokoladencreme aussehen.

Chamsin. Wir schließen uns ein; der Sand knirscht zwischen den Zähnen, man kann die Gesichter nicht mehr unterscheiden; er dringt bis in die Blechdosen und verdirbt unsere Vorräte; unmöglich zu kochen. Der Himmel hat sich vollständig verdunkelt, die Sonne ist nur noch ein Fleck am blassen Himmel. Mächtige Sandwirbel erheben sich und schlagen gegen die Flanken unserer Dahabije; alle haben sich hingelegt. Eine Canja mit Engländern treibt heftig nilabwärts und dreht sich im Wind. Bei Einbruch der Nacht geht Max mit Sassetti und Joseph an Land und legt ein paar Grundangeln aus.

Freitag. Morgens vier Stunden lang am Strick gezogen. Wir gehen beim Dorf Kafr-el-Ayyat vor Anker; wegen des höheren Ufers sind wir hier etwas vor dem Staub geschützt. Ein paar Boote sind am Ufer vertäut. Wir verbringen den Chamsin-Tag eingeschlossen in unserer Kajüte. Am Abend betreten wir das Festland und jagen 20 Minuten von da entfernt in einem Palmenhain, der ein Dorf umschließt, Turteltauben. – Junge mit Turban, der uns folgt und uns Vögel auf den Zweigen zeigt, ohne dabei aufzuhören, mit dem Klöppel gelbliche Baumwolle zu spinnen.

Samstag. Am selben Ankerplatz; morgens Jagd an derselben Stelle. Kalter Wind. – Hier und da laufen gruppenweise zwischen den Palmen Schafe und Büffel umher, sie werden von einem Kind in Lumpen oder auch einer Frau geführt; der Wind zerzaust das blaue Gewand der Fella-

chin und drückt es ungestüm gegen ihren Körper. – Stille.
– Bald schon läuft das ganze Dorf neben uns her und
begleitet uns; ein kleiner Junge klettert auf eine Palme,
um eine Turteltaube herunterzuholen, die sich im Fallen
dort verfangen hat. Nach dem Essen Rückkehr an dieselbe Stelle und weiter zu einem anderen Palmenhain.
Den ganzen Tag über veranstalten wir ein entsetzliches
Vogelgemetzel. Um 7 Uhr abends schlafen gegangen, wir
schlafen fünfzehn Stunden lang.

Sonntag. Schlechtes Wetter; den ganzen Tag auf der
Canja geblieben; in einiger Entfernung vom vorhergehen-
den Dorf vor Anker gegangen. Ein Araber führt die Windhunde des Hassan-Bey, die er an der Leine hält, zum
Trinken an den Fluß. – Es liegen zwei oder drei Schiffe
dort. – Homer gelesen, an der *Canja* geschrieben.

Montag. Das Wetter wird wieder mild. – Am Morgen
sehe ich rechter Hand die Pyramide von Sawiet. Den
ganzen Tag lang mit dem Strick getreidelt. – Kaum Wind,
der Nil ist ganz ruhig, wir stapfen am Ufer durch schönen,
feinen Sand. Den Nachmittag verbringen wir faulenzend
auf dem Deck; abends gehen wir wieder an Land, links,
auf das rechte Ufer.

Goldene Wolken, wie Diwane aus Satin, der Himmel ist
übersät mit taubenblauen Farbtönen; über der Wüste
geht die Sonne unter. Linker Hand die arabische Kette
mit ihren scharfen Kanten; am Gipfel ist sie flach, eine
Hochebene; im Vordergrund Palmen, und dieser Vordergrund ist in Schwarz getaucht; im Mittelgrund, jenseits
der Palmen, vorüberziehende Kamele; ein paar Araber,
die auf Eseln reiten. Welche Stille! Nicht ein Laut. Weite
Sandufer und Sonne! Die Fahrt kann unter solchen Umständen furchtbar werden; der Sphinx übt eine ähnliche
Wirkung aus.

BENI-SUEF. Am 13. Ankunft in Beni-Suef. Als unsere Canja anlegt, stellt sich ein Barbier mit einem runden, inkrustierten Spiegel und mit seinen fusseligen Handtüchern ein. – Kalkverputztes Haus des Gouverneurs. – Sein Kind nach Stambuler Art gekleidet und in Hosenstege gezwängt.

Donnerstag, der 14. Aufbruch nach Medinet-el-Fayum auf abscheulichen Eseln mit noch abscheulicheren Packsätteln.

Flache Landschaft, einförmig grüner Teppich, aus dem sich hier und da eine Palmengruppe heraushebt, hinter der sich ein Dorf verbirgt. Unmengen von Saubohnen; man könnte meinen, dieses Gemüse räche sich auf diese Weise für sein Verbot. – Mahlzeit bei einem Brunnen im Dorf El-Agegh. – Anderes, größeres Dorf, in dem sich Maxime verirrt.

Trümmergräber, die wie Halbkuppelgewölbe aussehen; am Boden kommen Lumpen und bleiche Knochen zum Vorschein, wie bei einem in der Mitte tranchierten Huhn die Füllung.

Beduinenzeltdorf. – Schöne Mädchen auf dem Felde. – Hunde jaulend um zerfetzte Zelte. – Wir durchqueren einen schmalen Wüstenstreifen, dahinter wieder bebautes Gelände.

MEDINET EL-FAYUM. »Favorisca« zum Kaffee. – Kloster. – Zwei Deutsche ohne Kniehose und in Gehrock flößen sich Raki ein. – Die Birne eines Janitscharen, Saba-Rahil, lebhaftes Männchen, sieht Pottier etwas ähnlich. – Ein paar Gläschen getrunken, dazu Dragees. – Abends wird über den heiligen Antonius, Arius und den heiligen Athanasios gesprochen; die Notabeln des Landes erscheinen, um uns in Augenschein zu nehmen. – In einem Diwan hängen an der Wand: eine Ansicht von Quillebœuf, eine von Graville, Landschaften in der Umgebung von Rouen; diese erbärmlichen Lithographien hatte er von Monsieur Drouettes erhalten.

Abends, nach dem Diner, weitere Gläschen und aus Leibeskräften Lobgesänge auf die Jungfrau Maria.

Der junge Diener des Saba-Rahil reicht die Tschibuken mit großer Anmut. – Als Bußopfer für seine Sünden verlangte der Padre von ihm, sein Zimmer mit der Zunge aufzuwischen.

Ich verbringe die Nacht damit, mich zu kratzen und mir Hundegebell anzuhören.

Am nächsten Morgen Spaziergang am Bahr-Yousef entlang. Wir schauen einem Mann zu, der ein Netz auswirft. – Zerfallene Moschee, deren Arkaden man noch am Ufer sehen kann; Trümmerhaufen, der sich zu einem grauen Staubhaufen zurückgebildet hat; Büsche am Ufer, das ist also das alte Medinet. – Spaziergang durch die Bazare. – Besuche beim Bruder des Stadtgouverneurs, Mahmoud-Aga, und beim Gouverneur von Fayum, Yousef-Effendi.

AUFBRUCH ZUM MOERIS-SEE. – In Abu-Ganschu übernachtet. – Hazir, alt, verstümmelte Hand, Aussehen eines Hampelmanns. – Zum Diner ein Teller mit eingeweichtem Brot. Der Teppich, auf dem wir uns ausstrecken, hat mehr Flöhe als Fäden, der Raum ist aus Lehm gebaut; er hat zwei Fenster und eine Tür am oberen Ende einer verfallenen Treppe. Ich schließe die Nacht kein Auge, begebe mich im Gehpelz auf eine nahegelegene Mauer, links, wenn man heraustritt, rauche und betrachte die Sterne. Der Himmel ist klar, die Sterne sehen wie Kolliers aus, wie zerbrochene Kronen . . . Hundegebell; ganz in der Nähe schreit ein Kind in der Nacht. Um 5 Uhr wecke ich Joseph, der mit einem Satz aufspringt: »Si Signore!«; um

6 Uhr brechen wir zum See auf, der Scheik uns voran. – Nach zwei Wegstunden verläßt uns das Grün, das trockene Gelände ist zerklüftet von großen, regelmäßigen Spalten. – Bahr-Yousef-Kanal, riesiger Uferdamm; das Wasser fließt durch die Mulde an verkümmerten Grünpflanzen vorbei. – Unvermutet wird es malerisch: Berge mitten in der Ebene.

Der See ist ganz dunkelblau, dahinter die Berge. Wegen des Sumpfes ist der Zugang zum Ufer schwierig. Die Leute aus dem Gefolge des Scheiks stehen bis zu den Knien im Wasser, um mit den Händen Fische zu fangen. Wir können keinerlei Ende des Sees erkennen, weder seine Begrenzung auf der rechten noch seine Begrenzung auf der linken Seite, nur das, was vor uns liegt, und das Ufer, an dem wir stehen.

Rückkehr nach Abu-Ganschu. Wir verschlingen mit vollen Händen ein Stück Hammelfleisch. Der brave Scheik erhält vier Medschids, ohne daß seine Leute es wissen.

RÜCKKEHR NACH MEDINET. Büffel, Hammel, Ziegen, alles kehrt heim, die Jungen rittlings auf den mit Gräsern beladenen Eseln, Staub wirbelt unter den Hufen der Tiere auf. – Diner bei Saba-Rahil: der gute Padre serviert aus Höflichkeit uns gegenüber Fleisch und erteilt uns Dispens. Der Gastgeber macht sich deswegen über den Padre lustig. Das erinnert mich an den Herrn Bürgermeister, der den Herrn Pfarrer damit quält, wenn er ihn zum Sonntagsbraten einlädt. Unser Gastgeber selbst aß allerdings kein Fleisch. – Seine Frau, eine dicke, häßliche Syrierin mit gutmütigem Gesicht, schwanger (von den guten Werken des Padre?). – Er trinkt auf »la republica francesa«; braver Kerl, religiös, gastfreundlich; seine Höflichkeiten rühren uns.

Sonntag. Rückkehr nach Beni-Suef. – Mahlzeit an einem Santon unter einem großen Baum. – Arme Araber, die in Kommandos an den Deichen arbeiten. – Aus einer länglichen Blechtabaksdose als Tasse getrunken.

Montag. Ausruhen. – Begegnung mit der Canja von Monsieur Robert und dem Polen, der in Neufchâtel gewohnt hat. – Große Flöße aus *Ballass*-Krügen, die mit ausgerissenen Jungbäumen gerudert werden. – Unsere Matrosen lassen eine Hure an Bord kommen, die tanzt. – Tanz Rücken an Rücken und Kopf an Kopf. – Bei Sonnenuntergang ist der Nil ganz glatt, der Himmel rosa, die Erde schwarz; auf dem Blau des Flusses eine rosa Schattierung, Widerschein des Himmels; vor uns, in starker perspektivischer Verkürzung, erscheint eine Canja, die Matrosen singen beim Rudern; tiefschwarz im Licht, das sie umgibt; sie legt neben uns an. Joseph übertrifft sich beim Diner mit der Herstellung einer Pastete, wie schon am Morgen mit einem Omelett.

VON BENI-SUEF NACH ASSIUT. Die Uferböschungen des Stroms stehen oft in großen, geraden Linien übereinander.

Der weiße Berg (Scharab) weist viele kleine Erhebungen auf, die grau gestreift sind, gestreift wie der Rücken einer Hyäne; an anderen Stellen besteht er aus einer uni weißen Felswand.

GEBEL-AT-TEIR. Koptisches Kloster. Ganz nackte Mönche kommen vom Berg herunter ans Wasser: »Kawadscha christiani, Bakschisch, Kawadscha, Kawadscha«. – Sie umringen das Schiff ... Gezeter, Stockhiebe, Joseph schlägt mit seinen kleinen Latten um sich. – Die Namen Allahs und Mohammeds; Tohuwabohu aus Manövern und Stößen mit nackten Ärschen. – Im selben Augenblick fährt eine Barke an uns vorüber.

Von links (rechtes Ufer) nähert sich uns die Arabische Kette. Mitunter ist sie sanft abfallend, mit einer Attika, die den oberen Teil einnimmt; dann wieder ist sie senkrecht; meistens nimmt sie das Profil einer Hochebene an, ihr Gipfel ist fast immer flach.

Die Hitze beginnt.

SAWADAH. *Freitag, der 22.* Abends in Sawadah vor Anker gegangen. – Mond, Palmenwald (auf dem rechten Ufer, links). Wir spazieren durch ein Zuckerrohrfeld, drei Matrosen eskortieren uns mit ihren Stöcken; Hunde bellen, Wasserrinnen fließen am Fuß der Zuckerrohrpflanzen.

Von Zeit zu Zeit begegnet man einer Canja, die flußabwärts fährt, fast immer handelt es sich um einen Engländer. Trauriger Effekt: man kreuzt sich, man sieht sich wortlos aneinander vorbeiziehen. Am Flußufer reihenweise Stelzvögel; wenn man den Uferstreifen betritt, sieht man die unzähligen Markierungen ihrer langen, dünnen Krallen. Am Himmel Schwärme von Vögeln, die sich wie ein gigantischer, lossausender Peitschenriemen entfalten; das hebt sich in die Lüfte wie ein losgelassenes Tau, das im Wind hin und her treibt.

Zur Rechten keine Berge; am linken Ufer die stete Linie der Palmen; die Uferböschung ist grau.

SANTON VON SHEIK-SAID. – Vögel werden gefüttert, die angeblich das Brot zur Speisung der Armen und Reisenden zum Santon tragen; an Deck wird Brot zerbröckelt, sie kommen und fressen es; wird es ihnen ins Wasser geworfen, fallen sie mit gespreizten Flügeln darüber her und fliegen wieder davon.

Hin und wieder gibt es Löcher im Felsgestein: es sind die Behausungen der früheren Einsiedler.

Oft sieht der Nil wie ein See aus, man wird von den Biegungen umschlossen und weiß selbst nicht mehr, auf welche Seite man zusteuert und wie man wieder herauskommt. Die Arabische Kette ist meistens eine hohe, weiße Felswand.

Am Flußufer ein Büffel, der zu uns herüberblickt.

MANFALUT. Am Ufer erbaut, die Häuser sind von derselben Farbe wie dieses. Der Nil reißt die Stadt Stück für Stück mit sich fort.

Montag, der 24. Seit zwei Tagen sehen wir keine Kraniche mehr, dafür aber Reiher. Vorhin ist das Schiff auf Sand aufgelaufen, wir haben alle geschoben. Während des Diners erreichen wir die Küste vor Assiut und legen dort an. Oben vom Deck aus sehen wir, wie sich links weithin Mondschein über die Wellen breitet, es ist eine Platte aus Silber. – Vorbereitung von Briefen für morgen früh. – Heute Salut von einem Schiff, dessen Flagge wir nicht erkennen können.

– Vier Salven.

ASSIUT (LYKOPOLIS) liegt eine gute Viertelmeile vom Nil entfernt. – An den Deichen Kassien; auf einer Wiese ein schwarzer Ibis.

Wir betreten die Stadt durch den Diwan, der Konak befindet sich zur Rechten. – Großer, quadratischer, weißer, baumbestandener Hof; abfallende, gut gekehrte Straßen. – Spaziergang zur Totenstadt mit Doktor Cuny. Wir sehen einen Leichenzug vorüberziehen. Wir steigen in die Grotten von Lykopolis. Durch die weite Öffnung von Wiesen gesäumter Ausblick, im Hintergrund die Arabische Kette. Im Vordergrund zeichnet sich im Licht ein Esel ab; links unten, wenn man hinabsteigt, großer Friedhof mit seinen gezahnten Mauern und Kuppeln: die gezahnten Mauern stellen zusammengenommen ein kunterbuntes Regiment von Haifischkiefern dar.

Unser Führer faßt uns bei der Hand und nimmt uns geheimnisvoll mit sich, um uns den Abdruck eines Damenstiefels im Sand zu zeigen. Es handelt sich um eine Engländerin, die vor ein paar Tagen hier war. Der arme Junge!

Essen bei Cuny. Seine Frau eine Tochter des Linant-Bey.

Spaziergang durch die Bazare. – Dicker syrischer Tuchhändler. – Ein Pole plaudert mit Max auf italienisch. – Ausgezeichnetes Bad, dermaßen heiß, daß ich die Füße nicht ins Becken tauchen kann.

Der Tag geht zur Neige, wir kehren zur Canja zurück; die Leute, die am Ufer des Flusses umhergehen, sehen uns wie chinesische Schattenspielfiguren; es ist Nacht.

Mittwoch. Schimy, der komische Vogel, läßt uns im Stich. Nachdem wir eine Zeitlang auf ihn gewartet haben, fahren wir um 11 Uhr los. Ausgezeichneter Rückenwind. Maxime hat heute morgen ein grünes Vögelchen erlegt, das er jetzt wieder ins Wasser wirft: wie eine Blume, die auf den Wellen davonschwimmt; was ihn zu der geistvollen Bemerkung veranlaßte: »Sind Vögel nicht die Blumen der Luft?«

Mittwoch, 27., Donnerstag, 28., guter Rückenwind.

Freitag, 1. März. Um 11 Uhr 10 morgens das erste Krokodil gesichtet; es lag nahe beim Wasser im Sand. Bald darauf sehen wir zwischen den Sträuchern links an der Uferböschung noch andere. Dem Reis liegt nicht viel daran, uns aussteigen zu lassen, wegen des schlechten Rufs »dieser Gegend«, in der es viele Diebe gibt. Eineinhalb Stunden lang jagen wir vergebens; die Krokodile schlängeln sich durch die Gräser und verkriechen sich.

Samstag, der 2. In der Mitte des Tages sehen wir mehrere

Krokodile an der Spitze einer kleinen Insel. Als sich die Canja nähert, lassen sie sich wie große Schnecken ins Wasser gleiten. Wir gehen eine Stunde lang auf diesem Sandinselchen umher, ohne etwas zu finden. Am Zipfel der Insel erlege ich einen kleinen Geier.

HAMAMEH. Am Abend gehen wir in Hamameh gegenüber Dendera vor Anker; jetzt wird es großartig. – Dumpalmen: dieser Baum ruft die Erinnerung an gemalte Bäume wach. Kleines Wäldchen, schöne Form, mit Männern in blauen Gewändern, sie sitzen darunter und rauchen Pfeife. – Bei Sonnenuntergang wird das Grün übergrün (man betritt eine andere Natur, der landwirtschaftliche Charakter Ägyptens verliert sich), die Arabische Kette ist weinrot, die ganze Landschaft enorm.

Ein Fischer bietet uns ein ausgestopftes Krokodil an. – Neben ihm ein grauenvoll heulender Hund. – Auf dem Weg zum Feld, wo das Krokodil war, schreiten wir über mehrere Schadufs.

KENEH. *Sonntagmorgen.* Die Stadt liegt wie Assiut etwas abseits vom Nil, ein toter Flußarm reicht bis an den Unterbau der Häuser. Doch um von der Canja in die Stadt zu gehen, braucht man eine halbe Stunde zu Fuß, zwanzig Minuten, wenn man sich beeilt, erst über Sand, dann über einen hohen Deich. Links Bäume, darunter Kassien.

In den Bazaren duftet es nach Kaffee und Sandelholz. An einer Straßenbiegung, am Ausgang des Bazars, rechts, geraten wir plötzlich in das Viertel der Tänzerinnen. Die Straße macht einen leichten Bogen; die Häuser aus grauem Ton sind höchstens vier Fuß hoch. Links, wenn man zum Nil hinabsteigt, eine Seitenstraße, eine Palme. Blauer Himmel. Die Frauen sitzen auf Matten vor ihrer

Tür oder stehen . . . Helle Gewänder, die einen über die anderen gezogen, flattern im warmen Wind; blaue Kleider um die Körper der Negerinnen. Ihre Gewänder sind himmelblau, grellgelb, rosa, rot; all das sticht von den verschiedenen Hautfarben ab. Halsketten aus Goldpiastern fallen bis auf die Knie herab, auf den Haarspitzen Gewebe aus Seidenfäden (aufgereihte Piaster), die klingend aneinander schlagen. Die Negerinnen haben auf den Wangen längliche Male von Messerschnitten, gewöhnlich drei auf jeder Wange: das wird im Kindesalter mit einem glühenden Messer gemacht.

Dicke Frau (Madame Maurice) in Blau, tiefliegende, schwarze Augen, eckiges Kinn, kleine Hände, die Brauen stark bemalt, liebenswürdiges Aussehen. – Kleines Mädchen mit Kraushaar, das auf die Stirn fällt, leicht von Pocken gezeichnet (auf der Straße, die den Bazar verlängert, wenn man geradeaus in Richtung Birr-Amber geht, hinter dem griechischen Kolonialwarenhändler). – Eine andere trug einen bunten syrischen Habarah. – Großes Mädchen, das eine so sanfte Stimme hatte, wenn es »Kawadscha! Kawadscha! . . .« rief. Die Sonne schien stark.

Ankunft Fioravis (Monsieur de Lauture sagte mir, er sei inzwischen verstorben) und des Herrn Ortalli zu unpassender Zeit: wir müssen zu ihnen! – Anschuldigungen Ortallis auf das Konto von Cuny. – Ankunft eines englischen Domestiken und des Dragomans Abraham bei Fioravi, der uns unter einem Faß im Hof eine sitzende ägyptische Statue mit gekreuzten Armen (aus der Dekadenzzeit) zeigt: eine Frau. Am Fenster sehen wir eine kleine, weiße, blauäugige Griechin, die ein Kind stillt (ist es die Frau von Fioravi?). – Fioravi mit Tuchhose, Jackett, verstümmelter Hand, *spina ventosa*. – Ortalli: »Wenn Sie mich brauchen?« erinnert mich an François, meinen Führer in Ajaccio.

Wir kehren in die Straße der Tänzerinnen zurück, ich gehe absichtlich dort spazieren; sie rufen mir zu:»Kawadscha, Kawadscha, Bakschisch! Bakschisch, Kawadscha!« Ich gebe hier einer und da einer ein paar Piaster; einige legen den Arm um meinen Körper, um mich mitzuziehen; ich untersage mir, sie zu ficken, damit die Melancholie dieser Erinnerung stärker haften bleibt, und gehe weiter.

Der Sohn Issa blind.

Wir haben einen neuen Matrosen, Mansourh. Bevor wir ablegen, kaufen wir einem Mann, der sie uns feilbietet, am Ufer eine Dose getrockneter Datteln aus Mekka ab!

Gegen 2 Uhr wieder losgefahren und um 11 Uhr abends in Nakkadah vor Anker gegangen.

Bis jetzt wird der Nil noch nicht schmaler.

Nachts spiegeln sich ein paar Sterne auf dem Wasser, sie werden darauf so lang wie die Flammen großer Fackeln.

Tagsüber blitzt im Sonnenlicht auf jedem Wellenberg ein diamantener Stern.

Die Berge sind mitunter linienförmig angeordnet wie auf Meteorsteinen, die man in der Mitte durchgeschnitten hat.

Montag, 4. März, 2 Uhr. Wir werden bald Theben erreichen. Vor uns rechts, hinter den Bergen, liegt das Tal der Könige; links vor mir befindet sich eine kleine Barke mit fischenden Männern. Es stößt an ein weites Sandufer, an dessen Ende eine grüne Linie von Palmen ist. Der Wind nimmt jetzt wieder zu, wir kommen schneller vorwärts.

AN LUXOR vorbeigekommen. – Ich putzte gerade meinen Feldstecher, als wir Luxor zur Linken erblickten; ich stieg auf die Kajüte. – Die sieben Säulen, der Obelisk, das Französische Haus. – Am Ufer sitzen Araber nahe einer englischen Canja. – Der Wärter des Französischen Hauses ruft uns zu, er habe einen Brief für uns, es ist die Karte des Barons Anca. Wir machen halt. Unter den Leuten vor unserer Barke ein Neger, drapiert wie eine Mumie, nur Knorpel, ganz ausgetrocknet, mit einem kleinen, schmutzigen Takieh auf dem Kopf; Frauen baden ihre Füße im Wasser, ein Esel ist zum Trinken gekommen.

Sonnenuntergang über Medinet-Habu. – Die Berge sind von dunklem Indigo (auf der Seite von Medinet-Habu); Blau über schwarzem Grau mit längsgestreiften, weinroten Kontrasten in den kleinen Taleinschnitten. Die Palmen sind schwarz wie Tinte, der Himmel rot, der Nil sieht aus wie ein See aus flüssigem Stahl.

Vor Theben angekommen, spielten unsere Matrosen auf der Tarabuka, der Bierg blies auf seiner Flöte, Khalil tanzte mit Klappern; sie hörten damit auf, um anzulegen.

Und während ich mich so an all diesen Dingen ergötzte, da fühlte ich in dem Augenblick, als ich drei Wellenfalten betrachtete, die sich hinter uns im Winde krümmten, tief aus meinem Innern ein feierliches Glücksgefühl emporsteigen, das sich diesem Schauspiel vermählte, und in meinem Herzen habe ich Gott gedankt, daß er mich fähig gemacht hatte, auf diese Weise zu genießen; ich fühlte mich im Denken begütert, obwohl ich, so schien mir, an nichts dachte; es war eine innige Wollust meines ganzen Wesens.

ESNEH. *Mittwoch, der 6.* Ankunft in Esneh gegen 9 Uhr morgens. Nahe der Uferböschung ein paar Palmen; etwas weiter leichtes Gefälle, dann wird das Gelände uneben und man steigt wieder und befindet sich im Nubierviertel.

Bembeh. – Während wir aßen, kam eine Tänzerin, mager, mit kurzen Schläfen, die Augen mit Antimon geschminkt, über dem Kopf einen Schleier, den sie mit den Ellbogen festhielt, um mit Joseph zu plaudern. Ihr folgte ein zutraulicher Hammel, dessen Wolle stellenweise mit gelber Henna gefärbt war, um seine Nüstern war als Maulkorb ein schwarzes Samtband gebunden, die Füße waren wie die von einem künstlichen Hammel, er war sehr flockig und wich seiner Herrin nicht von der Seite.

Wir gehen an Land. Die Stadt, wie alle anderen, aus trockenem Schlamm, nicht so groß wie Keneh, die Bazare nicht so reichhaltig. Auf dem Platz Café mit Arnauten. Die Post ist darin untergebracht, das heißt, der Effendi verrichtet dort seine Arbeit.

Schule über einer Moschee; wir gehen hin, um Tinte zu kaufen. – Erste Tempelbesichtigung, wir halten uns nicht lange auf. – Auf den Häusern befindet sich eine Art viereckiger Turm mit Stangen, die von Ringeltauben bedeckt sind. An den Türen ein paar Almehen, weniger als in Keneh, nicht so prächtig, mit weniger keckem Aussehen.

DAS HAUS DER RUCHIOUK-HANEM. Bembeh geht uns mit ihrem Hammel voran; sie stößt ein Tor auf, und wir betreten ein Haus mit einem kleinen Hof; gegenüber dem Tor eine Treppe. Auf der Treppe uns gegenüber, umgeben von Licht, steht eine Frau, deren Konturen sich vor dem blauen Hintergrund des Himmels abheben, in rosa Hosen; über dem Körper trägt sie nur einen dunkelvioletten Gazeschleier.

Sie war soeben dem Bad entstiegen, ihre feste Brust duftete frisch, etwa wie ein Duft von süßlichem Terpentin; als erstes rieb sie unsere Hände mit Rosenwasser ein.

Wir haben die erste Etage betreten. Oben an der Treppe kommt man links in einen quadratischen, weiß getünchten Raum: zwei Diwane, zwei Fenster, eines auf der Gebirgsseite, das andere zur Stadt hin; von diesem aus zeigt mir Joseph das große Haus der berühmten Saphiah.

Ruchiouk-Hanem ist ein großes, prächtiges Geschöpf, hellhäutiger als eine Araberin, sie stammt aus Damaskus;

ihre Haut, besonders am Körper, ist leicht kaffeebraun. Wenn sie sich seitlich setzt, zeigen sich an ihren Hüften bronzene Polster. Ihre Augen sind schwarz und übergroß, ihre Brauen schwarz, ihre Nasenflügel weit und gekerbt, breite, feste Schultern, üppige Brüste, Adamsapfel. Sie trug einen breiten Tarbusch, dessen Spitze mit einer gewölbten, goldenen Scheibe geschmückt war, in deren Mitte sich ein kleiner, grüner Stein, eine Smaragdimitation, befand; das große Blau ihres Tarbuschs entfaltete sich fächerförmig, stieg herab und streichelte ihre Schultern; vor dem Tarbusch steckte ein kleiner Zweig künstlicher, weißer Blumen auf ihrem Haar, der von einem Ohr zum anderen lief. Ihre Haare schwarz, sich kräuselnd, widerspenstig gegen die Bürste, durch einen Scheitel auf der Stirn in Bänder geteilt; Zöpfchen, die auf dem Nacken zusammengesteckt werden. Sie hat rechts oben einen Schneidezahn, der schadhaft zu werden beginnt. Als Armband zwei kleine zusammengebogene, ineinander verschlungene Goldstäbchen. Dreifache Halskette aus dikken, hohlen Goldkörnern. Ohrringe: leicht ausgebauchte Goldscheiben mit kleinen Goldkörnern am Rand.

Auf ihrem rechten Arm ist eine Linie blauer Schriftzüge eintätowiert.

Sie fragt uns, ob wir eine kleine Fantasia hören wollen.

Die Musikanten erscheinen: ein Kind und ein Alter, dessen linkes Auge mit einem Lumpen zugedeckt ist; sie kratzen beide auf einem Rebab, einer Art kleiner, runder Violine, die in einem Eisendorn endet, der auf dem Boden steht, und zwei Roßhaarsaiten. Auch ist der Hals im Verhältnis zum Bauch des Instruments sehr lang. Nichts klingt falscher und unangenehmer. Die Musikanten spielen ununterbrochen darauf; man muß sie anschreien, damit sie endlich aufhören.

Ruchiouk-Hanem und Bembeh fangen zu tanzen an. —

Ruchiouks Tanz ist ungestüm, sie quetscht den Busen so kräftig in ihre Jacke, daß ihre zwei bloßen Brüste ganz fest gegeneinandergepreßt sind. Zum Tanzen bindet sie sich als Gürtel einen braunen, zur Krawatte gefalteten Schal mit einem Goldstreifen und drei Troddeln um, die an Schleifen hängen. Sie hebt sich bald auf den einen Fuß, bald auf den anderen Fuß, ganz wunderbar; ein Fuß bleibt fest auf der Erde, während der andere sich hebt und vor dem Schienbein des ersten vorbeigleitet, dies alles in einem anmutig-leichten Sprung. Ich habe einen solchen Tanz schon auf alten griechischen Vasen gesehen.

Bembehs Vorliebe gilt einem geradlinigen Tanz; beim Schreiten senkt und hebt sie jeweils nur eine Seite der Hüfte, eine Art rhythmisches Hinken von großer Ausdruckskraft. Bembeh hat Henna an den Händen (sie hat in einem italienischen Haus in Kairo als Kammerzofe gedient und versteht ein paar Worte Italienisch; leicht entzündete Augen). Doch beider Tänze, wenn man von dem oben geschilderten Pas der Ruchiouk einmal absieht, sind gar nichts, verglichen mit dem des Hassan el-Bilbesi. Josephs Meinung ist, daß alle schönen Frauen schlecht tanzen.

Ruchiouk hat eine Tarabuka ergriffen. Beim Spielen nimmt sie eine herrliche Haltung an: die Tarabuka liegt auf ihren Knien, genauer gesagt, auf dem linken Schenkel; der Ellbogen des linken Arms ist gesenkt, das Handgelenk zeigt nach oben, und die spielenden Finger fallen gespreizt auf das Fell der Tarabuka; die rechte Hand trommelt und markiert den Rhythmus; den Kopf legt sie dabei leicht nach hinten, majestätisch, mit rassig gebogenem Körper.

Diese Damen, und vor allem der alte Musikant, nehmen beachtlich viel Raki zu sich. Ruchiouk tanzt mit meinem Tarbusch auf dem Kopf, sie begleitet uns auf dem Rückweg bis ans Ende ihres Viertels und steigt abwechselnd auf unser beider Rücken, wobei sie mancherlei Possen treibt.

Im Café jener Damen. – Hütten mit Sonnenlicht, das durch die Zweige fällt und auf der Matte, auf der wir sitzen, Lichtflecke bildet. Wir genehmigen uns eine Tasse. – Freude seitens Ruchiouks, als sie unsere zwei Schöpfe erblickt und Max sagen hört: »La Allah illah Allah, Mohammed rassul Allah.«

Zweiter, eingehender Tempelbesuch. Wir warten auf den Effendi, um ihm einen Brief zu übergeben. – Diner.

Wir kehren zurück zu Ruchiouk. Der Raum wurde von drei Dochten in ölgefüllten Gläsern erhellt, die in Armleuchtern aus Weißblech steckten, die an den Wänden hingen. Die Musikanten sind an ihrem Platz. – Hastig ein paar Gläschen gekippt, die offerierten Getränke und unsere Säbel verfehlen nicht ihre Wirkung.

Saphiah-Zougairah tritt ein, kleine Frau mit dicker Nase, schwarzen, tiefliegenden, lebhaften, wilden und sinnlichen Augen; ihre Piasterkette klingt wie ein kleiner Karren; sie kommt herein und küßt uns die Hände.

Die vier Frauen sitzen nebeneinander auf dem Diwan und singen. Die Lampen werfen flackernde Rauten auf die Wände, das Licht ist gelb. Bembeh trug ein rosa Gewand mit weiten Ärmeln (alle sind aus hellen Stoffen) und hat die Haare mit einem schwarzen Tuch nach Fellachenart bedeckt. Alles sang, die Tarabuken ertönten, und die eintönigen Rebeken lieferten dazu den Baß, kreischend, piano: es klang wie ein fröhlicher Trauergesang.

Ruchiouk tanzt uns den Bienentanz vor. Um die Tür zu verschließen, werden zuvor Fergalli und ein anderer Matrose hinausgeschickt; bisher waren sie Zeugen der Tänze, und als solche stellten sie den grotesken Hintergrund des Gemäldes dar; über die Augen des Kindes hat man einen kleinen, schwarzen Schleier gelegt, und über die Augen des alten Musikanten hat man einen Wulst seines blauen Turbans geschlagen. Ruchiouk hat sich beim Tanzen entkleidet. Einmal entblößt, behält man lediglich ein Tuch, mit dem man so tut, als wolle man sich dahinter verstecken, um es schließlich wegzuwerfen; darin also besteht der Bienentanz.

Im übrigen hat sie nur kurze Zeit getanzt, sie mag diesen Tanz nicht mehr tanzen. – Joseph ist in Stimmung, er schlägt in die Hände: »Ja, hei, nja, hoh! hei, nja, hoh!« – Schließlich, nach dem berühmten Sprungschritt, wo ein Bein am anderen vorbeigeführt wird, kehrte sie atemlos zu ihrem Diwan zurück, auf dessen Ecke sie niedersank; ihr Körper bewegte sich weiterhin im Takt; man warf ihr die große, weißrosa gestreifte Hose zu, in der sie bis zum Hals verschwand; die zwei Musikanten wurden entschleiert.

Wie sie da hockte, prachtvolle und ganz plastische Zeichnung ihrer Kniescheiben.

Anderer Tanz: eine Kaffeetasse wird auf den Boden gesetzt; sie stellt sich davor und tanzt, fällt dann auf die Knie und tanzt mit dem Rumpf weiter, wobei sie immer noch die Rasseln betätigt und in der Luft Bewegungen wie beim Schwimmen macht. Das geht so immer weiter, nach und nach senkt sich der Kopf bis hin an den Rand der Tasse, die mit den Zähnen aufgehoben wird, und mit einem Satz stellt sie sich wieder auf die Beine.

Es paßte ihr nicht besonders, daß wir bei ihr übernachten wollten, aus Angst vor Dieben, die immer dann kommen, wenn sie wissen, daß Fremde da sind. Wächter oder Zuhälter (bei denen sie nicht mit Schlägen sparte) schliefen unten im Nebenzimmer mit Joseph und der Negerin, einer abessinischen Sklavin, die an jedem Arm eine runde Narbe (wie eine Verbrennung) von einer Pestbeule hatte. Wir gingen schlafen, sie wollte für sich den Rand des Bettes. – Lampe: der Docht ruhte in einem ovalen Näpf-

chen mit Schnabel. – Nach einer außerordentlich stürmi-
schen Fickerei schläft sie ein, ihre Hand ist in meiner
verschlungen, sie schnarcht; das schwache Licht der
Lampe drang bis zu uns herüber und zeichnete auf ihre
schöne Stirn so etwas wie ein Dreieck aus fahlem Metall,
der Rest des Gesichts im Dunkeln. Ihr kleiner Hund
schlief auf meiner Seidenjoppe auf dem Diwan. Da sie
über Husten klagte, hatte ich meinen Gehpelz über ihre
Decke gelegt. Ich hörte Joseph und die Wächter mit leiser
Stimme plaudern; dort lieferte ich meine Sinne den heftig-
sten Empfindungen voll tiefer Erinnerungen aus. – Ich
spürte ihren Bauch auf meinen Hoden, ihr Möschen, wär-
mer als ihr Bauch, wärmte mich wie ein heißes Eisen. –
Ein andermal bin ich mit dem Finger in ihrer Kette ein-
geschlummert, so als wollte ich sie zurückhalten, wenn sie
erwachte. Ich mußte an Judith und Holofernes denken,
wie sie beieinander lagen. Um Viertel vor drei Erwachen
voller Zärtlichkeit. Wir haben uns vieles mitgeteilt, indem
wir uns drückten, noch im Schlaf drückte sie mich mecha-
nisch mit ihren Händen und Schenkeln, so wie bei unwill-
kürlichen Schauern. Ich rauche einen Schischeh, sie steht
auf, um mit Joseph zu plaudern, kommt mit einem Tiegel
brennender Kohle zurück, wärmt sich auf und legt sich
wieder hin. »Basta!«

Welch süße Nahrung erhielte der Stolz, könnte man
beim Abschied sicher sein, daß man ein Andenken hinter-
läßt, daß sie an einen mehr denkt als an andere, daß man
in ihrem Herzen bliebe.

Am Morgen haben wir uns ganz ruhig Lebewohl gesagt.

Unsere zwei Matrosen kommen, um unsere Sachen auf
die Canja zu tragen; ich gehe, nachdem ich auf die Canja
zurückgekehrt bin, in der Umgebung von Esneh jagen. –
Baumwollfeld unter Palmen und Kassien. – Araber, Esel,
Büffel begeben sich auf die Felder. Der Wind blies in die

dünnen Zweige der Kassien, ein Pfeifen wie bei uns im Schilfrohr. Die Sonne steigt auf, die Berge sind nicht mehr so wie am Morgen, als ich von Ruchiouk kam, zartrosa; die frische Luft tut meinen Augen gut. Hadji-Smael, der mich geleitet, bückt sich von Zeit zu Zeit, um zwischen den Zweigen Turteltauben zu entdecken; als er mir welche zeigte, konnte ich sie kaum erkennen. Ein Mann schöpfte aus einem Schaduf Wasser.

Ich hab viel an jenen Morgen (Sankt-Michael) beim Marquis de Pomereu in Le Héron gedacht, wo ich nach dem Ball im Park allein spazierenging: das war in den Ferien zwischen der vierten und der dritten Klasse.

Ich kehre zur Barke zurück, um Joseph zu holen. – Dem Effendi einen Brief überreicht. – Fleisch und Gürtel eingekauft. – Der Schneider meiner Gamaschen in einem Khan, in dem Joseph gewohnt hat, als er noch zwei Herren diente, die nach Schätzen suchten. – Wir kaufen in der Moschee Tinte, die Schule war von Knirpsen bevölkert, die auf Brettern schrieben.

Wir begegnen Bembeh und der vierten Frau, die auf der Tarabuka spielte; Bembeh hat sich unserer Brotversorgung angenommen. Ihr Gesicht wirkt äußerst müde.

Um Viertel vor zwölf aus Esneh abgefahren. – Beduinen haben uns eine Gazelle verkauft, die sie am Morgen auf der anderen Nilseite erlegt hatten.

Tempel von Esneh. – Mitten in der Stadt, in den Grund eingesunken. Man steigt über eine Lehmtreppe hinunter, die von dem Abraum der Ausgrabungen bis hin zu den Füßen der Säulen führt: das ist erst der Pronaos des Tempels. Im Hintergrund in der Mitte ein Tor und dann noch zwei kleinere; die Mauern sind mit großen Zeichnungen bedeckt, in denen die Überreichung von Opfergaben an Gottheiten dargestellt wird, überall wiederholen sich dieselben Szenen. Die Säulen sind mit Hieroglyphen bedeckt. Auf den Säulen sieht man eine Vogelart, die vom Körper her einem Papagei mit Hasenohren und -pfoten gleicht; er hockt in lebendiger Pose auf seinem Hinterteil, die Pfoten am Kopf angelegt. Plastisch gesehen ist die Zeichnung insgesamt mit all den Darstellungen im allgemeinen schwerfällig, plump, dekadent; so sind die Knie, statt sich senkrecht zum Bein zu verhalten, nach innen gebogen wie bei mir, was häßlich aussieht.

Dieser Tempel ist 33.70 m lang und 16.89 m breit, der Säulenumfang beträgt 5.37 m, die Gesamthöhe der Säulen 11.37 m. Es gibt 24 Säulen.

Das Licht fiel voll durch die obere Öffnung zwischen Boden und Decke. – Auf einer gegenüberliegenden Mauer rundes Tongeschirr, das die Tauben aufnimmt. – Ein Araber ist auf ein Säulenkapitell gestiegen, um ein Meterband herabzulassen. Links streckte eine gelbe Kuh ihren Kopf vor.

Am Eingang Mumienreste, die die Regierung in der Umgegend konfisziert hat und die hierher geschafft wurden. In einem der Särge ein gut erhaltener, einwandfrei identifizierbarer Kinderkopf.

Auf den Steinplatten, die die Wände bekränzen (Tempeldach), Namen von französischen Soldaten. Die östliche Mauer mit dem Datum 1799: Louis Ficelin, Ladouceur, Lamour, Luneau, François Dardant.

Daneben gibt es auch – hier sehe ich das zum erstenmal – mit dem Messer ausgeführte Fußabdrücke, so als habe man mit dem Messer den ganzen Fußumriß nachgezogen, außerdem hat man durch Rillen die Trennungslinien zwischen den Zehen angedeutet. Die meisten Fußabdrücke befinden sich in der südöstlichen Ecke. Neben einem dieser Füße steht folgende Inschrift:

ΠΑΧΟΜ
ΠΕΙΕΝ
88 φγ 8

ASSUAN. *Samstag, 9. März.* Ankunft in Assuan durch die Klippen hindurch, die sich mitten im Fluß befinden; sie sind schokoladenschwarz; lange Reihen aus Vogelkot bilden darauf große, weiße Streifen, die sich nach unten zu verbreitern. Rechter Hand nackte Sandsäulen, über ihnen nichts als das grelle, blendende Blau des Himmels. Die Luft ist durchdringend klar, das Licht fällt senkrecht ein, eine Negerlandschaft ist dies.

Assuan auf dem rechten Ufer. Um dorthin zu gelangen, passieren wir die Insel Elephantine, und wir sehen Eingeborene auf dem Fluß, die wie Tritonen auf dem Wasser hocken, auf Schilfbündeln oder auf Palmstämmen, und die nur mit einem Ruder paddeln. Die bloßen, schwarzen Oberkörper glänzen inmitten der Fluten bis zum Gürtel. Am Ufer werden die Hemden ausgezogen, zu einem Turban um den Kopf gewickelt, und die Tschibuke wird hineingesteckt; wenn man am anderen Ufer angelangt ist, läßt man dieses seltsame Boot einfach da, zieht wieder sein Hemd über (oder auch nicht) und geht seiner Wege.

Am Strand von Assuan ein paar kleine Canjas. Nubier stehn im Kreis um brodelnde Kochtöpfe unter einer Art Zelt, das von vier Stangen abgestützt wird. – Linker Hand, wenn man Assuan anläuft und die Elephantine passiert, Reste einer römischen Mauer. – Felsen mit Hieroglypheninschrift.

ELEPHANTINE. Spaziergang auf Elephantine. An einem Ufer (Assuan zugewandt) ist eine Canja unter Palmen auf Grund gelaufen, sie liegt da wie ein von der Flut zurückgelassener, großer Fisch. – Mansourh begleitet uns. – Kinder laufen hinter uns her. – Wir machen kehrt und gehen unter Palmen; die Sakis, die von zwei mageren Kühen gezogen werden, quietschen, hinten sitzt ein Kind auf. An der Spitze der Insel Sandbank; in der Mitte der Insel Grün der Gerste; auf der Südseite Ruinen, Tonscherben und ein Friedhof in der Nähe zweier Pfeiler (Reste eines Tores), die Zeichnungen auf ihnen sind arg beschädigt. Wendet man sich gen Norden, so hat man hier folgende Landschaft vor sich: im Vordergrund graues Gelände; zwischen zwei Palmdächern das Grün der Wiese; an der Inselspitze den Nil, wie er die Felsen durchbricht, und zur Rechten den weißen Palast des Mahmud-Bey, der ganz hinten auf der Wiese zu stehen scheint, obwohl er doch weit davon entfernt ist; zu beiden Seiten der Nil; links uni gelbe Sandhügel; rechts Assuan zwischen den Palmen.

Bei Sonnenuntergang sieht es so aus, als seien die Bäume mit Kohlestift gezeichnet, und die Sandhügel erscheinen wie aus Goldstaub. Stellenweise haben sie schmale, schwarze Streifen (Spuren von Erde oder Sandwellen vom Wind), die dem goldenen Untergrund – dem Gold der alten Zechinen – ebenholzfarbene Linien verleihen.

Assuan befindet sich nicht unmittelbar am Nil, man muß erst steigen.

Wir gehen in einen kleinen Khan und kaufen Gummi (links, auf derselben Seite wie das Café). Durch das Oberteil aus Palmgeflecht drang Sonne, massive Fetzen hingen in Rautenform etc. davon herab. In den Ecken hingen Spinngewebe. – Der Staub vereinheitlichte die unterschiedlichen Farbtöne des Mattengeflechts; das Blau des Himmels drang unbarmherzig durch die Löcher von unterschiedlicher Gestalt.

Der Malim mit seinem Sohn, krank.

Der Gouverneur, vor seiner Tür, hebt angesichts unse-

rer Fermanen zum Salut beide Hände an seinen Turban;
neben ihm ein großer, blonder, in Kleider gewickelter
Fettwanst, der frühere Gouverneur von Wadi-Halfa. Man
führt einen Mann zu ihm, der auf der Insel Elephantine
Silber gefunden hat, davon Meldung gemacht hat und
dem trotz alledem die Frage gestellt wird, ob er nicht ein
paar Stücke beiseite gelegt hat; ein fahnenflüchtiger Soldat; kleine, sehr gut gebaute Nubierin, deren Größe mit
einem Stock gemessen wird, um die Summe festzusetzen,
die jeder Händler pro Sklavenkopf zu zahlen hat.

In einem Laden sehen wir eine Almeh, groß, schlank,
schwarz oder vielmehr olivenfarbig, krauses Negerhaar;
ihre zinnfarbenen Augen rollen, im Profil ist sie bezaubernd. – Andere muntere, kleine Frau mit ihrem krausen,
zerzausten Haar unter dem Tarbusch.

Azizeh. – Dieses große Mädchen nennt sich Azizeh. Ihr
Tanz ist kunstvoller als der Ruchiouks. Vor dem Tanzen
zieht sie ihr weites Gewand aus und legt ein Kattunkleid
mit europäischem Mieder an. Sie beginnt; ihr Hals gleitet
auf den Nackenwirbeln nach vorn, öfters aber seitlich,
dergestalt, daß man meint, der Kopf fällt ab: das erweckt
den grausigen Eindruck einer Enthauptung.

Sie verharrt auf einem Fuß, hebt den anderen, legt das
Knie rechtwinklig an und fällt wieder in den Stand. Das
ist nicht mehr Ägypten, das ist negerhaft, afrikanisch,
was Wildes, ebenso hitzig, wie das andere gelassen ist.

Anderer Schritt: den linken Fuß an die Stelle des rechten setzen und den rechten an die Stelle des linken, abwechselnd, sehr schnell.

Die Decke, die in ihrer Hütte als Teppich diente, warf
Falten; von Zeit zu Zeit hielt sie inne, um sie zurechtzuzie-
hen.

Sie zog sich aus; auf dem Bauch trug sie einen Gürtel
aus bunten Perlen, und ihre lange Halskette aus Goldpia-

stern fällt bis auf ihre . . .; sie steckt sie mit einem Ende in den Perlengürtel.

Beim Tanzen rasende, wilde Bewegungen mit den Hüften, ihr Gesicht bleibt dabei immer ernst. Ein kleines Mädchen von zwei oder drei Jahren, in welchem das Blut sich regte, versuchte sie zu imitieren und tanzte von allein los, ohne etwas zu sagen.

Das spielte sich in einer Lehmhütte ab, die kaum hoch genug war, daß eine Frau darin stehen konnte, in einem Ruinenviertel außerhalb der Stadt, mit einem Erdboden aus Trümmern. – Inmitten der Stille diese Frauen in Rot und Gold.

Am Uferstreifen ein Mann mit Straußenfedern in der Hand, er will sie uns verkaufen.

Montag, 11. März. Am Morgen machen wir uns fertig für die Fahrt über den Katarakt, wir brechen mit zwei besonders kundigen Reis und einem nubischen Lotsen (Reis Hassan) auf, der uns bis Wadi-Halfa Geleit geben soll.

Unser alter, runzeliger Steuermann mit der großen Nase, über die Spake gebeugt und in die Ferne blickend. – Kinder, die auf Palmstämme gestiegen sind, stürzen sich in die Schaumstrudel und verschwinden; man kann sehen, wie sich der Bug ihres Palmstammes bäumt, wenn sie wieder auftauchen; wassertriefend klettern sie an Deck. Sie sehen aus wie Bronzestatuen, an denen das Wasser der Springbrunnen herabrieselt, das die Sonne auf ihren Körpern erglänzen läßt. Die Zähne der Nubier sind länger, breiter und stehen weiter auseinander, ihre Muskulatur ist nicht so stark wie die der Araber.

Die Felsen sehen aus wie große Steinkohlenblöcke, Brocken aus rosafarbenem Granit; an anderen Stellen ist der Granit wie Marmor geädert.

Um halb eins mittags machen wir unterhalb der Katarakte halt, und wir verbringen die Nacht in einer kleinen

Bucht, mitten zwischen Felsen. – Spaziergang über die Felsen. – Die Katarakte sind von Hügeln umschlossen. Links gibt es ihrer drei; im Mittelgrund bemerkt man einen vierten zwischen dem zweiten und dem dritten. Zwei Kinder begleiten uns, das eine klein, ganz nackt, Krauskopf, ihm haben wir am selben Morgen Ketten geschenkt. – Erfolg mit unseren Ketten.

Linker Hand gibt es einen großen, natürlichen Sanddeich, den der Wind geschaffen hat. Wir gehen im Schatten, den er wirft, wir steigen hinauf. Vorhin waren wir auf seiner Westseite; oben auf dem Grat angelangt, sehen wir die ganze Ostseite von der Sonne mattgold überstrahlt. Beim Gehen gibt der Sand nach, er zerfließt unter unseren Füßen wie eine Welle.

Dienstag, der 12. Wir brechen um 7 Uhr morgens auf. Das große Segel der Canja gleitet durch die Felsen hindurch, die es öfters streift. Vom Land aus gesehen, ähnelt sie mit ihren beiden ausgespannten Segeln, wenn sie stillsteht, einem großen Vogel (einem Storch), der mit ausgebreiteten Flügeln innehält, dessen Kopf jedoch unter den Beinen versteckt wäre.

Ein Mann wirft sich ins Wasser, um vom anderen Ufer das Seil zu holen. Ich laufe barfuß über die Felsen, der Sohn eines Scheiks aus dem Nachbardorf führt mich, er war am Tage zuvor zum Arbeiten an Bord gekommen. Seitlich wird ein Seil festgebunden, damit das Schiff nicht abdriftet, mit einem zweiten Seil wird es vorwärtsgezogen.

Ein alter Reis (Duschi) erscheint, nur um zu zetern; er bewegte sich wie ein Affe hin und her, warf die Arme in die Höhe, wobei er spitze Schreie ausstieß, die er variierte; er schien wesentlich mehr damit beschäftigt zu sein, daß man diesem Rhythmus folgte, als daß gehörig an dem Tau gezogen wurde. Manchmal war das Schiff mit dem Vorderteil bis zur Hälfte ins Wasser eingetaucht, während der hintere Teil, der ohnehin schon über den unteren Spiegel gehoben wurde, in der Luft schwebte. Auf den Felsen eine lange Kette von Menschen, die alle gemeinsam zogen und dabei sangen; die Canja war mit Menschen bedeckt, die stießen, schrien, sangen; Tosen der Wasser, reinspringende Kinder, triefende Körper, die dem Wasser entsteigen, Schaum an den schwarzen Felsenrändern, Sonne, gelber Sand.

Wir kommen mitten durch ein kleines nubisches Dorf. Ein Soldat (in Grün) will mir meinen Führer wegnehmen, wegen einer Rauferei tags zuvor; ich bringe die Sache in Ordnung. Kleines nacktes Mädchen mit einem Schurz aus Lederfransen, einer Halskette und Armbändern aus bunten Perlen; die zu kleinen Strähnen frisierten Haare liegen so auf der Stirn, daß sie darauf ein Hufeisen bilden.

Der stillgelegte Katarakt wurde vor etwa 40 Jahren vom alten Duschi eröffnet, der dort ein Schiff Ibrahim-Paschas einbüßte; er verläuft geradlinig wie ein Kanal (flußabwärts gesehen liegt er rechts, wenn man der großen Fahrtrinne folgt). Fünf Männer springen hinein, um mich zu belustigen, drei sind auf Palmstämme gestiegen und zwei schwimmen.

MAHATTA. – Ich steige in unsere Sandalie, sie wird von zwei Kindern gesteuert, die mich bis zum Dorf Mahatta bringen, wo unsere Canja ankommen soll. Palmgruppen, umgeben von kleinen, kreisförmigen Mauern; an einer von diesen hocken zwei rauchende Türken; das war wie auf einem Stich, wie eine Orientansicht aus einem Buch.

Ein rachitisches Kind schleppte sich über den Sand, seine Schenkel waren nicht dicker als seine Schienbeine, und der Rücken hatte einen Buckel, so als sei die Wirbelsäule gebrochen.

Joseph zeigte mir in dem nubischen Dorf, durch das wir gingen, ein Kinderspielzeug, das aus einem ganz kleinen Stück Holz besteht, von dem mehrere Lederriemen ausgehen, einige davon sind mit bunten Perlen besetzt; das Ganze ist in drei, vier Fetzen gehüllt, die von lauter Staub grau sind.

Wir laden unser Gepäck, das von Kamelen hertransportiert wurde, wieder aufs Schiff. – Sassetti mit Waffen eingedeckt.

Hinter Mahatta werden die Palmen sehr dick. Links, auf dem rechten Ufer, zieht ein Zug Ochsen aus dem Kordofan vorüber, der Nil wird immer enger, die Berge weichen nicht mehr von seiner Seite; er sieht aus, als fließe er gar nicht; die Strömung, die vor den Katarakten so stark war, ist hier schwach.

Mittwoch, der 13. – Vor uns fliegt ein Storchenzug her. – Groteskes Fest zu Ehren Fergallis: er ist zum Pascha ernannt, seine Untertanen kommen, ihm zu huldigen; mit der Hand und dem Mund imitieren sie die Laute von Instrumenten, mit den Händen ausgeführte künstliche Fürze. Fergalli tut so, als gäbe er ihnen ein Bakschisch, der Bierg sägt ihm mit einem Messer ein paar Barthaare ab.

ABU-HORR. *Donnerstag, der 14.* – Bleiben in Abu-Horr, unmittelbar am Wendekreis des Krebses, mangels Wind liegen. Ein paar Nubier wollen uns verschiedene Sachen verkaufen. Maxime versucht, eine Aufnahme von einem Schaduf zu machen. – Häßlichkeit eines großen Negers, der auf der rechten Seite posiert.

Das Dorf liegt am Fuße eines Berges, dessen regelmäßig gesicherte Lagen ein sehr genaues Bild von der verfallenen Basis der Großen Pyramide vermitteln könnten (hätten wir sie nicht schon gesehen). Die kleinen Jungen sind ganz nackt, die Mädchen tragen lediglich einen Schurz aus Lederschnüren. Die Lederschnüre sieht man überall, und selbst die Haare scheinen sie mir zu imitieren, wofern es nicht die Schnüre sind, die das Haar imitieren.

Der Postbote blieb vor mir stehen und bat um ein Bakschisch, er trug auf dem Rücken eine lederne Umhängetasche und hielt in der Hand den kleinen, gebogenen Kassienstock. Ihm folgte, ebenfalls im Laufschritt, ein kleiner Knabe, der ein Glöckchen läutete und am linken Arm einen Dolch trug, der in einem Lederarmband steckte. Sie machten sich laufend wieder auf den Weg.

Ich sah ein Mädchen von etwa zwölf Jahren, nackt, reizend in ihrem kleinen Lederschurz, der gegen ihre kleinen Schenkel schlug, und mit ihren geflochtenen Zöpfchen, die ihr bis auf die Schultern fielen. Ihre emaillefarbenen Augen lächelten, sie hatte sanft geschwungene Lenden. Sie hatte eine kleine, rote Kette und Armreifen mit blauen Perlen; sie trug einen Korb in ein armseliges Haus, aus dem sie wieder heraustrat. Neben ihr die Mutter, an die sie sich kauerte, eine Frau mit eckigem Gesicht von sanftem Ausdruck, das früher sicher sehr schön gewesen war. – Alte, blinde Frau, die von einem kleinen Mädchen geführt wird; kleines, blindes, ganz nacktes Mädchen, dem wir ein Almosen gaben.

Abends sind wir an der Uferböschung unter buschigen Palmen spazierengegangen. Zwei Neger saßen am Boden und zupften Baumwolle. Zwischen diesen hohen Palmen im Vordergrund und einer Gruppe anderer, kleinerer Palmen, deren Zweige in schlaffen Bogen herunterhingen wie vielleicht Fontänen aus einer grünen Flüssigkeit, konnte man den Nil sehen; hinter dem Nil, der an dieser Stelle in das Land drang, trat auf der dritten Hintergrundfläche ein Halbmond großer Palmen hervor; hinter ihnen ein weiter, tiefgrüner Rasen aus Gerste, der sich bis zum Berg hin erstreckte, zu dessen Füßen das Dorf liegt. Dessen graue Häuser vermischen ihre Tönung mit der seinigen, und da diese Häuser viereckig sind, sehen sie nur aus wie ein paar Steinblöcke aus der unteren Bergschicht. Zwischen den ersten Palmen und dem Nil (zwischen Vorder- und Mittelgrund) lagen zwei kleine Beete mit Baumwollstauden, deren Blätter rot, stellenweise rostfarben sind; einige Baumwollkokons begannen sich zu öffnen.

Zwischen Abu-Horr und Maharrakah wird es wieder ägyptisch. Die niedrigen, flachen Berge liegen weiter landeinwärts; an den Ufern etwas Gras. Von fern könnte man den Berg von Maharrakah für eine Pyramide halten. Der Nil, der seit heute morgen breiter war, verengt sich wieder.

MEDIK. Wir legen abends um 5 Uhr in Medik an.

Spaziergang rechts, auf dem linken Ufer: intensiv gelber Sand; im Sand stellenweise mitten zwischen dem Gelb große Platten aus grauem Sandstein. Der Nil ist von schmutzigem Blau oder blassem Schiefergrau, die Berge sind grauschwarz. Die Sonne war den ganzen Tag über verdeckt, der Himmel blaß und schmutzig. – Starker Westwind. – Wir sind jetzt bei einer Sakije stehengeblieben; sie sind, je weiter man kommt, umso häufiger abgedeckt.

KOROSKO. Grandiose, rauhe Landschaft, umrahmt von zwei alten Kassien (wenn man ankommt). – Große Berge aus Stein: einer, zwei, und ein dritter dahinter. – In der Schlucht, rechts, wenn man von der Barke kommt, beginnt der Weg nach Khartum, dort geht es lang.

Gräßliche, alte Frau, die am Boden hockt, um Baumwolle zu ordnen, und ein kleines Mädchen auf den Knien hielt.

Einige Ababdijen. – Ihre Kamele: manche haben, was den Kopf angeht, das Aussehen von Giraffen. Bei einem wurde der Huf mit einem Stück Leder wieder in Ordnung gebracht. – Kopftracht der Ababdijen: keine Mütze; die langen Haare hängen in zwei dicken Büscheln zu beiden Seiten des Kopfes herab; obenauf sind die Haare struppig, borstig oder (seltener) geschoren. Vom Typ her sind sie deutlich weniger Neger als die Nubier, die Haut ist auch längst nicht so schwarz. Tapferes, intelligentes Aussehen. – Unreinlichkeit der Frauen von Korosko: sie fetten sich das Haar mit Hammelfett ein, das sie im Munde verflüssigen; ihre Flechten sind davon so verklebt, daß man sie überhaupt nicht mehr als Haare erkennen kann; der schwarze Schmutz klebt in Krusten auf ihrer Haut. – Zwei Frauen: eine kleine, mit platter, kräftiger, in der Mitte ganz eingedrückter Nase und mit großen Augen; eine große, der ich zwei Haarflechten mitsamt dem goldenen Zierat abhandele. Die erste verrührte in einem flachen Korb Körner.

Bei Sonnenuntergang schied sich der Himmel in zwei Teile: was den Horizont berührte, war von schwachem, zartem Blau; über unseren Köpfen hingegen zeigte sich in seiner ganzen Weite ein gewaltiger Purpurvorhang mit drei Falten: eins, zwei, drei. Hinter mir und seitlich fegten kleine, weiße Wolken, die die Gestalt länglicher Küstenstreifen annahmen, geradezu über den Himmel hinweg; er hatte schon den ganzen Tag dieses Aussehen. Das Ufer zu meiner Linken war ganz schwarz. Der große, feuerrote Vorhang löste sich in kleine, schäfchenartige Hügel aus Gold auf, alles war wie mit gleichmäßigen Klümpchen betupft. Der Nil, vom Widerschein des Himmels rot, nahm die Farbe von Johannisbeersaft an. Dann hat sich die Farbe des Himmels nach links, zum Westen hin, verzogen, so als hätte der Wind das alles weggeschoben, und die Dunkelheit stieg herab.

Sonntag, 17. März. Kein Wind, im Schlepptau legen wir etwa zwei Meilen zurück. – Auf dem linken Ufer unter Palmen gejagt; ich töte mehrere Turteltauben und drei Raubvögel, darunter zwei Lämmergeier. Kinder und ein großer Neger folgten uns. Die zu Tode erschrockenen Tiere hatten Angst vor unseren Gewehrsalven, fuhren in die Höhe und zerrten dabei an ihrem Strick.

Bei Sonnenuntergang können wir durch die Palmen hindurch die Lybische Kette erkennen; der Himmel ist von zartem Blau, die Atmosphäre rosa.

TEMPEL VON HAMADA: Auf dem linken Nilufer, zweihundert Schritt vom Küstenstrich entfernt; an den Seiten ragt der Sand über ihn hinaus.

Er ist aus Sandstein. Vier Pfeilerreihen, drei Pfeiler in jeder Reihe, am Ende jeder Reihe eine Säule mit viereckigem Kapitell.

Der Tempel ist mit großen, flachen Steinplatten belegt, von denen mehrere mit unleserlichen griechischen Inschriften überfrachtet sind. Diese Platten weisen natürliche, gleichmäßige Wellen auf, so wie Wogen: das ist die Arbeit der Zeit, die Steine sind verwittert, es sei denn, man habe sie nicht genügend geschliffen, was wenig wahrscheinlich ist.

Ein viereckiges Tor, ein Quergang, auf den sich die drei Tore der drei parallel verlaufenden Gänge öffnen, die an ihrem Ende miteinander verbunden sind. Im Pronaos tief eingeritzte Schriftzeichen; im Tempel sind sie erhaben und wie die Figuren bemalt.

Der mittlere Gang ist am breitesten, als sei er das Schiff, und hinten am Ende, gerade gegenüber dem Tor, ist auf die Wand eine Canja gemalt, die drei Figuren befördert: die erste sitzend, mit dem Pschent auf dem Kopf, gelb koloriert; die zweite sitzend, in Rot, mit einem Sperberkopf, die Kugel auf dem Kopf, in der Hand das Nilometer; die dritte, in Rot, ohne auffälligen Kopfschmuck, stehend, bietet mit den Händen den ersten beiden Personen etwas dar, das wie zwei Kugeln oder Sphären aussieht. Unter dieser Darstellung ist eine sehr lange Hieroglypheninschrift angebracht.

Im selben Raum: zwei Figuren sitzen in Naturgröße, das Gesicht der Tür zugewandt, auf zwei Thronen: die erste, rechts, in Rot, mit dem Sperberkopf und der Kugel als Kopfschmuck, hält einen Schlüssel und das Nilometer, mit einem Fortsatz, der oberhalb des Kniegelenks beginnt und bis auf die Füße fällt, eine Art langer Haken, der nach unten zu immer breiter wird; die zweite, links, in Blau, mit demselben Haken, hält Schlüssel und Nilometer und hat auf dem Kopf einen sehr langen Pschent, dessen kleine Quadrate abwechselnd rot und blau sind.

Rechts von der Inschrift drei große, stehende Figuren: die erste, dem Hintergrund zugewandt, in Rot, mit schwarzem Käppchen, Uräus und einem Stock, auf den sich die linke Hand stützt; die zweite, in Blau, mit sehr langem Pschent und Schlüssel, ist der Eingangstür zugewandt; die dritte, der vorigen zugewandt, in Rot, mit (verstümmeltem) Uräus.

Auf der Wand zur Linken drei große Figuren in Rot: die erste, zum Hintergrund hin, blickt auf diesen; die zweite, in der Mitte, hat einen Sperberkopf und blaue Bänder, sie reicht eine Schale dar, auf der sich ein Schlüssel und zwei weitere Attribute befinden; der Kopfschmuck der dritten wird nach hinten getragen und stellt eine Art Leier vor; die rechte Hand hält den Schlüssel, die linke ist mit der rechten der anderen vereinigt; zu beiden Seiten der ineinanderliegenden Hände hängen, würde man sagen, parallel verlaufende Wasserstrahlen herunter.

Der Tempel wird durch das Licht aus dem Torspalt und

durch die Löcher in der Decke erhellt, welche von den Arabern stammen, die darin gewohnt haben.

In dem kleinen Raum hinten, an der Rückseite des rechten Ganges, ein Loch in der rechten Ecke, durch das ein breiter Sonnenstrahl fiel, in dem Staub umherwirbelte; das Licht traf auf die Öffnung einer Schale und erhellte die blauen und roten Figuren.

Raum rechts: nahe der Eingangstür ein stehender Hirte, der seine Herde um sich her weidet; vier Ochsen, übereinander gestaffelt in den Zwischenräumen zwischen Stricken, die sich in der Hand des Hirten zu einem Bündel vereinigen und von den Füßen der Tiere ausgehen, wo sie festgebunden sind.

Derselbe Raum, links vom Eingang: stehende Figur, ein Stern, ein Schwert, die linke Hand geschlossen; der Körper endet in einem Sockel, und zwei Hände, die über den Rücken verlaufen und die man in der Verkürzung sieht, scheinen wieder Füße daran zu fügen.

Im Pronaos sammelten drei Nubierinnen und eine Negerin Ziegenkot, den sie aus dem Sand auflasen. Der Tempel versinkt in ihm.

Oberhalb des Pronaos Reste des Grabmals.

Wenn man auf die Steinplatten außerhalb des Tempels steigt, liegt hinter einem die Wüste mit dem gelben Sand, vor einem der Nil und dahinter die grauen, buckligen Berge. Zwischen dem Nil und den Bergen eine grüne Linie aus Palmen und Gerstenfeldern. Hier und da schmücken Sakijen das Nilufer; rechts macht der Nil einen Knick, und der Horizont wird flach.

Aus dem hinteren Teil des Tempelinnern kann man, eingefaßt zwischen den Sandhaufen, die bis an den Tempeleingang heranreichen, dem Sandstein an der Decke und den Pfeilern des Pronaos, den Nil sehen; die auf die Bari gemalten Götter konnten die Canjas vorüberfahren sehen.

EL-DERR. – Ein Strand. – Aufstieg. – Große, breitge-
fächerte Sykomore. – Der Gouverneur hockt auf einem
Diwan aus Ton, der mit einem abgewetzten Teppich be-
spannt ist; er lädt uns zu einem Kaffee ein. Die Straßen
sind breit, ziemlich hohe, graue Mauern umgeben Gärten
voller Palmen, deren Wedel herunterhängen; alles ist
still, die Luft warm. Nubier gehen in langen, weißen Hemden vorüber. An einer Mauerecke sitzt eine Gruppe und
raucht.

Am Ende der Stadt ein Hügel. – Ein paar Gräber,
umgeben von Mauern aus rohen Ziegeln. – Über den Toten
selbst liegt (anstelle eines Grabsteins) ein Haufen kleiner
Kiesel; die Mauern sind obenauf mit schräg gestellten
Ziegeln geschmückt, deren Kanten sich wie bei Karten-
häusern berühren; die obere Kante ist mit einer Reihe von
flachgelegten Ziegeln bedeckt.

Tempel. – Der Pronaos ist zerstört, übriggeblieben sind
nur die Säulenstümpfe. Auf beiden Seiten des Tors jeweils
ein großer Krieger in Bewegungspose, der seine Hand
über ein Bündel von besiegten Völkern hält.

Auf der linken Mauer ein Gott mit dem Kopfputz des
Ammon, er hält eine Peitsche, und sein Phallus ist waagerecht erigiert; etwas weiter hinten auf der Mauer ein Mann
in einem Wald.

Am Uferstreifen sehen wir auf kleinen, länglichen Sandhaufen Wassermelonen.

Dienstag, der 19. Etwa sieben Meilen zurückgelegt.
Nachmittags zwei Canjas von Sklavenhändlern getroffen,
die flußabwärts nach Kairo fahren. – Gürtel und Amu-
lette gekauft.

Schiffe von Gellabs. – Gebieter des einen war ein Dicker
mit schwarzem Backenbart; wir steigen auf die Kajüte, er
schenkt uns Bukette aus Straußenfedern.

Die Masten liegen flach, das Schiff wird nilabwärts

gerudert; die schwarzen Frauen sind in den verschiedensten Haltungen zusammengepfercht; manche zerstoßen auf Steinen Mehl mit einem Stein, und ihr Haar fällt über sie herunter wie die lange Mähne eines Pferdes, das am Boden grast. Bei den Stoßbewegungen werden ihre Brüste, der lederne Cadoganknoten auf ihren Rücken und ihr geflochtenes Haar hin und her geschüttelt. – Eine Mutter mit ihrem kleinen Kind. – Eine wurde frisiert. – Kleines Mädchen aus der Gondar-Hochebene mit Piastern auf der Stirn, es blieb regungslos und friedlich, als Maxime ihm eine Kette aus Quecksilberkugeln umlegte. Alle diese Köpfe sind friedfertig, keinerlei Gereiztheit in ihren Blicken, das ist der übliche Stumpfsinn des Tieres.

Um noch ein paar Ketten zu kriegen, ließ der Gellab, als wir uns verabschiedeten, zwei oder drei der Besten, vielleicht standen sie auch nur der Tür am nächsten, aus der Kajüte kommen. Eine hochgewachsene, stolze Abessinierin stand, die Hände in den Hüften, gegen das Dollbord gelehnt und sah uns beim Fortgehen nach.

Zweite Barke: der Händler ist in weißem Turban. Wir setzen uns unter dem Sonnensegel auf einen geschnürten Diwan. Eine Frau wird mit dem Dorn eines Stachelschweins gekämmt, auf diese Weise wird ein Zöpfchen nach dem anderen gelöst und wieder neu geflochten.

Die Gellabs bieten uns schöne Taschen und Flaschenkürbisse feil; der vom zweiten Schiff eine Art ledernen Wasserkrug mit zwei Henkeln, den man an einem Riemen tragen kann.

Die Frauen sind von Tätowierungen zernarbt; auf der zweiten Barke war eine, deren Rücken von oben bis unten davon markiert war, so daß die ganze Hüftgegend reihenweise von Wülsten und Schnittwunden überzogen war, die man mit einem heißen Eisen vernarbt hatte. Es gibt auf all diesen Schiffen unter den Frauen alte Negerinnen,

die immer und immer wieder diese Reise machen; sie sind
dazu da, die neuen Sklavinnen zu trösten und aufzumuntern; sie bringen ihnen bei, sich mit ihrem Schicksal abzu-
finden, und dienen als Dolmetscher zwischen ihnen und
dem Händler, einem Araber.

Bei manchen Sonnenuntergängen verteilen sich die
Wolken von einem Hauptkamm aus wie die Strähnen
einer leuchtenden (Pferde-)Mähne.

Die Wolken marmorieren den Nil mit großen, blaß-
blauen Platten.

WADI-HALFA. *Freitag, der 22.* Wir steuerten auf den Strand
von Wadi-Halfa zu, als wir mit dem Diner fertig wurden.
Der Mondschein glänzt so hell auf dem Sand, daß er die
Wirkung von Schnee hervorruft, der Sand erscheint sehr
weiß, der Strand ist breit. Eine achtel Meile entfernt (links
zu) eine Palmenreihe, wo ein paar Häuser stehen: das ist
auch schon das ganze Dorf; rechts, auf der anderen Nilseite, die Wüste mit zwei kleinen, kegelförmigen Bergen
(mit abgestumpftem Scheitel), sehr breit an der Basis.

Am Strand ein arabischer Ingenieur, der gut Französisch spricht, Khahill-Effendi, und ein anderer nubischer
Effendi in weißem Hemd, das mondbeschienen im Wind
flatterte. Der Wind war den ganzen Tag lang stark gegangen und hatte uns gut vorangetrieben. – Besuch jener drei
Herren. Der arabische Ingenieur (Mahmoud?): Haß auf
die Engländer, deren einer ihm kürzlich eine Flasche Raki
verweigert hat, am nächsten Tag aber fünfzig davon an
einen Landsmann verkaufte! Er zitiert uns aus *La Tour de
Nesle* und singt: »Öffne mir deine Tür«, spricht vom Fanatismus der Mohammedaner etc. (am Morgen darauf hat
Joseph ihn wie einen tieffrommen Mann bei der Waschung
und der Verrichtung seiner Gebete beobachtet); er ist zu
Kanalisierungsarbeiten an den Katarakten hierherge-

kommen. Wir schenken ihm eine Flasche Raki, worüber er sich unbändig zu freuen scheint: er muß jeden Morgen unbedingt seinen Tropfen zu sich nehmen, »er kann das nicht entbehren«.

GEBEL-ABUSIR. *Samstag, der 23.*, Ausflug nach Gebel-Abusir durch die Wüste von Abu-Solôme auf dem linken Nilufer.

Die Rückwand des Berges – »Adonc principier à ganter la montagne« (*sic*) – ähnelt dem Hinterkopf des Sphinx. Zwischen den Felsen schöner, sandiger Hohlweg. Der zweite Katarakt, von dem wir von hier aus nur einen Teil sehen können, kommt mir flacher vor als der erste. Er besteht aus einer Folge kleiner Seen, die von stark glänzenden, schwarzen Felsen wie von Steinkohle umrahmt sind. Hier und da ein paar schmale Grünstreifen zwischen dem Wasser und dem schwarzen Granit; es handelt sich um Kassien, die zwischen dem Felsgestein wachsen. Die Rückseite des Gipfels von Abusir (pilzförmig) ist mit Namensinschriften von Reisenden bedeckt: alle neueren Datums, wenig Franzosen, fast ausschließlich Engländer; darunter einige, für die man wenigstens drei Tage brauchte, um sie einzugravieren. – Belzoni 1816.

Wir steigen zum zweiten Katarakt über einen Sandhang hinunter, wo wir bis zu den Knien einsinken. Von unten aus sieht der senkrecht geschnittene Berg wie eine Steilküste aus. In der Mächtigkeit des Felsens gibt es eine Kerbe wie eine riesige, hochkant gestellte Steinplatte, wie ein längliches Mauerstück, das sich ablöst. Unsere Araber werfen Stämme in den Spalt, damit die Vögel herausfliegen. – Stille. – Geräusch des Wassers und der Kaskaden, Strudel in der Strömung. Untiefen, wie Öllachen aussehend, zeigen die Stellen an, die von der Strömung umschrieben werden. Max springt ins Wasser, um an eine kleine, benachbarte Insel rechter Hand zu gelangen; wir steigen wieder den sandigen Hohlweg hoch.

Bei der Rückkehr nach Wadi-Halfa starker Wind und starke Hitze, der Staub verdirbt uns die Augen und knirscht zwischen den Zähnen, er klebt an den Wimpern, wir haben Durst.

Bevor wir wieder übersetzen, um zu unserer Barke zu gelangen, besuchen wir die Händler aus Sennâr, die hier gegenüber von Wadi-Halfa ihr Lager aufgeschlagen haben. – Elefantenzähne, eingewickelt in weiße Felle, die die Formen der Zähne und all ihrer Merkmale annehmen. Ein mageres, schwächliches Äffchen ist an einem umgestürzten Baumstamm angebunden; es trinkt aus einem Kürbis.

Die Männer aus Sennâr sind fett, ohne hervorspringende Muskulatur; Brust entwickelt und an den Warzen zugespitzt wie bei einer Frau. Sie sind außergewöhnlich schwarz, mit kaukasischen Gesichtszügen: lange, dünne, wenig breite Nasen, schmale Lippen; der Blick ist weder der eines Semiten noch der eines Negers, sondern sanft und schelmisch; das Auge ist ganz schwarz, ohne daß der Augapfel wie bei den Nubiern kaffeebraun wäre. Einer hat ein Überbein auf der Stirn, ein anderer am Handgelenk.

Sonntag, 24. März, Palmsonntag. – Um 6 Uhr morgens in einem Kahn zum Katarakt herausgefahren, mit Reis Hassan und drei anderen Nubiern vom ersten Katarakt. Ich habe einen kleinen Reis von etwa vierzehn Jahren bei mir, Mohammed; er ist von gelber Hautfarbe und trägt im linken Ohr einen silbernen Ohrring. Er ruderte mit einer Kraft, in der viel Anmut lag; wenn wir die Strömungen passierten, kreischte und sang er, hatte alle in der Hand. Seine Arme waren von einem hübschen Stil mit dem sich ankündigenden Bizeps. Er streifte den linken Ärmel ab, so war die ganze rechte Seite verhüllt, während die linke

Seite und ein Teil des Bauches frei waren. Schmale Hüften. Bauchfalten, die sich bewegten und sich nach unten legten, wenn er sich über sein Ruder beugte. Wenn er »El naby, el naby« sang, vibrierte seine Stimme. So einer ist wirklich ein Produkt aus Wasser, der tropischen Sonne und dem freien Leben; er sprudelte über vor kindlichen Artigkeiten: mir schenkte er Datteln und hob den Zipfel meiner Decke auf, die ins Wasser hing.

Mehrere Lämmergeier hatten sich auf den Felsen niedergelassen; unterhalb eines Felsens, links, wenn man sich zum Katarakt begibt, ein altes, gestrandetes Krokodil. Abends sahen wir wieder dieselben Lämmergeier, außerdem war da noch ein Schakal bei ihnen, der davonlief, als wir uns näherten.

Um 9 Uhr komme ich am Fuß des Gebel Abusir an und feuere zahlreiche Schüsse ab, um Maxime zu rufen. Ein schwarzer, in der Sonne glänzender Felsen macht von fern auf mich den Eindruck eines Nubiers in weißem Hemd, der als Küstenwache aufgestellt ist, oder eines weißen Wäschestücks, das zum Trocknen aufgehängt ist. Wie kann etwas Schwarzes plötzlich so weiß erscheinen? Wohl dann, wenn die Sonne auf die Schneide einer Schräge fällt. Ich habe diesen Effekt mehrmals beobachtet, und Gibert hat mir gesagt, er hätte dies auch in Rom bemerkt.

Ich esse unter der Zeltschräge in der prallen Sonne. Ich hatte mich auf den Boden gelegt, um etwas Schatten zu finden, doch der Schatten verweilte nicht lange.

Spaziergang um die zwei benachbarten Bergkegel, das Zelt befand sich ihnen gegenüber, es war dem Katarakt vorgelagert (d.h. der Seitenwand des Kataraktes). Wenn man den ersten Bergkegel umgeht, zur Wüste hin große Bodenwelle aus Sand; hinten liegen, eingerahmt, die Katarakte (wohlverstanden mit dem Rücken gen Westen gekehrt). Oben vom zweiten Kegel aus sieht man die

Wüste, die zuerst höckerig ist und dahinter in weiten, glatten Linien verläuft. Wendet man sich gen Norden, sieht man ein Stück vom Nil. Ich kehre ganz allein durch die Wüste und hinter den Bergen her zum Zelt zurück. – Stille. – Stille. – Stille. – Das Licht fällt senkrecht ein, es ist von dunkler Transparenz. Ich gehe gesenkten Hauptes über die kleinen Kiesel; die Sonne sticht mir auf den Schädel.

Rückkehr nach Wadi-Halfa im Boot mit Maxime. – Der kleine Mohammed wie am Morgen. – Wir werden von Wind und Wellen geschaukelt, die Nacht sinkt herab, die Wellen schlagen gegen den Bug des Kahns, so daß er sich aufbäumt, der Mond zieht am Himmel auf. So wie ich dasaß, beleuchtete er mein rechtes Bein und den Teil meiner weißen Socke zwischen Hose und Schuh.

Montag. Um 9 Uhr morgens breche ich auf einem Esel allein zu den Katarakten auf, um den Schakal zu töten, den wir tags zuvor neben einem toten Krokodil gesehen haben. Mein Esel ist überhaupt nicht zu beeinflussen. Er will nur seitwärts gehen. Nach einer halben Stunde kehre ich am Ufer entlang zu Fuß zurück; hergekommen war ich über den rückwärtigen Teil von Wadi-Halfa. Als sich Max heute morgen zum Photographieren zu den Katarakten begab, hat er in der Ferne ein Kamel laufen sehen mit etwas Schwarzem, das unten neben ihm herrannte: es war ein Sklave der Gellabs, der geflohen war und den man so, an das Kamel gebunden, zurückbrachte.

Wir verlassen Wadi-Halfa gegen Mittag, die Barke ist ohne Masten. Abends halten wir mitten auf dem Strom an und gehen im Mondschein auf einer langen Sandinsel spazieren, wobei wir uns über Hennet, über Kessler unterhielten. Am nächsten Tag weitere Unterhaltungen im Mondschein, ebenfalls auf Sand.

IPBSAMBUL (ABU SIMBEL). – Die Kolosse. – Die Wirkung
von der Sonne, wenn man durch das Tor des großen Tempels blickt, der vom Sand halb verschüttet ist: als blicke
man durch ein Kellerloch.

Im Hintergrund drei Kolosse im Schatten wahrgenom-
men. Am Boden liegend, schien es mir aufgrund meines
Wimpernzuckens, als habe der erste Koloß rechts seine
Wimpern bewegt. Schöne Köpfe, häßliche Füße.

Fledermäuse lassen sich mit ihren kurzen, spitzen
Schreien vernehmen. Irgendwann fing ein anderes Tier
an, regelmäßig Laute von sich zu geben, es hörte sich an,
wie wenn auf dem Lande in der Ferne eine Turmuhr
schlägt. Ich mußte an die normannischen Bauernhöfe im
Sommer denken, wenn gegen drei Uhr nachmittags alles
auf den Feldern ist . . . und an den König Mykerinos, der
eines Abends mit seinem Wagen um den Moeris-See spa-
zierenfährt, mit einem Priester, der neben ihm sitzt und
dem er von der Liebe zu seiner Tochter erzählt. Es ist am
Abend eines Erntetages . . . die Büffel ziehen heim . . .

Versuche, Abzüge zu machen.

Kleiner Tempel: auf den Pfeilern Figuren, so als hätte
man Perücken über Perückenständer gestülpt.

Was bedeutet der Mauerblock mit den demotischen
Inschriften, der im großen Tempel zwischen dem dritten
und vierten Koloß links, wenn man eintritt, steht?

Im großen Tempel, linkes Schiff, schöne Wagendarstel-
lungen; der Kopfschmuck der Pferde ist kompliziert, die
Pferde sind meistens lang und haben Senkrücken.

Gründonnerstag beginnen wir mit Ausgrabungsarbeiten, um das Kinn eines der äußeren Kolosse freizulegen.

Freitag. Ausgrabungsarbeiten »aouafi, aouafi«. – Schön
geschwungene Hüften eines kleinen, kraushaarigen, häßlichen Negers (die Augen sind vom Staub angegriffen), der
auf seinem Kopf ein Gefäß mit Milch brachte.

Im kleinen Tempel Mengen von Wespennestern, vor allem in den Ecken.

Überlegung: die ägyptischen Tempel gehen mir furchtbar auf die Nerven. Wird das ebenso sein wie mit den Kirchen in der Bretagne, den Wasserfällen in den Pyrenäen? Immer diese Notwendigkeit! Tun, was man tun muß; immer den Umständen entsprechend (auch wenn einen der Widerwille des Augenblicks von ihnen abhält) etwas sein müssen: wie ein junger Mann, ein Reisender, ein Künstler, ein Sohn, ein Staatsbürger usw. gerade sein muß!

IBRIM. *31. März*, Ostersonntag, abends vor dem alten Ibrim auf dem rechten Nilufer angelegt. Während Max die alte Festung von unten aufnahm, stieg ich gemächlich über die Seitenwand des Berges zu ihr auf, dabei zerstieß ich mir die Zehennägel an dem trockenen Gestein, das von oben herunterrollte. Die Erde sieht wie Asche aus. Drei, vier Araber zogen auf Eseln reitend rechts an mir vorbei. Ich laufe um die ganze Zitadelle herum, auf der Suche nach einem Ausgang, durch den ich hineingelangen könnte; schließlich entdecke ich einen auf dem Plateau, das nach Osten geht.

Das Innere ist eine vollständige, von Mauern umfaßte Stadtanlage; die Häuser sind allesamt verfallen und übereinandergeschichtet oder, besser gesagt, ineinander geschachtelt; dazwischen schlängeln sich Straßen; in der Mitte ein großer Platz. Steigt man auf eine Mauer, so wirken all die verfallenen Häuserfundamente, von denen nur die vier Festungsmauern stehengeblieben sind, wie ein regelmäßiges Schachbrett. – Ruinen einer Moschee mit einer Granitsäule, auf der sich ein griechisches Kreuz befindet: ähnliche Säulen werden an manchen Stellen als Türschwellen benutzt. Der Eingang befand sich auf der nördlichen Seite. Durch die Mauerbreschen kann man den Nil in langen Streifen sehen; er weist breite Sandinseln auf. Jenseits des Nils die Wüste; im Mittelgrund der Wüste rechts ein alleinstehender Baum; etwas weiter links zwei weitere.

Diese ganze Ruine riecht nach Fieber, man denkt an lebensmüde Menschen, die hier vor Mattigkeit allmählich umkommen: das ist wirklich mittelalterlicher, mameluckischer, barbarischer Orient. Die ganz steil auf dem Felsen errichtete Zitadelle gehörte einst den Mamelucken, die über den Strom herrschten. – Sie besteht hauptsächlich aus aufeinandergeschichteten, roten Steinen; einige wenige Teile, vor allem die Ecken, sind aus behauenem Stein.

Es herrscht eine große Stille, kein Mensch, kein Mensch, ich bin allein, zwei Raubvögel kreisen über mir, von der anderen Nilseite, von der Wüste her, vernehme ich die Stimme eines Mannes, der jemanden ruft.

Bei Einbruch der Nacht bin ich langsam zurückgegangen, ich sah in die Finsternis, die sich von überall her ausbreitete. Zu meiner Linken ein langer Hohlweg, der in die Wüste führt; über die Seitenwand der Schlucht schlängelt sich ein Pfad, ein Hyänenweg. Es gibt hier viele davon; am Abend mahnt uns der Reis, uns nur ja nicht vom Boot zu entfernen; letztes Jahr wurde am ersten Katarakt ein Türke mit seinem Pferd verspeist. Maxime, der sich wegen meines langen Ausbleibens Sorgen machte, hatte mir Matrosen entgegengeschickt.

Montag, 1. April, zweiter Besuch der Festung mit Maxime.

Die Höhlen von Ibrim, 8 bis 9 Fuß hoch, am Flußufer, sind eine gut gelungene Irreführung: da ist überhaupt nichts; das hat mich für den Rest des Tages aufgeheitert.

Den Nachmittag verbringen wir am Schiffsbug auf der

Matte des Reis Ibrahim, wir unterhalten uns, nicht ohne traurigen und bitteren Beigeschmack, über diese alte Literatur − süße, unerschöpfliche Besorgnis! − Abends in Hamada angekommen und schlafen gelegt.

KOROSKO. *Dienstag, 2. April*, Chamsinwetter, schwüler Tag, die Sonne verbirgt sich hinter den Wolken. Mittags bei der Ankunft in Korosko strömen mir gleichsam Ausdünstungen eines Backofens entgegen (der Vergleich ist wörtlich zu nehmen), warme Windstöße; man spürt, wie die Lungen davon ganz erhitzt sind (*sic.*). Woher kommt dieser Wind? Das ist Gegenstand genug zum Träumen.

Ein junger Mann, für den ich einen Streit geschlichtet hatte, als ich zum ersten Katarakt hinfuhr (es war derselbe Streit, bei dem auch der Soldat eine Rolle spielte; mein Führer vom ersten Katarakt hatte diesem, glaube ich, eine Milayah zerrissen), erkennt mich wieder (ich hatte ihm die Ordnungsstrafe des anderen bezahlt); er begleitet mich bis zum Ortsende, wo der Weg nach Khartum beginnt.

Ababdijen mit Löwenmähnen haben dort ein kleines Zeltlager aufgeschlagen. Einer stützt sich auf einen Stock, der auf seinem Nacken ruht, über dessen Enden er die Hände wie ein Bär gelegt hat; sein Haar ist nach hinten gekämmt. Er sprach mit den Männern um ihn herum, das hörte sich an wie das Geklapper eines Pelikanschnabels. Ich kehre zurück; Kamele liegen in der Sonne; in einem Haus schreit ein kleines Kind.

Joseph gesellt sich zu mir, wir gehen zusammen bis zum Ortsende, um eine nubische Leier zu kaufen und Proviant zu erstehen. Wir betreten ein Haus, das im Innern durch eine Matte in zwei Teile geteilt ist, und trinken dort aus einem hohlen Kürbis Wasser.

Ein Rabe hockt bewegungslos in der Nähe eines kranken Kamels; er wittert den Geruch des Todgeweihten;

wenn ich von Zeit zu Zeit Steine nach ihm werfe, entfernt er sich etwas, um gleich darauf wiederzukommen. Diese lendenlahmen Kamele haben vom ständigen Satteltragen einen blauen Rücken, an den Beinen Räude und feuerrote Stellen; die Augen halten sie halb geschlossen, sind sehr mager. Tiefe Dellen am Jochbeinbogen.

Haus, in dem Busa getrunken wird, sehr niedrig und mit mehreren nach außen überstehenden Matten abgedeckt; ein Mann, der an der Wand hockte und pißte, war fast genauso groß wie das Haus.

Ein Mann im Haus sang, ich konnte durch die Tür seine Beine sehen. Etwas weiter links derselbe Anblick, nur daß das Haus etwas größer ist. – Zwei oder drei zusammenliegende Häuser. – Ich treffe eine Hure wieder, die ich zum erstenmal gesehen habe, als wir nilaufwärts fuhren. Klein, fett, auseinanderstehende Mastoiden, sehr starke, sehr schöne Arme, sie ist in ein Tuch gehüllt, das vor Schmutz grau ist; billige Glasperlen an Hals und Armen, am Hals eine Schnur mit einer Art Skarabäus daran.

Die Kamelsättel liegen aufeinandergestapelt, ein Hinterteil steckt im anderen; von Matten umgebene Kornhaufen.

Am Flußufer vertäute Boote. Bei unserer Abfahrt springen Kinder ins Wasser und schwimmen um die Canja, um ein Bakschisch zu erbetteln.

Gegen 2 Uhr auf einem kleinen Felsen drei Krokodile gesichtet: Eins wird von Max getroffen, es verkriecht sich langsam, wir verfolgen es in einem Kahn, ohne es zu erwischen. – Abends um 5 Uhr im Nil gebadet.

EL-SABUA. – Auf dem linken Ufer zwei, drei Häuser. Davor eine niedrige, dichte Palme, deren gelbe Blattwedel von weitem gesehen wie Bettelsäcke aussehen, die an die grünen Zweige gehängt wurden.

Tempel: zwei Kolosse, etwa zehn bis zwölf Fuß hoch, mit geschlossenen Fäusten und vorstehendem linkem Fuß; sodann Sphingen. Die zwei ersten, nahe bei den Kolossen, sind bis zur Kruppe sichtbar. – Der rechte marmorfarben. – Die beiden anderen stecken bis zum Kopf im Sand, wobei der linke noch zu erkennen ist; ein Sprung im Gestein hat die Mundspalte dermaßen vergrößert, daß sie bis zu den Bändern reicht. Von den beiden an dritter Stelle kann man nur noch bei der rechten den oberen Teil des Kopfes erkennen, die anderen Sphingen des Dromos fehlen.

Pylonen; auf jedem ein Krieger, der besiegte Völker am Zügel hält, ihm gegenüber eine Gottheit. Der Pronaos ist im Sand vergraben, man kann auf jeder Seite drei Pfeiler unterscheiden.

Der Tempel selbst steckt vollkommen im Sand.

Wendet man sich dem Nil zu, der hier einen Bogen beschreibt, sieht man Berge mit kantigen und höckerigen Höhenkämmen, meist mit wellenförmiger Gesamtlinie.

Unten am Pylon, links, ein umgestürzter Koloß, die Füße höher als der Kopf; ein anderer, rechts, auf den Bauch gefallen.

Auf dem Scheitel des Sphinx sind Löcher von einigen (3 oder 4) Zoll Tiefe. Wofür waren sie gedacht? Hatten sie einen zusätzlichen abnehmbaren Kopfschmuck aus Metall?

Beim Verlassen des Tempels zwei Speere erstanden. – Wir verbringen die Nacht mitten auf dem Nil.

Donnerstag, 4. April. Um 4 Uhr morgens aufgebrochen.

So um 11 Uhr begegnen wir der Canja jenes Effendi, den wir schon in Wadi-Halfa gesehen hatten und bei dem es sich um den Nasir von Ibrîm handelt, der beauftragt ist, von Assuan bis Wadi-Halfa die Steuern einzutreiben (er ähnelt Schimon). Er hat einen Dorfscheik überrumpelt und gewaltsam festgenommen, weil der nicht einen Sou der fälligen Steuer abgegeben hatte; der Greis war auf dem Boden der Barke angebunden, man konnte nur seinen schwarzen, kahlen Schädel sehen, der in der Sonne glänzte. Die Canja des Effendi fährt eine Zeitlang neben uns her und macht dann bei uns am Bug fest; ein Mann lädt ein kleines blökendes Schaf auf unser Boot um: ein Geschenk des Effendi, der nichts dagegen hat, im Falle einer Streiterei uns bei sich zu haben. Tatsächlich sehen wir den ganzen Tag Männer und Frauen aus den aufsässigen Dörfern, die uns (oder vielmehr ihm) vom Ufer aus folgen.

Er stattet uns einen langen Besuch ab, wir schenken ihm je eine Flasche Zypernwein und Raki. Der Scheik soll nach Derr zurückbefördert werden, wo er nach vier- oder fünfhundert Stockhieben so lange an die dortige große Sykomore gehängt wird, bis jemand für ihn bürgt.

Wir reden mit dem Nasir über Prügelstrafen. Will man jemanden sterben lassen, genügen vier oder fünf Hiebe, man bricht ihm einfach Kreuz und Genick; will man einen Verurteilten lediglich bestrafen, schlägt man ihm auf den Hintern: vier- bis fünfhundert Hiebe sind das übliche; der Patient ist auf fünf bis sechs Monate krank davon, man muß so lange warten, bis die Haut abfällt. Der Effendi lacht bei dem letzten, kleinen Satz. In Nubien ist es am üblichsten, die Prügelstrafe auf die Fußsohlen zu verabreichen. Die Nubier fürchten diese Marter deswegen so sehr, weil sie hinterher nicht mehr laufen können. Nach drei Besuchsstunden verläßt uns der Nasir, er läßt seine Canja das Haus eines Ababdijenhäuptlings anlaufen, das einen eingefriedeten Garten mit Palmen hat. Unter einem stämmigen Baum können wir viel Volk erkennen, er sitzt darunter und zankt sich offensichtlich mit ihnen herum.

Am Abend in der Nähe des Tempels von Maharrakah

angelegt, den wir uns nach dem Diner beim Lichte der
Sterne ansehen. Sie glänzen zwischen den Säulen über
unseren Köpfen, durch die Spalte der Ruinen; ein Matrose
leuchtet uns mit seiner Laterne.

MAHARRAKAH. Freitagmorgen, Tempelbesichtigung. War
es ein Tempel? Eine Kirche? Ein moderner Reisender, so
der junge Araber, der uns begleitet, soll die Wandmale-
reien hier auf der rechten Mauer und die griechischen
Inschriften, von denen er einige wieder übermalt hat,
angebracht haben. Auf einer Mauerfläche, die zu einer
viereckigen, dem Tempel benachbarten Einfriedung gehört und deren Bestimmung ich beim besten Willen nicht
erschließe, ist neben den Resten in Stein gemeißelter
ägyptischer Figuren auch eine Art Jungfrau Maria in
grobem Stil dargestellt, die einen Mann auf ihrem Schoß
hält; hinter ihr eine schlecht gearbeitete, dicke Palme. –
Im selben Stil ein weiteres Männchen, das ein längliches
Gefäß trägt. – Kothaufen von Hyänen, sie kommen jede
Nacht zum Scheißen hierher.

Während Maxime mit seiner Aufnahme beschäftigt ist,
sitzt Joseph neben mir im Sand und erzählt mir von seiner
Kindheit und wie er seine Heimat verlassen hat. – Zwei,
drei Ketten von Rebhühnern ziehen vorbei und lassen
sich etwas weiter nieder. – Links hinter uns eine kleine
Palmenreihe. – Nettes, kleines Negerkind, das im Sand
herumstapfte und, um mich zu belustigen, Grimassen
schnitt. – Nachdem wir den Hammel des Nasirs von Ibrîm
geschlachtet haben, brechen wir wieder auf.

DAKKEH. Sandsteintempel. – Pylon: man gelangt in ihn
über eine Treppe, die durch Kellerfenster oder besser
Schießscharten erhellt wird; hier und da kleine Gemächer.
Der nach außen gebogene Kranz auf dem Pylonenplateau

bildet eine Brüstung. Von jedem der beiden oberen Bullaugen, die früher einmal wie alle Durchbrüche an den
Pylonen quadratisch waren, geht der Länge nach eine
viereckige Einkerbung aus, ähnlich der Rille, über die ein
Fallgatter gleitet; sie ist unten breiter als oben. Die Pylo-
nenmauer war keineswegs senkrecht, diese Rille dagegen
ist es; sie befindet sich neben dem Eingang; wofür war sie
vorgesehen?

Auf beiden Seiten des Pylonentors jeweils ein Uräus
über der Kugel und Reste blauer Malereien.

Unter dem Tor linker Hand stehende Gestalt mit dem
Pschent auf dem Kopf. Da der Stein entfernt worden ist,
kann man ihre Attribute nicht mehr sehen. Vor ihr: sitzende Figur mit Kopfschmuck, die ein schlangenumwun-
denes Zepter hält; 2. Figur: Frau mit Löwenkopf, die den
Schlüssel hält; 3. Frau mit Uräus, die einen Stab hält
(dessen Ende fehlt). Die zwei Eingangstüren zum Pylon
befinden sich auf der Seite, die zum Tempel weist.

Tempel. Fassade: zwei Säulen, drei Tore; das in der
Mitte größer als die zwei seitlichen. Alle drei haben zu
beiden Seiten und obenauf eine Halbsäule, die in den
Sturz eingelassen ist und ein Bündel vorstellt; das mittlere
Tor ruht zu beiden Seiten auf der halben Höhe der zwei
Säulen, die das Dach abstützen.

Zwischen Tempel und Pylon Ausgrabungen wie aufge-
füllte Stollen, Tonscherben. Auf jeder Seitenfassade, vor
allem rechts unten am Boden, schöne Darstellungen. Zwei
Darstellungen: 1. hinter einem Gott eine Göttin, die aufgereihte Lotosblüten in den Händen hält; 2. hinter einem
Gott eine Göttin, die so etwas wie ein Ährenfeld trägt, an
dessen Rand mehrere Vogeltiere zu sehen sind; die Gänse
scheinen ihr aus der Hand herabzugleiten.

Erster Saal: Decke und obere Mauerteile sind durch
einen Überputz verunstaltet, auf dem sich Reste schlech-

ter christlicher Malerei befinden, zweifellos eine frühere Koptenkirche? Frauenfiguren, vor allem zahlreiche Frauen mit Löwenköpfen; sie halten eine Lotosblüte und die Kugel mit dem Uräus. Auf einer der Säulen, im Innern, der Musiker Typhon (?) mit einer geraden Leier, wie man sie auf den Stichen von Creutzer sieht; auf der anderen Säule, am selben Ort zwischen dem Türvorsprung und der kleinen Tür, ein aufrecht stehender Pavian, der ein längliches Gefäß hält, darüber eine Schale mit einer Figur, die wieder etwas über sich hat. Handelt es sich um eine Bari oder um eine Tempelfassade?

Auf dem kleinen Tor derselben Seite (links), wenn man zum Pylon blickt, am Rande einer Darstellung ein Gefäß, auf dem ein Pavianweibchen sitzt, das irgend etwas Undeutliches auf dem Schoß hält (einen Hasen?) und den Pschent zu tragen scheint.

Auf dem inneren Teil der Mauer, doppelt so dick wie die zwei kleinen Türen und von diesen ausgehend bis nach unten, verläuft ein Dekor von einer Art Salamanderleiber mit Pavian- und Schlangenköpfen. – Fassade des zweiten Naos: sehr reichhaltig, viele löwenköpfige Frauengestalten mit Zepter, Uräus und Kugel.

Die Löwengestalt ist in einem kleinen Seitengemach in Großformat wiedergegeben.

Im letzten Raum dieselbe Art von Motiven: löwenköpfige Frauengestalten mit langem geflochtenem Haar; eine lebensgroße Figur bringt einen Löwen zum Opfer dar. Über dem Kopfputz, der aus drei Urnen mit Blütenkelchen (Lotos?) besteht, befinden sich drei Vögel, jeweils einer auf einem dieser obenzu bauchigen, sich ausweitenden Zylinder. Unten, auf allen vier Seiten, vorherrschend die Darstellung einer Frauengestalt zwischen übereinandergeordneten, geöffneten Blütenkelchen, aus denen Knospen hervorspringen; die Frau trägt drei aufgeblühte

Lotosblumen auf dem Kopf und hält eine Art Urne mit einem Kreuz darauf in jeder Hand. Sie hat doppelte Brüste, ein Paar kleinere unten und ein Paar größere und längere darüber. Doppelte Halskette, breite Schenkel von plumpem Stil; ihr Gürtel geht einem Jagdhorn ähnlich von der Rückenwölbung aus, bildet dann einen Winkel, krümmt sich, windet sich um den Leib und geht dann bis zum Nabel hoch. Zu ihren Füßen der Apis-Stier oder ein großer Vogel.

Samstagmorgen. Ich erstehe zwei Frauenzöpfe plus dazugehörigem Schmuck; die Frauen, denen man sie abschneidet, weinen, ihre Männer jedoch, die sie abschneiden, verdienen zehn Piaster pro Zopf.

Wir sind bereits eingeschifft und abfahrbereit, da bietet man uns noch einen an, den Max nimmt. Es muß ein furchtbarer Jammer für diese armen Frauen gewesen sein, die sehr daran zu hängen scheinen. In der Morgensonne sah man von Fett schimmernde Köpfe, die wie frisch geteerte Barken leuchteten.

KOSHTAMNA – Sand. – Das Dorf macht einen weniger ärmlichen Eindruck als das vorhergehende. Ein großer Baum, unter dem Ochsen aus Sennâr mit ihrer apisartigen Gestalt, den Höcker auf dem Widerrist, liegen. Rechts, wenn man zum Tempel emporsteigt, quadratische Moschee, ein recht schmuckes Bauwerk aus grauem Schlamm. Wir steigen hoch, Kinder nehmen Seilenden, damit sie uns als Fackeln dienen.

Zerstörter Dromos, verstümmelte Kolosse, bei manchen gibt es nur noch den Steinvorsprung, an dem sie noch teilweise Halt finden; der Kopf des einen ist umgekippt und liegt mit der Stirn auf dem Boden.

Der Speos wie der von Ipsambul, Kolosse im selben Stil, doch noch gedrungener. Der Gang zwischen ihnen ist eng;

an den unteren Seiten viereckige Aushöhlungen in der Mauer mit nicht mehr erkennbaren Figuren in Lebensgröße. Die Kolosse im Innern tragen auf dem Bauch, an der Stelle der Gürtelschnalle, einen Löwenkopf. Man ist ganz geblendet und betäubt von den Unmengen von Fledermäusen; sie schwirren und piepsen; unsere arabischen Kinder schwingen ihre Fackeln, eins stellt sich auf einen Tisch und hält seine Fackel in die Luft. Wenn die Fledermäuse zum Eingangstor hinausfliegen, sieht man die blaue Luft zwischen ihren dünnen, grauen Flügeln. An der Tür stand ein Esel, dessen Konturen sich im Licht abzeichneten; Himmel und Nil dahinter sind ganz blau; zwischen Himmel und Nil ein gelber Streifen, der Sand.

Wir gehen wieder hinunter ins Dorf. Ein gepflegter Alter mit weißem Bart schafft es, Max ein Fläschchen mit Antimon zu verkaufen. Ein Mann in Weiß, der an einer Türschwelle eine Tschibuke raucht, gibt Joseph die Hand. Im Innern des Hauses sitzt ein Sklavenhändler auf seiner Matte; links über ihm hängt eine lange Eisenkette, die zu seiner Ausrüstung gehört; Joseph liebäugelt damit für unsere Reise nach Syrien. – Wir steigen in den Kahn. – Den Bengeln, die sich allzu stürmisch wegen eines Bakschisch auf uns stürzen, Stockhiebe verpaßt. – Irgendwann später vom Gegenwind aufgehalten. Dort auf dem rechten Ufer, nahe einer Sakije, zwei Halsbänder aus Leder gekauft.

Bei Einbruch der Nacht Dendûr erreicht. Der erste Stern erscheint, als ich auf der Mauer der Tempeleinfassung sitze; großer Steinrutsch, buschige Palmen, rechts etwas Grün, der ruhige Nil und die Berge, die vorhin noch, links auf Abu-Horr zu, dunkelweinrot waren.

GARBI-DENDUR. – *Sonntag, der 7.*, wegen Gegenwind in Garbi-Dendûr geblieben. Nachmittags Spaziergang am

Nilufer: wir kommen in ein Dorf, wo ein Mann auf der oberen Gesichtshälfte eine leichte, weiße Lepra hat.

KALABSCHEH. *Montag, der 8.*, um halb 11 Kalabschi oder Kalabaschi auf dem linken Nilufer erreicht. – Dumpalmen. – Das Dorf befindet sich zwischen den Ruinen der äußeren Tempelanlagen. Zunächst ein langer Weg aus Steinplatten, dessen T-Form zum Nil hin zeigt; hoher Pylon, dessen Kranz zerstört ist, mit Durchbrüchen wie in Dakkeh und in Längsrichtung mit einer viereckigen Einkerbung zu beiden Seiten des Tores wie in Dakkeh; Hof, der auf beiden Seiten Säulen hatte. Uns gegenüber der Naos selbst mit vier Säulen, einem Tor und vier kleineren Scheintüren: die zwei nahe dem großen Tor weisen in der Füllung ein in den Stein gehauenes Viereck auf, das als Eingang diente.

Überall auf dem Hof liegen Säulentrümmer, ein Durcheinander von großen, übereinandergetürmten Steinen; rechts ein Seitentor, auf der linken Seite drei kleinere; ich sehe jedenfalls nur drei kleine.

Naos, erste Kammer: links zwei noch erhaltene Säulen; auf der Tür gegenüber (der des zweiten Raums) Halbrelieffiguren in noch gutem Zustand, eine Isis, die Horus die Brust reicht, und eine Art Vogel in Menschengestalt mit einem seltsamen Kopfschmuck.

Hier beginnt, da die Fassade seine ganze Breite einnimmt, ein zweiter Naos, kleiner als der erste, mit drei Gemächern, eines jeweils kleiner als das andere.

Im zweiten sind noch recht viele Malereien erhalten; Blau und Rot dominieren: das Rot dient für die Fleischpartien, die Kugeln und die Sphären des Kopfschmucks; die Pschente sind blau. Kurze Hosen mit Längsstreifen deuten die Konturen der Hinterbacken an. Die Sitze sind meistens in kleinen Streifen gemalt, eine Schicht rot, dann eine grün oder blau. Eine sehr beschädigte Gestalt mit dem Zepter und dem Kopfschmuck in Form einer Leier ist in ein langes Gewand gehüllt (durchsichtig? – man kann durch die senkrechte, straffe Gewandung den ganzen Schenkel sehen), dessen Muster aus kleinen, weißen, schräg gekreuzten Bändern besteht, die aufgrund ihrer Überschneidung Rauten von violetter Farbe bilden; in deren Mitte befindet sich eine kleine, weiße Scheibe mit einem roten Tupfer im Zentrum; am Schnittpunkt der Bänder sitzen ebenfalls rote Tupfer, die sich auf derselben Linie wie die der Scheiben befinden. Dieser Raum wurde durch eine Öffnung rechts oben unter der Decke erhellt.

Davon gibt es im dritten Gemach eine rechts, eine weitere links und zwei auf der gegenüberliegenden Seite. Die Decke bestand jeweils aus enormen Platten, mindestens drei Fuß starken Quadern. Die zweite Etage verlief parallel mit der ersten, jedenfalls im zweiten Naos. Von ihr aus führt eine Treppe (rechts, wenn Sie zum Nil blicken) in der Stärke der Mauer hinab in einen kleinen, rechteckigen Raum, der vier Schritt lang und etwa fünf Fuß breit ist und der eine Tür vom selben Stil wie die großen Tore hat: runde Säulen, auf denen der Türsturz mit dem Kapitell ruht; die Tür ist zur Hälfte aufgefüllt. Hier im Vorraum noch eine Tür zwischen der Treppe und der Tür zu diesem Raum.

Die Beleuchtung der Tempel. – Links ein Fenster, welches den ersten Raum des zweiten Naos erhellt; es scheint, daß der Vorraum keine Decke hatte, so fiel das Licht auf mehreren Umwegen und nicht senkrecht ein; ein nicht so erleuchteter Raum erhielt jeweils von einem anderen, helleren Licht.

Eine Einfriedung, die die Mauer des Dromos fortsetzt, umgibt beide Naos; es gibt noch eine weitere Einfriedung, die anscheinend die Form einer Terrasse hatte, das heißt, die flach wie . . . war. Die Außenmauer, die an den Berg grenzt, ist höher; in der Mauerfüllung entdecke ich eine Tür.

Haben die steinernen Stümpfe, die sich auf der Außenmauer des zweiten Naos aneinanderreihen, dazu gedient, Konstruktionen abzustützen, mit denen der Raum zwischen dieser Mauer und der zweiten Einfriedung überdeckt war?

Von der zweiten Einfriedung gelangte man durch eine Tür in eine weitere, rechteckige Einfriedung, die an den Tempel grenzt, der zu ihrer Rechten steht; man konnte sie auch durch eine schlichte Tür gegenüber betreten, die sich auf derselben Linie wie der Pylon des Tempels befindet. Was war das wohl für ein Bauwerk?

BEIT-EL-OUALI. (Siehe die Beschreibung des jüngeren Champollion in seinen *Lettres sur la Nubie*.)

TAFEH. *Dienstag*, Viertel vor 6 morgens.

Zwei Tempel, beide klein; der eine, ganz und gar ins Dorf eingebunden, dient als Behausung.

Leute kommen und bringen Milch, Hühner, kleine Körbe und Schilde aus Krokodil- und Nilpferdleder. – Eine Frau geht mit einem Milchtopf auf dem Kopf und einem Kind auf dem linken Arm, der rechte Arm ist bloß. – Großes Weibsbild, das Joseph Tauben verkauft: Männerarme, Gesicht etwas platt, aus Zöpfchen zusammengeflochtene Haarbänder, das alles zusammen ergibt schwarze Placken, die vor Fett schimmern; Wölbung ihres braunen Rückens, Kupferring am Daumen.

Ein paar Palmen, im Hintergrund die Berge, Morgensonne.

KARTASSI. 9 Uhr morgens. Nicht weit von den Tempelruinen entfernt, inmitten eines Steinbruchs, ägyptische Kapelle, die rundherum mit griechischen Schrifttäfelchen bedeckt ist. In der Umgebung, in der Wüste, auf dem Wege hierher in Stein eingekehlte Fußabdrücke, darunter auch ein Kinderfuß. Es muß eine Wallfahrtsstätte gewesen sein.

DHEMIT. Nachmittags Spaziergang zwischen Palmen und Feldern am Flußufer entlang. – Eine dicke Frau.

DEBOD. *Mittwochmorgen*. – Tempel. Es stehen noch hintereinandergereiht drei Tore. Der Tempel ist arg verfallen; er blieb unvollendet, an verschiedenen Stellen ist die Mauer nicht ziseliert worden, und Steinquader auf den Toren warten noch darauf, daß man die Kugel mit dem Uräus herausmeißelt. Ich verweile irgendwo in einem schattigen Winkel und wühle mit meinem Palmstock im Sand: gefunden habe ich die Hälfte eines Rinderhufs. Ein kleiner weißer Vogel mit schwarzem Kopf und Schwanz kommt von der Mauer hinter mir herbeigeflogen und setzt sich mir gerade gegenüber; als alle fortgegangen waren, kamen noch zwei andere Vögel herbeigeflogen und setzten sich links auf ein Säulenkapitell.

Bevor wir wieder an Bord gehen, sagt uns ein schwarzer Zauberer mit Plattnase die Zukunft voraus. Er zeichnet in einem flachen, sandgefüllten Korb Kreise, und von diesen Kreisen gehen Linien aus, die er mit dem Finger zieht. Er weissagt mir, daß ich in Assuan zwei Briefe erhalten werde, daß da eine alte Dame sei, die viel an mich denke, daß ich vorgehabt hätte, meine Frau mit auf die Reise zu nehmen, doch daß ich dann, nachdem alles beschlossene Sache war, allein abgereist sei; daß ich gleichzeitig Lust hätte, zu reisen und zu Hause zu sein, daß es in meinem

Heimatland einen sehr mächtigen Mann gäbe, der mir sehr wohl gesonnen sei, und daß ich nach meiner Rückkehr in mein Land mit Ehren überhäuft würde.

PHILAE. Abends um 5 Uhr angekommen.

Ich mache mich mit Joseph durch die Wüste auf nach Assuan. Aus Angst vor Hyänen sind wir bis an die Zähne bewaffnet; unsere Esel trippeln munter drauflos, ein kleiner Junge von ungefähr zwölf Jahren, ganz reizend in seiner Anmut und Behendigkeit, bekleidet mit einem großen weißen Kittel, läuft mit einer Laterne voran. Das Blau des Himmels ist mit Sternen übersät, fast sind es Feuer, so funkelt das, eine wahrhaft orientalische Nacht! Rechts tauchte ein singender Araber auf einem Kamel auf, er kreuzte den Weg vor uns und ritt weiter.

Riesenpaket in Assuan, doch nichts für mich; dabei war die *Gabrielle* von Augier, das einzige, mit dem ich etwas anfangen konnte. Ansonsten Briefe für Max und Sassetti: das kam mich sehr bitter an. Wir kehren gleich über die Dörfer an den Katarakten zurück, da unsere kleinen Führer Angst vor der Wüste wegen der wilden Tiere haben.

Donnerstag, der 11. Unser Zelt wird am östlichen Strand von Philae aufgeschlagen, wo wir vor Anker gegangen sind. – Unerwartete Ankunft von Mouriez und Villemin in weißen Hüten, Abdallah (früherer Domestik im Hotel Brochier) ist bei ihnen, ebenso der Arzt von Assuan, der in der Gesellschaft der Domestiken bleibt. – Sehr ausgelassenes Essen, man trennt sich um 3 Uhr. – Spaziergang auf der anderen Seite des Wassers zum Dorf Bab hin; ich steige auf den Berg und kehre in den Santon von Kabbet-el-Hawa ein. Um photographiert zu werden, klettere ich auf die Moschee von Keleil-Rasun-Sana. – Ungeheuerliche Miene unseres guten, alten Fergalli, als er zu erklären versucht, daß er vom Photographieren nichts verstehe und daß das nicht sein Metier sei.

Freitag, 12. April. Talfahrt über die Katarakte. Die Canja ist voll beladen, wie wenn es flußaufwärts ginge; an Bord ist ein Priester, der die ganze Zeit über Gebete hersagt und sich dazu steuerbords am Dollbord hin und her wiegt. Moment der Angst, als das Schiff, von einer Trosse gezogen, mit dem Bug ins Wasser eintaucht: es ist, als wenn ein Kork auf dem Wasserfall einer Mühle treibt.

Wir kommen mittags in Assuan an, ich krepiere vor Hunger. Mahlzeit in einem Café, mit Backfisch und Datteln. Welch ausgezeichnetes Mahl! – Barbier. – Besuch an Bord jener Herren . . .

Wir kehren durch die Wüste zurück. – Samstag, Sonntag und Montag in Philae kampiert. – Ich rühre mich die ganze Zeit nicht von der Insel und langweile mich. Ach, mein Gott! Was ist das nur für ein ständiger Überdruß, den ich mit mir herumschleppe! Er ist mir auf die Reise gefolgt! Ich habe ihn wieder mit nach Hause gebracht! Dejaniras Gewand klebte nicht fester auf dem Rücken des Herkules als die Langeweile an meinem Leben! Sie zersetzt es nur langsamer, das ist alles!

Montag, toller Chamsin, die Wolken sind rot, der Himmel ist düster, der heiße Wind erfüllt alles mit Sand, die Brust schnürt sich einem zu, das Gemüt ist traurig; wie schrecklich muß es in der Wüste sein!

Was einen an Philae entrüstet, sind die religiösen Verwüstungen; das erinnert durch seinen Geruch von Dummheit an die *expurgata*. Im letzten Saal des großen Tempels eine hübsche, häufig nachgebildete Isis, die Horus stillt; im ersten Hof tausend hübsche Details. In einem der oberen Gemächer Einbalsamierungsszenen: in der Ecke rechts eine auf die Knie gesunkene Frau, mit verzweifeltem, wehklagendem Händeringen; die künstlerische Be-

obachtung durchbricht hier das Ritual der überkomme-
nen Form. – Kleiner Hathortempel: am schönsten ist die
berühmte Inschrift »Ein Blatt der Geschichte darf nicht
beschmutzt werden«, und die Anmerkung »Ein Blatt der
Geschichte kann nicht ausgelöscht werden«.

Dienstag. Mit fünf Kamelen, die unseren gewaltigen
Plunder schleppen, quer durch die Wüste gezogen. – Zwei
Wasserstationen; bei der zweiten, nahe dem großen Behäl-
ter, eine kleine tote Maus.

In Assuan fast gleichzeitig mit Max eingetroffen, der
den Katarakt in einer Sandalie heruntergefahren ist.

ASSUAN. *Mittwoch, der 17.* Spaziergang in Assuan, Kauf
eines Silberrings von einer Brothändlerin; meistens sind
die Brothändlerinnen an den Straßenecken frühere Al-
mehn. – Sultan, ein armer Teufel, der von der Syphilis
zugrunde gerichtet, zernagt, zerfressen ist; am liebsten
würde ich ihn nach Kairo schicken.

Bei Sonnenuntergang besuchen wir die besagten Damen, Asiseh und die kleine Kicherliese, dann noch eine
große dritte mit unbeweglichem, von Pocken gezeichne-
tem Gesicht; die Matrosen schauen uns zu, dazu das Publikum, das von den Tönen der Tarabuka angelockt
wurde; das alles stört uns. – Sie machen alle wieder diese
Bewegung, wobei der Hals über die Rückenwirbel gleitet,
die uns beim ersten Mal so hingerissen hatte. Wir schließen uns mit ihnen ein, damit sie uns den Bienentanz,
diesen Mythos, vorführen; Joseph behauptet, ihn eigentlich nur einmal richtig gesehen zu haben, und zwar als er
von einem Mann getanzt wurde. Bei der hier besteht er
nur darin, daß sie sich auszieht und schreit: »In ny a oh! in
ny a oh!«

Donnerstag, der 18. Morgens Besuch des Gouverneurs
von Assuan, Mâlim-Khalil, und seines Sohnes, des Nasir

von Ibrîm; diese Herren kommen in der Hoffnung auf eine Flasche Raki; wir schenken Mâlim-Khalil eine Oka Tabak. Es sind alles abscheuliche Schurken, deren Gemeinheit von all der Hochachtung erglänzt, die man ihnen erweist. – Schritte zugunsten Sultans unternommen; offensichtlich keine Bereitwilligkeit vorhanden. Als ihm klar wurde, daß er abreisen würde und genesen könnte, wollte er uns die Füße küssen, seine Augen weinten vor lauter Rührung; unverdiente Dankbarkeit ist peinlich, sie ist wie die Belohnung für ein Opfer, das man gar nicht gebracht hat, man schämt sich und fühlt sich dem Schuldner noch verpflichtet.

Um 6 Uhr abends bricht sich Hassanin beim Balkentragen ein Bein; er fällt hin wie ein verletzter Vogel. Verbinden bei Fackelschein auf dem Sand. Wir hören ihn die ganze Nacht mit kläglicher Stimme »Kawadscha! Kawadscha!« rufen.

Freitag, der 19. Morgens Spaziergang auf der Insel Elephantine; währenddessen wird das Boot zur Reparatur an Land gezogen. Wir lassen uns auf der Westseite unter Palmen nieder. – Einäugiges Kind, das die anderen mit einem Palmstück verjagt, dessen Ende zu einer Peitsche geflochten ist.

Mahlzeit im Café von Assuan. – Vorüberziehende Kamele. Sonne, Strohgeflechte über unseren Köpfen. – All die Leute, die zum Trinken herkommen. – Uns gegenüber ein (russischer) Kavass mit umgeschlagenen Stiefeln. – Es war Mittag, der Priester sang in der Moschee. – Überführung Hassanins aufs Schiff, Abfahrt aus Assuan.

KUBANIYE-EL-ABU-ARIS. Ankunft 6 Uhr abends, wir steigen die Böschung hoch, Mansur begleitet uns. – Mitten unter den Kassien und Palmen Menschen als Silhouetten; lange, zinnoberrote Streifen am Himmel. Blaßgrüne Seen verschmelzen mit dem Blau des Himmels, Palmen entfalten sich in Strahlenbündeln wie Fontänen; mit zunehmender Nacht wird ihr Farbton dunkler. Auf dem Nil ein paar Segel, die niedrigen Berge auf seiten der Levante sind rosa.

Wie sähe ein Wald aus, dessen Palmen so weiß wie Buketts von Straußenfedern wären?

Wenn die Männer ihr Gebet verrichtet haben, haftet noch auf Stirn und Nase der Staub von der Niederwerfung auf den Boden.

KOM-OMBO. *Samstag, der 20.* Nachmittags angekommen.

Die Tempelruinen sind bis in den Nil herabgesunken; der Strom macht dort eine Biegung nach links; direkt gegenüber eine große Sandinsel; linker Hand Felder, die mit trockenem Schilfrohr eingezäunt sind; etwas weiter ein paar Bäume, ein großes, graues Dorf mit zwei viereckigen Taubenhäusern, die Wüste und, am Horizont, der Gebirgssaum.

Der Tempel ist im Sand versunken. An der Decke Wiederholung des Geiers; eine Isis in gefälligem Stil, ein Mann, der Schwimmbewegungen macht, Reste blauer Malereien. Es gibt noch 13 Säulen, überall auf ihnen der Uräus; das ist es, was am häufigsten und meisten vorkommt. Auf dem Portikus des Tempels eine Barke mit der Sphäre in der Mitte, in ihr hockt ein Mann; anderswo Gestalt, die in einer Art Kürbis hockt; auf der Fläche einer noch stehenden Wand aus Quadersteinen, die vom Tempel geschieden ist und sich dem Strom zu befindet – zweifelsohne Rest eines Pylons –, gibt es auch auf dem zurückliegenden Teil zwischen den zwei Wandflächen mehrfach wiederholt ein Kreuz; abwechselnd findet sich da eine Reihe Kreuze und eine Reihe kleiner Mannsfiguren auf einem runden Gefäß mit Hieroglyphen-Inschriften. Auf

dem Sekos griechische Inschrift, die verkündet, daß Ptolemäus und Kleopatra diesen Sekos Apoll und den anderen Göttern geweiht haben; dies steht auf dem oberen
Torsturz; wir konnten den Rest nicht lesen.

Unter den Namen von Reisenden: S. Chasseloup-
Laubat, französischer Offizier, 1825, und Darcet; das Datum ist unleserlich. Der Name ist lochweise in die Tempelfassade rechts in Kopfhöhe eingraviert worden.

Während ich noch dastand und die Decke betrachtete
– ich war von hinten hinaufgekommen und stand dem Nil
zugewandt –, kam ein Vogel geflogen, krallte sich an ein
ausgetrocknetes Schilfrohr fest, das sich durch einen Spalt
in der Decke gezwängt hat und dort senkrecht steckenge-
blieben ist. Die lebenden kleinen Vögel sehen sich die
steinernen Geierskulpturen an und fliegen dann wieder
davon.

Ein Mann auf einem weißen Pferd tauchte von hinten
auf, da wo die Ruinen aus ungebrannten Ziegeln stehen,
ritt vor dem Tempel vorbei und kam wieder von links
durch eine Öffnung in dem länglichen Mauerstück aus
ungebrannten Ziegeln zurück, um sich schließlich in Richtung der Bauern zu begeben.

EL-MAHAMID. Wir gehen am Abend nach El-Mahamid
hinauf. – Zum Diner eine Wassermelone gegessen. – Die
schwarze Katze, die Joseph in Assuan aufgelesen hat,
geht mir allmählich auf die Nerven. Hassanin gebärdet
sich auf seiner Matratze wie ein Besessener, trotz all unserer Ermahnungen, ruhig liegenzubleiben.

Steinbrüche von Silsile. – Ein gemeiner Schwindel! Es
handelt sich um lotrechte Wandflächen, die direkt in den
Berg gehauen sind. Starke Sonne! Wir schwitzen mächtig
auf dem Sand.

Tempel von Gebel-Silsile. – Galerie mit ausgekehltem

Gewölbe, in der Wand Gottheiten: sechs an jeder Außenseite und drei in Nischen unmittelbar an den Pfeilern. –
Enttäuschung hinsichtlich unserer Ausgrabungen, nicht
alles, was hohl klingt, ist ein Schatz. – Zahlreiche, von
Arabern stammende Löcher in den Wänden.

Montag, der 22. April, Chamsin. Der Nil hat Wogen wie
das Meer. – Bei Einbruch der Nacht in Edfu angekommen, d.h. eine halbe Meile davon entfernt, da Dorf und
Tempel sich nicht direkt am Ufer des Stroms (linkes Ufer)
befinden.

EDFU. – Das Dorf umgibt den gigantischen Tempel und
ist teilweise sogar an ihm emporgeklettert. Riesige Pylonen, die größten, die ich je gesehen habe; in den Pylonen
mehrere Gemächer. Rechts schöne Isis. Oben vom Pylo-
nentor aus Sicht auf die Kolonnaden zu beiden Seiten. Der
Hof mit unebenem Boden, Anhäufungen von grauem
Staub.

Von den Pylonen herrliche Aussicht: wendet man sich
nordwärts, sieht man den Verlauf der Straße nach Esneh;
der Blick taucht in das Dorf ein, dessen Häuser Dächer
aus Strohgeflecht haben. Überall dieselbe Szenerie, man
ist mit dem Alltag beschäftigt: eine Frau tränkt einen Esel
aus einem Kürbis; zwei Ziegen kämpfen, indem sie mit der
Stirn aneinanderstoßen; eine Mutter trägt ihr Kind auf
der Schulter mit sich oder bereitet das Essen. Oben am
Pylon Namen französischer Soldaten.

Das ganze Dorf benutzt den Tempel von Edfu als öffentliche Latrine.

In den Pylonen enorme Schießscharten, sie sind in
Höhe der Kehlleiste angebracht und erhellen die Gemächer von oben, das Licht streicht über die Steinplatten.

Die Kapitelle der eingesunkenen Säulen des Pronaos,
auf dessen Dach Häuser errichtet sind, weisen abwech-

selnd einen ägyptischen Mischstil und ein Palmblattorna-
ment auf. Nicht weit, ganz in der Nähe, doch so tief im
Sand, daß man ihn kaum findet, der kleine Tempel; er ist
verwüstet und hält sich nur noch dank einer Säule aus
einem Stoß zertrümmerter und zusammengetragener
Steine aufrecht. Auf den Wänden gemalte Darstellungen
von Isis, die Horus die Brust reicht. Fast jede Isis in Edfu
wie in Philae hat ein nach unten hin verlängertes Gesicht
mit aufgedunsenen Wangen und einer Spitznase; vom
selben Stil sind auch die Gesichter der Bereniken und
Asinoen, von denen man *behauptet*, daß in diese Darstellungen ihre wahren Porträts eingegangen seien.

Nicht weit vom Nilufer der Speicher der Regierung,
große Getreidehaufen; will ein Mann bis oben hinaufsteigen, läuft er über Palmstämme, die auf die Schräge des
Haufens geworfen werden.

EL-KAB. *Mittwoch, der 24.* Gleich am Morgen Aufbruch zu
den Grotten. Viele sind unbedeutend, doch in zweien
Reste seltsamer Malereien, auf denen Szenen aus dem
Landleben dargestellt sind; vor allem eine: hinten in einer
Nische drei Götter oder Göttinnen; die beiden Götter oder
Göttinnen auf den Seiten halten ihre Hand hinter die
Taille der Gottheit in der Mitte, so als würden sie sie
stützen; auf dem rechten Feld kniende oder eher hockende
Männer und Frauen, die an Lotosblüten riechen; Mann,
der einen Ochsen tötet, sein Kopf ist nach unten gebogen,
der Ochse liegt offen da, man sieht seine blutigen Rippen;
König und Königin, Gatte und Gattin (in halber Lebens-
größe) sitzen auf Diwanen, die Frau legt eine Hand auf die
Schulter des Mannes, und mit der anderen hält sie seinen
Unterarm; die Füße der Möbel sind Löwenbeine. Die
Frauen waren mit einer Art Fuhrmannskittel bekleidet,
der tief ausgeschnitten ist und bis zur Wade herabhängt;

an den Schultern wird er in der Art von Krankenhaus-
schürzen von zwei breiten, hochlaufenden Blenden gehalten.

Auf der rechten Fläche Esel, die auf die Felder ziehen;
der eine bückt sich, um eine Distel zu fressen, der andere
wendet den Kopf und blickt nach hinten; Schweineherde,
Ziegenherde, ein Bock will eine Ziege bespringen; ein
Wagen, das Pferd hat den Wuchs eines englischen Trabers,
emporgeworfene Nüstern, Beine, die in der Stellung eines
Pferdes herabfallen, das in vollem Galopp dahinsaust und
ganz plötzlich stehenbleibt. – Feldarbeiter: hinter dem
Pflug wird ausgesät; schöne Körperhaltung des Sämanns;
der Weizen strömt in Strahlen, gleich gelben Fontänen,
aus seinen Händen; Getreide wird aufgehäuft und in
große, längliche Säcke gefüllt, die Ochsen drehen sich im
Kreis und dreschen, daher das Lied: »Drescht, Ochsen,
drescht, Stroh für euch, Mehl für euern Herrn!« (siehe:
Ägypten von Champollion-Figeac, *Univers pittoresque*). –
Weinlese: laubenförmiger Rebstock, Männer tragen Körbe mit Weintrauben auf dem Kopf, sie werden zwischen
Holzplanken gekeltert, die sich auf einem Stützbalken
hin- und herschieben lassen, der Wein wird gesammelt
und in Töpfe gefüllt. – Gänse werden zubereitet und in
Töpfe gelegt; getrocknete, ausgeweidete Fische, die dann
an die Wände geheftet werden. – Barke mit Rudern, deren
Schaufeln an den Enden rund sind; ein Mann fällt kopf-
über ins Wasser.

Takelage der alten Ägypter. – Das gespannte Segel
rollte auf einem Rad, das auf dem Kajütendach angebracht war. – Andere Boote, die getreidelt wurden.

Nichts ist amüsanter als diese Malereien, die von der
erbarmungslosen Strenge der ägyptischen Kunst abwei-
chen.

Nicht weit vom Flußufer große Einfriedung aus Pharaonenziegeln, deren Mauern gut dreißig Fuß stark sind, so daß man kaum die Ruinen des Tempels erkennen kann, der hier stand und den Mohammed Ali abtragen ließ, um mit den Steinen seinen Palast von Esneh zu bauen.

Um 10 Uhr sind wir aufgebrochen.

Eine Stunde lang unter praller Sonne über den weißen Wüstengrund gezogen. – Gebirgswände, riesige Talkessel. – Auf dem Hinweg unterhalten wir uns über Abd-el-Kader und auf dem Rückweg über die Pariser National-garde. – Ein paar Wolken; weißes Licht, so fein wie Staub, enorm!

Kleiner Hathor-Tempel: Perückenköpfe wie im kleinen Tempel von Ipsambul; recht gut erhaltene Malereien. Links hinten großer blauer Gott mit Perlhuhnfedern (Nilus? Ammon?). Um den Tempel herum gemeißelte Fußab-drücke. Bisher hat noch niemand etwas darüber gesagt, und jedesmal, wenn ich diese Füße antreffe, bin ich ergrif-fen, allein dieser kleine Fußabdruck, ich kann gar nicht sagen, ein wie schönes Zeugnis er darstellt!

Ich beobachte längere Zeit eine Tarantel mit ihren gro-ßen, grünen Augen, die rückwärts durch ein Türloch krab-belte; sie hatte fürchterliche große, grüne Augen, man hätte meinen können, sie sei ganz außer sich vor Staunen über so etwas Riesiges wie uns zwei; danach zog sie sich in ihr Versteck zurück.

Anderer Tempel, gewölbter Speos, in den man über eine Treppe stieg. Das Innere völlig verkommen. Joseph liest Gazellenkot auf, der nach Moschus riecht und gut für die Pfeife ist.

Ich bemerke ein ganz weißes Chamäleon; es flüchtet sich unter einen Stein; als ich ihn aufhebe, läuft es über den weißen Boden weg; Max tötet es mit einem einzigen Stockhieb auf das Genick. Der Nil floß früher vielleicht einmal hier über die Straße, die wir entlanggehen, und das

Senkblei der Lotsen hat diese großen Klippen ge-
schrammt (die Vogelscheiße auf dem Boden und den Steinen hat, von fern gesehen, genau die Farbe des Bodens
und der Steine), denn der Nil langweilt sich wohl auf dem
vielen Sand und ändert deswegen seinen Lauf.

Donnerstag, der 25. Chamsinwetter, wurden den ganzen
Tag an unserem Ankerplatz in Sabayeh festgehalten.

ESNEH. *Freitag, der 26.* Um 6 Uhr morgens angekommen;
schwüle, bedeckte Witterung, der Himmel ist weiß.

Gegen 10 Uhr kommt Bembeh zur Canja und steigt an
Bord; ihr rechtes Auge ist entzündet, es ist mit ihrer Binde
zugedeckt, wir geben ihr Bleiwasser. Der Hammel ist
nicht mehr bei ihr, der Hammel ist tot. Wir begeben uns
über den rückwärtigen Teil der Stadt zu Ruchiouk-Hânem, Bembeh geht uns voran.

Bei Ruchiouk-Hânem. – Das Haus, der Hof, die verfal-
lene Treppe, alles ist noch da, sie jedoch steht nicht mehr
da, dort oben, mit nacktem Körper, umstrahlt vom Licht
der Sonne. Wir hören ihre Stimme, die Joseph begrüßt;
wir steigen in die erste Etage, Zeneb gießt Wasser über die
Pflastersteine. Stille, Schwüle, wir warten.

Sie kommt ohne Tarbusch, ohne Kette, ihre kleinen
Zöpfchen hängen ungeordnet herunter, ohne Kopfbedeckung; so wirkt ihr Schädel von den Schläfen ab sehr
klein. Sie sieht erschöpft aus und als wäre sie krank gewesen. Sie bedeckt den Kopf mit einem Taschentuch und
läßt ihre Halsketten und Ohrringe holen, die sie zusammen mit ihrem Geld bei einem Seraf der Stadt hinterlegt
hat; zu Hause hat sie nichts aus Angst, man könne sie
bestehlen. Wir tauschen Höflichkeiten und Komplimente
aus. Sie hat viel an uns gedacht, sie betrachtet uns als ihre
Kinder und ist nie einem so liebenswürdigen Kawadscha
begegnet.

Zwei weitere Frauen: die erste, mit starker, gerader Nase, kauert links; die zweite, klein, schwarz, ganz hübsch im Profil, tanzt aber sehr schlecht. – Unser alter Musikant und ein anderer mit weißem Bart und mit seiner Frau im Gefolge, einer Alten, die auf einem Tamburin spielt; sie ist Tanzlehrerin, sie macht der Kleinen beim Tanzen Zeichen, ärgert sich, gibt den Takt an und führt den Schritt vor. – Lächelnder Gesichtsausdruck, eckiges Gesicht wie bei einem alten, weißen Eunuchen. – Sie fängt an zu tanzen, ihr Tanz ist eine dramatische Pantomime; auf diese Weise sehen wir etwas von den alten Tänzen.

Ruchiouk tanzt. Bewegung, bei der sich wie bei Asiseh der Hals ablöst; ihr entzückender, antiker Tanzschritt, bei dem ein Bein am anderen vorbeigeführt wird.

In ihrem Zimmer im Erdgeschoß finden sich als Schmuck zwei kleine, an die Wand geheftete Zettel; auf dem einen ist eine Fama dargestellt, die Kränze verteilt, ein anderer ist mit arabischen Schriftzeichen bedeckt. Mein Schnurrbart entrüstet sie immer noch: da ich einen kleinen Mund habe, sollte ich ihn doch nicht verdecken. Wir gehen auseinander mit dem Versprechen, ihr noch Lebewohl zu sagen.

Im Hof großer Schurke, ein Auge mit einer Binde verdeckt, er streckt die Hand aus und sagt »ruffiano«; ich gebe ihm drei Piaster.

All das hinterließ eine unendliche Traurigkeit in mir; sie hatte sich wie beim erstenmal die Brüste mit Rosenwasser eingerieben. Es ist aus, ich werde sie nie mehr wiedersehen, und nach und nach wird ihre Gestalt in meiner Erinnerung verblassen.

BASARE. – Café, in dem ich fast den ganzen Nachmittag damit zubringe, die Leute zu betrachten; auf dem Platz zieht ein Trauerzug vorüber.

Hühnerbrutofen. – Langer, gewölbter Gang mit seitlichen Brutöfen, die von allen vier Seiten mit Hilfe kleiner Rinnen beheizt werden. In ihrer Mitte, auf das Licht ausgerichtet, das von der Wölbung her kommt (Loch, durch das Tageslicht einfällt), ein Loch. Unter dem Brutofen liegen die Eier, sie bleiben dort zwei Wochen liegen; nach zwei Wochen werden sie *auf* die Brutöfen gelegt, bis zum zweiundzwanzigsten Tag, an dem die Küken aus dem Ei schlüpfen. Am Boden wimmelt es von Küken, wie wogendes weißes und gelbes Ungeziefer; man fegt sie mit Fußtritten beiseite, damit wir Platz bekommen.

Dies macht auf mich einen merkwürdigen Eindruck von Verfall, selten hat mich in meinem Leben etwas mehr befremdet: ein Organisches wird durch ein Künstliches ersetzt; der Mensch wirkt hier sozusagen als Schöpfer.

Freitag, 26. April. Koptisches Märtyrerkloster: schlechtes Wetter; wir gehen querfeldein über Weizenfelder zum Märtyrerkloster, das eine Meile von Esneh entfernt liegt, und machen dann einen Schwenk. Auf einer Mauer bellt ein struppiger, zotteliger Hund aus Erment. Joseph schlägt mit einem kleinen Stein gegen die Pforte; ein koptischer Bruder kommt und öffnet uns. Im überdachten Gang, der auf einen Hof führt, kleines Eselsfüllen. Das Kloster besteht aus einer Reihe vierseitiger Räume, die kuppelförmig gewölbt sind; durch ein Loch an der Decke fällt Licht ein; der Boden ist überall mit Palmgeflecht bedeckt. Sehr alter romanischer Teil, große Kuben, die wie Grabmäler aussehen. – Eisensäule, auf die das Evangelium gelegt wird. – In einer Ecke grob gearbeitete Predigtkanzel. – Mysteriöser Anblick, wie von etwas Geheimem, das alles nur im Dämmerlicht wahrgenommen. – Zwei Greise, der eine einäugig, vier oder fünf Knaben bedienen sie; das ist Urchristentum. – Im Kloster verweilt auf der Durchreise ein abessinischer Priester, der von

Jerusalem zurückkommt: groß, mager, mandeläugig, lange Adlernase, schöne Physiognomie, ganz und gar indischer Typus; er hat ein Brustleiden und ist mager wie jene Menschen, die vor Sehnsucht umkommen; er langweilt sich häufig, vermißt seine Heimat; Ägypten ist die Hölle für ihn.

Wir unterhalten uns über Abessinien. Die Entmannungswut ist dort tatsächlich so stark, wie mir berichtet wurde. Es gibt in Abessinien über zwanzig Könige. Vor kurzem haben die Abessinier eine ganze türkische Garnison getötet, die sich auf einer Insel gegenüber Massaouah befand. Für die wenigen Europäer, die dort reisen, ist es in den Bergen gefährlich, weil diese Berge von waldigen Reservaten für die Elefantenjagd überzogen sind. Er läßt sich lange über die billige Lebensmittelbeschaffung in Abessinien aus. Beim Verabschieden wünscht jeder dem anderen, er möge seine Heimat wiedersehen, von der wir beide so weit entfernt sind. Möge Gott ihn in die seinige zurückgeführt haben! Was die christlichen Bande angeht, so erscheinen sie mir völlig unbedeutend; das wahre Band ist die Sprache: dieser Mann da ist viel mehr der Bruder der Moslems als der meinige.

Ich kehre barfuß zurück wegen meiner Stiefel, die fürchterlich drücken. Nicht weit von der Canja entfernt, zwischen Esneh und dem Mohammed-Palast, habe ich haltgemacht, um die Berge zu betrachten. Die niedrigen, kahlen, grauen Hügel, sieht man sie durch das klare, rosa Licht hindurch, das über ihnen liegt und das zu Grau hin abblaßt, waren im großen und ganzen von großartiger, einheitlicher Färbung, die von unten her mit Dunstpolstern aufgefüllt war, so als hätte man große, blonde Schleier über die Hügel gelegt.

Ruchiouk-Hânem und Bembeh sind uns in unserer Abwesenheit besuchen gekommen.

Abends setzen wir auf die andere Nilseite über, um Löffelreiher zu erlegen, die wir aber verfehlen. – Riesenweite Sandfläche, darüber der Mond, unsere beiden Köpfe Seite an Seite.

Heimkehr eines reichen Mannes. – Der Gouverneur von Assiut kommt von Esneh zurück, um im Palast der Regierung zu übernachten, zu Pferde, mit Gefolge, voran gehen zwei Männer, die Maschallahs tragen. Man kann nur sie erkennen, wie sie sich vor der Mauer im Licht des brennenden Harzes abheben; der Rest bewegt sich im Dunkeln, noch dunklere Schemen; Funken sprühen umher und fallen hinter ihnen auf die Erde.

Sonntagmorgen, der 28. Frühzeitig aus Esneh aufgebrochen; trotz Wind den ganzen Tag gerudert.

ERMENT. *Montag*. Tempel und Dorf eine gute halbe Meile vom Flußufer entfernt. – Mit Türkengräbern bedeckte Ebene. – Santon; dahinter große Weide mit Tieren. – Tempelruinen: die Säulenkapitelle sind mit Tauben bedeckt, die von den benachbarten Taubenhäusern kommen, Taubenhäusern aus trockenen Baumzweigen. – Hitze. – Photographieren. – Ich reinige die Scheiben. – Effendi des Mustapha-Bey, dicker, junger, augenkranker Mann; Tasche für Papiere; er führt seinen Esel am Halfter bis zum Boot zurück, wohin er uns begleitet; er schenkt uns arabischen Käse, weiße, entrahmte Käschen, für meinen Geschmack ganz abscheulich.

Abends um 8 Uhr erreichen wir Luxor.

THEBEN

ANKUNFT IN LUXOR. Wir sind *Montag*, den *30. April*, um halb neun abends in Luxor angekommen; der Mond ging auf. Wir gehen an Land. Der Nil ist niedrig, und eine ziemlich lange Sandfläche erstreckt sich vom Nil bis hin zum Dorf Luxor; wir müssen auf die Uferböschung steigen, um etwas sehen zu können. Oben auf der Böschung spricht uns ein kleiner Mann an und bietet sich uns als Führer an; wir fragen ihn, ob er Italienisch spricht: »*Si Signor, molto bene.*«

Die Masse der Pylonen und Kolonnaden zeichnet sich im Dunkel ab; der Mond, der gerade hinter der Doppelkolonnade hervorgetreten ist, scheint eigens für uns am Horizont zu verweilen: rund, niedrig, bewegungslos, und um die weite Fläche des Horizonts besser zu beleuchten.

Wir irren zwischen den Ruinen umher, die uns riesig vorkommen; von allen Seiten wütendes Hundegebell; wir gehen mit Steinen oder auch Ziegeln in den Händen weiter.

Hinter Luxor, nach Karnak zu, wirkt die große Ebene wie ein Ozean; im Mondschein blinkt ganz weiß das Französische Haus, genauso wie unsere Nubierhemden; die Luft ist warm, der Himmel rieselt von Sternen; sie nehmen heute abend die Form von Halbkreisen an, so wie Hälften von Diamantkolliers wären, in denen hier und da einige Steine fehlten. Welch bedauernswertes Elend der Sprache! Sterne mit Diamanten zu vergleichen!

LUXOR. Am nächsten Morgen, Dienstag, besuchen wir Luxor. Das Dorf läßt sich in zwei Teile untergliedern, die durch die beiden Pylonen geschieden sind. Der moderne Teil zur Linken enthält nichts Antikes, wohingegen

die Häuser rechts auf, in und zwischen den Ruinen stehen. Die Häuser wohnen zwischen den Säulenkapitellen,
Hühner und Tauben hocken und nisten auf den großen
Lotosblättern. Mauern aus ungebranntem Stein und
Schwemmland bilden die Trennungslinie zwischen den
einzelnen Häusern, Hunde laufen bellend über die Mauern. So rührt sich eine kleine Welt in den Trümmern einer
großen.

Es sind drei Kolonnaden vorhanden, zwei aus kleinen
und eine aus dicken Säulen; die dicken haben Pilz-Kapi-
telle, die kleinen haben Kapitelle in Form geschlossener
Lotosblüten.

Pylonen. – Das Pylonengesims ist zertrümmert worden, es bleibt von ihm nur noch etwas am Innenteil des
Tores übrig. Beidseitig des Tores zwei bis zur Brust in der
Erde steckende Kolosse; von ihnen sind allein die Schultern des linken Kolosses unversehrt erhalten; nach den
Bändern und Ohren zu urteilen, muß es sich um sehr
schöne Arbeiten gehandelt haben. Ein dritter Koloß, auf
dem rechten Pylon, steckt vollkommen in der Erde; man
kann nur noch seine Haube aus poliertem Granit sehen,
die im Sonnenlicht wie eine deutsche Porzellanpfeife
glänzt. Gegenüber den Pylonen, auf den Häusern vis-à-
vis, Taubenhäuser; die Tauben fliegen auf und sitzen flat-
ternd oben auf den Pylonen. Auf dem linken Pylon sieht
man eine Schlachtszene: die Wagen sind aufgereiht, das
heißt, mangels Perspektive übereinander gestaffelt; alle
Pferde bäumen sich; Wirrwarr aus Menschen und Pferden, die übereinander stürzen; der König (überlebensgroß) steht bogenschießend auf einem Wagen mit zwei
Pferden, hinter ihm ein Fächerträger; er befindet sich
mitten im Schlachtgetümmel; etwas entfernt stehen
Leute in einer großen Barke. Ein Mann (in halber Lebensgröße) auf seinem Wagen, mit weit vorgestreckten Hän-

den lenkend, englischer Chic. Auf dem rechten Pylon lassen sich schwach Wagen und Krieger erkennen; ein sitzender Mann (überlebensgroß) scheint Gefangene entgegen-
zunehmen. Der linke Pylon stellte den Kampf dar, der
rechte den Triumphzug. Der wunderbar erhaltene Obelisk
lehnt gegen den linken Pylon. Weiße Vogelscheiße zieht
sich von oben daran herunter und breitet sich unten am
Sockel wie ein Gipsguß aus; wenn in Ägypten die Natur
rebelliert, so tut sie es durch die Vogelscheiße; das ist alles,
was sie zur Ausschmückung der Denkmäler beiträgt, dies
ersetzt hier Flechte und Moos. Der Obelisk in Paris war
gegen den rechten Pylon gelehnt. So auf seinen Sockel
gepflanzt, wie muß er sich da auf der *Place de la Concorde*
langweilen und sich nach seinem Nil zurücksehnen!
Woran mag er wohl denken, wenn er um sich herum
Droschken kreisen sieht statt antiker Wagen, die einst an
seinem Sockel vorüberfuhren?

Es ist schwierig, im Inneren der Pylonen hochzusteigen,
die Steine sind wie in den Gängen der Pyramiden kanten-
weise aufeinandergeschichtet. Von da oben sehen wir unten Joseph in seinem weißen Hemd, wie er in aller Ruhe auf
der Matte der Moschee sitzt, denn es gibt draußen vor der
Moschee eine Art langer Plattform oder niedriger Terrasse,
die mit einer Matte bedeckt ist. Um auf die Pylonen zu
steigen, passieren wir das Innere der Moschee, wo eine
Horde kleiner Schulkinder, die sich auf ihren verschränkten Beinen hin- und herwiegen, umherkreischt; der Lehrer
liest im Singsang einer Fistelstimme laut vor. Die Pylonen-
treppe führt ins Innere der Moschee hinab.

Der Prisse-Garten. – Wir besuchen den früheren Prisse-Garten, der jetzt dem Scheik der Ababdijen gehört.
Rebenbedeckte Laube aus Mauerwerk, Zwergpalmen
oder kleine Palmen. Zwei, drei Negerdomestiken laufen
in ihm herum. Man bringt uns Oleandersträuße. Als wir

uns anschicken hinauszugehen, stellt sich ein Neger mit dem Rücken gegen die Tür, um von uns ein Bakschisch zu erbitten, was zur Folge hat, daß wir ihm gar keins geben.

Französischer Garten. – Von den Offizieren der *Luxor* angelegt; die Mauern sind von trockenen Aloeblättern überzogen. Dieser Garten steht voll mit Orangen- und Zitronenbäumen; ein paar Palmen ragen schnurgerade über diese runden Massen empor. Plötzlich fand ich Gefallen an diesem Grün, von dem ein seltsamer Reiz ausging. Man bringt uns kleine grüne Zitronen und Pfefferminzsträußchen. Am Nachmittag brechen wir nach Karnak auf.

KARNAK. Beim ersten Anblick von Karnak denkt man an einen Palast für Riesen; das Ausmaß der Steingitter, die noch in den Fenstern stehen, verweist auf kolossale Wesen; beim Gang durch diesen hohen Säulenwald fragt man sich, ob hier nicht einst ganze Menschen, wie Lerchen am Spieß aufgereiht, serviert wurden. Im ersten Hof, hinter den beiden hohen Pylonen, wenn man vom Nil her kommt, liegt eine umgefallene Säule, deren sämtliche Steine trotz des Falls noch aneinandersitzen, so wie bei einer liegenden Säule aus Damesteinen. Wir kommen zurück; die Sphinx-Allee hat keinen einzigen Kopf mehr aufzuweisen, sie alle sind enthauptet. Weiße Lämmergeier mit gelben Schnäbeln umkreisen ein Aas auf einem Erdhügel; rechts stehen drei von ihnen auf ihren Stelzen und blicken uns beim Vorübergehen ganz ruhig an. Ein Araber reitet auf einem Dromedar in schnellem Trott an uns vorbei.

Sonnenuntergang in Luxor. – Bei Sonnenuntergang begebe ich mich vom Französischen Garten aus auf eine kleine Bucht zu, die der Nil hier bildet; die Wasseroberfläche ist ganz glatt, selbst eine Mücke, die ihre Flügel hineintauchte, würde sie in Unordnung bringen. Durcheinander von Ziegen, Hammeln und Büffeln, die alle hierher zur Tränke kommen, Geißlein saugen an ihren Müttern, während diese Wasser saufen; die Zitzen von einer sind in einem Beutel zusammengehalten. Frauen kommen mit großen, runden Gefäßen zum Wasserschöpfen, die sie dann auf ihre Köpfe setzen; wenn eine Herde fort ist, kommt die nächste dran; die Tiere blöken oder brüllen in unterschiedlichen Stimmlagen, nach und nach kehrt alles heim, die Nacht bricht herein; hier und da verrichtet ein Araber im Sand sein Gebet. Die grauen Berge gegenüber (die Lybische Kette) werden von einem blauen Farbton überzogen; violette Dunstschichten breiten sich über das Wasser, nach und nach verblaßt dann diese Farbe, und die Nacht zieht herauf.

ERSTE BESICHTIGUNG IN MEDINET HABU. Nach dem Abendessen überqueren wir den Nil und gehen bis an den Fuß des Berges von Medinet Habu, um dort während der ganzen Nacht Hyänen aufzulauern. Wir legen uns unter das freie Sternenzelt (und was für Sterne!) zwischen Steinen auf unsere Überröcke; Joseph und die Führer schwätzen die ganze Nacht hindurch; der Hammel, den wir uns in einem Dorf (diesseits des Nils) erstanden hatten, bleibt angebunden, und am nächsten Morgen finden wir ihn unversehrt vor.

Um 6 Uhr morgens nehmen wir im Palast von Medinet Habu ein Frühstück aus Milch und hartgekochten Eiern zu uns. Ganz dicht dahinter der Berg, der dieses große, stehengebliebene Gebäude überragt; Architektur und Landschaft scheinen von ein und demselben Baumeister geschaffen worden zu sein.

Der Herr Rosa. – Wir statten dem Herrn Rosa, einem

griechischen Antiquitätenhändler aus Lemnos, einen Besuch ab. Man muß den Haß auf jede Vegetation schon sehr
weit treiben, um sich hier anzusiedeln – die Wohngegend
ist der reinste Gipsofen; Hunde bellen, man will uns nicht
einlassen, schließlich öffnet man uns doch das Tor. Im Hof
stehen, wenn man eintritt, links in der Ecke Mumien,
denen die Binden abgenommen worden sind; eine stützt
sich mit beiden Händen auf ihren Phallus, eine andere
macht eine Grimasse mit dem Mund und hält die Schultern hochgezogen, als sei der Lebende in einem heftigen
Krampf gestorben. In einem niedrigen Saal im Erdgeschoß liegen Mumien in ihren Särgen: sehr schöner Frau-
ensarg, braune Bemalung; zwei andere Mumien in un-
geöffneten Särgen. Hier also lebt dieser alte Grieche, er ist
krank an den Augen und wischt sie mit einem Taschentuch aus; wir reden über Politik, das heißt, über die An-
gelegenheiten Griechenlands; er geht griechische Zeitungen holen und liest mit leiser Stimme ein paar Absätze
daraus vor.

Die Memnon-Kolosse sind wirklich groß, aber beein-
druckend sind sie überhaupt nicht. Welch ein Unterschied
zu dem Sphinx! Die griechischen Inschriften lassen sich
leicht lesen, es war nicht schwierig, sie auszumachen.
Steine, die so viele Menschen beschäftigt haben, die von so
vielen Menschen schon besichtigt wurden, schaut man
sich nicht ohne Vergnügen an. Wieviele Bourgeois haben
nicht schon ihre Blicke zu ihnen erhoben! Jeder hat seinen
kleinen Spruch von sich gegeben und ist dann weitergezogen.

Gegen 3 Uhr Rückkehr zur Canja.

TAL VON BIBAN EL-MULUK. Am nächsten Tag, *Donnerstag,
2. Mai,* um 6 Uhr morgens losgeritten. Man hat mir einen
englischen Sattel gegeben; ich trage meine hohen Stiefel

und die weite Leinenhose nach Nizamart; ich genieße es, auf einem Pferd zu sitzen. Den Tempel in Kurna und die Königsgräber in Biban el-Muluk besichtigt. Die Landschaft auf dem Weg in das Tal der Könige ist kannibalisch: man steigt langsam durch eine breite Schlucht zwischen kahlen Bergen auf, die in große Felswände zerschnitten sind; Steinsplitter rollen unter Pferdehufen, die Steigbügel verbrennen mir die Füße.

Geschichten mit dem Scheik wegen unserer Aufnahmen in der kleinen Grabkammer von Kurna. – Sandsturm. Der erhebt sich wie eine Rauchsäule, dreht sich schraubenförmig wie ein Korkenzieher und steigt dabei hoch in die Luft; bald schon ist der ganze Horizont davon erfaßt, man ist gezwungen, sich den Kopf vollständig zu verhüllen, auch die Pferde scheinen davon behindert zu sein.

Wir übernachten im Französischen Haus.

Französisches Haus. – Die Treppe weist auf ein von Trümmern übersätes Viertel, an dessen Ende sich die Freudenhäuser befinden. Wir haben zwei Zimmer. Im ersten gibt es eine Kaminverkleidung; in ihm läßt sich Joseph nieder. – Abdulmineh (Wächter des Hauses) und die Matrosen auf einer Matte. – Das kleine Zimmer für die Photographie ist rechts; links unser Zimmer mit Diwan und einem Balkon zum Nil hin. – Ausblick auf die Berge der Libyschen Kette. – Besuch beim Gouverneur wegen der Geschichte mit dem Scheik von Kurna. – Nachmittags Ritt nach Karnak (auf einem Sattel, der mir den Arsch zerreißt), um die Stellen zu kennzeichnen, die aufgenommen werden sollen.

Abends erwidert der Gouverneur unseren Besuch.

Samstagmorgen. Spaziergang durch Luxor: Café, brave, sehr liebenswürdige Türken, Arnauten, die mit kleinen Muscheln auf so etwas wie einem eingelassenen Damebrett spielen; ein Arnaute versucht, sein Pferd die Treppe hinaufsteigen zu lassen, Türke mit roter Weste, der mir einen Busa zu trinken anbietet.

Wir brechen nach Karnak auf. – Im Königsgemach untergebracht, es ist dasselbe, das auch Doktor Lepsius bewohnt hat. – Kleiner, grüner Pfuhl, auf dem allnächtlich eine goldene Canja mit goldenen Männern umherfährt, das Ufer ist mit spitzen, stechenden Binsen besteckt, Maxime nimmt darin ein Bad. – Ansicht seines nackten Körpers, wie er am Rand des Wasser steht.

Ich verbringe die Nacht draußen auf einer Matratze, die auf einem Stein liegt, bekleidet nur mit einem Nubierhemd; die Sterne schimmern und funkeln. – Wächter. – Einen bemerke ich in der Nacht oberhalb meines Kopfes. – Die Schakale heulen fürchterlich und rudelweise. – Schnabelgeklapper der Taranteln. – Die Schakale kommen nachts unsere Vorräte fressen.

Sonntag, der 5. Die Aufnahmen im Palast überwacht. Nach Beendigung dieser stumpfsinnigen Betätigung Spaziergang um Karnak herum von der Nordseite her. Ich bin zu einem Brunnen bei einem Santon Wasser trinken gegangen; das Wasser befindet sich in einem großen Tonkrug, man schöpft es mit einer irdenen Schale und trinkt daraus. Im Santon Matten; in der Mitte ein kleines Grab, es ist ein Ort zum Ausruhen. Diese Santons sind etwas Schönes!

Etwas weiter (links zwischen Karnak und Nil) ein Dorf mit einer Palme, die wie eine Peitsche gebogen ist. Im Hintergrund laufen unter Palmen Rinder umher. Ich nehme mir nochmals ein nördliches Tor zu meiner Rechten vor; dort gab es noch eine Sphinxallee, ein einziger ist nur noch an seiner Kruppe zu erkennen. Dieses Nordtor und auch das östliche sind, was die halberhabenen Darstellungen betrifft, stark beschädigt.

Abends macht uns ein Effendi, Grundbesitzer der

Umgegend, einen Besuch; er ist weiß gekleidet, läßt sich
seinen Bart wieder wachsen, es scheint ihm sehr warm
zu sein, weite Hemdsärmel; er fährt mit der Hand über
die Arme; fette Füße und Hände. Zu meiner Rechten
hockt ein schwarzer Domestike, der einen Speer hält,
sein Gewehr steht in einer Ecke, ein Jatagan steckt im
Gürtel.

Montag. Noch einmal Aufnahmen. Das Mittel frißt den
Zweck, ein sattes Nichtstun in der Sonne ist weniger steril
als solche Beschäftigungen, wo das Herz nicht dabei ist.
Als wir in dem kleinen Ptolemäertempel von Karnak sind
(links, wenn man hereinkommt), Possenreißer auf einem
Esel; in einer pompösen Pose gibt er mit einer pulvergela-
denen Pistole vor uns ein paar Schüsse ab, seine Arnau-
tenpistole ist sorgfältig in Lumpen und in ein Lederfutte-
ral gewickelt.

Wir gehen am Nilufer spazieren. Am Ufer Frauen mit
Krügen auf dem Kopf, bewegte Oberfläche, die Sonne
flimmert über dem Wasser und sticht mir in die Augen.
Auf dem Rückweg zu unserer Unterkunft in Karnak lief
vor uns ein splitternacktes Kind, das einen Baumzweig
hinter sich her zog; das wirbelte Staub auf. Am Abend
macht uns unser Freund, der Effendi, noch einen Besuch:
er stammt aus Bagdad, mag uns sehr und nimmt »für
seinen Vater« eine Dose mit Kantharidinpillen entgegen.
Er hatte uns am selben Tag Eier, Milch, Hühner und einen
Hammel geschenkt. Sein kleiner Neger: Weste aus Damast, runde, vorstehende, etwas blutunterlaufene Augen.

MEDINET HABU. Ptolemäische Umfassungsmauer des Tempels, zwei Pylonen.

Links Eingang zum Palast, ein zweigeschössiger Pavillon. Das Geschoß wurde von Kragsteinen abgestützt, die
Menschenköpfe darstellen; die viereckigen Fenster vorn

sind mehr breit als lang, wohingegen die seitlichen Fenster mehr lang als breit sind. Auf der inneren Stirnseite des Pavillons Könige, die Besiegte in der Hand halten und den Göttern darbringen; die Besiegten haben die Haartracht von Wilden.

Im ersten Hof kleiner viereckiger Tempel, früher zweigeschossig und vom Palast umschlossen. Die Ruinen der arabischen Häuser versperren alles und bieten einen krausen, hügeligen Anblick. Blickt man so mit dem Rücken zum Nil geradeaus vor sich hin, sieht man links die weißen Berge und gegenüber die über den Palast hinausragende Libysche Bergkette; rechts die Säulenreihen des Amenophiums, die an ihrem äußersten Rand von ein paar Kassien gesäumt werden; hinter dieser grünen Spitze fallen die Berge zum Horizont hin ab, bis hin zu einer langen Palmenlinie, die sich dem Blick als die Hälfte des Horizonts abzeichnet. Der kleine, weiße Tempel im Vordergrund liegt unter den grauschwarzen Trümmern der ehemaligen arabischen Häuser begraben. Zu meiner Rechten, noch etwas näher, der große Pavillon mit seinen schattenreichen Fenstern, jetzt schwarze Vierecke.

Dritter, quadratischer Hof, früher von Säulen umstanden, von denen noch fünf erhalten sind; die Schäfte sind zerbrochen und liegen verstreut am Boden. Auf der Ost- und Westseite quadratische Pfeiler; auf der Nord- und Südseite dicke, runde Säulen, glatte, ganz runde Kapitelle. Außer diesen Pfeilern hat die Westseite eine zweite Säulenreihe mit glatten Kapitellen, die Bänder dieser Säulenkapitelle sind blau bemalt; die Säulen im Hofinnern haben Kapitelle in Form von Lotosblättern.

Die Decke der Galerien besteht aus großen, blau bemalten Steinplatten, die mit weißen Sternen übersät sind.

Am unteren Teil des Pylonentors: Osiris in Geiergestalt mit großen Flügeln und Attributen, das Ganze in Blau.

Figuren auf den Galerien, Südseite. – Oben drei Gruppen:

1. Männer, fast in Lebensgröße, tragen eine Bari, die Blößen sind rot bemalt. Die Ruder der Barke sind dicht aneinandergedrängt und liegen am Bug eines über dem anderen, nach Art eines ausgebreiteten Flügels. Bestand hier die Absicht, an Osiris in Vogelgestalt zu erinnern?

2. Zwei Reihen von Männern, die paarweise gehen und einen Strick tragen; deren Mitte bildet eine Gestalt mit dem Uräus auf dem Kopf; die Blößen der Männer sind rot, blaue Halsketten. Der, welcher allein vorangeht, hält ein Quadrat in den Händen, das er darbietet.

3. Mann, der eine Bahre trägt, auf der kleine Kerle stehen, jeder durch eine Säule vom nächsten getrennt. Die Träger sind sehr schön, ihre Köpfe ganz kahl. Hinter der Bahre, so als ob er sie lenken würde, geht ein Mann her, der einen Stock trägt, an dessen oberem Ende sich zwei Bändchen und ein Vogel befinden.

Unten: ein König auf seinem Wagen, sein Rücken dem Pferdekopf zugewandt; Männer, die bis an die Nüstern des Pferdes reichen, halten ihn an; das Pferd hat einen Kopfschmuck aus Federn und Lotosblüten, sein Überzug ist der Länge nach blau gestreift. *Was bedeutete nur diese Kugel, die sich immer am Widerrist der Pferde befindet?* Zwei große Flabella spenden dem König Schatten, der sich drei Reihen von Menschen zuwendet; man bringt ihm abgeschnittene, natürlich aussehende Hände und Phalli dar; die Phalli befinden sich ganz unten am Boden, sie haben noch ihre Hoden und sind nicht beschnitten. Ein Schreiber, der hinter dem Mann steht, der sie zählt und einen Stock oder vielmehr ein Schneideinstrument unter dem Arm hat, trägt sie in ein Register ein. Dann kommen Gefangene, einige halten die gebundenen Hände ganz hoch über dem Kopf, blaue, grüne Tuniken mit zwei wei-

ßen Querstreifen; sie haben eckige Gesichter mit Spitzbär-
ten, und von oberhalb der Ohren, in Verlängerung der
Haarbüschel an den Schläfen, hängen Hörner oder Trom-
peten herunter, die an den Enden nach innen gebogen
sind.

Ostseite. – 1. Kampfszene wie auf dem Pylon zu Luxor,
Wagen etc.; die zu Boden geworfenen Männer mit demselben Kopfschmuck wie oben. Ein Mann, bei dem der Kopf
nach unten zeigt und der sich unter der Rute des Königs-
pferds befindet, hat eine Haartracht wie ein Wilder. Ich
erkenne nicht, ob es Federn oder zu Berge stehende Haare
sind, ähnlich den Haarsträhnen der Ababdijen, würde
man sie aufrichten; auch er trägt einen Spitzbart. Großer
Wagen des Königs, das Pferd *kriechend*, blauroter, quer-
gestreifter Überzug. Der König hat die Zügel um die
Hüften geschlungen; er schießt einen Pfeil ab, seinen Bogen hat er nahe bei sich; der Wagen fährt über den Körper
eines Menschen. Darunter im Schritt und Eilschritt mar-
schierende Schwadronen.

2. Der König auf seinem Wagen, das Pferd in Positur,
Beinstellung von englischem Chic, Überzug in Schachbrettmuster wie bei einem Schottenstoff. Der König hält
stehend die Peitsche in der rechten Hand; es ist eine ganz
kleine Peitsche, die höchstens bis an die Kruppe der Tiere
reichte.

3. Der König führt zu Fuß die aneinandergeketteten
Gefangenen zu Amon, der das Nilometer hält.

Nordwestecke. – Männer mit Rudern in den Haaren,
wie bei den Katarakten.

Nordseite. – Sehr schöne Bari, an Heck und Bug jeweils
ein Widderkopf (Amon), um dessen Hals an zwei Schnüren Quadrate hängen, die in Fransen oder Schellen auslaufen. Diese Widder haben ein dreifaches Halsband, das wie
Wolle gekräuselt ist.

Schöne Bari, an Heck und Bug mit Menschenköpfen verziert, die Hörner tragen und ein Halsband, wie oben beschrieben.

Die Außenseite des Pylons, die nach dem Gebirge zu liegt, ist fast völlig unter den Trümmern der arabischen Häuser begraben. Die Steine der Treppe dieses Pylons sind nicht wie im Innern der Pyramiden und im Pylon von Luxor angeordnet; sie stehen aufrecht, doch das Hierogly-phenband folgt der Bewegung der Treppe.

Zweiter Hof. – Auf dem linken Pylon (wenn man dem Gebirge zugewandt ist) bringt der König dem Gott Gefan-gene dar; einige haben ganz und gar die Haartracht von Wilden; der rechte Pylon ist mit Hieroglyphen bedeckt.

Auf der linken Seite sind Säulen, auf der rechten Pfeiler.

Die zwei Seitengalerien dieses Hofs sind fast verschüt-tet, die Hieroglyphen tief eingemeißelt. Reste von Male-reien.

Maxime kehrt zur Canja zurück, um Papiere vorzube-reiten; wir werden bei den beiden Kolossen unser Lager aufschlagen. Ich steige aufs Pferd und mache allein einen Spazierritt um Medinet herum; ich reite zu den Syringen hoch. Aus einer Höhle kommt ein Fuchs hervor, mit dem Geräusch einer Schlange, die Steine verrückt, er klettert steil hoch, dreht sich um und blickt mich ganz ruhig an; ich nehme meinen Kneifer, und wir betrachten uns gegen-seitig. Das gleiche Abenteuer erlebe ich zehn Minuten später beim Abstieg mit einem Schakal. Auf einer kleinen Erhebung stand ein Mann mit einem Hund.

Ich reite zum Nil hinab. – Dorf mit Taubenhäusern. Zwei scheußliche Hunde aus Armant springen meinem Pferd an die Kruppe.

Die Nacht verbringe ich im Zelt nahe bei den Kolossen, es geht ein wütender Wind, die Mücken zerfressen mich, ich bin vom Staub ganz ramponiert.

Am Morgen mache ich einen Ausritt in Richtung Hippodrom, mir voran reitet unser Führer Omer (groß, hager, gutmütig, mit einem steifen, graugelben Kegel aus Filz auf dem Kopf, wodurch er einem Priester aus Persepolis ähnelt. Das ist der Vorgänger des Tarbuschs; würde man ihn mit einer Schärpe umwickeln, dann ergäbe das genau den Turban von früher auf den Gravüren.) Omer hat eine kleine Tschibuke aus schwarzem knorrigem Holz.

Weites, ödes Land; die Pferde gehen über harten Boden, der in regelmäßigen Abständen von langen, durch Trockenheit verursachten Spalten zernarbt ist.

Der Tempel hat eine Ummauerung aus ungebrannten pharaonischen Steinen und eine vollständige römische Verkleidung. Und in diesem römischen Gebäude befindet sich ein ägyptisch-ptolemäischer Naos. – Rückkehr im Galopp über Medinet Habu; Fantasia mit Omer. – Unsere Araber befinden sich am Fuß des Kolosses. – Der Herr Rosa stattet uns einen Besuch ab, er trägt einen weißen Turban, ein weißes Nubierhemd, geht unter einem Regenschirm aus weißem Kattun und hält in der Hand seine Tschibuke und einen weißen Holzstock, der mit einer Spitze endet, die er selber gedrechselt hat.

Während alles für den Weiterritt zum Ramesseum aufgeladen wird, Rebellion eines unserer Kamele, es läuft querfeldein; ein Frachtstück nach dem anderen ging zu Boden, die Eisenkanne, auf die ein Huf des Tieres tritt, springt wie ein Armreif, Brochiers Tisch zerbricht in Stücke.

Joseph und ich machen uns auf nach Luxor. – Mâlim. – Café, in dem ich mit Vergnügen eine Schischeh rauche. – Arnauten, diese guten Kameraden!

Amenophium. – Kolosse wie die zu Ipsambul, doch ohne den Schurz mitten zwischen den Schenkeln. Innen auf der Torwandung des Amenophiums große Schlachtszene, Männer mit erhobenen Händen, gut gemacht, mit gewollter Naivität. Ein *zu Pferde kämpfender* Mann? Champollion sagt, Kavallerie sei auf den Bauwerken nicht anzutreffen, von sehr seltenen Ausnahmen abgesehen; meint er damit diese hier? Das Fragezeichen, das ich in meinen Aufzeichnungen wiederfinde, zeigt meiner Meinung nach an, daß vielleicht hinter dem Mann noch Platz für einen nicht vorhandenen Wagen ist. Das scheint mir dennoch nicht der Fall zu sein.

Gruften bzw. Syringen. – Es ist unbestreitbar das Erstaunlichste, was es an ägyptischer Kunst gibt.

Darstellung der Gewerbe etc.; Mandolinenspieler, die Mandoline mit sehr langem Hals; Flöten- und Harfenspieler; nackte Huren mit lüsterner, provozierender Schenkelhaltung, das Knie ist sehr nach innen gebeugt; diese Fräuleins tragen durchsichtige Kleider, es erinnert an die Bordelle von Devéria, 1829. Schweinische Graphik gibt es also schon seit grauer Vorzeit!

In derselben Höhle geräumiger Gang; Mauer zur Rechten; ein nackter Mann in Rot, der sich auf einer Barke befindet und Lotosblüten pflückt; über seinem Kopf hängt ein Zweig herab, ein Storch sitzt auf dem Strauch, entzückend, voller Anmut und Originalität.

Es riecht nach Molkerei und Fledermäusen. Einige dieser Höhlen erstrecken sich in die Breite, andere nur in die Tiefe. Familien leben hier mit ihren nackten Kindern, Küken etc.; einige haben Türen aus bemalten Sargbrettern.

Ab hier ist der Boden unter den Füßen wie ein Sieb durchlöchert, zum Grausen. – Die Ebene von Theben: mittendrin die zwei Kolosse in der Hinteransicht; Medinet Habu zur Rechten hebt sich scharf von der Ebene ab, es entschwindet zu dieser Seite hin und schrumpft zusammen. Jenseits der Ebene der blaue Nil, Luxor, als Eindruck von einer Ruinenlandschaft unvergleichlich; im

Hintergrund die zerklüfteten Berge mit weißen Gipfeln und einer rosa Lasur über ihrem Blau (Blau dominiert bei weitem). Links, verschwommen im Hintergrund, Karnak; das Amenophium (oder Ramesseum) zu unseren Füßen; etwas weiter Kurna mit seinen flachen Steinplatten als oberer Dachverkleidung; es sieht von dieser Seite wegen der Erdhügel, die es umgeben (der Erde von den Löchern), so aus, als läge es ganz tief.

Wir verbringen die Nacht im Ramesseum zwischen dicken Säulen, das Gesicht dem Pylon zugewandt. Gestirnig; das Jaulen der Schakale wechselt ab mit dem Bellen der Hunde.

KURNA. Nebenan finstere und stinkende Höhle. – Ganz nahe beim Tempel, vom Nil aus gesehen seitwärts, Palmen. – Am Eingang des Ramesseums ein paar Kassien.

Mürrischer Besuch des Scheiks wegen der kleinen Grabstätte von Kurna.

BIBAN EL-MULUK. Wir brechen von Kurna zum Tal der Könige auf. Weißes Gelände, Sonne; auf dem Sattel schwitzt einem die Hinternrinne. Omer läuft barfuß vor mir her. Wir lagern am Eingang der Grabkammer Nr. 18. Beim Eintritt trifft man auf das Porträt von Mustapha-Bey (er ähnelt einem Geistlichen) und das von Lallemant, angefertigt von Dantan dem Jüngeren im Januar 1849. – Araber liegen auf der Erde und plaudern leise, Sassetti schläft auf dem Teppichpaket, Max ist zum Grab Belzonis aufgebrochen. *Freitag, 10. Mai, 3 Uhr nachmittags.*

Gargar. – Gargar, alt, hager, robust, Liebhaber von Raki und Lustknaben. Ihm zufolge ist nur stark, wer Schnaps trinkt; darin liegt der Grund für die Überlegenheit der Franken über die Muselmanen. Er klopft sich kräftig

gegen die Brust und rempelt die anderen Araber um, um uns
den Beweis dafür zu liefern. Hat er sie erst einmal am Boden,
gebärdet er sich, als wolle er Sodomie mit ihnen treiben. Er
beauftragt uns, seine Empfehlungen den Offizieren von Luxor zu überbringen, die er ins Herz geschlossen hat.

Hyänenjäger. – Das Aussehen von Hyänenjägern. Der
Alte: klein, grauer Bart, lächelndes Gesicht, einwand-
freies rotes Schuhwerk; sein Gefährte: Mann von 36 Jahren, Sandalen, Gewehr mit Lunte, finstere Gestalt, un-
heimlicher, ihm zu begegnen als seinem Wild. Sie tragen
einen kleinen, mit Wasser gefüllten Lederschlauch, das ist
ihr ganzer Vorrat für drei oder vier Tage; wenn sie eine
Hyäne getötet haben, verzehren sie sie und behalten das
Fell. Der schlechte Zustand unserer Schuhe zwingt uns,
auf diese Jagdpartie zu verzichten, die vielleicht interes-
sant geworden wäre.

Für die ganze Zeit, die ich in Medinet verbringe, gibt
man mir ein kleines Mädchen von zehn, zwölf Jahren als
Sais; es hat die Aufgabe, meinem Pferd im Trott und
Galopp zu folgen, was mich dazu zwingt, im Schritt zu
reiten. Sind denn die Eltern in diesem Land noch dümmer
als bei uns?

18. MENEPHTAH. Großer Mumiensaal.

Steinplatten in Brusthöhe bilden eine kreisförmige
Konsole, auf die Mumien gestellt wurden.

Auf dem Türsturz rechts neben dem Eingang Lituus;
sie sind mit einem Pschent bekrönt und enden unten in
einer Harfe.

Unmittelbar rechts hinter dem Eingang: Männer auf
einer Barke, die Amon umgeben, tragen um den Rumpf
eine Art Wams, das an den Schultern durch zwei Bänder
mit Schachbrettmuster gehalten wird; es sind kleine indi-
gofarbene Karos auf etwas blasserem Blau.

Große grüne, schwarz gesprenkelte Schlange, hat oben auf ihren Windungen Menschenköpfe mit rotem Gesicht, indigofarbenem (oder schwarzem) Haar, indigofarbenem (oder schwarzem) Bart; die Augenwinkel sind durch einen dicken Strich markiert, der das obere Lid bis hin zum Ohr verlängert. Vier Köpfe insgesamt. Unter dem Schlangenmaul befindet sich das Kreuz; vier schwarze Striche laufen von ihrem roten Auge abwärts. Wollte man damit Tränen andeuten? oder Hautfalten?

Auf der mittleren Plinthe ein Mann, der einen Skarabäus auf dem Kopf hat, welcher waagerecht in der von einer fünfköpfigen Schlange gebildeten Ellipse liegt.

Auf der unteren Plinthe aufgerichtete Schlangen; aus ihrem Maul läuft eine Flüssigkeit, aus der sich die Harfe bildet. Diese Schlangen sind rot mit schwarzen Sprenkeln; der Zierstreifen deutet die Harfe von blasserem Rot an, die mit einer schwarzen Linie umsäumt ist.

Hintere Seite vom Eingang aus: aufgerichtete Uräen, ihr Schwanz liegt unter ihnen zusammengerollt, sie sitzen auf einer Art Stelze, die unten gegabelt ist.

Mittlere Plinthe: vier Widder, das Fell ist von kräftigem Blau, der Körper gelb, sie tragen Pschent, Federn und Kugel.

Reihe von Köpfen an Galgen. Ist das eine Genealogie?

Neben jedem Galgen jeweils verschiedene Hieroglyphen; es gibt also keine Wiederholung des Gleichen, auch wenn alle Darstellungen einander ähneln.

Barke, die von Männern gezogen wird; in der Mitte steht Ammon unter dem Bogen einer Schlange und hält das Reff.

Linke Seite, untere Plinthe: grünes Krokodil – die Schuppen stellen eine hübsche Arbeit dar – auf einem Felsblock von gleicher Größe, an dessen äußerstem Ende,

unter dem Kopf des Krokodils, ein Menschenkopf sitzt,
der Felsblock ist gesprenkelt und hat an seinem hinteren
Ende, etwa unterhalb der Krokodilspfote, ein Menschen-
auge, zwei Menschenköpfe und zwei Zeichen, die ich nicht
identifizieren kann.

Mittlere Plinthen: so etwas wie Ruhelager, die in Menschenköpfe auslaufen.

In der Mitte dieser prächtigen Kammer standen zwei
Pfeiler: der eine wurde von Doktor Lepsius umgestürzt;
auf dem zweiten Pfeiler an allen vier Seiten Malereien von
erlesener Kunstfertigkeit: Gottheiten mit grünem Antlitz, ihre Fäuste liegen auf der Brust nebeneinander, die
Ellbogen stehen ab, in den Händen halten sie Zepter und
Peitsche.

In allen vier Ecken des Gemachs, unter der ringsum
verlaufenden Konsole, bemalter Diwan mit Leoparden-
kopf und Löwenfüßen.

Auf der Seite am Eingang gleich links: Frauenkörper,
der unten als lange Schlange endet.

Großer Saal hinten: bemalte Decke, Fresken in blon-
dem Farbton. – Ein Typhon wird von einem Krokodil
verschlungen: das Krokodil, das man von hinten auf-
gerichtet sieht, stützt seine Vorderpfoten auf die Schultern des Typhons. Überwältigend als Relikt antiker Religion!

Bevor man in diesen Saal gelangt, kleine Kammer
rechts (die Kammer mit den Mumien ist links, wenn
man sich zum großen Deckengewölbe begibt): auf der
gegenüberliegenden Wand ein Ochse; ein Festzug bewegt
sich zwischen seinen Beinen, die Menschen reichen ihm
bis an die Haxen. Über und neben ihm ist die Mauer
weiß, die Namen der Reisenden, die mit dem Messer darauf eingeritzt sind, überdecken sich gegenseitig, sie sind
mindestens ebenso hieroglyphisch wie die Hieroglyphen,

die an den drei anderen Seiten der Kammer ringsum verlaufen.

16. Schwierig hereinzukommen. Eine einzige Kammer
mit einem Sarkophag aus Granit, leer. Eine Bleistift-
Inschrift verkündet, daß Belzoni, Stralton Beechy und
Bennett am Tage ihrer Öffnung, dem 11. Oktober 1817,
zugegen gewesen sind.

Auf der rechten Wand armlose Männer mit Statuet-
ten.

Männer: grünes Haar, schwarzer Bart; an den beiden
Enden des Stabes, den sie tragen, ein Ochse; von seinem
Kopf hängt ein Strick herab, den ein Mann (es gibt ihrer
insgesamt vier) hält, einer (rot) mit weißer Schürze und
ohne Bart; an den zwei Enden des Stabes oder der Trag-
bahre wird der Ochse selbst in aufrechter Stellung getragen.

Gegenüberliegende Wand, in der Ecke: hübsche Frau,
die Blößen gelb, gelbe und grüne Armreifen am Gelenk,
gelbgrüne Halskette; im schwarzen Haar ein gelber Skarabäus.

Der König wird von einem Gott mit Sperberkopf und
dem Pschent darauf (die Blößen rot) zum sitzenden
Amon-Rê geleitet. In seiner Nähe und mit dem Rücken zu
ihm ein thronender Gott, der das Kreuz und das Nilometer hält (die Blößen in Rot, der Skarabäuskopf schwarz);
über seiner Kniescheibe beginnt der häufig bemerkte An-
satz.

Auf der Tür zu einer kleinen Gruft an derselben Wand:
drei auf dem rechten Knie kniende Gestalten, die linke
Hand auf der Brust. Die erste mit Schakalkopf, die zweite
mit Menschenkopf, die dritte mit Sperberkopf; die Blößen
sind in Rot gehalten.

Auf der linken Wand kleine schwarze, hintereinander
liegende Mumien. Etwas weiter, in Naturgröße, der König

zwischen einem schakalköpfigen und einem sperberköpfigen Gott.

Rechts in den Ecken wiederholt sich an den vier Seiten des Gemachs die Figur der Schlange, entweder mehrfach paarweise zusammengelegt wie eine Reihe von Achten oder senkrecht geschlängelt auf den Zierstreifen der Kartuschen.

Zu beiden Seiten des Raumes Kammern voller Schutt, die man nicht mehr betreten kann.

9. Sarkophagsaal. – Arme, die sich am Ellbogen gabeln, mit zwei Händen, die sich flehend nach einer Kugel strecken, von der aus eine Fontäne bis zu einer anderen Kugel springt; unter dem Bogen der Fontäne eine ganz rote stehende Gestalt mit Bart, auf dem Kopf eine spitze Mütze mit Knopf obenauf.

An anderen Stellen Köpfe mit erhobenen Händen.

Ein Kopf streckt zwei unverhältnismäßig große Arme empor. Auf den Daumen der Hände steht ein Mann mit erhobenen Händen. Auf dem wichtigsten Kopf steht eine Frau mit erhobenen Armen, über ihrem Kopf eine rote Kugel.

Die Männer ohne Kopf und mit gefesselten Armen sollten wohl nicht einfach Gefangene darstellen, sondern hatten zweifellos einen erhabeneren symbolischen Sinn.

Auf dem Türsturz der Vorkammer, die vor dem Sarkophagsaal liegt, eine Kugel mit vier Schlangen; links ein gebückter Mann, ähnlich einem Holzfäller; rechts ein knieender Mann mit gefesselten Armen; darüber rechts ein Mann mit gefesselten Armen und gesenktem Haupt, genauso ein anderer. An der Stelle des vierten links nichts Deutliches mehr zu erkennen.

Gang links. – Menschen, oder vielmehr Seelen, steigen eine Treppe hinauf, an deren oberem Ende Amon mit seinen Insignien sitzt; ein Mann hält eine Waage. Etwas weiter wird die Seele, die sich in Schweinsgestalt auf einem Boot befindet, von einer Gestalt, die sie peitscht, zurückgeschickt.

6. Gang links. – Krokodil ganz allein auf einem Schiff; auf dem Rücken des Krokodils ein Menschenkopf, rotes Antlitz, blaues Haar; von seinem Kinn geht eine Linie aus, an deren äußerem Ende die Spitzkappe mit Knopf sitzt. Der Bug des Schiffes hat die Form dieser Spitzkappe mit Knopf und ist mit dem umgekehrten Pschent gekrönt; vor Heck und Bug jeweils ein hochgestelltes Ruder, das sie vom Krokodil trennt, also: Heck – hochgestelltes Ruder – Krokodil – hochgestelltes Ruder – Bug. Gegenüber, auf der rechten Mauer, befinden sich die Transportarbeiter.

Rechte Seite im Gang: eine sehr schöne, bemalte Mumie mit zerschlagenem Phallus; sie steht schräg, so als ob sie umfiele, sie hebt die Arme zum Himmel und ist von der Schlange umgeben, das alles auf gelbem Grund mit kleinen roten Sprenkeln. Handelt es sich um einen plötzlichen Tod? um ein göttliches Strafgericht?

Nicht weit entfernt fliegende Pfeile, die, so scheint es, Schlangen erzeugen.

Von Biban el-Muluk Sonntag, den 12., aufgebrochen.

Montag, der 13. Spazierritt, zuerst entlang der Nilbucht, die sich rechterseits vom Französischen Garten erstreckt, wenn man ihn mit dem Rücken zum Fluß betrachtet. Wir kommen hinter dem Französischen Garten vorbei, geraten ziemlich abseits und landen im Süden. Rast in einem Garten, wo man sich bücken muß, um unter den Bäumen durchzukommen. Wir setzen uns auf einen Haufen trockener Palmwedel; ein guter Kerl bringt uns einen Napf mit Sauermilch und einen flachen Korb mit warmen Brötchen; als wir den Napf kräftig hinstellen wollen, verschütten wir die Sauermilch; Maxime steckt kleine trockene Reiser in die wabbernden Klümpchen geronnener Milch; das ergibt eine norwegische Landschaft: die Milch stellt den Schnee dar und die Reiser die entlaubten Pappeln.

Vor uns fließt der Bach von Sakir, ich stecke in meinen großen Stiefeln aus russischem Leder; wir rauchen eine Tschibuke und schwatzen.

Wir kommen noch einmal durch Karnak, über die südliche Böschung am grünen Pfuhl. Ich habe Lust, unser kleines Zimmer wiederzusehen und den Stein, auf dem ich unter freiem Himmel geschlafen habe. Karnak kommt mir schöner und größer denn je vor. Traurigkeit beim Abschied von Steinen. Warum?

KENEH. *Donnerstag, 16. Mai,* unsere Canja legt am Ufer von Keneh an, wo wir den kleinen Baron von Gottbert in seinem tiefblauen Nizam antreffen, welcher uns erwartete. Wir essen mit ihm. Dieser ganze Tag wie auch der folgende ist mit Vorbereitungen für die Reise nach Kossêr ausgefüllt.

Besuche bei den Herren Ortali, dem Arzt, in Hemdsärmeln und mit schmieriger Mütze, und Fiorani. – Ausgiebiges Mahl bei Vater Issa, bei dem die Preise für den Wüstenritt ausgehandelt werden. – Ein griechischer Krämer, aus Chios gebürtig, hat sich in jener Straße niedergelassen, die rechter Hand den Bazar verlängert und in der Osnah Taouileh wohnt; sie bittet uns, ihr aus Kossêr getrockneten Fisch mitzubringen. Bei ihr sehe ich zum erstenmal, wie sich jemand den Mund mit einem Stück Marseille-Seife wäscht. Wir kaufen Lederschläuche, die wir in dem kleinen Nilarm hinter Keneh auswaschen. Beim Einkaufen im Bazar fliegt Joseph in einem triumphalen Satz auf den Arsch. Kurz nach der Ankunft bei Fiorani erfahren wir, daß Gottbert um ein Haar mehrere

Menschen getötet hätte, sein Gewehr ist unerwartet los-
gegangen, wovor wir ihn noch gewarnt hatten. Sein Gesicht ist in einen Coufieh eingewickelt, kleine Baumwoll-
handschuhe als Sonnenschutz für die Hände, ein Spazierstock; er will in der Wüste Telegraphen von Keneh bis
Kossêr errichten.

Samstag, 18. Mai. Wir stehen früh mit Tagesanbruch auf; am Ufer liegen vier Sklavenhändlerschiffe. Die Sklaven, die ausgeladen worden sind, marschieren unter der Führung von zwei Männern; sie gehen in Haufen von 15 bis 20. Ich steige auf mein Kamel, da springt Hadschi-Ismael auf, um mir die Hand zu reichen. Ein Mann, der am Boden steht und den Arm ausstreckt, um einem Mann auf einem Kamel die Hand zu reichen oder ihm etwas zu schenken: dies gehört zu den schönsten orientalischen Gesten; vor allem bei einem Aufbruch liegt darin etwas Feierliches und würdevoll Trauriges. Die Bewohner von Keneh sind noch nicht aufgestanden; vor den Türen fegen goldpiasterbehangene Almehen mit Palmwedeln die Schwellen, dabei rauchen sie ihre Morgentschibuke. Die strahlenlose Sonne wird vom Dunst des Chamsins verschleiert. Zur Linken arabische Berge wie Felsriffe; vor uns die gräuliche Wüste; rechts grüne Ebenen. Wir ziehen an der Wüstengrenze entlang, nach und nach verläßt uns die bebaute Ebene; man läßt sie rechter Hand liegen und dringt in die Wüste ein. Nach vier Stunden kommen wir an einen kleinen Kassienhain, darin ein länglicher Bau mit Bogengalerien im Erdgeschoß: ein Khan, Bir-Ambar. Wir speisen dort im Santon auf Matten und halten eine Siesta.

In Bir-Ambar um halb 10 angekommen, um halb 12 wieder aufgebrochen.

Vor der Galerie des Khans zwei lange Steintröge, aus denen die Kamele saufen. Im Schatten Araber, die essen, beten, schlafen; unter den Bäumen liegen Tiere und Menschen herum, so wie sie gerade gekommen sind oder wie sie einen Liegeplatz gefunden haben; das ist die eigentliche Rast auf der Reise.

Das unebene Gelände ist steinig, der Weg trocken, wir sind mitten in der Wüste, unsere Kameltreiber singen und ihr Gesang schließt mit einer pfeifenden, gutturalen Modulation, die die Dromedare anfeuern soll. Im Sand kann man mehrere parallel verlaufende Pfade erkennen, die sich im Einklang miteinander schlängeln, es sind Karawanenspuren, jeder Pfad ist durch den Lauf eines Kamels entstanden. So gibt es mitunter fünfzehn bis zwanzig Pfade; je breiter der Weg ist, desto mehr Parallelpfade gibt es. Stellenweise, etwa alle zwei, drei Meilen (doch eigentlich unregelmäßig), weite, gelbe Sandflächen, wie mit einem Lack aus Terra di Siena überzogen; dies sind die Stellen, wo die Kamele haltmachen, um zu pissen. Es ist heiß; zu unserer Rechten nähert sich ein Chamsinwirbel vom Nil her, von dem man mit Mühe noch ein paar Palmen sehen kann, die seinen Küstensaum bilden; der Wirbelwind wird immer größer und stürmt auf uns zu, er gleicht einer riesigen, senkrechten Wolke, die lange, bevor sie uns einhüllt, über unseren Köpfen dräut, während ihr Sockel, rechts, noch weit von uns entfernt ist. Sie ist rotbraun und blaßrot, wir stecken mittendrin; wir kreuzen eine Karawane, die in ihre Coufiehs gehüllten Männer (die Frauen sind ganz verschleiert) sind über den Hals der Dromedare gebeugt; sie ziehen ganz dicht an uns vorüber, es fällt kein Wort, gleichsam Gespenster in Wolken. Ich spüre, wie so etwas wie ein Gefühl des Schreckens und wilder Bewunderung mir den Rücken herunterläuft, ich grinse nervös, ich muß jedenfalls sehr blaß gewesen sein, und ich verspürte in unerhörtem Maße Lust. Während die Karawane vorbeizog, kam es mir vor, als ob die Kamele den Boden gar nicht berührten, als bewegten sie sich wie ein Schiff mit ihrem Bug fort, als würden sie davongetragen und weit über den Boden gehoben, so als wandelten sie in Wolken, in denen sie bis zum Bauch eingesunken wären. – Von Zeit zu Zeit begegnen wir anderen Karawanen. Am Horizont zeigt sich zuerst eine lange, weit gedehnte Linie, die sich kaum von der Linie des Horizonts unterscheidet; dann hebt sich diese schwarze Linie über die andere, und bald danach sieht man kleine Punkte auf ihr; die kleinen Punkte erheben sich, es sind die Köpfe der Kamele, die in Stirnhöhe nebeneinander dahinziehen, ein regelmäßiges Hin- und Herschwanken der ganzen Linie. In der Verkürzung gesehen, ähneln diese Köpfe Straußenköpfen.

Der heiße Wind kommt von Süden her; die Sonne sieht aus wie eine braun gewordene Silberplatte, eine zweite Windhose strebt auf uns zu. Das kommt näher wie der Rauch einer Feuersbrunst, rußfarben mit ganz schwarzen Tönen an der Basis, es rückt vor . . . es rückt vor . . . der Vorhang erreicht uns, unten ist er zu Voluten gebauscht mit breiten, schwarzen Fransen. Wir sind eingehüllt, der Wind fegt so heftig, daß wir uns an unsere Sättel klammern, um nicht herunterzufallen. Als der heftigste Ansturm des Orkans vorüber ist, regnet es kleine Steine, die der Wind hochtreibt; die Kamele drehen ihren Hintern um, bleiben stehen und lassen sich niederfallen.

Wir setzen uns wieder in Marsch. Gegen halb acht abends wechseln die Dromedare plötzlich die Route und wenden sich nach Süden. Ein paar Augenblicke später bemerken wir durch die Nacht dicht am Boden einige baufällige Behausungen, um die herum Dromedare schlafen, es ist das Dorf El-Gheta. Es gibt dort einen Brunnen, dessen Wasser gut für die Kamele ist. Etwa zehn unförmige Hütten aus aufgehäuften, trockenen Steinen und aus Strohgeflecht, bewohnt von Ababdijen. Ein paar Ziegen suchen zwischen den Steinen nach etwas Gras, Tauben picken in dem übriggebliebenen Stroh der Kamele herum, Lämmergeier stolzieren mit schaukelndem Gang um die

Behausungen. Man gibt uns keine Milch. – Brüste einer Negerin, sie hingen ihr ungelogen bis unter den Nabel herab und waren so schlaff, daß da außer der Dicke der beiden Häute nicht viel war; wenn sie auf allen vieren ginge, würden sie sicherlich über den Boden schleifen.

Wir schlafen auf unseren Decken auf der Erde. Um drei Uhr wache ich auf, um fünf ziehen wir wieder los. Zunächst marschieren wir eine Stunde lang zu Fuß.

In der Mitte des Tages machen wir vier Stunden lang in Gamseh-Shems, in einer kleinen, aus einem eingestürzten Felsen gebildeten Höhle, halt; ich lege mich dort auf den Rücken und schlafe. Als ich mich beim Aufwachen recke und die Hand hebe, wird sie vom Wind wie von der Glut eines Backofens erhitzt; wir sind gezwungen, die Knäufe unserer Sättel mit Taschentüchern zu umwickeln. Gegen vier Uhr nachmittags rechter Hand auf einem schwarzen Felsen Hieroglyphentafeln, die mit griechischen Inschriften über und über bedeckt sind: Opfer für Amon, den Erzeuger, und Horus. Die Berge rücken dichter aneinander, wir marschieren durch eine weite Schlucht. Abends schöner Mond, die Schatten der Kamelhälse schwanken über den Sand. Um halb zehn kommen wir an ein großes, von viereckigen Mauern umgebenes Bauwerk, es ist der Brunnen von El-Hammamât, der von den Engländern gebohrt wurde. Wir übernachten eine halbe Wegstunde weiter, nach elf Stunden Marsch.

Montag, der 20., um halb fünf aufgebrochen. Engpaß in den Bergen, bergauf, bergab. Mitten auf dem Weg, im Abstand zwischen zwei Bergen, eine abgestorbene Kassie, deren Rinde abgeschält worden ist; etwas weiter ein paar andere in Blüte. Einer unserer beiden Kameltreiber nimmt einen leeren Lederschlauch und läuft uns voraus; eine gute Stunde später treffen wir ihn wieder in Bir-el-Ceb (Schließbrunnen, verschlossener Brunnen). Der

Brunnen stellt eine Bodenvertiefung von drei Fuß Durchmesser dar; um dahin zu gelangen, muß man unter einen Felsen kriechen; er hat wenig Wasser, das außerdem noch sehr erdhaltig ist; er befindet sich, wenn man aus Richtung Keneh kommt, in einem sehr engen Paß, hinterher geht es bergauf. Unterhalb des Brunnens, zehn Schritt bevor wir dorthin gelangen, sitzt in aller Ruhe ein alter Türke mit seinen Domestiken und seinen Frauen auf Teppichen. In der Nähe des Brunnens liegt ein röchelndes Kamel auf der Seite; es hat sich beim Sturz in den Brunnen das Kreuz gebrochen, sein Herr hat es wieder herausgezogen, und da liegt es jetzt schon seit drei Monaten, um zu sterben. Wenn sein Herr vorbeikommt, gibt er ihm zu fressen, und Araber geben ihm Wasser; der große Zulauf von Hadschis zum Brunnen erklärt, warum es noch nicht von wilden Tieren gefressen worden ist.

Während unseres Aufenthalts erscheint eine Karawane, die uns entgegenkommt: die Schlucht ist sehr eng, Kamel- und Menschenstau; es muß abgestiegen werden, die Dromedare müssen am Halfter geführt werden. Eine Zeitlang gehen wir wegen des schwierigen Weges zu Fuß; er ist übersät von Kamelgerippen samt Fell, die innen sehr ordentlich ausgeweidet worden sind. Es sind die Ratten, die das besorgen; das unversehrte, innen angenagte Fell ist fein wie eine Zwiebelschale, von der Sonne ausgetrocknet und wie ein Trommelfell gespannt, es überzieht das abgekratzte Skelett. Im Wüstenboden unzählige Rattenlöcher.

Der Weg wird wieder breiter, und wir kommen an einem zerstörten Khan vorbei, Okkel-Zarga (der violette Khan). Kein Laut, verzehrende Hitze, die Hände prickeln einem wie in einem Trockenofen, zwanzig Schritt vor uns schillert Kohlenstoff, circa drei Schritt über dem Boden dampft es. Um Viertel vor zwölf nehmen wir unter einem großen Felsen aus rosa Granit Zuflucht, unter dem schon eine Schar von Wüstenrebhühnern Kühle suchte; der Ort heißt Abu-Ziram (Vater der Krüge). Wir verschlingen eine Wassermelone, die Joseph am Morgen in Bir-el-Ceb erstanden hat; unsere Hühnchen müssen wir zurücklassen, sie sind verdorben. Am Tage zuvor, zur selben Stunde, mußten wir unsere Hammelkeule wegwerfen; kaum war sie zu Boden gefallen, als sich schon ein Lämmergeier auf sie stürzte und begann, sie zu verschlingen. Wir treffen den ganzen Tag über viele Rebhühner.

Am Abend geht Josephs Kamel durch, ich sehe, wie er links an mir, ganz verängstigt und Schreie ausstoßend, vorbeirauscht, seine weiße Joppe verliert sich im Dunkel; wir springen auf, um hinter ihm herzueilen, um so mehr, als unsere Kamele Anstalten machen, es seinem gleichzutun. Er kommt uns zu Fuß entgegen. Wir ziehen unseren Dromedaren Schnüre durch die Nüstern, sie zittern und sind ganz außer sich; vorsichtshalber machen wir halt und legen uns an einem sehr schönen, offenen Plätzchen schlafen, das sich wie eine kleine Ebene zu unserer Linken über den Daoui-Berg ausbreitet (offenes oder lichtes Gelände).

Dienstag, der 21. Um vier Uhr morgens aufgebrochen, es geht weiterhin bergab. Die Karawanen häufen sich, die Berge werden weißer mit großen, braunen Streifen. Um acht Uhr erreichen wir Bir el-Beida (weißer Brunnen, wegen der benachbarten Berge) oder Bir-el-Inglîz (Brunnen der Engländer, weil sie ihn gebohrt haben). Ein Lager von Ababdijen umgibt den Brunnen. – Hütten aus Strohmatten und Lehm. Die Stelle ist geräumig, eine Gebirgsebene. Ein nackter Junge, der lediglich eine von Schmutz und Staub graue, leinene Hose trägt, nimmt mein Kamel (Geste des Armes, der in die Höhe schnellt!), um ihm zu saufen zu geben; er schöpft Wasser mit einem Leder-

schlauch, der an einem Strick hängt, und zieht den vollen
oder fast vollen Lederschlauch wieder in die Höhe, der aus
allen Löchern pinkelt. Den Brunnen umgibt eine Einfassung aus getrockneten Steinen, die unten breit und abge-
schrägt ist; er stemmt sich beim Ziehen dagegen. Die
Kamele saufen langsam und enorm viel, sie haben seit drei
Tagen nichts mehr getrunken. Auch wir haben Durst,
doch dieses Wasser ist abscheulich! Die Ababdijen wollen
uns keine Milch, ihr einziges Nahrungsmittel, verkaufen.

Der Weg macht eine Biegung nach links, es geht bergab;
die Kalkberge, die diese Ebene umgeben, erinnern an den
Mokattam. Der Himmel ist wolkenverhangen, die Luft
feucht, man riecht das Meer, unsere Kleider sind von
Feuchtigkeit durchdrungen. Ich wünsche sehnlichst,
schon da zu sein, wie immer, wenn ich irgendeinem Ziel
nahe bin: in allen Dingen reicht meine Geduld nur bis zum
Vorzimmer. Ein paar Regentropfen. Eine Stunde, nachdem wir den Brunnen verlassen haben, erreichen wir eine
Stelle mit Schilf und hohen Sumpfgräsern; Dromedare
und Esel fressen hier munter vor sich hin; zahlreiche
kleine Wasserläufe fließen als Rinnsale unter dem Gras
her und lagern viel Salz auf dem Boden ab; es ist El-
Ambedscha (Ort, wo Wasser ist). Die Berge werden niedriger, wir wenden uns nach rechts. Links rötliche Felswand am Eingang eines ausgedehnten Tales, das einen
zunächst über Steine, danach über Sand nach Kosser
bringt. In meiner Ungeduld gehe ich zu Fuß, ich laufe
über Kiesel und steige auf Anhöhen, um möglichst schnell
das Meer zu entdecken. Wie viele Male habe ich nicht
schon bei anderer Gelegenheit mein Herz in nutzloser
Ungeduld zermartert! Endlich entdecke ich die braune
Linie des Roten Meers vor der grauen Linie des Himmels.
Da ist das Rote Meer!

Ich steige wieder aufs Kamel, der Sand begleitet uns bis

Kosser. Man könnte meinen, der Meeressand sei vom Wind bis in dieses breite Tal getrieben worden; es sieht aus wie das verödete Bett eines Golfs. Von weitem erkennt man die Vordermasten der Schiffe, die wie die auf dem Nil abgetakelt sind. Wir biegen nach links ab. Über kleinen Sanddünen kurven Raubvögel oder hocken auf ihnen. Zur Rechten das Meer und die Schiffe; gegenüber Kosser mit seinen weißen Häusern. Bevor man einbiegt, rechts ein paar von Mauern umgebene Palmen: es ist ein Garten. Wie wohl das dem Auge tut!

Wir kommen durch die Stadt; unsere Kameltreiber nehmen die Tiere bei den Halftern und gehen uns voran, die Araber bilden Spalier, um uns vorbeizulassen. Wir steigen bei Vater Elias, dem Bruder von Sya aus Keneh, ab. Er ist ein Christ aus Bethlehem, ein Greis mit weißem Bart, offenem und freundlichem Gesicht, französischer Bevollmächtigter in dieser Gegend. Auf der Türschwelle begegnen wir Monsieur Barthélemy (ältester Sohn), Kanzler des Konsulats zu Djeddah; er ist locker gekleidet und trägt einen Strohhut mit weißer Baumwollhaube. Man bringt uns in einem kleinen, viereckigen Pavillon unter, ein Fenster geht aufs Meer, ein anderes auf die Straße, das dritte auf den Hof von Vater Elias, der mit Ardebs von Weizen vollsteht. Von meinem Fenster aus gesehen ist das Meer eher grün als blau. Arabische Barken mit ihrem überladenen Hinterteil, dem schwachen Vorderteil und ihrer Spitze, die so weit wie möglich hochragt. – Ankunft von Monsieur Métayssier, dem französischen Konsul von Djeddah; eingezogene Schultern, er riecht nach Moschus, was mich vermuten läßt, daß man ihm ein Haarseil angelegt hat: geschwätzig, abgeschmackt, fürchterlich, weiß alles, kennt jeden, hat Casimir-Périer, Thiers, Louis-Philippe Ratschläge erteilt . . . Armer Mann! Meine Reise war noch nicht zu Ende, als ich schon das Ende der seinigen erfuhr; er ist in Djeddah nach drei Monaten Aufenthalt gestorben! . . .

Wir machen einen Spaziergang durch die Stadt; sie ist ziemlich sauber; da ist keine Ähnlichkeit mehr mit Ägypten. – Verschiedene Negerrassen: manche sehen wie Frauen aus, darunter einer, den ich an der Holzmole getroffen habe (Boden auf Pfahlwerk, der bis auf die Reede hinausgeht); er hatte Brüste, Hüften und den Hintern einer Frau, sein Kopf war von den Schläfen an so schmal, daß er fast eine Pyramide bildete. Ich glaube, bei der Negerrasse gibt es noch mehr Abarten als bei der weißen. Man braucht nur einen Neger aus Sennâr (indisch-kaukasisch-europäischer Typus, ganz schwarz) mit einem Neger aus Zentralafrika zu vergleichen: der Kopf eines Negers aus Guinea ist ein Jupiterkopf daneben.

Diese nackten Menschen, die als einziges Gepäck einen Napf (einen ausgehöhlten Flaschenkürbis) mit sich führen, kommen wer weiß woher, manche ziehen schon jahrelang umher. Dr. Ruppel hat welche in Kordofan gesehen, die seit sieben Jahren unterwegs waren; auf ihrer Reise von Keneh nach Kosser haben die Herren Barthélemy und Métayssier einen halb verdurstet am Wege gefunden; er zog seit einem Jahr in der Wüste umher. Manche haben ihre Frauen bei sich, die unterwegs gebären. Tataren aus Buchara mit gefütterten Mützen bitten uns um ein Almosen, sie haben die Gesichter von abscheulichen Spitzbuben, einer vor allem, dem zwei Vorderzähne fehlen und der uns anlächelt. Wir finden sie später im Schatten einer Barke liegend wieder, wo sie ihre Lumpen flicken. Die Pilger verfolgen einen, um ein Almosen zu bekommen; wie ausgehungerte Geier stürzen sie sich auf die Schalen von Wassermelonen, die hier bis auf das Grüne verspeist werden. – Außerordentlich hochgewachsene und ebenso magere Neger; sie scheinen nur aus Knochen zu bestehen und äußerst schwach zu sein, das ist eine weitere besondere Art von Negern. – Perlfischerpirogen aus ausgehöhlten Baumstämmen; als Ruder schlichte Stangen, an deren Ende man ein rundes Brettchen genagelt hat. – Wir spazieren am Meeresufer entlang, vorbei an Booten, die auf dem Strand liegen; manche sind aus einer Art gelbem, sehr hartem indischem Holz gemacht, alle sind mit Eisennägeln beschlagen. – Unerbittlichkeit des Herrn Konsul, der überglücklich ist, den Spaziergang noch um eine halbe Stunde ausdehnen zu können; ich bin völlig erschöpft von seiner Gesellschaft und vor Ermüdung. Unter den wilden Tieren ist eines der gefährlichsten »der Mensch, der nur einen kleinen Rundgang machen will«.

Reichhaltiges Diner, abscheuliches Wasser! Und dabei hatte ich mir vorgenommen, mich in Kosser satt zu trinken! Alles wird durch diesen scheußlichen Geruch von Seife und faulen Eiern verpestet, bis hin zu den Latrinen, die nur nach Kosser-Wasser und nach nichts anderem riechen! Es hilft nichts, ein wenig Raki hineinzuschütten, dadurch wird es nicht besser. Der Sohn von Monsieur Elias diniert nicht mit uns: er ist ein junger Mann von etwa zwanzig Jahren, von schüchternem und devotem Aussehen, mit einer spitzen Nase und einem verkniffenen Mund. Wir werden von einem jungen Eunuchen von ungefähr achtzehn Jahren bedient, Said, mit bunt gestreifter Weste, bloßem Kopf, kraushaarig; in seinem Gürtel, einer Art Kaschmirschal, steckt ein kleiner Dolch, nackte Arme, großer Silberring am Finger, spitze, rote Schuhe. Seine sanfte Stimme, als er uns mit der Rechten das Tablett mit dem Kaffee reichte, den linken Finger an die Hüfte legte und »Fadda« sagte. Zum Gefährten hat er einen langen, zerlumpten Schwachkopf, Abdallah, dessen Intelligenz nicht einmal dazu ausreicht, die Kerzen auszupusten. Wie gut ich die Nacht auf dem Diwan von Vater

Elias geschlafen habe! Welch eine Wohltat, seine Glieder ausruhen zu können!

Mittwoch, der 22. Spaziergang durch die Stadt. Die Caféhäuser sind große Khans oder besser gesagt Okale; tagsüber sind sie leer; die Schischehs aus Mekka glänzen. Wir besichtigen die Barke, auf der sich die Herren einschiffen sollen; wir müssen unter den (Palmfaser-)Seilen all der Barken her, die davor liegen; zwei Kinder stellen sich von Tau zu Tau auf und lassen uns passieren, sie singen. Die Barken des Roten Meers sind fürchterlich, das stinkt wie die Pest, man hat Angst, den Fuß hineinzusetzen; ich danke Gott, daß ich nicht auf sie angewiesen bin. Als Latrine dient eine Art Balkon oder Sessel aus Holz, der außen an der Reling befestigt ist; bei etwas starkem Seegang muß es einen da glatt herunterreißen. Diwan und Kajüte befinden sich achtern, das Ganze hat kein eigentliches Deck und ist mit Waren vollbepackt. Männer spielten Karten mit kleinen, bunt bedruckten Lederscheiben, auf denen Sonnen, Säbel etc. waren. Abends bei Sonnenuntergang nehmen wir ein Bad im Meer. Was für ein Bad! Mit welcher Wonne ich mich im Wasser ausstreckte!

Donnerstag, 23. Mai, wir reiten sehr zeitig am Morgen auf Eseln los, um das alte Kosser zu besichtigen, von dem absolut nichts mehr übriggeblieben ist. Begleitet werden wir von Monsieur Barthélemy, vom jungen Elias in seinem weiten, braunen Gewand, das im Wind flattert, und der geschickt ein Dromedar führt, sowie von Reschid, dem Janitscharen Monsieur Métayssiers. Er ist Kurde, wurde im Hidscha gefangengenommen und hat sieben Jahre lang Sakijen gedreht.

Sein ganzes Streben ist, Paris zu sehen und sich freiwillig zum Militärdienst in Afrika zu melden. Er ist irrsinnig verliebt in eine Frau, die er mit nach Djeddah nimmt; einmal schon hatte er sie wegen Liederlichkeit verstoßen,

doch als er nach Keneh zurückkam, wo sie als Freudenmädchen lebte, hat er sie wieder zu sich genommen. Er
trägt ein Arsenal bei sich und kümmert sich mit Vergnügen um unsere beiden Gewehre. Neulich hat er sich mit
einem Abkömmling des Propheten angelegt, der mit seiner Herkunft prahlte; er hat seinen Pantoffel genommen,
draufgespuckt und damit den Enkel Mohammeds geohr-
feigt: »Hier hast du, was ich mir aus deiner Familie, dem
Propheten und dir mache!« Der zweite Janitschar von
Monsieur Métayssier, Omer-Aga, groß, hageres Gesicht,
intelligenter als sein Mitbruder, blauer Kittel. Beim alten
Kossêr nimmt das Meer sagenhafte Farben an, sie wechseln übergangslos vom dunklen Kastanienbraun bis hin
zum lichten Azurblau. Das Rote Meer ähnelt eher dem
Ozean als dem Mittelmeer. Und was für Muscheln! Ma-
xime, der sich den Magen verdorben hat, schläft auf dem
Sand, Monsieur Barthélemy und der junge Elias sammeln
Muscheln. Geruch der Fluten. Pfeilschnell flogen große
Vögel an uns vorüber. Sonne, Sonne und blaues Meer; im
Sand große Perlmuttstücke.

Um 4 Uhr sagen wir Vater Elias Lebewohl; das ist einer
der Augenblicke in meinem Leben, wo ich am traurigsten
war, mein Herz zog sich vor Bitterkeit zusammen; Vater
Elias selbst empfindet es genauso, er hat ganz feuchte
Augen und umarmt mich.

In EL-BEIDA übernachtet. Nur ich esse, Maxime hat weiterhin seine Magenverstimmung, und Joseph ist von Fieber befallen. Die ganze Nacht heftiger Wind.

Freitag, 24. Mai. Das Wasser aus Kosser, das in den
Schläuchen zum zweiten Mal gefault ist, wird nicht mehr
genießbar, man muß mit den Wassermelonen vorliebneh-
men. Wir begegnen Pilgern aus Alexandria, die alle auf
Dromedaren nach Kosser ziehen; die Frauen kreischen,

während sie sich streiten und heftig gestikulieren. Um 10 Uhr machen wir in der prallen Sonne auf einer großen Ebene halt, El Mour; mit einer Kordel binden wir mehr schlecht als recht unsere Decken an eine Kassie und versuchen, darunter zu schlafen. Abends um Viertel vor acht machen wir halt und übernachten in El-Marhar (die Höhle).

Samstag, der 25., in BIR-EL-CEB. Das arme Kamel ist tot und ziemlich angefressen, die Lämmergeier schielen nach ihm. Ich verschwinde mit meinem Kopf in einer Holzschüssel und trinke in großen Zügen das erdige Brunnenwasser, das dem in unseren Lederschläuchen bei weitem vorzuziehen ist. Um halb elf schlafen wir auf der Treppe des großen Brunnens von Bir-el-Hammamât. Um acht Uhr haltgemacht und die Nacht in Kurusu el-Benet verbracht (der Rest der Mädchen), trotz der Einwände unserer Kameltreiber, die uns sagen, dieser Ort würde vom Teufel heimgesucht und es sei nicht ratsam, hier zu verweilen. In der Nacht kommt ein Schakal und stiehlt uns einen Teil unserer Vorräte, die wir zum Kühlen ins Freie gelegt hatten.

Sonntag, der 26., morgens um Viertel vor vier aufgebrochen. Frühstück in La Dschita, wir essen Wassermelonen. – Alte Frau, die herbeischleicht, um die Rippen aufzulesen. – Ohne Siesta gemacht zu haben, ziehen wir wieder los.

Nachmittags um vier erreichen wir BIR-AMBER; während der letzten drei Wegstunden lag Joseph im Fieberwahn. Wir legen uns unter Kassien in den Schatten und trinken mit Behagen und nach Herzenslust. Mitten zwischen den Pferden Esel, Kamele und Hühner, die so viel Lärm machen, daß unsere Nachtruhe dadurch getrübt ist.

Montag, der 27., um Viertel vor vier morgens brechen wir nach Keneh auf. Nach zwei Marschstunden treffen wir immer mehr Leute, wir gewahren die viereckigen Taubenhäuser von Keneh. Um acht Uhr kommen wir bei der Canja an, wo wir mit überströmender Herzlichkeit empfangen werden. Hadschi-Ismael ist der erste, der mich begrüßt, wie er der letzte gewesen war, der mir Lebewohl gesagt hatte.

Von Keneh nach Kosser: fünfundvierzigeinhalb Stunden hin, einundvierzigeinviertel Stunden zurück.

Ritt durch Keneh, ich bin abgespannt, Bad. – Eine Almeh (Mutter Maurice), mit Antimon stark verlängerte, schwarze Augen, das Gesicht mit Samtbändern gestrafft, eingefallener Mund und vorspringendes Kinn, riecht nach Butter; blaues Kleid. Sie wohnt am Ende der Straße in dem Haus, das deren Hintergrund bildet. Ich sehe Osnah Taouileh wieder, die mir durch Zeichen zu verstehen gibt, ich hätte schöne Augen und vor allem schöne Brauen, und wie alle diese ägyptischen Damen hat sie etwas gegen meinen Schnurrbart. – Diner bei Fiorani. – Seine Gattin! – Ich habe erfahren, daß er gestorben ist, der gute Fiorani!

Dienstag, 28. Mai, DENDERA. Hain aus Dumpalmen mit langen Gräsern; wir müssen nach rechts ausweichen.

Links steht ein Pylon für sich allein, abseits jeglicher Art von Bauwerk; der Tempelpylon selbst ist verfallen, es steht nur noch ein Tor.

Man erreicht den Tempel über eine Art Gang, der aus zwei Mauern aus ungebrannten Ziegeln besteht, eine arabische Anlage aus der Zeit, da der Tempel als Speicher diente.

Das Dorf, das hinter dem Tempel liegt, ist völlig zerstört. Alle Kapitelle des Tempels stellen die Hathor-Figur dar. – Im rechten Winkel kleiner Hathor-Tempel. – In einem anschließenden Tempel, der sich hinter dem großen befindet, ebenso wie auf der Vorderseite der Pronaos-Kapitelle, Gestalt der stillenden Isis: ein Arm reicht die Brust dar, der andere liegt stolz mit abgestrecktem Daumen und eingezogenen Fingern auf dem Knie.

Aus den drei Außenfassaden des Tempels springen die

Köpfe kauernder Löwen hervor, sie liegen auf kleinen Steinträgern, die aus der Mauer ragen.

Im Typhonium rechts ganze Typhongestalten auf allen Kapitellen und auf allen vier Seiten. In jeder Hand hält er zwei gerade Lotosblütengirlanden, die über seinem Kopf einen Bogen bilden; auf der Brust hängt an einer Kette ein rundes Amulett, das ich für einen Skorpion ansehe. Antithese zum Skarabäus?

Auf der vierten Säule, hinter dem Eingang rechts, an der Seite, die zur Mauer hin zeigt, Reifen an den Oberarmen und an den Handgelenken, stark gestutzter Bart, angedeutete Brustspitzen; der Nabel ist ausgehöhlt, unter dem Nabel ein Gürtel, der sich fest um den Bauch legt.

Der Fries an den drei Seiten setzt sich aus Typhon-Köpfen zusammen. Mir scheint, als bete ein Typhon im Profil einen König an (Pschent und Uräus), der nach Araberart auf einer Lotosblüte sitzt (?), mit dem Hintern in Höhe der Hacken.

Inneres. Zwei Kammern: in der ersten ein paar kleine, fast unkenntliche Hathorköpfe; zweite Kammer: die stillende Isis mit Pschent und Kugel auf dem Kopf. – Unerträglicher Gestank der Fledermäuse, das Schwarz des Raumes.

Großer Tempel: erster Saal, auf beiden Seiten drei Säulenreihen zu je drei Säulen; oben, auf Seitenleisten, Tierkreis auf blauem Grund mit Sternen, Götter in Barken.

Auf den Säulen Schlüssel in Kürbissen. – Übertriebene Symbolik, äußerst komplizierter Kopfputz.

DESCHNA. Über die Landschaft verstreute Häuser, das ist die Stadt. Große viereckige Taubenhäuser. Es ist Bazartag, das heißt, ein paar Händler breiten im Freien ihre Waren auf einem Teppich oder auf der Erde aus. – Caféhaus mit großem Baum in der Mitte; über unseren Köpfen

Matten mit Löchern, auf den Diwanen aus getrocknetem Lehm ein paar Arnauten.

EL BALIANA, von dem ich nichts außer ein paar Palmen sehe. So erschöpft ich noch vom Fieber bin infolge meiner Reise nach Kosser, denke ich nur mit Widerwillen an Abydos. Und dann, um ehrlich zu sein, habe ich allmählich genug von den Tempeln. Vor allem mein Esel, mit dem ich nichts anfangen kann und auf dem ich mich abquäle, hat entscheidend zu meinem Entschluß beigetragen, an Bord zurückzukehren, wo ich den ganzen Tag über schlafe. – Herr Giorgi Frengi, ein kleiner Dicker mit fettem Arsch, im Jackett, englischer Sattel, auf seinem Esel. – Recht angenehm in der Unterhaltung. »Das ist ein schlauer Fuchs!« sagte uns Fiorani.

GIRGA. Wird vom Nil verschlungen. Zwischen Trümmern geht es steil aufwärts. Oben angelangt, hat man einen ganz grauen Berg vor sich, der plötzlich abfällt; rechts der Nil, der einen großen Bogen macht, und eine grüne Wiese mit Palmenreihen; links ein Minarett mit einer Palmengruppe und einer zerfallenen Moschee, die in der Mitte wie abgeschnitten ist und deren Arkaden man im Grundriß erkennen kann. Wendet man sich etwas um, ein zweites Minarett mit weiteren Palmen.

Früher war die Stadt größer als Siut, jetzt aber verfällt sie. – Basar; ein alter Händler mit weißem Bart, der uns Aprikosen verkauft. – Wir treffen den Polen aus Siut wieder, bei dem wir Wein aus Zypern kaufen; um die Aprikosen darin zu kochen. – Wir gehen zu den bekannten Damen und sitzen dort einige Zeit auf einem Kafas, dann brechen wir wieder auf. – Eine Negerin mit einem Kind auf dem Arm und großen Silberringen an den Füßen, ebenso wie die Alte des Ortes; fürchterliche Visage.

Am 3. Juni abends: Rais Ibrahim, der mit seinem aus-
gezogenen Zahn schon in Girga eine so traurige Miene
machte, weigert sich, aus Angst vor Dieben an Land zu
gehen, was bei uns Heiterkeit auslöst.

Seit Tagen ständig heftiger Gegenwind.

ACHMIM. *Dienstag, der 4.* Bei Sonnenuntergang in Achmim
angehalten, das wir im Eilschritt durchqueren. – Caféhaus
mit schönem, durchbrochenem Holzgitter. – Vom Tempel
steht nichts mehr. – Griechische Inschrift auf einem Stein;
wegen der Dunkelheit können wir nicht prüfen, ob sie
noch vollkommen oder nur teilweise erhalten ist. Um
dorthin zu kommen, geht es bergab. – Unebenes Gelände,
Palmengruppe, Palmen auch auf der anderen Stadtseite,
wenn man ankommt. – Breite Straßen, ziemlich hohe
Häuser; alles in allem nichts Besonderes.

SIUT. Freitag, der 7. Um halb fünf angekommen.

Dr. Cuny; mit ihm und dem Apotheker die Moschee
besichtigt, einem langen Lulatsch, braves, kindliches
Aussehen, durch Alkohol und Elend abgestumpft. – Wutanfall eines Muselmanen. – Saki, bei dem wir uns niederlassen. – Monsieur Dimitri mit seinem weißen Hut. –
Diner, das uns wieder auf die Beine bringt.

Am nächsten Tag Mahlzeit und Siesta bei Cuny, der
untröstlich ist, uns keine Mädchenpartie bieten zu können: der frühere Gouverneur, der seit kurzem fort ist, hat
sie aus Puritanismus weggejagt. – Besuch bei Aymi-Bey
in seinem schönen Haus am Fluß. Innen schmutzig; wir
laufen durch zwei oder drei kleine Höfe, wo angebundene
Pferde wiehern. – Aymi-Bey, trockener Alter, glühender
Patriot, Feind der Pfaffen, die er für Komödianten hält,
alter 93er Republikaner, entrüstet sich über die niedrige
Denkungsart und die Tyrannei; heitere, energische Birne.

– Diner beim Doktor; sein kleiner Bengel; auf dem Diwan im Erdgeschoß übernachtet. Die Statue unten an der Treppe. – Kleine Negerin in ihren weißen Gewändern. – Wir essen im ersten Stockwerk in einem zum Hof hin offenen Gemach. Angenehme, herzliche Gastfreundlichkeit; wir verabschieden uns am Sonntagmorgen; erst abends legen wir vom Ankerplatz in Siut ab.

Montag und Dienstag schauerliches Wetter.

Mittwoch, der 12. Um 6 Uhr morgens in Chegueg gu'il angekommen, von wo wir zur Besichtigung der Höhlen von Samun oder der Krokodilhöhlen aufbrechen.

HÖHLEN VON SAMUN. Wir reiten auf Eseln bis an den Fuß des Berges, den wir in schräger Richtung besteigen. Herrliche Sicht auf den Nil und eine ungeheure Fläche Landes, flache Landschaft ohne Unterbrechungen, schön aufgrund ihrer Weite, mit den Talhängen im Vordergrund. – Etwas Wüste. – Sanfte Bodenwellen. – Man steigt in ein Loch und muß auf den Knien weiterkriechen. Zuerst ist es noch Sand, bald danach nur noch Stein; die kantigen Steine sind schmierig und glitschig. Schmerzen in den Knien; überall Bitumenabsonderungen; man muß auf der Brust vorwärts kriechen, qualvolle Strapaze; allein käme man nicht weit, man würde von Angst und Mutlosigkeit gepackt. Es geht um Ecken, abwärts und aufwärts; oft muß man sich auf die Seite gleiten lassen, um voranzukommen; ich bin oft gezwungen, mich auf den Rücken zu legen und wie eine Schlange ruckartig mit den Wirbeln weiterzukriechen. Etwa zweihundert Schritt vor dem Mumienlager der ausgedörrte Kadaver eines Arabers, den man nur bis zum Rumpf richtig erkennen kann: sein Gesicht ist fürchterlich verzerrt, der seitlich verzogene Mund, rund wie ein Ei, schreit mit aller dem Menschen zu Gebote stehenden Kraft; es handelt sich um einen Araber,

der mit einem Maghrebiner hierhergekommen und auf
unbekannte Weise umgekommen ist. Die Überlieferung
will, daß sie hier Schätze suchen wollten und daß der
Teufel ihn erwürgt hat. Noch vor knapp ein paar Jahren
hätte man diese Höhlen zwar betreten können, man wäre
aber nach fünf Minuten erstickt; zweifelsohne hat sich
seitdem irgendeine Luftzufuhr eingestellt. Vor einigen
Jahren ist hier ein Feuer ausgebrochen, das ein Jahr lang
gebrannt hat; das ist zweifelsohne die Ursache für diese
merkwürdige Feuchtigkeit, die hier herrscht, von überall
tropft Bitumen herab, auf den Felsen haben sich dadurch
eine Art Stalaktiten gebildet, man kommt ganz geteert
heraus; der oben erwähnte Araber hat sich von selber
mumifiziert. Als man mir sagt, ich solle mir noch einen
Ruck geben (die Kerzen sind erloschen), stütze ich mich
auf die beiden Mumienfüße, die die Schwelle bilden, und
ich gelange hinein.

Wirre Anhäufung von Mumien jeder Art, die Decke
schwarz von Bitumen, die Seiten voll von Schatten, der
Boden graugelb, von der Farbe der Binden; ich lasse mich
keuchend auf dem Boden nieder, höre gar nicht mehr auf
zu husten.

Da liegen sie alle ganz ruhig, übereinandergeschichtet,
auf einem Haufen; mit den Füßen zertritt man Knochen,
man hält die Hand nach unten, und schon zieht man einen
Arm hervor. Bis zu welcher Tiefe müßte man hinabsteigen, um an den Grund zu stoßen? Es gibt ihrer undenkbar
viele.

Die Rückkehr ist noch beschwerlicher, man schleppt
die Anstrengung von vorhin noch obendrein mit sich. Von
der zweiten Hälfte an wird es erdrückend . . . man ist
völlig gebrochen, wenn man ankommt, der Schweiß läuft
in dicken Tropfen herab, das Herz schlägt so sehr, als
wolle es einem die Rippen sprengen, die Brust ist so be-

klommen, als schleppte man eine Last von hundert Zent-
nern; der Eindruck des Schrecklichen und Sonderbaren
trägt vielleicht seinen Teil dazu bei.

Diese Reise hat bei mir dreiviertel Stunde und fünf
Minuten, bei Maxime genau dreiviertel Stunde gedauert.

Wir kehren bei schönem, klarem Wetter zur Canja zurück, ein frischer Wind; beim Abstieg vom Berg ist die
Aussicht noch schöner als beim Aufstieg, man kann
schauen, ohne sich umdrehen zu müssen. Etwas unterhalb
des Berggipfels, rechts, wenn man aufsteigt, viereckiges,
natürliches Loch, an dessen Rand am Morgen ein großer
Vogel saß; am Berggipfel (rechts, wenn man absteigt),
Stelle bedeckt mit dicken, runden Steinen, die eine ziem-
liche Ähnlichkeit mit Kanonenkugeln haben. Unsere Matrosen meinen, das seien ursprünglich Wassermelonen gewesen, die Gott in Steine verwandelt habe. Und warum?
Weil ihm das Spaß gemacht hat. Und das ist auch schon
die ganze Legende.

AMARNA. Am *Donnerstag, den 13. Juni*, machen wir um
fünf Uhr nachmittags in Amarna auf dem rechten Ufer
(auf der Karte nicht angezeigt) halt.

Palmen, Nilknick; links, von der Stelle aus gesehen, wo
ich sitze, fahren zwei Schiffe flußaufwärts. – Drei kleine
Mädchen kommen vorbei, sie sitzen alle auf einem einzigen Esel, das größte hinten, das kleinste auf dem Widerrist; die sechs Beine baumeln hin und her, um den Esel
anzutreiben. – Mann, der auf einem Kamel vorüberzieht,
hinten kauert eine Frau. – Reizvolle Landschaft von
friedlicher Weite.

SCHEICH IBADA (ANTINOE). *Freitag, der 14.*, Ankunft 11 Uhr morgens.

Riesige, stark verästelte Sykomore.

Es ist nichts mehr vorhanden: alles nur Löcher und graue Erdhügel, hier und da eine Palme, im Hintergrund die Arabische Kette. – Ruinen eines Bades, das ganz und gar einem arabischen Bad ähnelt; auf der Erde Spuren von Marmorsäulen.

Im Dorf liegt ein Kompositenkapitell am Boden; eine Säule ragt mitten aus einem Haus heraus.

Antinoe ist wirklich eine Ruine, von der man sagen kann: »Und dennoch stand hier eine Stadt!«

Araber kommen und bieten uns alberne Kuriositäten an. – Kleines, rotblondes Mädchen, breite Stirn, große Augen, die Nase etwas platt, schniefend, merkwürdiges Gesicht voller Phantasie und Lebendigkeit; ein anderes braunes Kind mit geradem Profil, wunderschöne schwarze Augenbrauen, schmaler Mund. Welch entzückende Gruppe hätte ein Maler aus diesen zwei Köpfen und der sie umgebenden Landschaft gestalten können! Doch wo den Maler hernehmen? Und wie die Gruppe komponieren?

BENI HASSAN. *Samstag, der 15.* Am Morgen ist Joseph fieberkrank, er kommt nicht mit uns. – Sand, dann geht es steil aufwärts. Wir besichtigen die zwei am nördlichsten gelegenen Höhlen. In der ersten: Jagdszenen; ein Löwe fällt eine Antilope an, sehr witzige Gymnastik; in der zweiten: Jagdszenen; sie ist allerdings beschädigter als die vorhergehende. Die Innensäulen sind verschwunden. Drei Parallelgewölbe, das heißt drei Deckenkörper, die gewölbeförmig ausgehauen sind. Am Eingang der beiden Höhlen dorische Säulen. Die schöpferische Tätigkeit des Scheiks, die hier ihren Höhepunkt erreicht, gestattet uns nicht, die Höhlen näher in Augenschein zu nehmen.

MINIA. *Sonntag, der 16*. Der Apotheker der spanischen Regierung. – Monsieur Monnier mit »Gefährtin«. – Monsieur Narcisse Poirier. – Der alte Antonini. – Der Apotheker des Regiments. – Lange Siesta bei Monsieur Monnier.

GEBEL AT-TEIR. *Montag, der 17*. Mittags sind wir gezwungen, auf der anderen Seite anzulegen, da, wo sich das koptische Kloster befindet. Diesmal geht es recht farblos zu: nur zwei, drei Mönche kommen angeschwommen, uns um ein Bakschisch zu bitten; sie haben wie beim erstenmal den Gesichtsausdruck von Halunken, doch unser Spaßvogel ist nicht mehr dabei.

DAS DORF GARARA. *Mittwoch, der 19*. Beim Santon von Scheik-Embârak. Der Boden im Inneren des Santons ist mit verschlissenen Matten bedeckt; an einem Faden hängt eine Canja als Votivtafel von der Decke herab, eine zweite, kleinere, genauso.

Ich blieb lange auf der Santonschwelle sitzen, den Rücken dem Dorf zugekehrt, das sich an den Fuß des weißen Berges schmiegt.

AL-FASCHN. *Donnerstag, der 20*. Das Dorf befindet sich in einiger Entfernung zum Fluß. Santon von Scheik-Sehesnerdé mit großen Bäumen drum herum, regelmäßiges Dröhnen von großen Becken und Zimbeln; zwei Männer tanzten oder vielmehr verbeugten sich voreinander, nach rechts und links, dabei kokettierten sie mit ihrer Milayah: das hielt sich in der Mitte zwischen Tänzern und Derwischen, und alles in allem war es eher erbärmlich.

Die Stadt hat nichts Besonderes zu bieten.

Freitag, der 21. Scheußliches Wetter.

BENI SUEF. *Samstag, der 22*. Um 9 Uhr morgens angekommen.

Um acht Uhr morgens, wir waren gerade aufgestanden, erschien wassertriefend an Bord ein kleiner, nackter Santon und umarmte uns überschwenglich: zehn Piaster.

In Beni Suef Einkäufe. – Liebenswürdiger Hauptmann beim Barbier. – Das Bordell ist abgerissen worden, ich kann auf dem Weg dorthin nur noch den Balken erkennen, an dem ich mir damals fast den Schädel eingerannt hätte. Auf der Straße ein Hund mit einem Geschwür am Ohr, das voll war mit Fliegen und Geschmeiß. – Wir kaufen bei einer Alten Hühner: Stille, Ziegen, die die Treppe rauf- und runterlaufen, besonders eine mit schwarzen Flecken auf ihren weißen Ohren; der Hühnerstall war eine Art Backofen, niedrig, aus dem man die Hühner holte.

Wegen des Gegenwinds halten wir um halb fünf, etwa eine Meile hinter Beni Suef, an.

SAUL. *Sonntag, der 23*. Mittags machen wir im Dorfe Saul halt. Abends begeben wir uns mit Joseph auf die Suche nach Milch; die Büffelkühe kehrten vom Fluß zurück, man wartete auf sie, um uns Milch zu geben. – »*Fi Ìeban?*«

Ochsen, die sich im Kreise drehten, droschen das Getreide, was mich an die ägyptische Idylle erinnert: »Drescht, drescht, ihr Ochsen etc.«

Wir standen auf einem Staubhügel, im Rücken eine Palmenreihe, über die sich die untergehende Sonne ergoß, vor uns hatten wir die Arabische Kette, im Mittelgrund den Nil, die von geschnittenem Korn blondgelbe Landschaft mit Fellachen und Ochsen, die sich darauf bewegten; an den Wänden der Häuser Getreide. Kugelrund trat der Mond zwischen zwei Palmen hervor. Nichts war geeigneter, um die Vorstellung vom alten Ägypten, dem bäuerlichen, goldenen Ägypten, wachzurufen. Nach und nach kam die Nacht.

ZURÜCK IN KAIRO. *Dienstag, der 25*. Am Morgen erblickten wir Kairo; unsere Männer machen eine fröhliche Miene beim Rudern, wir sehen die Pyramiden wieder, die Zahl der Barken nimmt allmählich zu; nacheinander: Rôda, Gizeh, der gelbe Konak des Soliman-Pascha, der Palast der Großprinzessin, Bulak; da sind wir wieder.

KAIRO. Ich gehe von Bulak nach Kairo zu Fuß; in der Straße, wo das Hotel liegt, treffe ich Brochier. Kairo kam mir leer und verschwiegen vor, es war derselbe Eindruck, als wenn man aus der Postkutsche steigt und sich plötzlich ganz allein und untätig im Hotel wiederfindet. Ich packe die Reisekoffer aus und stelle sie wieder an ihren Platz. – Gänge zum Konsulat wegen der Briefe, Paket von Briefen. – Galante Katastrophe Maximes! – Diner, der Tisch wird in die Nähe des Gartens gerückt. – Monsieur Rochasse. – Daguerreotypien am Abend. – In der Nacht muß ich mit ungeheurer Wehmut an die Reise zurückdenken und an das Geräusch der Ruder, wie sie rhythmisch im Wasser eintauchten. Arme Canja! Ach, arme Canja, wo magst du jetzt sein? Was läuft jetzt über deine Planken?

Mittwoch, der 26. – Besuche. – Diner in Bulak bei Reis Fergalli; der kleine Chalil in Seidenweste bedient uns; wir essen in einem niedrigen, etwas dunklen Raum mit Kacheln links hinten in der Ecke, vom Eingang aus gesehen. – Überfluß an Brot. – Patriarchalischer Charakter des Reis Fergalli.

Abends an der Ezbekija Musik. – Lambert-Bey und Batissier.

Die ganze Woche nichts! Abends die maltesischen Musikanten von der Ezbekija, »etni schischeh«, schreit ein großer Nubier und läuft mit ihnen herum: »Kawadscha Yussef, etni schischeh«. – Unterhaltung mit Lambert, ästhetische und humanitäre Erörterungen über die Kunsttheorie mit Lambert. – Die Geschichte mit dem Pferd von Kosrew-Bey und Sassetti. – Besuch bei Linant-Bey, duftender Garten im Hintergrund, mit Lubert und Doktor Arnousse. – Lubert-Beys schlüpfrige Geschichten; Anekdote von der Prinzessin Bagration auf den Champs-Elysées mit einem großen Lulatsch in weißem Überrock und Spazierstock hintendran. – Die Nacht damit verbracht, bis vier Uhr morgens mit Mourier über den alten Jourdain zu reden; wir hatten mit einem Gespräch über *Hamlet* angefangen. Fagnard kommt zum Diner ins Hôtel du Nil.

Letzter Tag. Heute, *Montag, 1. Juli*, morgens Besuch bei Villemin, der im Bett liegt, steht in Unterhosen auf; bei Lambert in Takije und Morgenrock; er läßt sich uns gegenüber bezüglich der ästhetischen Doktrinen aus.

Nach dem Essen Schischeh im Café von Muski.

Verabschiedung von den Herren Delaporte und Belin. – Wir gehen zum Hospital von Kars el-Aini. – Schilfrohre. – Tiefes Bedauern, abhauen zu müssen. An der Traurigkeit des Abschieds ermesse ich die Freude, die ich bei der Ankunft hätte empfinden müssen. Frauen schöpfen Wasser, Fellachen, die ich nie wiedersehen werde! Ein Kind badet im kleinen Kanal der Sakije.

Die Sultanin: die Öffentlichkeit hindert mich daran, meine Rührung über ihre Tränen der Dankbarkeit genügend zu zeigen; sie will uns in unser Land folgen; ich hatte schon in Assuan eine solche Gemütsbewegung erlebt, deshalb vielleicht war sie hier schwächer.

Bulak-Hassanin. – Verabschiedung von den Matrosen; gestern überkam mich die Gemütsbewegung, als ich Reis Ibrahim umarmte, um ihm Lebewohl zu sagen. Monsieur und Madame Fagnart: plastisch gesehen, erscheint mir

Fagnart jetzt lockerer (er spielt nicht mehr den Ausgelassenen), hier nämlich ist er in seinem Element. – Diner bei Villemin. – Letzter Abend mit Lambert, Lebewohl am Gitter seines Gartens; Abschied von einer Zuneigung.

Bis drei Uhr morgens Mourier; der Tag kündigt sich an, die Hähne krähen, meine zwei Kerzen brennen, ich schwitze auf dem Rücken, meine Augen stechen, und ich habe Morgenfrösteln. Wieviel Nächte ich nicht schon verlebt habe! . . . In vier Stunden verlasse ich Kairo. Lebewohl, Ägypten! Insh'Allah! wie die Araber sagen. *Dienstagmorgen, 4 Uhr und 5 Minuten.*

VON KAIRO NACH ALEXANDRIA. Postdampfer von Kairo nach Alexandria. – Delaporte, Belin, Lubert kommen, um Monsieur und Madame Langlois Lebewohl zu sagen; Lubert mit Strohhut. – Oberst Langlois und seine Frau.

ALEXANDRIA. Hôtel d'Orient. – Nachmittage damit verbracht zu lesen: *Valentine, Indiana, Thadeus le ressuscité, La Guerre du Nizam, Une Veuve inconsolable* von Méry; ein paar Besuche, alles in allem ohne Belang.

Die Herren Dufau, Choyecky (Koieski), Smith.

Wir begegnen wieder dem Polen, dem Gefährten von Monsieur Robert; zur Zeit leitet er den Bau einer Kirche am Ende des Platzes der Konsuln. – Reisevorbereitungen, Einpacken. – Monsieur Custos, Angesteller im Hause Pastret.

An einem Tag gehe ich zum Basar Takijen kaufen; an einer Straßenecke hockt eine weißgekleidete Frau, die davon mehrere hat. – Besitzer eines griechischen Bootes. – Den Nachmittag am Hafen oder auf der Reede verbracht.

Im Theater »Bruno der Spinner« auf italienisch.

Am Abend vor unserer Abfahrt mit Monsieur Girardin

Ausfahrt in der Kalesche zum Landhaus von Monsieur Pastret und zu dem des Abbas-Pascha (früher Rosetti-Garten). Diese Gärten machen einen furchtbar traurigen Eindruck, man kommt vor Langeweile darin um; hinter ihnen liegt gleich die Wüste, sie soll negiert werden, in Wirklichkeit schleicht sie sich in alle Aussichten ein. Im Garten des Abbas-Pascha Säulen am Pavillon; Vordergrund: Grün, am Ende die Wüste. Es handelt sich um denselben Garten, von dessen Pavillon aus die Sultanin aus der Ferne ein Dromedar herangaloppieren sieht; sie wirft einen traurigen Blick auf den grenzenlosen Horizont . . .

Wir kehren zurück, unser Sais läuft vor der Kalesche her und läßt seine Peitsche knallen.

In einem griechischen Caféhaus Nargilehs geraucht. – Estrade aus Bohlen über dem Meer.

VON ALEXANDRIA NACH BEIRUT. Am nächsten Tag um ein Uhr Einschiffung auf der *Alexandra*. Wegen eines Laufzapfens können wir erst am Tage danach, Mittwoch, ablegen. Während ich schlief, fuhr das Schiff los, ich habe nicht das ägyptische Land am Horizont entschwinden sehen, habe ihm nicht ein letztes Mal Lebewohl gesagt! . . . Werde ich je hierher zurückkehren?

Wenig liebenswürdiger Kapitän, große Nase wie de Maurepas. – Hampelmann von Doktor. – Monsieur Hébert, ein seefahrender Vater Parain, ehemaliger Negersklavenhändler aus Nantes. – Monsieur Delabouq-Perehne. – Nicht seekrank geworden.

Kleine Negerin an Bord, die christlichen Händlern aus Syrien gehört; sie vergoß Ströme von Tränen und blieb fast die ganze Zeit über in der Sonne neben dem Schornstein auf der Seite liegen. (In den Straßen von Alexandria flaniert ein Halunke von Neger herum, der auf europä-

ische Art gekleidet, mit Hut und Stock ausgestattet ist.)
Zwei Mönche, der eine, Holländer, fährt nach Persien, der
andere sieht wie ein Italiener aus und fährt ich weiß nicht
wohin.

Donnerstagabend kann man das syrische Land erkennen: Nebel an der Küste, alles ist von Feuchtigkeit durch-
tränkt, auf dem Wasserspiegel ein paar Lichter, das ist
Beirut. Das Schiff fährt mit halbem Dampf. – Stille. –
Unter dem Bug gluckt ein Huhn, die an der Rahe hän-
gende Laterne knistert in der Nacht; Kommandos des
Kapitäns auf der Brücke, Sondieren; wir fahren wieder
los, wir bleiben wieder stehen, der Mond ist untergegangen, Sterne, Sterne.

Vom Land her dringt ein schriller, wiederholter Laut,
wie das Zirpen von Grillen (sind das die Zikaden?); dann
der Schrei eines Hahns, ein anderer, der ihm antwortet;
die Lichter werden größer. Wir lassen ein Schiff zu unserer
Linken, dessen Kapitänskajüte erleuchtet ist. Der Anker
wird geworfen, ich gehen schlafen, es ist drei Uhr morgens.

PALÄSTINA · SYRIEN · LIBANON

Juli - Oktober 1850

DIE KÜSTE

Freitag, der 19. Abfahrt der *Alexandra* um sieben Uhr morgens. – Stimme des Steuermanns unseres Bootes, die mich an die des Vogelfutterhändlers erinnert. – Wir nehmen eine kleine Elsässerin mit, die in Jerusalem ihren Verlobten wiedertreffen will, sowie einen jungen, bebrillten Deutschen, der sie begleitet. – Landung, Durcheinander und Wut; Dummheit von Quarantänestationen im allgemeinen und des Oberwärters des Lazaretts von Beirut im besonderen. – Der Bordarzt nimmt ein Bad, seine Birne mit dem Strohhut auf dem Wasser. – Man richtet sich ein. – Starker Wind in der Quarantänestation. – Abends Bad im Meer; was für ein Meer! – Der Libanon von Wolken gekrönt, Zikaden, die in den Sträuchern hüpfen. – Quarantänestation. – Stimme des Mannes, der uns in seinem Boot herbringt; sie erinnert mich an die des Vogelfutterhändlers. Palast der Quarantänestation, in dem wir logieren: Durcheinander bei der Landung; der Oberwärter, langer, schlottriger Kerl mit einem schrägstehenden Auge; drei Tage lang heftiger Wind durch die Fenster; ein italienischer Auswanderer teilt im Gang Hiebe aus. – Bad im Meer.

Am *Dienstagmorgen* kommen wir raus. – Mann in buntscheckiger Jacke und mit Coufieh, der im Galopp angeritten kommt, blasses Gesicht, stolze Haltung. – Hecken aus Barbareskenfeigen, Café am Meeresufer, Reisende auf Eseln. Das alles wirkt auf mich wie ein Bündel von Schleifen, das man vor meinen Augen ausschüttelt.

BEIRUT. Die Häuser sind aus Stein, das ist nicht mehr Ägypten; irgend etwas läßt einen hier schon an die Kreuzzüge denken. – Hotel Baptista am Hafen. – Rechts ein Fort im Meer, von den Engländern zerstört. – Schlacht um Wassermelonen, die aus Jaffa kommen. – Kinder, die hier den ganzen Tag im Meer baden, fertigen sich grüne Turbane aus den Melonenstücken, die auf dem Wasser treiben.

Hotel. – Der österreichische Siegelbewahrer: »Ist der Aufenthalt in Damaskus angenehm? Verbringen Sie dort heitere Abende?« – Ein Russe, der maltesische Kapitän, der italienische Auswanderer, der auf mich den Eindruck eines Schurken macht und unsere fünfzig Francs allzu gern annimmt. – Basare: sehr dichtes Geschubse, aufge-schichtete Waren, eine Menge Volk, viel Seide. – Rama-danabende; kleine Spieluhr in den Cafés, die Lärm macht; es wird Schnee getrunken.

Die Herren de Lesparda, Rogier, Peretié, Herr und Frau Suquié.

An einem Abend bei Anbruch der Nacht, Friedhof: drei Schafe weideten das Gras zwischen den Steinen ab; ein Araber lag auf einer Gruft, mit zwei, drei anderen, die zu scherzen schienen und in aller Ruhe ihren Kief hielten; in genau der Mitte und oberhalb der Gräber ein Weg. – Das Meer, Grün, rechts Beirut; viel Gras. – Ein dürrer Alter mit grauem Bart, der auf einem Stein seinen Rosenkranz betet. – Umfriedung, die zwei Gräber einschließt und eine Decke aus Zeltleinen hat, um das Astwerk auf den beiden Gräbern zu schützen.

Picknick im Gras bei den Pinien: Mönche ziehen vor-über mit Hüten, über die sie Taschentücher gebunden haben; Kamele; durch die Bäume hindurch violetter Him-mel über dem Gebirge. – Vormittag bei Rogier: die kleine Türkin, Kopfschmuck aus Jasminblüten, eine melancho-lische Fatmé. Die Dicke, die Dünne, heitere Visage Ro-giers, gewichtiges Auftreten Abdallahs.

Von Beirut um halb fünf morgens aufgebrochen. – Erst Sand zwischen Hecken, dann Berge; weite Hänge. In den

Schluchten ein zerstäubtes Licht wie ätherischer Schnee, der unbeweglich in der Luft stünde und von ihr durchdrungen wäre; rechter Hand das Meer. – Mein Sattelleder quietscht. – Büschel von Johannisbrotbäumen ergießen sich über die Erde und sehen so gestutzt aus wie Gartenbäume. – Begegnung mit Zingaros (ich glaube gar nicht, daß es welche sind): ein Kind, das in Kopfnähe meines Pferdes eine große Kiste auf dem Rücken trägt, zeigt mir mit erhobenen Händen den Himmel und wiederholt ganz rührend mehrere Male »Allah«; Frauen, die ihr Kind in einer Art Hängematte tragen, die an ihren Brüsten hängt. – Oleander, der Fluß el-Damur, eine Wegbiegung, wo es nach einer Parkecke aussieht; etwas davor die Wirkung einer Brücke, von der nur mehr die Anfangsbögen stehen. – Die blühenden Oleander wachsen bis ans Meeresufer. – Unsere Pferde waten durch das Wasser. Um halb zwölf essen wir in Habbi-Jones, dem Ort, wo Jonas ausgespien wurde. – Große Schlucht, die sich bis unten an die Küste erstreckt, mit zwei großen Bäumen. – Auf einer Matte in einem Café geschlafen; kleines Bodenspant aus trockenem Astwerk davor; unsere abgesattelten Maultiere wälzen sich am Boden. Um zwei Uhr ziehen wir weiter. Die Route (alter Weg, den man zeitweise noch benutzt) führt Anhöhen hinauf, führt abwärts, läuft am Meeresufer entlang, am Meer, und noch weiter am Meer, versinkt im Sand, steigt zwischen den Steinen wieder empor, über die unsere Pferde nur schwer vorwärtskommen. Unter den Steinmassen, die das Grün durchbrechen, senken sich die Berghänge; das sieht aus wie ein riesiger, verlassener Friedhof.

Hinten am Horizont, an der Spitze einer Zunge, umgeben von Wellen, SIDON, ein vorspringender Klecks aus Häusermasse. Vor der Stadt ein langgezogener Felsen, um ihn herum mehrere Schiffe. – Gärten. – Stille in der Stadt bei unserem Einzug. – Ein blinder Alter mit grünem Turban wird von einem Kind geführt. – In der Mitte der Straßen befindet sich eine Art viereckiger Abzugsgraben für die Pferde; es riecht nach Weihrauch und Kirche, ein Geruch von Meßopfern, etwas, das einen an die Kühle der Kirchen im Sommer erinnert. – Französischer Khan: viereckiges Wasserbecken in der Mitte, eine Bananenstaude. – Pferde des Emirs Beschir. – Kloster der Brüder vom Heiligen Land. – Doktor Gaillardon, sein Diwan. – Nachtmahl in einem großen Saal; Zinnkannen voll Wasser, das dann in unsere Karaffe geschüttet wird. – Pater Kasimir, langer Bart, spricht Italienisch, schnell, schließt dabei die Augen.

Mittwoch, 31. Juli, neun Uhr abends. – Der heutige Tag nicht so abwechslungsreich wie gestern. Man verläßt Saida durch Gärten und gelangt dann wieder ans Meer, dem man fast den ganzen Tag über folgt; die Berge sind niedriger als die am Vortag und liegen weiter vom Ufer zurück. – Ein alter Turm aus der Zeit der Kreuzzüge, an seinem Sockel von Laubwerk umschlungen, von der aufgehenden Sonne beschienen. – Fast den ganzen Tag geht es durch eine Heide voll ausgetrockneter Disteln und kleiner Johannisbrotbäume, die vom Meereswind leergefegt sind; zwischendurch ein Maisfeld, eine Tabakanpflanzung. – Am Morgen haben wir einen Fluß überquert, das dritte Joch der gewinkelten Brücke steht abseits, irgendwann hat sich ein Block seitwärts geneigt und ist so dort in der Sonne stehengeblieben.

Mittagsmahl in Anhydra am Meeresufer; es ist dort eine kleine Bucht, wir können sie zwischen zwei großen Bäumen sehen. – Viereckiger Springbrunnen, auf dessen Einfassung wir eine Mahlzeit aus Feigen, kaltem Fleisch und Dattelkonfitüre zu uns genommen haben. Ein großer Feigenbaum im Hof (hinter dem Haus), wo über einen kleinen Aquädukt das Wasser fließt, das sich in das Becken ergießt. – Kalb, das an einer perlgrauen Kuh säugte.

Wir ziehen weiter; zweiter Fluß; ich bleibe oben am Uferrand stehen, um alle Maultiere durch den Oleanderhain ziehen zu sehen, der rings um das Wasser seine Blütenpracht entfaltet. – Die Heide, traurig, traurig. – Dritter Fluß; da er zu breit ist, gehen wir über die Brücke, das Wasser ist ganz grün. – Hütte aus Reisig, bei der wir Rast machen. – Ein alter Mann sitzt dort, der von Krämpfen geschüttelt wird.

TYRUS liegt mitten in einer Art ausladendem Halbmond. – Um 2 Uhr angekommen, zum griechischen Kloster herabgestiegen; nichts mehr, nur ein paar schäbige Basare, Pest- und Totenstille, hier und da ein prächtiges Kind. – Also die Rasse hier (Frauen), was ich davon zu sehen kriege, sieht mir sehr schön aus. – Bevor man nach Tyrus kommt, auf dem Sand ein altes, gestrandetes Schiff; ein Mann, der ein Schaf im Meer wäscht. Der Hafen liegt links, wenn man ankommt. – Zwei große Blöcke, die noch immer im Wasser stehen. – Um in das obere Stadtviertel zu gelangen, muß man an der Mauer eines Hauses vorbei, das mit seinem Sockel im Wasser steht, über ein paar Steine, die dort hingelegt worden sind oder die dort eine Art Trottoir bilden. – Keine Menschenseele; hier ist es noch stiller als unten. Die weiße Fahne des Konsuls von Neapel flattert an ihrem Mast auf einem Haus. – Wälle, Meeresblick in Blau, der Himmel ist trübe, ein paar Wolken, die Luft ist düster, wenngleich voller Licht. – Die Stadt ist von mittelalterlichen Wällen umgeben wie Aigues-Mortes. – Vor uns im Wasser, eine halbe Flintenschußweite entfernt, ein wirrer Haufen von Granitsäulen; im Hafen sind auch mehrere, das Meer wäscht und wäscht sie ohne Unterlaß.

An der Stelle, wo wir waren, machte der Befestigungs-
wall einen Knick, wodurch ein Winkel entstand; die
Sonne schmetterte ihre Strahlen auf die blauen Wellen. –
Monsieur Elias, französischer Geschäftsträger, wird bald
abkratzen; großer weißer Diwan mit einem gewölbten
Diwan ringsherum, ehemalige Kirche; seine alte, kleine
schmuddelige Frau furzt in eine Tschibuke, um sie zu rei-
nigen. Die Wirkung ihrer aufgeblasenen Backen mit den
langen Seidenfäden ihres Haares, die ihr bis auf den Arsch
herabhängen. – Die große Negerin auf ihren Stöckelschu-
hen, die den Hof mit Wasser besprengte. –

Uns gegenüber sitzt eine Frau im reifen Alter, mit ge-
spreizten Beinen, unbeweglich, schwarze, langgeschlitzte
Augen, gebogene Adlernase, Marmorgesicht; ich muß an
die Rassen der Antike denken und daran, wie wohl die
Frau eines Patriziers aus Tyrus ausgesehen hat. Ihre
Tochter, ovales, weißes Gesicht mit schwarzen Haaren. –
Heerschar von jungen Fräulein in der Wohnung rechts
vom Eingang.

Oben von der Terrasse dieses Hauses aus das Meer, das
Befestigungswerk, die Häuser mit ihren weißen Terrassen,
die noch durch das Grün herausgehoben werden, das sie
voneinander trennt; ein paar Palmen (die Palme von
Tyrus auf Medaillen) zur Erde geneigt; eine Ebene. – Der
Libanon: eine niedrige Bergkette von leicht grauvioletter
Färbung; dahinter eine zweite, in den Wolken verschwim-
mende, milchig gefärbte Kette von sehr blassem Violett.
– Schlechtes Diner. – Die Gemahlin des Herrn Elias bittet
Joseph um ein kleines Bakschisch. – Junger Mann, Sohn
des österreichischen Geschäftsträgers, dem wir Chininsulfat geben. – Im Hof des griechischen Klosters können wir
weder ein Kloster noch einen Griechen entdecken, wohl
aber am Eingang rechts recht hübsche Mädchen mit griechischen Matrosen: es ist eine Familie, die hier wohnt, das

sieht mir fast nach einem Bordell aus, und das schmeichelt
mir, wenn ich an die Ennoia des Simon denke, die ich
nackt vor griechischen Matrosen habe tanzen lassen. – Im
ersten Stock in einem großen Raum auf Matten geschlafen. Die ganze Nacht lang Jucken von Floh- und Mücken-
stichen. Die neben der offenen Tür aufgehängte Lampe
gibt ihren Schein. – Geräusch der Glöckchen an den Maultieren.

Freitag. Um vier Uhr morgens, vor Sonnenaufgang,
aufgebrochen. – Kommt mir kürzer vor als der vorige,
obwohl er länger ist. – Weniger Oleander, aber das ändert
sich. Das Gebirge, immer noch zu unserer Linken, senkt
sich dergestalt, daß es nur noch Bodenerhebungen bildet.
– Gruppen von Stauden mit violetten Blüten, die Laven-
del ähneln; die Bäume zum Meer hin sind vom Wind
niedergebogen und kahl gefegt.

Beim Verlassen der Stadt viereckiger Turm, der im
Grün versunken ist; die Sonne ist noch nicht aufgegangen,
alles ist von einer harten, grünlichen Färbung; der Turm
ist viereckig, an den Ecken abgerundet, die Fenster verbreitern sich von innen nach außen hin. Eine Treppe
führte früher zum Eingang des Turms, man kann nicht
mehr über sie steigen, es klafft eine Lücke zwischen ihr
und dem Turm. – Was die Salomonischen Brunnenbecken
angeht (wir reiten um eine Einfriedung herum, ohne zu
wissen warum, Josephs Pferd), so sehe ich eine große,
quadratische Tränke, es handelt sich aber um eine An-
sammlung von Mühlen, Wasserrauschen, von Hütten mit
Grün, die an einen Geländesturz angelehnt sind. – Zu uns
gesellt sich ein junger Mann in grüner Joppe, er hat die
Nase gewölbt wie Monsieur de Radepont und schwarze
Augen, von weitem erscheint er mir schön, aus der Nähe
ziemlich häßlich, er sitzt nach Türkenart auf dem Pferd,
mit einem Teppich über dem Sattel. – Der alte Weg

kommt stellenweise zum Vorschein; er verläuft gerade,
schnurgerade und hat die Breite einer großen Straße dritter Klasse; unsere Pferde straucheln auf diesen großen
Steinen. Links ansteigender, rechts abfallender Hang;
Felsgestein zwischen dem Grün bzw. Grün zwischen dem
Felsgestein; die violetten Blumen wie am Vortag, Johannisbrotbäume etc. – Es geht aufwärts. – Djebel El-Abjad
(weißes Kap). – Schwieriger Weg, die Corniche in Großformat, man steigt und steigt, die Pferde legen sich ordentlich ins Zeug; direkt vor einem das weite Meer. Große,
natürliche Stufen wie bei einer Treppe, zwischendurch
eine Biegung. Plötzlich erblickt man zwischen den Ohren
seines Pferdes das Meer, so einige hundert Fuß unter
einem. Wie schön das ist! Der Abstieg ist schwieriger. Der
Weg beginnt wieder, er endet an zwei Brunnen, die aus
vollem Hals sprudeln. – Hügel, die es hinauf- und wieder
hinabgeht. – Anderer Berg, beim Aufstieg allerdings in
seiner Wirkung weniger prächtig packend; nur, von oben
hat man plötzlich einen unermeßlichen Ausblick auf das
Meer. Über dies Meer fuhren die eigens für es gebauten
Galeeren mit bemaltem Bug. Von hier aus kann man
Tyrus sehen; gewiß kam man hierher, um die Schiffe ein-
laufen zu sehen, die aus . . . zurückkehrten; Ebene links zu
unseren Füßen. – Ein altes Haus, in dessen Schatten wir
einen Augenblick verweilen; zwei Kothaufen an der
schönsten Stelle. Wir müssen weiter, es geht wieder abwärts. – Mahlzeit unter der Baumgruppe, die wir von oben
aus gesehen haben; wir schlafen am Straßenrand unter
einer Weide.

Erneuter Aufbruch, es geht geradeaus; ein weißgeklei-
deter Janitschar reitet im Galopp an uns vorüber; am Zugang zu einer kleinen Brücke treffen wir auf eine Schar seltsam aussehender, sonnen- und wettergebräunter Leute,
manche mit Gazellen- und Schafsfellen, mit spitzen Müt-

zen auf dem Kopf; zwei tragen auf ihren Schultern etwas, das in einen Überzug eingehüllt ist, das mir wie eine Gitarre vorkommt, aber ebensogut auch Karabiner sein könnten: es sind Derwische, die von der örtlichen Polizei angehalten worden sind, weil sie ohne Teskereh reisen. Diese Bande sieht nicht sehr vertrauenerweckend aus, Max begibt sich in die Nähe unseres Gepäcks. – Begegnung mit Beduinen aus der Gegend von Hauvay, sie wollen in Saint-Jean-d'Acre Getreide verkaufen. – Sonnenverbrannte Leute, so schön wie chic, mit Kamelstricken um den Kopf und großen, gestreiften Decken über der Schulter. – Zwei Frauen gehen zu Fuß, die eine hat blau bemalte Lippen.

Aquädukt des Dschesaher-Pascha, den wir in El-Maya sehen; er zieht sich durch die Landschaft. Wir hatten ihn schon einige Zeit vorher überquert, er war von Grün überdeckt und verschwand darunter. Nichts ist so hübsch wie eine Landschaft, die man in der Umrahmung durch einen Bogen einer dieser Brücken oder Aquädukte erblickt, vor allem wenn Kamele oder Maultiere darunter vorbeiziehen.

SAINT-JEAN-D'ACRE, von weitem ein längliches Viereck mit einem Turm an jedem Ende. Bei der Ankunft kommt mir die Stadt wie ein belebter Basar vor; ein Händler verkauft Scherbet und kalte Getränke mit Eisstücken auf einer Eisenpicke. – Schmutziger, verlassener Khan, in dem wir unser Gepäck deponieren. – Abendessen in einer Schenke: Ratatouille mit Tomaten, bei der wir mit vollen Händen zulangen, dazu trinken wir Eisscherbet, das nach Rosinen, Rosen und Melasse schmeckt. – Eine leicht ergraute Kanaille mit englischem Akzent verhört uns wie ein Polizist. – Neben dem leeren Brunnenbecken des Khans auf unserem Bettlager geschlafen, unter einer

Weide, an der ein Ölglas mit einem brennenden Docht hängt; er bescheint das Laubwerk über meinem Kopf.

Saint-Jean-d'Acre, trostlos, leer, Steinhäuser wie in den anderen Städtchen. Man muß unwillkürlich an Handgemenge von Kreuzfahrern in diesen Straßen denken. Die Stadt ist voll Beduinen, ein Hof, der zum Meer hin geschlossen ist, ist mit ihren Getreidehaufen sperrig angefüllt: das ist der Eingang zum Hafen, den es nicht gibt. Die Reede ist zwar recht groß, doch könnte man eher in Haifa einen Hafen anlegen. – Zwei englische Offiziersgräber mitten in der Stadt; warum hat man sie nicht auf dem türkischen Friedhof angelegt? So was von trauriger Eitelkeit! – Antike Gräber, das eine von einer Urne gekrönt, das andere ist viereckig in römischer Art, drumherum scheißen die Hunde.

Großer Hof, ehemaliges befestigtes Lager, verziert mit einer Vielzahl kleiner Arkaden, die wiederum Arkaden tragen; es sieht wie ein Zirkus aus und erinnert mich auf den ersten Blick an die Arenen von Nîmes. – Spuren von englischen Kanonenkugeln; am Vortag, vor unserer Ankunft in Saint-Jean-d'Acre, hatten wir auf den Feldern eine Granate gefunden. – Wir sehen Frauen, die an einer Seite des Kopfes als Zierat eine Art kleiner Spieße tragen, auf denen Silberpiaster oder Talari aufgereiht sind.

Bis Haifa geht es am Meer entlang; auf dem Gestade Reste von Wassermelonen; einige, die von der Sonne gebleicht sind, sehen im Innern aus wie ausgehöhlte Schädel. Nichts Traurigeres als eine verdreckte schöne Frucht. – Gestrandete Körbe, Trümmer aus Schiffbrüchen, auch Matten, Schiffsrümpfe stecken im Sand, wie es etwa Seetieren erginge, die aus Altersschwäche am Uferstreifen verendet wären. Hinten an der Reede liegt ein Schiff auf der Seite, das nur noch aus dem Gerippe und einem Mast besteht, es ähnelt einer Kinnlade, in der ein Zahnstocher steckt. – Wir durchqueren die Furten zweier Flüsse, der zweite ist ziemlich breit und tief, unseren Pferden geht das Wasser bis zum Bauch.

HAIFA. Nichts, neue Stadt, offener Basar, keine Matten zum Schutz gegen die Sonne. – Der französische Geschäftsträger erzählt uns, die Wahabiten hätten sich Mekkas bemächtigt. – Am Strand flatterte und lief ein grauer Meeresvogel vor mir her, die Enden seiner Federn waren schwarz, die Beine kurz (eine Möwe); mal flog er davon, dann wieder ließ er sich sachte nieder. Ich war guter Dinge. – Von Haifa zum Karmel geht es bergan. Unten am Steilpfad, der zum Kloster führt, riesige, innen hohle Olivenbäume: das Heilige Land beginnt, sie stehen unten am Berg und am Hang; man kennt das aus den alten biblischen Geschichten. Ich muß an Chateaubriand in Palästina denken, an Jesus Christus, der barfuß über diese Wege wandelte. – Gegen Mittag im Kloster angekommen; es geht ein heftiger Wind; vor dem Kloster Gemüsegarten mit einer kleinen Pyramide in der Mitte; sie zeigt die Überreste der Franzosen an, die in Saint-Jean-d'Acre während der Expedition Bonapartes hinterblieben sind.

BERG KARMEL. *Samstag, 3. August 1850*, halb zehn Uhr abends. – Das Kloster, ein großes, weißes Gebäude. – Befestigte Kuppelkirche; es gibt sogar versteckte Muschrabijen. – Nichts von Interesse, das riecht ganz nach einem modernen Kloster, nach Sacré-Cœur, es ist sauber und kalt, nichts Echtes. Wie das den religiösen Geist des Ortes durchkreuzt! Wie wenig hat das mit dem Karmel zu tun, obwohl es doch auf dem Karmel liegt! Unter dem Chor der Kirche die Eliasgrotte. – Pater Charles, der Hospitaliter-Pater. – Siesta, unsere Aufzeichnungen ge-

macht, Abendessen. – Max schreibt die schönsten Sächel-
chen der Reisenden aus dem Buch ab.

Sonntag, der 4., das Kloster besichtigt. – Der Kapitän
eines Handelsschiffes aus Marseille mit seinem Buben. –
Um neun Uhr weitergezogen bis nach Castel-Pelegrino,
immer am Meer entlang durch nachgebenden Sand.

CASTEL-PELEGRINO. Ruine von reizender und schreckli-
cher Wirkung. Was für Kerle, diese Kreuzfahrer! Was die
für Schultern und Arme hatten! Das ist gemauert wie
Château-Gaillard, das aus derselben Zeit stammt (dritter
Kreuzzug, Philipp August, Richard Löwenherz), nur daß
das Mauerwerk aus Geschiebe und Mörtel mit behauenem
Stein verkleidet ist. Nach dem Karmel zu steht noch eine
große Mauerwand völlig gerade; auf derselben Seite ein
(arabisches?) Türmchen; zum offenen Meer hin schöner,
ausgedehnter Spitzbogensaal (der Wachtposten?) – aus
riesigen Steinen erbaut, Tür auf das Meer. Auf der Land-
seite, rechts, kleines Schiff (mit einem Kran für den Stein-
transport nach Saint-Jean-d'Acre). – Panorama der Ruine:
links ein zugeschütteter Brunnen; oben ein viereckiges,
moderneres Bauwerk, das aus den Trümmern der Festung
errichtet ist und von ein paar Arabern bewohnt wird, von
denen einer Josephs Jagdmesser zu sehen wünscht. – In
der Umgebung ein paar ärmliche arabische Hütten,
Hunde bellen hinter uns her. – Kontrast zwischen dieser
Ruine aus einer germanisch-normannischen, rotblonden,
nebeligen Welt und diesem Himmel, dieser Sonne und
diesem Meer.

Sicht bis Thura (Dora). Zu unserer Linken die erdfar-
bene Hügelkette in einem durch die Steine hervorgerufe-
nen, grauen Stickerei- und Freskenmuster, ihretwegen
auch an einer Stelle ganz grauweiße Bodenwellen; es sind
große Platten. – Auf der Höhe ein paar quadratische

Häuser. – Ungefähr am Fuße des Hanges ein Baum: eine Art gezackter Esche, deren freiliegende Wurzeln sich mehr als zwei Pferdelängen über den Boden ziehen. Wie riesige Trossen sieht das aus, die übereinander liegen und sich unordentlich verknotet am Fuße des Baumstammes ausbreiten.

Während der ganzen Tage eine Unmenge von Zikaden, Eidechsen oder Salamandern und Chamäleons; letztere kriechen gemütlich über die Spitzen ausgedörrter Sträucher oder über die großen, stechenden Blätter der Barbareskenfeigen. Hanna hat eines am Schwanz gepackt und es Max gegeben, der es auf die Mähne seines Pferdes gesetzt hat (es hatte schokoladenbraune Flecken), da ist es bis zu den Ohren gekrabbelt und dann auf den Boden gepurzelt; fast hätte Josephs Pferd hinter uns es im Gehen zertreten.

THURA. Armseliges Dorf am Meer. An der Ecke des Khans, in dem wir absteigen, hocken Männer; einer liest vor versammelter Gesellschaft laut aus dem Koran vor, ein anderer läßt sich rasieren. Wir logieren im ersten Stock, in einem Zimmer, das aus der Zeit der Kreuzzüge zu stammen scheint, es läßt alle Winde ein.

– Diner am Boden auf einem Teppich, auf einer Terrasse mit Blick aufs Meer. Vor dem Essen Spaziergang über den Strand an einer kleinen Bucht entlang bis zum Mauerrest eines verfallenen Turms, der über das Meer ragt. Dort finden sich im Wasser Reste alter Bauten, vermutlich aus der Zeit von Castel-Pelegrino, das man in der Ferne sieht. Zurück laufen wir mit den Füßen durchs Wasser. – Nacht voller Insekten.

Montag, noch vor Tagesanbruch aufgebrochen. – Morgendliche Kühle, unsere Tarbusche sind von der Feuchtigkeit durchnäßt; bis Cäsarea stapfen wir durch Sand.

CÄSAREA. Man kann noch die Umfriedung sehen, eine fortlaufende Mauer mit viereckigen Vorsprüngen, die teilweise von Grün überzogen sind und nach unten zu verstärkt und sehr breit sind. – Kleine Bucht, Reste von Bauten (Türme?), die früher vielleicht die Hafeneinfahrt zu verteidigen hatten.

Wir machen um zehn Uhr in Mina-Sabura am Meeresufer Siesta, unter einem Felsvorsprung, der uns vor der Sonne schützt. Wir haben den ganzen Tag über keine Berge gesehen, nichts außer fortlaufenden Bodenerhebungen; zu unserer Linken Sand, Sand, übersät mit Johannisbrotbäumen. Wir stoßen auf einen fast nackten Mann mit zwei großen Bardaken, die an seinem Körper baumeln; auf den Schultern trägt er einen langen Stock. Vor Omkaled-el-Mukhaled erblickt man plötzlich beim Verlassen einer völlig kahlen Steppe, die von dem verdörrten Gras eine rötlichgelbe Tönung hat und ansteigt, eine unendliche Ebene von sehr blaßgrüner Färbung, in deren Hintergrund sich die grünen Kugeln der Olivenbäume abheben; am Horizont ein Kranz von Bergen. – Bei der Ankunft blau gekleidete Frau, die den Weg heraufkam, auf dem Kopf ein Gefäß; sie kam vom Brunnen unterhalb des Dorfes, links, wenn man ankommt. – Wir hatten mit einem Baum geliebäugelt, um dort die Nacht zu verbringen, doch befand sich schon eine kleine Karawane darunter; wir sind durch das Dorf gegangen und befinden uns jetzt auf der anderen Seite unter einer alten Sykomore, die Maultiere, Maultiertreiber und das Gepäck vor uns, die Pferde dahinter. Zu unserer Linken ruht auf seinem Habarah unser Führer vom Tage, Scheik Mohammed, ein Mann mit einer großen, krummen Nase, der das Gewicht seines Turbans auf der rechten Seite trägt; seine Flinte hat er quer unter seinem Ohr. – Gestern galoppierte Hanna, um Krabben zu fangen; heute haben die Herren mit Fausthieben und Fußtritten ihre Scherze getrieben. – Am Morgen Spuren von wilden Tieren im Sand.

Nach durchwachter Nacht (wegen der Flöhe) unter der schönen Sykomore brechen wir im Morgengrauen nach Ali-Ebu-Arami ins Landesinnere auf, Steppen voller Steine und Johannisbrotbäume.

ALI-EBU-ARAMI. Rechts Reste einer Festung; von da aus geht es am Meer weiter, und man erblickt in der Ferne die langgestreckte Masse der stufenförmig angelegten Häuser von Jaffa. – Sand, in dem man versinkt, Überschreiten eines Flusses.

Gegen Mittag in JAFFA angekommen. – Fünf große Schiffe an der Reede. – Zur Stadt geht es bergan. – Friedhof an einem Hang. – Über den Häusern wölben sich ein paar Kuppeln, der Friedhof im Vordergrund, die Stadt im Mittelgrund; weiter oben, links, Feigendisteln, Gärten (da wo Bonapartes französisches Lager stand). – Turbulenter Einzug in Jaffa; wir durchqueren die ganze Stadt. – Gang zwischen den Häusern und dem Festungswall, der zum Teil niedergelegt ist und von dem mehrere Blöcke ins Meer gestürzt sind. – Armenischer Khan; wir logieren in einem Frauengemach, einem kleinen, quadratischen Raum mit Kreuzgittern aus Holz. – Abschüssige, unglaublich schmutzige Straße mit allem möglichen Unrat und Abfall. – Monsieur B. Damiani mit Vater, Offiziere auf der *Mercure*; wir gehen mit ihm spazieren. – Hospital der Pestkranken von Jaffa. – Armenisches Kloster mit Arkaden im ersten Stockwerk. – Katholisches Kloster: ohne jedes Interesse. – Monsieur Damiani zeigt uns unten am Festungswall auf der Seite der Gärten einen Sockel, der das äußerste Ende jenes Stollens ist, von dem aus Bonaparte die Stadt angegriffen hat. – Entzückender Khan, in der

Mitte ein Springbrunnen mit Gewölbebögen; im Abstand
zwischen den Bögen, auf der Innenseite, eine Art Schein-
türmchen, die konisch auslaufen. – Mahlzeit in einer griechischen Locanda mit Zypernwein, kaltem Bratfisch und
Rosinen. – Abends Schischeh im Café unterhalb unseres
Khans. – Matrosen von der *Mercure*.

Mittwochmorgen, der 7. Essen bei Monsieur Damiani mit
Monsieur Houman, dem Vizekonsul zu Saida, und einem
Polen, dem Vorsteher der Quarantänestation von Jaffa.

Um fünf Uhr aufgebrochen, Sandschneisen zwischen
Feigendisteln, so wie hinter Beirut bei den Pinien. – Brunnen von ähnlicher Bauart wie der des oben erwähnten
Khans: Säulen, kegelförmige Türmchen, in der Mitte eine
große Arkade, die den Brunnen bildet; dahinter drei Zypressen. Es ist eine Wegkreuzung: ein Mann steht links am
Brunnen. – Flache Landschaft mit sanften, ausholenden
Bodenwellen (hier und da ein Sesamfeld nach Ramleh zu)
von zumeist gelbblonder, aber greller Tönung. Übermä-
ßig blauer, scharfer Himmel ohne Wolken, am Horizont
milchigweißer Hintergrund aus Bergen. Wir begegnen ein
paar Reisenden, die Frauen (eine kleine Schwarze, etwas
aufgedunsen) reisen mit entblößtem Gesicht.

Ramleh im Hintergrund der Tiefebene zu Füßen des
Gebirges. – Eintönige Ebene: man erblickt die Stadt,
wenn man von einer Erhebung in der Form eines Esels-
rückens heruntersteigt. – Ein paar Olivenbäume, nichts
stellt besser Palästina und das Heilige Land dar. – Eigen-
artige Transparenz der Farben: die Sandschneise ist buchstäblich karminrot und die ganze Ebene grau, von einem
sehr blassen Goldton überstrahlt. – Am Eingang von
Ramleh Friedhof: breite, quadratische Gräber aus Mauerwerk. Max läßt sein Pferd darüber laufen.

RAMLEH. – Verlassene Straße, Kuppeln, ein paar dürre Palmen dazwischen, und ringsum der ins Blau gehende Nachthimmel, der sich über die Bäume und die abgetragenen Häuser legt. – Die Bauten sind aus dicken Steinen, früher militärische Bestimmung. – Wir reiten unter einem Spitzbogengewölbe durch, wo ein Pferd angebunden steht; die Stadt kommt mir zu drei Vierteln unbewohnt vor. Wir schlagen unser Lager talwärts von der Stadt unter Olivenbäumen auf.

Wegen der Mücken, der Pferde und der Vorstellung, daß ich morgen Jerusalem sehen werde, durchwachte Nacht. *Donnerstag, der 8.*, morgens bei Sonnenaufgang Spaziergang durch Ramleh: nichts, was wir nicht schon am Vorabend gesehen hätten, es ist groß, leer und schmutzig. – Junger, hinkender Mann, der währenddessen auf unsere Pferde aufpaßte; er war einer unserer Wächter in der letzten Nacht. – Wir holen wieder unser Gepäck ein, das eine dreiviertel Stunde vor unserem Aufbruch auf den Weg geschickt worden war; drei Stunden Marsch, bevor wir den Fuß des Gebirges erreichen. – Das Dorf Rohab, es wurde Korn gedroschen; Max erzählt mir von Ruth. – Am Fuße des Gebirges spricht uns ein alter Strolch mit weißem Bart an, dessen Schultern mit einem schwarzweißen Habarah bedeckt sind; er dient uns eine Zeitlang als Beschützer und verläßt uns bei einem steinernen Haus zur Linken. Das Gebirge besteht aus einer Reihe von aufeinanderfolgenden Schluchten; immer wenn man glaubt, damit fertig zu sein, sind wieder neue da. – Wunderbare alte, innen hohle, breite Olivenbäume; die Steine haben Löcher und ähneln Schwämmen; sie versetzen dem Grün der Johannisbrotbüschel, Mastixbäume und einer Art Buscheichen (Stieleichen?) graue Flecken. Je höher man kommt, desto mehr Steine gibt es; das Licht wird heller und verleiht dem grauen Gebirge einen wildgrellen Ton

(Sträucher und Gräser, auf denen die Schleimspur der Schnecken wie Rauhreif glänzt, allerdings noch vor dem Gebirge). – Hier und da ein gepflügtes Feld mit Olivenbäumen, die jedoch kleiner sind. – Plateau.

Das Dorf Karjat el-Aneb liegt gleich rechts, wenn man absteigt. – Häuser aus Stein. – Ein großer Bau, der ehemals eine Kirche war. – Junger Mann mit gelbem Turban, der mir am Eingang der alten Kirche zulächelt, in die Max eingetreten war. Wir steigen wieder auf unsere Pferde. Hanna hatte den Weg rechter Hand unter den Olivenbäumen hindurch eingeschlagen und war auf dem kürzesten zu Tal geritten; Joseph braust dahin, ohne den Kopf zu heben. – Frauen, die im Kreis tanzten: »Das ist ein Toter«. Ich rufe Sassetti zu, nicht anzuhalten, er brüllt es auf arabisch an Abu-Issa weiter. – Es geht noch eine Weile talwärts. – Auf den Gipfeln um diesen Trichter ein paar alte Türmchen. – Es geht wieder aufwärts, es wird immer trockener und rauher. – Bergrunter müssen wir vom Pferd steigen, große Steinplatten. (Vor dem Dorf ist der Berg, vor allem nach unten zu, folgendermaßen: eine Linie Steine, das ist die Kalkschicht; eine Linie Grün, und diese parallelen Linien verlaufen entsprechend der Steigung.) Endlich kommen wir halbtot vor Hunger, mit leerem Kopf und als alles schon vor unseren Augen tanzt, auf der Sohle eines baumreichen Tales an, wo es Wasser gibt. – Eine Brücke.

GAZEREL-KARUM. – Garten, Zitronenbäume, Weinreben. – Jüdische Familie, die uns Teppiche gibt. – Die Frauen mit ihrer Art Visierhut oder Visier, das als Hut dient. – Die Frau des jungen Mannes, der uns alle diese Höflichkeiten erwiesen hatte, ein bißchen aufgedonnert, ihre Brüste, die man dank der zeitweiligen vollständigen Entblößung ohne Mühe sehen kann: sie war dabei, ihr Kind zu stillen.

– Wir schlafen eine Stunde lang unter einem Zitronen-
baum, wir waschen uns das Gesicht unter der Brücke und
steigen um drei Uhr wieder aufs Pferd.

Eine gute Stunde geht es wieder bergauf. Ankunft auf
der Höhe; aller Boden der Berge hat die dunkelrote Farbe
von Holzmehl oder eher von Mörtel. Jeden Augenblick
meine ich, Jerusalem entdecken zu müssen, doch ich sehe
es nicht. – Die Route (man kann die Spur eines alten
Weges erkennen) ist fürchterlich, es ist unmöglich zu tra-
ben. – Gehege von mörtellosen Steinen mitten in diesem
steinigen Gelände. Endlich, hinter einer Mauerbiegung,
Hof mit Olivenbäumen; ich erblicke einen Santon, das ist
alles. – Ich reite noch eine Weile weiter; Araber, denen ich
begegne, machen mir Zeichen, ich solle mich beeilen, und
rufen mir »El Kods, el Kods!« zu (ausgesprochen hörte es
sich mir wie *codesse* an); siebenundzwanzig Frauen in
blauen Kitteln, die mir aussehen, als kämen sie aus dem
Bazar zurück; drei Minuten später: Jerusalem.

Wie sauber es ist! Die Mauern sind alle erhalten. – Ich
muß an Jesus Christus denken, wie er einzog und wie er
die Stadt wieder verließ, um zum Ölberg hinaufzusteigen; ich sehe ihn dort durch das Tor, das sich vor mir
befindet; hinter der Stadt, rechts, das Hebrongebirge in
schimmernder Klarheit; alles übrige ist trocken, hart,
grau. Das Licht erscheint mir so grell und weiß wie das
eines Wintertages. Trotzdem ist dies von sehr warmer
Tönung, ich weiß auch nicht, wie das zustande kommt.
– Max holt mich mit dem Gepäck ein, er rauchte eine
Zigarette. Sankt-Helena-Bad, großes Viereck zu unserer
Rechten.

Wir berühren fast die Stadtmauern; das ist es also!,
sagen wir uns in unserem Inneren. Monsieur Stephano,
mit seinem Gewehr über der Schulter, empfiehlt uns sein
Hotel. – Wir ziehen durch das Jaffa-Tor ein, ich lasse beim

Betreten seiner Schwelle einen Furz los, ganz unwillkürlich; im Grunde war ich sogar ärgerlich über diesen Voltairianismus meines Anus. Wir reiten an den Mauern des
griechischen Klosters entlang; diese abschüssigen Gassen
sind sauber und menschenleer. – Hotel. – Besuch bei
Botta. – Früh schlafen gegangen.

Freitag, der 9., Spaziergang durch die Stadt. Alles ist
wegen des Bairam geschlossen, Stille und allgemeine
Trostlosigkeit. – Die Fleischerei. – Armenisches Kloster. –
Haus des Pontius Pilatus. – Serail, von wo aus man die
Omar-Moschee erblickt. – Jerusalem wirkt auf mich wie
ein befestigtes Beinhaus; hier modern die alten Religionen
schweigend vor sich hin, man tritt auf Scheiße und sieht
nur Ruinen: es ist von ungeheuerlicher Tristesse.

Freitag, der 9., fünf Uhr. – Jerusalem, Hôtel de Palmyre. – Auf dem Rückweg von Monsieur Botta, wo wir
Herren aus dem Elsaß getroffen haben.

JERUSALEM

11. August 1850. Jetzt sind wir schon den dritten Tag in
Jerusalem, und noch hat mich keine der erwarteten Ge-
fühlsbewegungen überkommen: weder religiöse Begeisterung noch Erregung der Phantasie, und auch kein *Haß auf
die Priester*, was immerhin etwas heißen will. Ich fühle
mich angesichts all dessen leerer als ein hohles Faß. Tat-
sache ist, daß heute morgen am Heiligen Grab ein Hund
bewegter gewesen wäre als ich. Wer ist schuld daran,
barmherziger Gott? Sie? Du? oder ich? Sie, glaube ich,
dann ich und vor allem Du! Ach, wie falsch das alles ist!
Und wie sie lügen! Nichts als Tünche, Doublé, Lack, für
die Ausbeutung, die Propaganda und die Werbung bestimmt. Jerusalem ist ein von Mauern eingefriedetes
Beinhaus; das erste, was uns seltsam aufgefallen ist, war
die Schlachterei. Auf einer Art viereckigem Platz, bedeckt
mit Bergen von Unrat, ein großes Loch; in dem Loch
geronnenes Blut, Eingeweide, Kacke, schwärzlichbraune
Därme, außenrum von der Sonne fast kalziniert. Das
stank außerordentlich und war in seiner freimütigen
Äußerung von Schmutz schön. Wie sagte doch ein Mann
der sinnreichen Vergleiche und feinen Anspielungen? »Das
erste, was wir von der Heiligen Stadt zu sehen bekamen,
war Blut.«

Alles war still, wir vernahmen keinen Laut, niemand
war unterwegs; hier und da an der Mauer ein langer,
bärtiger, polnischer Jude mit seiner dicken Fuchsfell-
kappe, der uns Platz machte; die Basare sind geschlossen.
Es ist Bairam, und darum wird bei allen religiösen Verrichtungen der Muselmanen, bei Tag und bei Nacht, eine
bombastische Anzahl von Kanonenschüssen abgegeben.
Die Vorderseiten der Läden sehen aus, als seien sie vom

Staub zerfressen, einige drohen zusammenzubrechen. Sie sind abgedeckt, lang, schmal und wirken perspektivisch gesehen schön.

In Jerusalem ist alles gewölbt; von Zeit zu Zeit passiert man auf den Straßen eine Halb- oder Viertelwölbung; die Häuser haben sich zwischen diesen alten Bauwerken niedergelassen, und überall hat man Wölbungen über sich. Vom armenischen Viertel und seiner Umgebung abgesehen, wo die Straßen sauber gefegt sind, ist alles sehr schmutzig; das Pflaster ist für die Pferde fast unmöglich; mitten auf der Straße von unserem Hotel verwest unbeachtet ein gelber Hund, ohne daß jemand daran denkt, ihn woandershin zu stoßen; die Kacke längs der Mauern ist von erschreckend schlechter Qualität! Immerhin gibt es weniger Melonenabfall als in Jaffa.

Überall Ruinen, es riecht förmlich nach Grab und Verwüstung; Gottes Fluch scheint über der Stadt zu liegen, der Heiligen Stadt von drei Religionen, die vor Langeweile, Entkräftung und Verlassenheit dahinstirbt. Hin und wieder ein bewaffneter Arnaute. In diesen leeren abschüssigen Gassen, und über all dem die Sonne, Trümmer und große Löcher in den Mauern. Es gibt wie in Tyrus, Sidon und Jaffa, wie an der ganzen Küste, hübsche Kinder, vor allem die Mädchen mit ihren blassen Gesichtern, die von unordentlich gekämmten, schwarzen Haaren eingerahmt werden. – Unser Führer: der kleine Jussuf, ein Jüngling von 18, 20 Jahren, schwarzäugig, von femininem Wuchs, leicht errötend, bescheiden, sanft; die türkischen Soldaten (wie auch der Pascha) sind in ihn verliebt; wenn er an den Wällen vorbeikommt, rufen sie ihm zu: *»Kawadscha Jussuf, gel burda, kawadscha Jussuf.«*

Das armenische Kloster ist riesig, es ist sauber, solide gebaut, mit beachtlichen Innenhöfen, Terrassen und Treppen. – Bauten für die Mönche, andere für die Pilger. – Der

Armenier scheint hier im Orient etwas Machtvolles darzu-
stellen; es gibt hier dieses überflüssige Zeug der Besitzen-
den, das einen prallen Geldbeutel verrät, wie beispielsweise die schmiedeeisernen Geländer an den Terrassen. Die
Kirche ist von überraschendem Reichtum, der schlechte
Geschmack grenzt hier fast an Erhabenheit. Genügt es
denn schon zu übertreiben, damit etwas schön wird? Wehe
dem, der kein Verständnis für Maßlosigkeit hat!

Blaue Fayence-Verkleidung bis in Mannshöhe, viereckige Säulen. – Links die Sankt-Jakobus-Kapelle; die
Stelle, wo er enthauptet wurde, mit einem Kreis bezeichnet, und unter einer Art Altar, der von Blumen und
Leuchtern umgeben ist, ein abgeschnittener Kopf unter
Glas. Der Altar nimmt den ganzen hinteren Teil der Kirche ein, ist vergoldet, aus drei Gewölbebögen zusammengesetzt, in der Mitte der größte. – Im allgemeinen
schlechte Malereien, Porträts von Patriarchen. Darüber
Szenen aus dem Leben Jesu, die Heiligen Jungfrauen mit
dem Bambino, alle, auch dieses selbst, mit silbernem Hei-
ligenschein. – Man sieht so das gemalte Antlitz in einem
Metallrahmen, eine hat einen richtigen Diamanten am
Finger. – Märtyrerbild: das Volk, welches den heiligen
Stephanus steinigt, ist von recht grotesk wirkender, beab-
sichtigter Grausamkeit, so richtige »Böse« sind das. Daneben ein Löwe, der ich weiß nicht mehr welchen Heiligen
verschlingt, ist auch nicht schlecht; sein Maul ist größer
als der Rest des Körpers. Der heilige Lorenz über un-
glaublichen Flammen. Bei der Tür ein Märtyrium der
Unschuldigen Kinder, auf dem man immerhin eine gewisse Absicht erkennt: im Vordergrund stirbt ein kleines
Kind, es muß sich dabei übergeben.

Je mehr man die Kirche im einzelnen prüft, vergeht der
erste Eindruck. Wenn Heinrich Heines geflügeltes Wort:
»Der Katholizismus ist eine Sommerreligion« auch von

ganz tiefer sinnlicher Wahrheit ist, so ist dieses Wort für mich doch mit einer Vorstellung vom Mittelalter verbunden, und diese Vorstellung vom Mittelalter ihrerseits mit der von Regen und Nebel. Oh, ihr armen Kirchen meiner Heimat mit euren vom Winter grün gewordenen Innenwänden, wie sehr ich euch liebe! Aus religiöser Sicht betrachtet, hat das hier nichts mehr mit unserer Welt zu tun. Luther kehrte aus dem Italien Leos x. als Protestant zurück.

In der griechischen Kirche des Heiligen Grabes die gleiche Ornamentik. Ganz entzückend, helles Licht erleuchtete alles, weiße Gewänder der Frauen, farbige Turbane und Joppen der Männer, dem Altar zugewandte, stehende Gruppen, weißbärtige Patriarchen, Griechen, die sämtliche Kreuzwegstationen küßten, welche an der Zwischenwand zwischen Kirche und dem eigentlichen Chor hängen. In der armenischen Kirche Eindruck von Einfallsreichtum: lange, von der Decke fallende Girlanden aus gefärbten Straußeneiern; links von der Tür Schlagglocke aus Erz, man schlägt auf eine Platte, und das ersetzt die Glocken. In der Straße, die zum Haus des Pontius Pilatus führt (Hattastraße? = Hart-Hatta), rechts, wenn man hinabsteigt, das Haus der Veronika, niedrig, mit kleiner Tür, zur Hälfte im Boden versunken, ein Haus wie alle anderen. Das Haus des Pontius Pilatus ist eine große Kaserne, es ist der Serail. Von seiner oberen Terrasse aus kann man in ihrer Gänze die Omar-Moschee sehen, die an der Stelle des alten Tempels erbaut ist.

Am nächsten Morgen sind wir um 6 Uhr aufgestanden, um die Juden vor den Resten seiner Mauern klagen zu sehen. Die Basis besteht aus eckigen Zyklopensteinen, die von ihrer wuchtigen Arbeit her an Ägypten erinnern, inwendig sind sie mit einem Viereck verziert, ähnlich dem, das die Tischler auf die Türen hobeln. – In einem Winkel alter Jude, den Kopf mit seinem weißen Gewand bedeckt, barfuß; er psalmodierte etwas aus einem Buch, mit dem Rücken zur Mauer, und wiegte sich dabei auf den Absätzen. Dieselbe Bauweise, dieselbe Mauer gibt es noch einmal jenseits des Tempels, auf der Ostseite. Als wir von dort weggingen, begegneten wir weiteren Juden, die sicherlich dorthin gingen. Ich ließ mich bei einem Barbier rasieren, der mich lachend anschaute, ohne daß ich wußte warum, und der mich mit warmem Wasser rasierte. Von dort sind wir in ein Café eine Schischeh rauchen gegangen. Als wir uns auf dem Holzdiwan, auf dem sie sitzen, umdrehen, sehen wir ein großes, quadratisches Wasserbecken (das Bad des Ezechiel), voll mit grünlichem Wasser, umgeben von hohen Mauern, die stellenweise, doch spärlich, von unregelmäßigen Fensteröffnungen durchbrochen sind; es sind Hinterwände der Häuser, die es umgeben.

Ins Hotel zurückgekehrt, habe ich bei den vier Evangelisten die Leidensgeschichte gelesen. – Siesta. – Diner bei Botta, ruinierter Mann, Ruinenmann in der Ruinenstadt; leugnet alles, scheint alles zu hassen, außer den Toten; beschwört innigst das Mittelalter, bewundert Monsieur de Maistre. Er lernt zur Zeit Klavierspielen und gesteht, kein Tiefgänger zu sein. Es geht jetzt um einen bestimmten Abschnitt im Leben dieses Mannes: er ist der Versuche müde (sein ganzes Leben ist davon durchwoben, Arzt, Naturforscher, Archäologe, Konsul), jenes hat er gekostet, er will kein anderes, es reicht ihm: »Wenn doch die Menschheit so wäre wie ich!« sagen alle, die ihrer weder Herr zu werden noch sie zu begreifen vermögen. Sein Siegelbewahrer, Neukatholik, Anhänger ernster Musik, kennt weder Hummel noch Spohr noch Mendelssohn etc., er macht mich mit Händel mürbe, den zu spielen ich ihn nicht gebeten habe; seine Rechte spielte schneller als die Linke. Arme Teufel, letzten Endes.

Heiliges Grab. – Samstag Besichtigung des Heiligen Grabes. Das Äußere mit seinen romanischen Teilen hatte unsere Neugierde erregt; in archäologischer Hinsicht enttäuschte Erwartung. Die Schlüssel sind in den Händen der Türken, sonst würden die Christen jedweder Sekte sich darüber zerfleischen. Die Wärter schlafen im Innern auf einem Diwan neben der Tür. Will man die Kirche besichtigen, wenn diese geschlossen ist (und außer sonntags ist sie das immer), muß man den Kopf durch *ad hoc* geschaffene Löcher in der Tür stecken; man kann dann den Salbungsstein unter den Lampen und die guten Türken auf ihrem Diwan sehen; man unterhält sich mit ihnen. Wir treffen im Heiligen Grab unseren italienischen Flüchtling wieder, er hat sich absichtlich hier einschließen lassen und verbringt (zeitweise jedenfalls) Tag und Nacht hier, um sich »von der Poesie dieser Stätte inspirieren zu lassen«. Der und ein Künstler! Ich halte ihn eher für einen ekligen Schuft, der die römischen Patres reinlegt, um sich gratis und andauernd in ihrem Kloster bewirten zu lassen.

Es gab da etwas für mich, das alles überragte, und zwar den Anblick eines Porträts von Louis-Philippe in voller Größe, welches das Heilige Grab ziert. Ach, du groteske Figur, du bist also wie die Sonne! Da beherrschest du die Welt mit deiner Pracht, dein Licht erstrahlt bis hin zum Grabe Jesu! Was dann am meisten ins Auge springt, ist die Trennung der einzelnen Kirchen, auf der einen Seite die Griechen, dann die Lateiner, die Kopten; man setzt sich gegeneinander ab, verschanzt sich sorgfältig, vor allem aber haßt man seinen Nachbar. Hier laufen alle wechselseitigen Verwünschungen zusammen; ich wurde so sehr von Kälte und Ironie erfüllt, daß ich ohne jeden weiteren Gedanken wegging. Ein Christ hat meinen Dragoman gefragt, ob ich nicht der Pascha sei. In mir kam indes

nicht der leiseste Gedanke an Hochmut auf, Gott behüte!
Nein, ich ging ganz einfach und natürlich vor mich hin,
kümmerte mich um nichts in der Schlichtheit meines ru-
higen Herzens. Glücklich all die, welche hier aus himmli-
scher Liebe Tränen vergossen haben! Doch wer weiß schon
etwas von den Enttäuschungen des geduldigen Mittelal-
ters, von der Bitternis der Pilger von einst, wenn sie in ihre
Provinzen heimkehrten und man ihnen mit neidvollem
Blick zurief: »Erzählt doch! erzählt doch!«

»Mißtraue dem Hadschi!« (arabisches Sprichwort). Den
Armeniern, die von einer Pilgerreise nach Jerusalem zurückkehren, ist bei Strafe der Exkommunikation unter-
sagt, bei der Rückkehr von ihrer Reise zu erzählen, aus
Furcht, daß ihre Berichte den Brüdern die Reise dorthin
verleiden könnten (Michaud und Poujoulat). Die Enttäuschung, sofern es sie gäbe, würde ich auf mich schieben
und nicht auf den Ort.

Auf dem Heimweg haben wir die Schwelle der prote-
stantischen Kirche betreten: Herren in Schwarz saßen zu
beiden Seiten auf Bänken; ein anderer Herr mit Beffchen
links auf einer Kanzel, aus dem Evangelium lesend; ganz
kahle Mauern; das ähnelte einer Volksschule bzw. einem
Bahnhofswartesaal. Ich ziehe die Armenier vor, die Griechen, Kopten, Römer, Türken, Wischnus, einen Fetisch,
was auch immer! Adieu! Gute Nacht! Das reicht! Weg von
hier! Wir sind nicht mal eine *Viertelminute* geblieben, und
dennoch hatte ich Zeit genug, mich wahrhaftig und
gründlich zu langweilen.

Nachmittags mit Stephano, Jussuf, Sassetti und zwei
Maultiertreibern die Königsgräber besichtigt, Ölgarten,
Siloe und das Haus des Kaiphas.

Westlich der Stadt die Königsgräber. Man betritt sie
durch eine Art offenliegender Höhle. – Links Öffnung,
man muß sich bücken, um hineinzugelangen. – Es handelt

sich um eine Reihe von Sälen (zweistöckig), mit Nischen in der Wand. Kleiner, viereckiger Eingang. – Jede Gruft enthält im allgemeinen Platz für drei Särge, einen hinten, zwei seitlich. Neben letzteren kleine Löcher in der Wand, in Form ausgehöhlter Pyramiden, in ihnen stehen die Grablichter. Nach Ägypten wirkt das alles äußerst dürftig, wie die recht geschickte Arbeit eines Steinbrucharbeiters, mehr nicht.

Der Ölgarten: kleines Grundstück mit weißen Mauern am Fuße des gleichnamigen Berges. – Heftiger Wind, das blasse, silbrige Laubwerk der Olivenbäume zitterte, scharfe, wenn auch warme Luft, weißer Weg, grausam blauer Himmel. Oben, vom Minarett aus, welches den Ölberg beherrscht, Überblick über Jerusalem: die Stadt neigt sich wie ein Amphitheater von Westen nach Osten, sie senkt sich zu den Gräbern und dem Tal Josaphat hinab, das hinter dem Brunnen von Siloe den Namen wechselt und dann Cedron heißt. – In der Auferstehungsmoschee alter Mann mit Hanswurstnase in einer Art gelbem Überrock, kam an, um uns zu öffnen; gezeigt wird ein in einen steinernen Rahmen eingelassener Stein, auf dem Gläubige die Fußspur Jesu erkennen wollen; von hier aus ist er zum Himmel aufgefahren. – Am Abend machen wir einen Besuch bei Botta; er befindet sich in Gesellschaft des hochwürdigen Paters der Lateiner.

Montag. Um Viertel nach 7 Aufbruch nach Bethlehem. – Bis zum griechischen Eliaskloster recht schöne Straße. – Im Kloster nichts, nur Konfitüren, Kaffee und ein recht netter Mann, ein griechischer, weißbärtiger Pope; mir scheint, er ist über die politischen Reden erstaunt, die Maxime über Protestanten, konvertierte Juden, hält: drohen diese doch, die Herren Jerusalems zu werden.

Von hier bis Bethlehem steinig und bergig, fast schon Wüste, so fängt das an. Hin und wieder ein paar Frauen

aus Bethlehem in ihren gestreiften Gewändern, über der
Brust ein Viereck aus farbiger Seide. Den Schleier aus
Silberstücken tragen die Mädchen um den Kopf, die
Frauen tragen ein Käppchen mit zwei spitz auslaufenden
Ansätzen, die über den Ohren liegen. Auf der Stirnseite
Reihen übereinander sitzender Münzen; auch hinten wel-
che, von denen an Fäden große Medaillen herabhängen;
den oberen Rand der Kappe bildet ein Wulst, der bei den
Reichen zu einem silbernen Reif wird.

BETHLEHEM, großes Steindorf. Davor ein Tal – oder besser
gesagt ein weiter Trichter, ein Schlund mit Schlünden, die
in ihn münden bzw. von ihm ausgehen. – Aus Stein gebaut
mit festen Gebäuden, viel Spachtelei. – Am Eingang
Frauen am Brunnen, die, von Kamelen umgeben, Wasser
schöpften. Links ekelerregender Platz: die Latrinen der
Stadt. – Von hier aus können wir nicht weit entfernt vor
uns unten auf einem Feld Frauen sehen, die singen und
klagen: eine Beerdigung; als wir die armenische Kirche
betreten, wird dort die Totenmesse gelesen. – Das ganze
Gebäude hat ein Holzdach, der vordere Teil ist vom Rest
durch eine Scheidewand getrennt, runde Säulen, bemalte
Akanthuskapitelle von unangenehmer Wirkung; zwei
Säulenreihen auf jeder Seite; darüber undeutliche Mosaik-
reste. – Wie im Heiligen Grab auch hier Armenier in der
ersten Kapelle links vom Eingang; die Griechen haben die
große in der Mitte und die kleine rechts; die der Lateiner
getrennt von den beiden anderen und absolut nichtssa-
gend, außer ihrer Grotte des heiligen Hieronymus, ärm-
lich und finster.
 Griechische Kirche: Altarwand aus ziseliertem, à jour
gearbeitetem Holz, mit Schnitzereien, sehr tief ausgemei-
ßelt, vergoldet, die Mitteltür ganz aus Gold. Zwischen den
einzelnen Säulen der Altarwand Bilder: der heilige Johan-

nes hält in der rechten Hand eine Schale, auf der sein
enthaupteter Kopf liegt (ist das die Apotheose?); wird er
deswegen hier und anderswo mit Flügeln dargestellt?
Rechts Bildnisse des heiligen Nikolaus und des heiligen
Spiridion zusammenstehend, Vorderansicht. Der obere
Teil der Altarwand, ihr zweiter Absatz, mit kleineren
Gemälden verziert, Szenen aus dem Leben Jesu. In Höhe
der Brüstung der Altarwand, schräg auf einer Rampe,
kleine Tafelbilder im selben Stil, dazu bestimmt, von den
Gläubigen geküßt zu werden.

In der Ecke links, wenn man vor der Altarwand steht,
Bild mit Abraham und Isaak: im Vordergrund rechts
betet Abraham zum Herrn; links begibt er sich wohl mit
Isaak zur Opferstelle, mit einem Esel, der auf seinem
Rücken Holz trägt und sein Haupt zur Erde neigt (um
besser laufen zu können oder um Gras zu fressen?). Im
Mittelgrund: Isaak trägt selber das Holz auf seinem
Rücken, und sein Vater hält das Messer in der Hand. Im
Hintergrund: Isaak liegend, Abraham will ihm den Hals
abschneiden, dann ist da ein Schaf *mit einem Strick* unten
an einen Baum gebunden; der eingreifende Engel befindet
sich dagegen oben rechts; auf seine Stimme hin wendet
Abraham den Kopf. Abraham und Isaak haben immer um
den Kopf eine goldene Scheibe, außer Isaak da, wo er zum
Opfer ausgestreckt bereitliegt.

Ein Bild in derselben Art rechts vom Eingang zur
Krippe, bei der zweiten griechischen Kapelle: in der Mitte
(die Tafel beschreibt einen Halbkreis) die Jungfrau, auf
welche die Empfängnis in Form einer langen Feuerzunge
niederfällt, zugespitzte Gloriole. Mitten auf ihrer Brust,
stehend, die Arme genauso ausgebreitet wie sie, Jesus im
reifen Alter; er steht auf einer weiten Falte ihres Gewandes, das sich zwischen den beiden Armen wölbt; sie selbst
befindet sich inmitten einer Scheibe mit strahlenden, lan-

zettförmigen Gloriolen. Gottvater schwebt in der Höhe
über der Empfängnis, von beiden Seiten neigen sich ihr
Patriarchen und Propheten zu, um zu sehen, wie sie sich
auf die Jungfrau herabläßt. Das Gemälde schildert die
einzelnen Szenen aus dem Leben Jesu; die Jungfrau bildet
das Zentrum, doch selbstverständlich ohne jeden drama-
tischen Bezug zu all dem übrigen. – Nahe der dritten
Kapelle bzw. dem dritten Altar (griechische Kirche) eine
prächtige byzantinische Jungfrau mit ihrem Bambino.
Die bekleideten Partien sind in natura mit Brokat bedeckt, auf dem eine Menge glitzernder Dinge stecken; sie
trägt einen schwarzen Schleier wie ein Haarnetz, das
heißt, er liegt mit seinen Silberbändern wie bei den hiesigen Frauen um ihren Kopf; von ihrer Krone geht als völlig
überflüssige Verzierung eine Art Pfauenschwanz aus mit
blauen und weißen Augen; einige weiße sind stückweise
entfernt, und die Löcher sind mit Cherubimköpfen ausgefüllt.

Krippe: zwei ganz gleiche Treppen aus Marmor von
rötlichem Ton, man steigt zehn Stufen vom Eingang bis
zur Krippe empor, sechs vom Boden der Kirche bis zur
eigentlichen Krippenschwelle; die Treppe bildet einen
Halbkreis. – Romanische Tür, allerdings mit einer leichten Spitzbogenbewegung; zu beiden Seiten zwei kleine
Säulen aus weißem Marmor; über der Tür, rechts, Jungfrau mit einem golden abgehobenen byzantinischen Bambino. Nichts könnte die mystische Anmut und den süßen
Glanz links vom Krippeneingang übertreffen, das Auge
verliert sich im Schein der Lampen, welche in der tiefen
Finsternis erstrahlen; in langen Reihen erblickt man sie
vor sich, rechts und links und im Hintergrund.

An der Geburtsstätte selbst brennen fünf Lampen, die
von einem Gitter abgeschirmt werden; die Lampen behin-
dern (wegen ihres Lichts) den Ausblick auf eine Geburts-

szene, die, silbern eingerahmt, den Hintergrund bildet. Der
Ort der Anbetung der drei Weisen ist halbmondförmig,
von sechzehn Lampen beleuchtet, unter einem altarähn-
lichen Vorsprung. Die Stelle am Boden, wo Jesus niedergelegt wurde, war mit einem großen Stern gekennzeich-
net, von dem man das Gold weggenommen hat. Einige
dieser Lämpchen brennen in grünen Gläsern; darüber,
oberhalb der Stelle, wo die Schnüre befestigt sind, Strau-
ßeneier; an der Decke sind die Schnüre ineinander verschlungen. Alles ist mit einem kleinen Indientuch be-
spannt (bzw. überzogen). Ich verharrte davor, und es fiel
mir schwer, mich davon loszureißen, das ist schön, das ist
wahrhaftig, ein Lied mystischer Wonne; einige Lampen
waren erloschen! Von den fünfen bei der Anbetung der
drei Weisen eine!

Essen bei Issa, verwandt mit dem aus Keneh. –
Fromme Andenken gekauft. – Eine halbe Stunde von
Bethlehem entfernt die Gärten des Salomon (Villa von
Orthas). Reizende Wirkung dieser kleinen Oase (die sich
zum Süden hin ausdehnt), inmitten dieser grauen, von
Steinen bestäubten Trichter; die Crau ist eine Kinderei
dagegen. Die Brunnen Salomons, drei; im zweiten gibt es
etwas Wasser, und das dritte Becken ist halb voll. Das
Innere mit einer Zementschicht bedeckt, am Grunde viereckig, drei Mauerabsätze lang; zum Hinabsteigen Treppen
entlang der Mauern. Man muß an die Töchter Israels
denken, die dort hinabstiegen, um in großen Urnen Wasser zu schöpfen; eine Architektur à la Martins.

Dorf (namenlos), in einer ehemaligen türkischen Befestigungsanlage, angeblich auch von Salomon erbaut. Es
gibt hier eigentlich nichts außer einem großen, verfallenen
Kique. – Auf dem Rückweg kommen wir nicht mehr über
Bethlehem. – Issa verläßt uns und schlägt einen Weg
rechter Hand ein. – Links Grün von Olivenbäumen, die

bis zu halber Höhe eine Schlucht ausfüllen. – Begegnung mit Beduinen auf ihren Kamelen, in weißen Hemden und mit entblößter Brust, fast nackt, sie lassen sich auf ihren Tieren hin- und herschaukeln. – Ein Neger als letzter des Trupps. – Andere Begegnung: oberhalb einer Steigung Herde junger Dromedare ohne Halfter und Last im Gänsemarsch; beim Abstieg zerstreuen sie sich. Das krude Blau des Himmels schien durch ihre stöckernen, langsam dahinschreitenden Beine hindurch. Hinten, auf dem letzten, eine Frau, die ein ganz kleines Mädchen mit seinem von Silbermünzen übersäten Käppchen hält. – Ich bin ganz allein zum Gethsemanegarten hinabgegangen, danach wieder hochgestiegen, und durch das Jaffa-Tor sind wir wieder in die Stadt zurückgekehrt.

Heiliges Grab (zweite Besichtigung). – Am Eingang der Salbungsstein aus geädertem, rötlichem Marmor in einer Art Rahmen *idem*, an dessen Ecken sich vier Kupferkugeln befinden; am Kopf- und Fußende je sechs Kandelaber, darüber hängen an einer Eisenkette acht ausgeschnittene, blau und grün kolorierte Laternen, die von weitem wie chinesische Lampions aussehen; gegenüber dem Eingang, hinter dem Salbungsstein, Tapisserien über dem Gemäuer mit Darstellungen der wichtigsten Wunder Jesu Christi.

Das Heilige Grab selbst: Gipskuppel, getragen von achtzehn viereckigen Pfeilern, die mit erbärmlichen Bildern verziert sind. Die Kuppel zerfällt. In der Mitte unter der Kuppel kleine vierseitige Kapelle, an deren Außenseite sich der koptische Altar befindet. Will man das Heilige Grab betreten, muß man die Schuhe ausziehen, der islamische Brauch behält die Oberhand. – Unser türkischer Janitschar vertreibt mit kräftigen Stockhieben die Bettler (im übrigen unerträglich). – Blinder, dem er einen Fausthieb versetzt; es ist ein großer junger Mann in roter

Joppe, der sich, so scheint mir, zu Tode langweilt. – Zwischen zwei Pfeilern der Kuppel erspähe ich die Küche der Wächter vom Heiligen Grab (die man am Eingang auf einem Diwan sieht), es werden Teller gespült, im Hintergrund kann ich Feuer sehen, es wird gebrutzelt, Kaffee wird gekocht. Im Kloster der Lateiner (Kapuziner vom Heiligen Land) fanden wir unseren Janitscharen wieder, er trank mit den braven Patres sein Täßchen Kaffee.

Es gibt zwei Räume, der erste wird von zwölf Säulchen aus weißem Marmor abgestützt, die in das Mauerwerk eingelassen sind. Neben der Tür eine Öffnung mit einer schmalen Treppe, die auf das Terrassendach des Gebäudes führt. Das Zimmer wird von fünfzehn Lampen erhellt, fünf gehören den Armeniern, fünf den Griechen, fünf den Lateinern. In der Mitte ist in eine viereckige Konsole aus weißem Marmor ein kubischer Stein eingelassen: das ist der Rest von dem, der den Eingang zum wirklichen Grab versperrte. – Im zweiten Raum riecht es nach Erstkommunion; hier hängen dicht beieinander so viele Lichter, daß es wie die Ladendecke eines Lampenhändlers aussieht; dreizehn gehören den Armeniern, dreizehn den Griechen, dreizehn den Lateinern, vier den Kopten. Von all den Kerzen, die um den Saal herum verteilt sind, brennen nur vier. Sparsamkeit!

In die hintere Mauer gehauen ein Christus im Basrelief, grell angestrichen, flankiert von einer Auferstehungs- und einer Himmelfahrtsszene in erbärmlichem Rokokogeschmack des 18. Jahrhunderts. Rosa Blumen stecken in kleinen Porzellanvasen von provinzieller Johannisbeerfarbe. – Der Stein des Grabes aus weißem Marmor; ein paar Ölflecken, in der Mitte ein großer Spalt. – Hinten ein kleiner Schrank, in dem die Schachtelhalme liegen, die vor dem Mauergesims angezündet werden; wir haben wie die andern auch welche angezündet. Der griechische Priester

nahm eine Rose, warf sie auf die Steinplatte, goß Rosenwasser darüber, segnete sie und gab sie mir; das war einer
der bittersten Augenblicke meines Lebens, für einen Gläubigen hätte es so süß sein können! Wieviel arme Seelen
hätten sich gewünscht, an meiner Stelle zu sein! Für mich
war das alles so umsonst! Wie sehr verspürte ich das
Nichtige, Nutzlose, Groteske und auch den Wohlgeruch! –
Eine magere, häßliche, blasse Frau von etwa fünfzig Jahren kam und schlug sich mit ihren mageren Händen auf
ihre ausgetrockneten Brüste.

Gegenüber die griechische Kirche: Altarwand mit sieben Bögen. – Ich habe noch nie so dicke Kerzen gesehen,
richtige Bäume. – Oberhalb des Hauptbogens der Altarwand eine Art Kanzel in Form eines hochgezogenen Balkons, der über die Altarwand hinausragt, von wo aus der
Patriarch an Festtagen den Segen erteilt. Unten von der
Trommel dieses Balkons aus schicken sich fünf Tauben
(der Heilige Geist) zum Flug an, die in ihrem Schnabel an
Fäden blaue Kugeln halten; mich erinnert das an die
Zungen Babylons, die Philostrat im *Leben des Apollonius*
erwähnt. In der Mitte der griechischen Kirche, in einer
Art runder Urne, weiße Marmorkugel mit einem schwarzen Streifen, der die Stelle angibt, wo der Engel den heili-
gen Frauen erschienen ist.

Wir steigen auf den Kalvarienberg über eine Treppe mit
neunzehn Stufen. Er besteht aus zwei Teilen. Eine Hälfte,
die üppigere, gehört den Griechen; die andere den Lateinern. Überall Lichter, bunter Marmor, doch überall und
bei allen empörend schlechter Geschmack.

Hochgalerie entlang des ganzen Kuppelumgangs, Zwei-
teilung: ein Teil für die Armenier, der andere für die Lateiner; an der Wand des letzteren hängt das Porträt von
Louis-Philippe.

Die armenische Kirche befindet sich unten, man muß

mehrere Stufen unterhalb der griechischen Kirche hinabsteigen (man hält sich vom Eingang zum Heiligen Grab
aus gesehen nach rechts, zwischen der Treppe zum Kalvarienberg und der griechischen Kirche).

Der Pascha hat die Schlüssel zum Heiligen Grab, sonst
würden die Sekten sich dort gegenseitig massakrieren.
Vom Friedensstandpunkt aus gesehen trifft es sich gut,
daß die Türken die Schlüssel zum Heiligen Grab haben;
dennoch ist das so außerordentlich schockierend, daß man
darüber nur lachen kann. – Der Mord an einem Juden auf
dem Platz des Heiligen Grabes wird mit sechzig Paras
wiedergutgemacht. – Während der Besichtigung des Heiligen Grabes hörte ich, wie es von den Uhren der einzelnen
Kirchen vier Uhr schlug. *Dienstag, 13. August.*

Donnerstag, der 15., Mariä Himmelfahrt, wir haben die
Stadt durch das Stephanstor verlassen, an seiner Außenseite kann man vier klassische, pompöse, wilde Löwen
sehen, wohlaussehende Löwen, wie man sie in den »Welt-
geschichten« aus dem 16. Jahrhundert findet. Soldaten
wuschen in Holzbottichen ihre Wäsche; einer rief dem
kleinen Jussuf hinterher, der mit uns ging. – Felsenstelle,
wo der heilige Stephanus gesteinigt wurde. – Der Ölgarten
ist geschlossen, das ist das zweite Mal, daß wir ihn nicht
besichtigen können.

Links Grabeskirche Mariens. An der Tür ein Abessinier
mit blauem Turban, den wir schon im Heiligen Grab gesehen haben; von sehr schöner Wirkung. – Man steigt viele
Stufen hinab. – Dunkelheit, hier und da ein paar Lampen,
wenige sind angezündet, Weihrauchverpestung. – Die Kapelle liegt auf dem Rückweg rechts, doch ich bin übersät-
tigt von all dem heiligen Zeug. – Wir begegnen wieder
unserer kleinen, blonden Bettlerin, die wir schon auf dem
Platz vor dem Heiligen Grab gesehen haben. So etwas wie

ein Scheik führt uns in eine Grotte hinab, wo ihm und anderen zufolge Jesus Blutschweiß geschwitzt hat. Welche Sucht, alles zu erläutern! Am liebsten hielten sie Gott in ihren Händen!

Unter einem Baum zwischen dem Grab der Jungfrau und dem Ölgarten rauchten wir eine Schischeh und tranken eine Tasse Kaffee. Nicht weit von uns in einer Einfriedung gaben sich zwei Kapuziner demselben Zeitvertreib (doch noch Schnaps dazu) in Gesellschaft zweier sehr schöner Weibsbilder hin, deren weiße Brüste man in voller Nacktheit sehen konnte. Das hätte Monsieur de Béranger sicher Spaß gemacht, was für spöttische Bemerkungen würde er nicht gegen sie loslassen! »Die Geistesblitze der Satire« würde er dagegen schleudern! Joseph kaufte hier eine Art Teegebäck, dünnen, hellgelben, aus Sesamöl hergestellten Blätterteig.

Beim Abstieg ins Josaphattal links drei Gräber: das erste von Absalon, eine Art viereckiger Tempel mit einer Rotunde obenauf, die in einer Art nach innen gekehrtem Kegel endet. An jeder Ecke ein Pilaster, in den eine Säule eingelassen ist; auf jeder Seite zwei Säulen mit ionischem Kapitell, flacher Fries mit kleinen Quadraten von plumpem Geschmack; Gesamteindruck sehr schlecht. Das zweite Grab (das des Mathias), direkt in den Felsen gefaßt und von ihm umgeben, gleicher Stil, außer an den Säulenkapitellen. Darunter, direkt in den Felsen gehauen, zwei Fenster oder viereckige Löcher (man kommt durch ein drittes Grab da hinein und entdeckt dann noch ein paar weitere kleine Grotten). Der Weg führt davor her zwischen hebräisch beschrifteten israelitischen Gräbern, ebenso wie die Mauern des dritten Grabes (des Ezechias), vor allem diejenige, die nach Westen zugewandt ist und den Wällen gegenüberliegt. Säulen im gleichen Stil wie die vom ersten Grab, das Dach besteht aus einem einzigen,

pyramidenförmig gemeißelten Steinblock. Neben diesem
letzten Grab befindet sich, wenn man talwärts geht, noch
ein viertes Bauwerk, eine Art kleiner Tempel, eine unter-
irdische Gruft, von der man noch die formlosen Kapitelle
zweier Säulen sehen kann; Steine versperren, wohl absichtlich, das Innere, denn sie sind zu einer Mauer aufge-
schichtet, und der Eingang ist von einem kleinen Erdhügel zugeschüttet.

Der Brunnen von Siloe liegt weiter unten, ihm gegenüber das gleichnamige, auf dem Berg errichtete Dorf. Ein
paar Olivenbäume stehen da, und zwanzig Schritt weiter
beginnen Gemüsegärten. – Ein kleiner Knirps krabbelte
über Steine; ein Esel schaute auf den Boden eines leeren
Trogs. – Männer stiegen die Brunnentreppe empor, auf
dem Rücken trugen sie ihre aufgefüllten Schläuche. Ich
habe das *little baby* vor dem Hinfallen bewahrt und es
wieder auf eine Art Plattform gesetzt, wo es sich befand.
– Man steigt ein paar Stufen hinab; eine Wölbung, weitere
Treppe; darüber schwärzliches Felsgestein; hinten, stehendes Wasser wie in einer Höhle: der Brunnen. – Geräusch, das die Männer beim Auffüllen der Schläuche mit
ihren Händen machten.

Auf der Südseite der Stadt das Haus des Kaiphas, hoch-
gelegen, sauber, weiß, gewölbt, Arkaden. Ein riesengroßer
Rebstock steigt vom Hof bis ans Dach hoch; der größte
und gewaltigste, den ich je gesehen habe. Auf der Terrasse
des Hauses hängen Weintrauben, Stephano hat welche
gepflückt; sie waren noch nicht ganz reif, dicke Trauben,
violett, weiß.

Freitag, der 16. EXPEDITION AN DEN JORDAN UND ANS
TOTE MEER. Der Weg wird weniger steinig, je weiter man
sich von Jerusalem entfernt; bis Jericho geht es ständig
auf und ab. Scheik Mohammed, blond, weißer Turban,

rote Stiefel, und zwei andere Männer aus dem Dorf von Siloe geben uns Geleit; wir begegnen vielen Beduinen mit ihren Kamelen, sie sind auf dem Weg nach Jerusalem, um Weizen zu verkaufen, es ist Basartag. Furchterregende Kerle von wenig vertrauenerweckendem Aussehen, auf jede denkbare Art beschuht, angefangen von den großen roten Stiefeln bis hin zu einer einfachen, mit Kordeln befestigten Sohle; dicker, breiter Ledergürtel um den Leib; Coufiehs. Alle oder fast alle haben lange Gewehre mit zahlreichen Lederhüllen. Man kann einem Beduinen egal was umhängen, es wird immer beduinisch aussehen; das erklärt auch, warum sich stets dieselbe Farbe zeigt, wenngleich sie aus den verschiedensten Elementen zusammengesetzt ist. Manche sind barhäuptig; ihre Frauen haben riesige Augen von der Farbe des gebrannten Kaffees, blau bemalte Lippen.

Unten, in einem trichterförmigen Schlund, entdecken wir zwei Bauten: eine Art Arkade, daneben noch drei, vier andere, verfallen; es ist der Brunnen der Samariterin. Wir machen hier ein paar Minuten Rast; alles ruhte sich hier aus, in bunter Folge Esel, Kamele und Beduinen. Die Sonne stach auf uns ein, ringsum Gebirge. Ein Kamel steigt vor mir die Anhöhe hoch; es ging ganz langsam. In der Verkürzung konnte ich nur sein Hinterteil sehen; zwischen seinen Beinen, die sich Schritt für Schritt vorwärts bewegten und sich vom Blau abhoben, strich der Wind hindurch; es sah aus, als stiege es zum Himmel empor.

Erde hat die Steine abgelöst, danach folgt Kalkstein; ich weiß auch nicht, wie das Licht das machte, jedenfalls so, wie es auf die weißlichen Seitenwände des Weges fiel, entstanden große, unbestimmte rosa Flächen, die unten zu lebhafter waren und nach oben hin, je weiter sie den Felsen hinaufkletterten, immer blasser wurden. Einen Augenblick lang kam es mir so vor, als würde alles in einer

rosigen Atmosphäre erzittern. Der Weg machte eine Biegung, die Sonne stach auf uns ein, hinter mir hörte ich die
Galoppaden unserer Scheiks, die eine Fantasia veranstal-
teten. Sie kamen an mir vorbeigeritten, da legte ich mich
wie sie ins Zeug. Hin und wieder taucht durch die Schluchten hindurch in einem Gebirgsriß die ultramarinblaue
Fläche des Toten Meeres auf; an manchen Stellen ähnelt
die gräuliche, von versengten Grasbüscheln regelmäßig
getüpfelte Erde einem großen, goldgesprenkelten Leopar-
denfell; anderswo scheinen unten zwischen den rotbrau-
nen Gräsern (das ist kein Gras, das da wächst, sondern
Stroh) in Abständen graue Erdflecken durch.

Noch bevor man in die Ebene von Jericho gelangt, wird
der Weg merkwürdig eng: ein kurvenreicher Gang zwischen zwei riesigen Bergmauern; wir kriechen über die
rechte Wand vorwärts.

Ganz am Ende des Tals von Habi-Musa zieht sich an der
Stelle, wo im Winter der Wildbach fließt, der jetzt ausgetrocknet ist, eine kleine Linie von Grün hin; sie wirkt wie
eine kleine grüne Natter, die am Fuße der hohen Felsen
entlangkriecht. Oben vom Habi-Musa-Berg aus: große,
weder rechts noch links begrenzte Ebene mit dem Grün
der Dornbüsche, das überrascht und entzückt; im mittleren Grund die flache, blaue Fläche des Toten Meeres; im
Hintergrund Berge, die je nachdem wie das Licht verläuft, alle möglichen Schattierungen einer Farbe annehmen, die ich nur als Blau bezeichnen kann; links der Berg
der Vierzig Tage mit ein paar Ruinen darauf. Wir steigen
in die Ebene hinab, und nachdem wir uns eine halbe
Stunde lang durch Gruppen von Dornbüschen hindurch-
gewunden haben, gelangen wir an die Ufer eines kleinen
Baches mit klarem Wasser; wir schirren ab, essen und
machen eine Siesta.

AIN-SULTAN. – Das Wasser ist reißend, voll kleiner Fische, die unsere Melonenscheiben aufschnappen. – Gegen vier Uhr erreichen wir Er-Riha, türkische Festung, viereckiges Bauwerk aus Steinen mitten im Dorf, das aus etwa vierzig Häusern oder Hütten besteht. Im Hof eine Lehmhütte, wo die Pferde angebunden werden. – Eine graue Stute mit ihrem kleinen Füllen, das vor zwei Tagen geboren wurde; nur mit Mühe kann es sich auf seinen Beinen halten, es stößt sich mit den Knien und läuft auf seinen Fesseln.

Rechts vom Eingang gibt es ein Wasserbecken, an dem mehrere Türken sitzen und rauchen. Im oberen Geschoß der Festung, das mit Zinnen aus Lehm und Stein umgeben ist, deren Zacken von unten gesehen von reizender Wirkung sind, vor allem wenn sich einige Soldaten darauf abzeichnen, zwei Hütten aus Laubwerk. In einer wird ein Teppich für uns ausgelegt, wir rauchen eine Pfeife und trinken Kaffee. – Unten in einer Kammer eine Frau, die auf einer Eisenplatte Brot bäckt, auf diese Weise ist das Brot sofort fertig; Rauch, der uns – wie ihr auch – Tränen in die Augen treibt. Es ist ungesäuertes Brot (das Reisebrot der Hebräer). – Vor dem Abendessen gehen wir in den nahen Wald, der Tag neigt sich, die Berge gegenüber haben Höcker und Mulden, wodurch Schattenscheiben und Lichtpunkte entstehen; an anderen Stellen haben sie metallische Schnittflächen und gleichsam Facetten mit regelmäßigen, länglichen Einschnitten; etwas weiter rosa, violette, sierrafarbene Feuersbrunst; der Himmel ist weiß, in der ganzen Ansicht das Blasseste. – Wir pflücken dicke, duftende Minzebüschel.

Junge Frau mit leicht gedunsenen Wangen, blau gekleidet, das Haar um das Gesicht geflochten. – Ich habe beim Essen Schwierigkeiten wegen einer Heerschar kleiner Katzen, die über uns herfallen, Joseph und Sassetti müs-

sen Wächter spielen und sie mit Stöcken fernhalten. Die
Schakale heulen kreischend, sie sind zehn Schritt von der
Festung entfernt; ein paar Hunde antworten darauf. Im
Süden, in Richtung Totes Meer, steigt der Mond auf; in der
Richtung, wo Jerusalem liegt, funkelt ein Stern leuchtend
auf, der gleich wieder verschwindet. Wir sind auf eine
Zinne gestützt, nach und nach wird alles ruhig, die Solda-
ten (buntes Durcheinander) schwatzen nicht mehr so laut,
wir gehen schlafen.

Am nächsten Morgen, Samstag, brechen wir um halb
sechs inmitten einer stampfenden und Fantasia reitenden
Eskorte zum Jordan auf. Eine Stunde lang kommen wir
durch Gruppen stacheliger Bäume, wie am Vortag. –
Wildschwein, von Maxime für Elefant oder Nilpferd gehalten. – Hanna von Fieber befallen, kehrt nach Jericho
zurück.

DER JORDAN. Wasser grau in grau, linsenfarbig, Weiden,
die in Büscheln herunterhängen. Wir haben an einer Fluß-
biegung haltgemacht; ganz nah zu unserer Linken großer,
umgesunkener Baum. Ich trinke von der Uferböschung
aus, auf den Kieselsteinen, Wasser, neben mir ein Maultier, das so trank wie ich, Abu-Issa mit seiner friedlichen
Miene hielt es derweil am Halfter. Die Araber aus dieser
Gegend nennen die Beduinen vom anderen Flußufer
›nemre‹ (Tiger). An dieser Stelle hat der Jordan etwa die
Breite der Touques in Pont-l'Evêque. Das Grün hält noch
einige Zeit an, hört dann plötzlich auf, und man betritt
eine riesige, weiße Ebene. Zur Rechten hat man den weißen Wulst der ersten Kette der Berge, die nach Jerusalem
zu liegen.

TOTES MEER. Die Bewegungslosigkeit und die Farbe des
Toten Meeres erinnern gleich an einen See. Unmittelbar
am Ufer gibt es erst mal nichts; doch bevor man es erreicht, rechts, ein wenig Grün. Seine Ufer sind mit ausgetrockneten Baumstämmen und Holzstücken übersät,
ohne Zweifel vom Jordan angeschwemmtes Strandgut.
Das Wasser scheint mir die Temperatur eines gewöhnli-
chen Bads zu haben; es ist entgegen meiner Erwartung
ganz klar. Sassetti, der davon kostet, verbrennt sich die
Zunge; ich hatte Durst, habe das Experiment aber nicht
versucht. Wir lassen unsere Pferde durchs Wasser bis zu
einem Inselchen aus Kieselsteinen waten, das etwa sechzig Schritt vom Ufer entfernt liegt. Zu meiner Linken
zähle ich vier Berge oder vier große Gebirgsabteilungen;
die zweite ist von allen die dunkelste, sie ist fast braun,
dann deutliche Farbabstufungen, und die vierte verliert
sich im Dunst des Horizonts. Die Farbe des rechten Gebirges (das man überschreiten muß, wenn man nach Sankt-
Sabas will) ist unten weiß, das ist die erste Hügelkette.
Doch mehrheitlich ist es von einem Grau, über dem ein
Violett liegt, das in durchsichtiges Rosa eingehüllt ist.

Etwa dreiviertel Wegstunden vom Toten Meer entfernt
beginnt es mit dem Aufstieg in die Berge. Von da aus bis
nach Sankt-Sabas nichts als Windungen, Auf- und Ab-
stiege, halbmondförmige Plätze, Talkessel, riesige Felswände; dreht man sich um, der grenzenlose Horizont von
vorher, der immer breiter wird, je höher man kommt.

Wir gehen über einen in die Felswand geschlagenen
Weg; unter uns der Abgrund; im Hintergrund eine große
weiße, von Bäumen gesäumte Linie, wie eine Straße, das
ist der ausgetrocknete Wildbach. – Rebhühner trippeln
über den trockenen Sand. – Hinter dieser ersten Kette
eine zweite, ein Kamm wie der Rücken eines hier gestran-
deten Fisches oder wie der obere Teil eines Kirchenschif-

fes; ein Plateau, eine dritte Kette kommt zum Vorschein, und es geht von neuem los. Der Boden ist mit den blaß gelbroten Büscheln dieser dornigen Perücken übersät, die man überall antrifft; Stellen mit Leopardenflecken wie am Vortag; alles Gras, das hier wächst, ist trockenes, aufrecht stehendes, hartes Stroh, etwa so hoch wie ein Daumen. Trockener und harter blauer Himmel, von Zeit zu Zeit ein kühler Windstoß. Es ist viel weniger heiß als morgens vom Jordan bis zum Toten Meer. Rechts eine in den Felsen geschürfte Zisterne, das Wasser ist grün, es schmeckt schlecht; Abu-Issa schöpft etwas davon mit Hilfe eines Stricks. – Steine, die die Richtung des El-Habi-Mura-Berges anzeigen, auf dem eine Moschee steht; sie sind so angeordnet, daß man meinen könnte, es wären Grabsteine.

SANKT-SABAS. Bevor man Sankt-Sabas erreicht, große Rampe bis hin zum Kloster. Das Tal, oder vielmehr die Schlucht, ist noch schöner als die von El-Habi-Mura, insofern als hier alles höher, viel tiefer eingeschnitten ist und mehr Form und Gestalt aufweist. Zwischen den Vertiefungen, wo sie nisten, fliegen Tauben hin und her.

Das Kloster steht auf den Felsen, es ist von allen Seiten her, von oben bis unten in sie hineingebaut; im Innern gibt es Abgründe; von der Lage her ist das hier ein echtes Palästina-Kloster. Unser Brief wird in einem Korb hinaufbefördert. – Großer Diwan, wo wir auf Teppichen untergebracht werden, an der Decke eine Kupferlampe. – Der Mönch, der uns bedient: gutmütiger, gebeugter Alter mit weißem Bart.

In der Kirche Bilder im selben Stil wie in allen griechischen Kirchen, eine ausgefallene Kunst. Auf der Eingangstür ein Gemälde mit der Darstellung des Jüngsten Gerichts: die Hölle befindet sich im Rachen eines Unge-

heuers; die zusammengedrängte Schar der Glückseligen,
deren Köpfe von Gloriolen umgeben sind, ziehen in das
himmlische Jerusalem ein; die Gräber öffnen sich, Jonas
auf seinem Tier, zwei Türken zu Füßen eines Propheten
etc., äußerst amüsant. Auf einem anderen Bild sind die
Heiligen wie Santons dargestellt, oder vielmehr wie große,
magere Brahmanen mit gewaltigen Bärten, die ihnen bis
auf die Füße fallen. Häufig wiederkehrendes Motiv auf
den religiösen griechischen Bildern: Johannes der Täufer
stets mit Flügeln, strenges, ja grimmiges Aussehen; die
Jungfrau mit Jesus. – Jesus umarmt sie wie ein kleines
Kind mit offenen Armen. Mehrere Bilder Schenkungen
aus Rußland.

Man zeigt uns hinter einem Gitter das Grab des heiligen
Sabas, mehrere Schädel, sie gehörten Mönchen, die von
Beduinen massakriert wurden; man zeigt uns sogar die
Turmuhr. – Im Garten eine Taubenattrappe. – Das Kloster füttert zwei Füchse; jeden Abend wirft man ihnen
zwei Brote hin, jeden Abend kommen sie und warten
darauf, das Brot fällt, sie schnappen es und tragen es fort.
– Nachts schlafe ich nicht. Mondlicht über den Bergen
und über dem Kloster, regelmäßiges Schlagen der Turmuhr. Die Glocke läutet, Gesänge der Priester in der Kirche.
Ich sitze auf einem Stuhl, rauche und blicke in die Nacht,
die Füße auf die kleine Brüstung des Gemäuers gestützt.

Wir brechen um sieben Uhr auf, nach einer Tasse Kaffee, einem Gläschen und einer Traube Wein, das hatte uns
ex abrupto wach gemacht. Wir ziehen auf der Rampe von
Sankt-Sabas abwärts und schlagen den Weg nach Jerusalem ein. Da ich es leid bin, immer im Schritt hinter dem
Pferd von Scheik Mohammed herzureiten, treibe ich mein
Tier zum Galopp an und halte so etwa zehn Minuten lang
vor allen anderen einen Vorsprung von rund hundert
Schritt. Ich ritt gerade im Schritt, als ich plötzlich einen

Schuß und Hundegebell hörte: »Das ist bestimmt Max, der auf einen Wauwau geschossen hat«, sagte ich mir, ich kannte ja seine Theorien darüber. Ich halte mein Pferd an und wende. Da sehe ich hundert Schritt hinter mir (jetzt vor mir) eine Rauchsäule aufsteigen, doch da es aussah, als käme sie von einer Stelle, die höher lag als der Weg, hatte ich keinen Zweifel, daß es sich um irgendeinen jagenden Beduinen handelte oder um einen unserer Männer, der eine Fantasia veranstaltete. Ich gab mich noch ruhig dieser doppelten Mutmaßung hin (der Gedanke an eine Gefahr war mir nicht im entferntesten gekommen), da sah ich Max, Joseph und unsere beiden Scheiks gemächlich im Schritt und ohne laut zu sprechen auf mich zukommen, was mich in meinen friedlichen Vermutungen nur bestärkte. »Wäre ein Hund getötet worden«, sagte ich mir, »würden sie brüllen, und ich würde die Leute sich laut streiten hören.« Max holt mich ein und berichtet mir den Vorfall, wenig erfreut darüber, daß ich nicht gleich, als ich den Schuß hörte, herbeigeeilt war. Vielleicht hatte er recht, jedenfalls im Prinzip; aber in diesem Fall ist meine beste Entschuldigung, daß ich an so etwas überhaupt nicht gedacht habe und vollkommen ahnungslos war; abgesehen davon sah ich sie, gleich nachdem ich mein Pferd gewendet hatte, kommen, und dann habe ich auf sie gewartet. Wir ritten Seite an Seite, da fliegt eine Kugel an uns, haarscharf an Max vorbei; ich höre eine Gewehrsalve, doch immer noch denke ich nicht an Gefahr. Max dreht sich um und sieht einen Mann, der auf uns angelegt hat, und schreit mir nun mit entsprechendem Gesichtsausdruck zu: »Die schießen auf uns, hau ab, verflixt noch mal! Los!« Ich sehe, wie er sich im Höllentempo davonmacht, seinen Kopf über den des Pferdes gebeugt, die linke Hand am Säbel; ich komme an Joseph vorbei, dem ich zurufe: »Galopp, Galopp!« Ich sehe, wie seine Satteltasche herun-

terpurzelt, Gewehr und Pfeifen fallen herab, und wie er
selber eine Bewegung macht, um das Pferd anzuhalten
und alles aufzulesen (was ganz und gar falsch ist; ich habe
nicht richtig gesehen, nur meine Tschibuke ist verlorenge-
gangen, außerdem hing sie am Sattel eines Scheiks). Ich
höre einen zweiten Schuß, Max ruft mir etwas zu, was ich
nicht verstehe, ich sehe ihn in Windeseile davonsausen.
Jetzt erst fange ich an zu verstehen, ich ergreife mit der
Linken meinen Säbel, mit der Rechten die Zügel und
stürme wild, über alles hinwegspringend, davon. Das
hatte einen Reiz, von dem ich ganz und gar gepackt
wurde; meine einzige Sorge war, nicht vom Pferd zu fallen, darin lag für mich die Gefahr; doch ich blieb eisern,
preßte mein Pferd mit den Schenkeln, jagte mit ihm dahin
und hatte es fest in der Hand. Manchmal faßte ich die
Zügel, wenn sie mir aus der Hand geglitten waren, wieder
mit den Zähnen, dabei genoß ich innerlich diesen Chic
eines Empire-Kürassiers. Im übrigen schützten uns wohl
auch die Gebirgswindungen, die sich immer wieder vor
uns auftaten, vor den Flintenschüssen. Doch auch darin
lag eine Gefahr (und das war der einzige beunruhigende
Gedanke, der mir in den Kopf kam), es konnte ja sein, daß
sie über ihnen bekannte Schleichwege eine Bergnase er-
reichten und uns von der Seite her überraschten. Zweimal
hielt Max an, ich hörte die Scheiks »Gawon! Gawon!«
schreien. Dann ritten wir wieder los; ich brachte das Pferd
aus Mitleid mit ihm ein drittes Mal zum Stehen, doch als
ich sah, daß Max nicht anhielt, ritt ich weiter und holte
ihn wieder ein. Das Ganze hat vielleicht zehn Minuten
gedauert, ich weiß nicht, welche Strecke wir zurückgelegt
haben, eine Meile vielleicht? An einer Kreuzung machten
wir halt; Joseph, den ich weit hinter uns glaubte, war ganz
in der Nähe. Eine Minute lang Ratlosigkeit wegen des
rechten Weges. Übrigens täuschen wir uns nicht, die

Scheiks holen uns ein, und wir stellen den Verlust einer
Packtasche fest, und zwar derjenigen, in der unsere Fer-
mane sind; heute morgen wurde sie uns zurückgebracht.

Über Siloe und durch das Stephanstor nach Jerusalem
zurückgekehrt.

Besuch (mit Scheik Mohammed) beim Konsul, dem wir
unsere Geschichte erzählen. – Siesta. – Diner bei ihm. –
Abends Beethoven-Sonate, die mich an meine arme
Schwester, den alten Malenson und an den kleinen Salon
denken läßt, in den ich Miss Jane ein Glas Zuckerwasser
hereinbringen sehe. Ein Schluchzer erfüllte mein Herz,
und diese so schlecht vorgetragene Musik hat mich mit
Traurigkeit und Lust angerührt; das hielt die ganze Nacht
an, während der ich einen diesbezüglichen Alptraum
hatte. *Montag, 19. August, 3 Uhr.*

Am darauffolgenden Tag damit beschäftigt, Briefe zu
schreiben.

Mittwoch, der 21. Mit Stephano das Sankt-Johannesklo-
ster besichtigt. – Durch das Damaskustor hinausgezogen,
steiniger Weg, eineinviertel Stunde zu gehen.

SANKT JOHANNES, am Ende einer kleinen Schlucht. Man
kommt durch ein Dorf mit großen Olivenbäumen. – Darunter Landleute. – Ein Ölbaumzweig mit silbrigem Schim-
mer reckt sich im Wind zitternd der Sonne entgegen. – Ein
Zacharias im Hintergrund der Klosterkapelle, die von
zwei Altären flankiert wird, mit jeweils einem Baldachin
aus rotem Damast darüber. – Stelle, wo Johannes der
Täufer geboren wurde, links vom Chor: eine zur Kapelle
umgewandelte Grotte; ringsherum kleine Basreliefs, die
einzelne Szenen aus dem Leben des heiligen Johannes
darstellen. – Sakristei, deren Schränke neu gefirnißt wurden. – Kleines spanisches Kruzifix von starker Tragik. –

Vor mir, im Diwan, in dem wir empfangen werden, eine
Karte von Spanien und Portugal. – Wir kehren schweigend heim.

Garten nahe bei Jerusalem, der von einem Griechen,
dem Sekretär des Patriarchen, mitten zwischen Felsen
zugunsten der Gemeinde angelegt wurde. – Rückkehr um
halb sechs.

Gegen Mittag, in einer dem Hotel benachbarten Straße,
Christenfrau, schon etwas älter, dunkel, häßlich, schmutzig, schöne Augen, gerade Nase, gräßliche Zähne; links ein
Gemach, schwarze Matratze. Scheik Mustapha und Joseph im Hof; die Dienerin: ältlich, weiß, sehr freundlich
dreinblickend, mit kleinen Silbermünzen auf der Stirn. Es
war eine kleine Tür links, wenn man runterkommt. Eine
Frau in Lumpen wartete auf der Straße und führte uns
hinein. – Stille, Sonne, Gefühl von leeren Straßen und
Feuchtigkeit im Schatten, Sonne auf den Terrassen,
Hausgeräte in den Ecken; auf einer Mauer eine Katze, die
den Schwanz hob.

Freitag, der 23. Aus Jerusalem aufgebrochen. – Sassetti-
Szene. – Verabschiedung von Max Botta, Barbier de Mes-
nard, Amédée. – Eine Stunde lang werden wir von Stephani geführt, bis wir unser Gepäck eingeholt haben. In
dem Maße, wie man Jerusalem verläßt, versinkt es auf der
Seite der Königsgräber im Grün der Olivenbäume, auf der
Nordseite senken sich die geraden Linien seiner Mauern
und treten durch die laubbedeckten Stellen hervor. Ich
dachte es noch einmal zu sehen, ihm Lebewohl zu sagen,
und wandte mich ihm zu; ein kleiner Hügel verbarg es mir
ganz; als ich mich umdrehte, war es vollkommen verschwunden. Zunächst ist das Gelände noch nicht so steinig, der Boden ist von einer bestimmten rotblondbraunen
blassen Farbe, ähnlich der des hiesigen Tabaks.

Rast in El-Bir, in einer Art ausgedehntem Khan oder Festung. Joseph meint, Pilger hätten das hier errichtet; hier und da fallen ein paar Steine aus dem Gewölbe, die Löcher werden von Reisenden, die hierher kommen, wieder zugestopft. Von Zeit zu Zeit begegnen wir kleinen Herden von schwarzen Ziegen. – Vollständige Unfruchtbarkeit, bis zum Brunnen von Ain el-Karamieh (Auge der Diebe) nichts als Steine, Kiesel, Felsen, manche haben die Farbe des Bimssteins. Bevor man dort anlangt, kommt man durch einen Hohlweg, der zwischen wuchtigen Felsen hinunterführt; einige, rechts, haben die vage Form roh bearbeiteter, gewaltiger Kapitelle. Auf halber Höhe des Berges sangen Kinder, Olivenbäume verdeckten sie; ein Mann ruhte sich am Brunnen aus, er hielt sein kleines Pferd am Zaumzeug. Ein paar Kamele zogen vorbei, als wir hier im Schatten ein wenig verschnauften und eine Pfeife rauchten; eines von ihnen hatte herunterhängende Lippen und war zu beiden Seiten des Kopfes mit zwei großen, herabfallenden Troddeln geschmückt, es ähnelte einer alten, nach englischer Art frisierten Frau mit gebogener Nase. Nach zwei Stunden schwierigen, holperigen Abstiegs erreichen wir ein kleines Tal, wo unser Lager aufgeschlagen wird. Eine Bergkuppe vor uns, zwei links, eine rechts, eine hinter uns; wir befinden uns am Fuße einer Bodenerhebung; vor uns verläuft der Weg, ich höre die Stimmen von drei Frauen, die gerade an uns vorüberziehen; die Nacht sinkt herab. – Sassetti macht die Bettlager bereit. – Glöckchen eines Maultiers.– Der Brunnen befindet sich zu unserer Rechten; unterhalb des Gefälles der Khan Leban.

Wir stehen noch bei Mondenschein auf und klappern vor Kälte mit den Zähnen, die ganze Nacht war kalt; um halb fünf sind wir unterwegs, der Weg ist besser als gestern. Wir sind auf der rechten Gebirgsseite, gehen um sie

herum und kommen ins Tal von Sichem. Als wir gegen
acht Uhr morgens Huwara zu unserer Linken passieren,
halten alle ihre kleine Mahlzeit. Vor uns ein ausgedehntes,
allseits von Bergen umgebenes Tal, darin ein paar viereckige Anbau- bzw. Grünflächen; es wird von einer Landstraße durchstreift, die nach Tiberias führt. Wir biegen
links ab und gelangen in das Tal von Nablus. Nicht weit
von dieser Wegbiegung kommen uns zwei lastentragende
Frauen entgegen, die eine mit großen, schwarzen Augen
und einem bis auf die Stirn gezogenen, roten Tarbusch, auf
dessen Mitte ein Silberpiaster steckt, energisches, lebhaftes Gesicht, begrüßt mich mit »Combakrer«.

NABLUS besteht ganz aus Steinen, Kuppeln und geradlinigen Mauern. Bevor man ankommt, geht es links durch
einen Olivenhain. Große, schattige Gärten, in denen Wasser fließt, kleine Rasenwege mit Brombeerranken, die von
den Zweigen herunterhängen; Köttel an den Bachufern.
Unser Lager wird in einem Garten unter einem Maulbeer-
baum aufgeschlagen, der so groß ist wie eine beträchtliche
Eiche. Eben noch tauchten da unverschleierte Frauen auf,
die hier frische Luft schöpften; Joseph hat seine Küche in
der Nähe aufgebaut; ein Mann aus dem Garten, Wächter
oder Gärtner, hat eine große, schwarze Natter gefangen.
  In Nablus dieselbe Bauweise wie in Jerusalem, schönere
Basare. Wir durchstreifen die Stadt ihrer ganzen Länge
nach und kommen über denselben Weg zurück, nachdem
wir in einem Caféhaus haltgemacht haben. Den Haupteingang der Moschee bildet eine Kirchentür aus der Zeit der
Kreuzzüge, spätromanisch, Kapitelle mit Akanthusblät-
tern; Oberteil der Tür: ununterbrochene, übereinanderge-
setzte arkadische Rippen, alles von einwandfreiem Stil.
Vor einigen Läden liegen zum Trocknen Felle auf der
Erde, man tritt darauf. Ein Kopte mit schwarzem Turban

zeigt uns ein paar belanglose Steine. – Riesengroße Wasserkessel in mehreren Caféhäusern. – Habarah aus weißer Wolle oder Wollseide. – Manche Männer tragen den Tarbusch so: um den Kopf liegt ein kleiner Turban, der Tarbusch ist nach hinten verschoben (er wird von dem Turban am Kopf gehalten, und zwar so, daß das Ende seitlich herunterhängt, etwa ein, zwei Zoll über der Schulter).

Wir verlassen Nablus am Morgen. Grün und Häuser zu unserer Linken; scheußlicher Weg bis Jaabed. Wenn man, bevor man dort ankommt, das Tal überschaut, ist dies gleichsam ein Ozean aus Steinen. Wäre nicht hier und da etwas Erde dazwischen, alles wäre aus Stein. Olivenbäume, von Mauern aus rohen Steinen umgebene Felder, das erinnert an bestimmte Aspekte vom Sockel des Berges Karmel oder eher noch des Gebirges von Abu-Gusch.

SASSUR, Festung, links auf einer Anhöhe, inmitten einer weiten Ebene.

RABATIJE, weißes, trockenes, staubiges Dorf; unsere Mucker wissen nicht, welchen Weg sie durch das Dorf einschlagen sollen. Die Einwohner blicken ganz finster drein, die Kinder beschimpfen uns: »Christenhunde, daß Gott euch verbrenne, töte, etc.!« Wir gehen flink weiter, nicht ohne bemerkt zu haben, daß drei Männer ihre Gewehre genommen haben und vor uns hergehen. Olivenhain, ansteigendes Gelände. Vor dem ersten Dorf Mastixbäume, an denen Lumpen hängen, wir hängen Schwanzhaare von unseren Pferden dort auf. Ein paar Büsche; hier verlieren wir unsere drei Burschen aus den Augen. »Ladet das Gewehr!« Wir winden uns durch Engpässe. – Vorsichtsmaßnahme unserer Mucker, die meinten, hier wäre der bessere Weg, statt über die Anhöhe zu gehen. – Brunnen und eine Ziegenherde; ein paar Hunde bellen.

DSCHENIN. Wie in der Nacht zuvor unter einem Maulbeer-
baum kampiert. Mitten im Grünen Moschee, weite Landschaft ringsumher. – Israels Fluren. – Der Gouverneur,
ein dicker Blondschopf, sitzt vor seiner Tür auf einer
Matte; Militärchef mit schwarzem Bart, Hakennase, gü-
tigen, lebhaften Augen, die mit Rosenwasser eingerieben
sind; rotschwarz gestreifte Jacke. – Kurzer Spaziergang
durch Dschenin, wo es nichts zu sehen gibt außer einem
Hund, der einen aufgeblähten Pferdekadaver verschlingt,
er fing beim Anus an. Zwei, drei Läden, Joseph kauft in
meinem blauen Halstuch Weintrauben. – Der Vetter des
Gouverneurs kommt uns nachgelaufen, er will Chininsulfat haben. – Mühle, klares, fließendes Wasser; eine Wasser
schöpfende Frau: Gürtel, farbiger Schleier, der nur den
Mund bedeckt, schöne Arme, schöne Hände, etwas vom
Stile Mignards, ganz gerade Nase, schwarze, nach unten
auf das Wasser gerichtete Augen. – Wildes Durcheinander
von Konsultationen in unserem Lager. Dieses Land wird
von Fieber und von Räubern ausgezehrt. – Nacht weniger
kalt als die vorige.

Um drei Uhr aufgestanden, um vier Uhr weitergezogen.
Ungeheure, wunderbare Ebene, bekannt unter dem Na-
men »Gefilde Israels«. Einige quadratische, grüne Sesam-
felder, sie heben sich vor dem blonden Hintergrund aus
Gräsern ab, die vom Sommer versengt sind; chinesische
Sonnenschirme der Disteln. Hier und da gibt es auch etwas
Baumwolle und Mais. Rechts geht die Sonne auf; noch bevor sie über dem Gebirge erscheint, bilden ihre Strahlen
Gloriolen. Wie ein langer Schal gewickelte Wolke, golden
da, wo sie die Sonne verdeckt, dann plötzlich blau, nach
Dschenin zu immer blasser. – Abu-Ali pflückt für uns Bil-
senkrautblüten. – Drei türkische Soldaten als Begleitkom-
mando, der eine mit einem Bambusspeer von mindestens
zwölf bis fünfzehn Fuß Länge, der oben am Schaft mit zwei

dicken Troddeln verziert ist. – Algarade, sie rennen dabei in einem Höllentempo, in der Faust die Pistole; der Soldat links legt einen großen Bogen zurück, um sie einzuzingeln. – Am Morgen einen Hasen gefangen. – Am Ende der Ebene ist ein kleiner Berg, hinter dem Nazareth liegt; rechts der Berg Tabor, der sich dem Auge ganz deutlich von den anderen Bergen abhebt, er hat die Form einer leicht konvexen Halbkugel. Vom Berg aus gesehen, wenn man sich umdreht, ist die Gesamtebene von einem sehr blassen, hellen Schokoladenbraun mit gelbblonden Flecken dazwischen. Rauch stieg auf, Reste eines in der Nacht entfachten Feuers? Wir kommen an acht bis zehn Zelten von Hirten vorbei, die dort ihre Ziegen grasen lassen; außer ein paar gelben Hunden sehen wir keine Menschenseele. Am Fuße des Berges verläßt uns unsere Eskorte; von oben sieht man plötzlich Nazareth zur Linken.

NAZARETH. Das erste, was man zu Gesicht bekommt, ist das Minarett der von Zypressen umstandenen Moschee. Das ganze Gelände ist wie von weißen Steinen getigert, dies bewirkt einen reizenden Überraschungseffekt. Unterhalb der Anhöhe biegt der Weg rechts ab; ein anderer, der von oben kommt, mündet links in ihn ein. Die Nopaleen sind mit Staub bedeckt, die Sonne scheint, alles strahlt vor Licht. – Weiße Häuser von Nazareth. – Wir haben nicht so viele Eidechsen wie gestern gesehen, wo es an jedem Baum eine gab. – Kloster der Verkündigung; Bart des Kapuziners, der uns empfängt. – Der holländische Kapitän mit Frau und Enkelin, einem blonden Kind mit blauen Augen und Lockenwicklern.– Besuch beim französischen Geschäftsträger; seinen Sohn in einem Laden gefunden; die Route von hier nach Damaskus scheint gefährlich und schwierig; wir einigen uns wegen Eskorten etc.

Besichtigung der griechischen Kirche außerhalb der Stadt, vollgepfropft mit Arabern; bei den Griechen ist morgen das Fest der Heiligen Jungfrau. Man erstickt in der Kirche; an der Tür haufenweise Tschibuken.

Römische Kirche: Tapisserien aus Arras; Grotte, wo der Engel der Heiligen Jungfrau die frohe Botschaft verkündet hat; ein Säulenstumpf. Man zeigt uns einen Schrank, das ist das Fenster, durch das der Engel herabgestiegen ist. – Grotten hinter dem Altar: Betzimmer und Küche der Heiligen Jungfrau. – Haus Josefs: eine weitere Grotte, in der man vor feuchter Schwüle umkommt und die nur noch eine kleine Mauerecke von einem romanischen Bauwerk aufweist. – Woanders kann man noch einen riesigen Steintisch oder vielmehr einen flachen Felsstein sehen, an dem Jesus vor und nach seiner Auferstehung mehrmals mit den Aposteln gegessen hat.

Frauen am Brunnen, sie kreischen und streiten sich; sie sind sehr schön hier, von großartigem Stil, wenn der Saum ihres doppelt geschlitzten Gewandes im Wind flattert; Krüge mal auf dem Kopf, mal auf der Hüfte getragen. Manche sind blond. – Als wir das Kloster verlassen, um zum Geschäftsträger zu gehen, Frauengruppe an einer Straßenecke; darunter eine große, fleischige Blonde mit leicht gebogener Nase. Der Gürtel, den sie wie die Männer um den Leib tragen, läßt ihre Hüften hervortreten.

Innenausstattung beim Geschäftsträger des französischen Konsulats: die Porträts von Amélie, Clara, Hortense etc.; eine Kaiserschlacht, koloriertes Bild; eine Szene aus *La Tour de Nesle*.

Von Nazareth nach Kana gleiche Landschaft.

KANA mitten in einem allseits von Bergen umgebenen, kleinen Tal. Das Dorf sitzt auf einem Berghang. – Nopaleen. – Wir kommen an der Rückseite der griechischen Kirche vorbei, die ich mich weigere zu besichtigen. Ich denke an das Gemälde von Veronese.

Hinter Kana ist der Weg nicht mehr so beschwerlich. Ziemlich grüne, weite Ebene, die nach hinten ansteigt, bevor sie an den Hügel stößt, der Tiberias überragt; rechts Ebene mit Berg (Gebirge?), bildet einen Talkessel. Am äußersten Ende rechts ein großes Feuer; der Rauch stieg gerade und rund empor, genau wie eine Säule. Wir gehen um einen Hügel herum, von dem aus man den See Genezareth sehen kann, ein kleines, blaues Tischtuch; ich bin erstaunt, ihn so klein zu finden zwischen recht niedrigen, grauen, von Steinen gesprenkelten Bergen. – Die Mauern von dem Erdbeben im Jahre 1828 geschliffen. – Wir steigen in einem von einem Juden geführten Hotel ab.

Chamsinwetter; den Nachmittag auf dem Diwan mit Schwitzen, Bauch- und Magenweh verbracht. Abends nach dem Diner Spaziergang durch den Ort; ich sehe nur Juden, entweder mit Pelzmütze oder mit dem breitkrempigen, schwarzen Hut. Smael-Aga, der Chef unserer Eskorte, führt uns ans Ufer. – Blaßrosa Ton über der grauen Farbe der Berge. – Saufendes Kalb, Kuhherde in den Straßen; links die Moschee und eine Palme. – Auf dem Berggipfel Safed. – Smael führt uns in einen Hof, wo viele Juden sitzen (die Synagoge?).

Im unteren Saal, in dem sich unsere Wächter aufhalten und wo Joseph und Sassetti speisen, schläft in einer Hängematte ein kleines, ganz nacktes Kind. Die Kiquen werden von einem gelben Hund und einem Wasserkessel bevölkert; nähert man sich, macht er einem mürrisch Platz, kommt dann wieder zurück und legt sich nieder. Ich bin in Schweiß aufgelöst, Arethusa floß weniger als ich.

TIBERIAS, *Dienstag, 27. August*, fünf nach sieben abends. Heute so wie gestern erdrückendes Chamsinwetter, wir verbrachten den Tag schwitzend und schlafend auf unserem Diwan. So gegen vier Uhr sind wir ausgeritten, um die Bäder zu besichtigen, die eine knappe halbe Meile entfernt an demselben Ufer des Sees liegen. Wir schlagen den Weg zwischen Gebirge und Meer ein, das Gelände ist voll von vulkanischem Gestein und umgestürzten Säulen; überall Reste von Mauern. Brustbeerbäume, ein Oleander und etwas Minze. – Die Bäder des Ibrahim-Pascha: von kleinen Säulen gestütztes Bassin; in dem Moment, wo wir eintreten, kommen zwei sehr häßliche Frauen und ein alter Jude heraus. Das Wasser, scheint mir, hat eine Temperatur von sechsunddreißig Grad, die Quelle selbst ist noch heißer. Die alten Bäder liegen noch etwas weiter. – Maxime packt sich ein Chamäleon, das unter unseren Fingern schokoladenbraune Flecken bekommt. – Wir kehren am Flußufer entlang zurück; die Hauran-Berge grau mit rosafarbener Lasur darüber. Wir versuchen, über die geschleiften Festungsanlagen heimzukehren, was uns unmöglich ist. Der letzte Turm steht an der Südseite da wie ein vom übrigen losgelöster Dekor; von hinten aus kann man eine Palme sehen, deren Silhouette sich darüber abzeichnet.

Der Heimweg führt uns durch ein Tor, an dessen Eingang ein Mann mit roter Jacke sitzt. – Auf dem Weg durch die Straßen der Stadt begegnen wir ein paar Jüdinnen aus dem Norden mit ihren blonden Haaren, ihrer Löckchenfrisur.

Donnerstag, der 29. Aus Tiberias um Viertel nach drei morgens aufgebrochen, bei einem Mondenschein, der links vor mir den Schatten meines Pferdes wirft; wir ziehen unterhalb der Berge am See vorbei nordwärts in Richtung Safed, das wir vor uns oben auf dem Gebirge erblicken.

Unten rechts, zwischen Abhang und Wasser, einige Sträucher, ein Wildschweinlager. Unsere Araber vertreiben sich die Zeit damit, auf Rebhühner zu schießen, eines wird getroffen. Ein paar Wasserhühner gleiten auf der blauen Oberfläche des Sees Genezareth dahin, der mit zunehmendem Tag immer dunkler wird. Das Gebirge links tritt etwas zurück, es ist an dieser Stelle senkrecht geschnitten und bildet den Eingang zu einem kleinen Tal, das westwärts verläuft; Smael-Aga sagt uns, es gebe darin viele Höhlen und eine in den Berg gehauene Festung. Es findet sich etwas Grün hier, die Büschel von Azarolenbäumen zeigen sich wieder wie schon am Toten Meer.

Ein paar Stein- bzw. Lehmhütten, ein Wasserlauf, Genezareth, rechts vom Pfad ein paar Häuser: das geht so eine Zeitlang. Zu seiner Linken hat man ein kleines, enges Tal, das parallel zur Straße verläuft und dessen schokoladenbraune Wandflächen senkrecht geschnitten sind, und zwar stufenweise; danach geht es über eine sanfte Steigung gemächlich aufwärts. Hohe, weißgoldene bzw. flachsblonde, ausgedörrte Gräser bedecken den Boden; rechts grast eine verstreute Herde von Dromedaren darin; als wir vorbeikommen, heben sie die Köpfe. Zweiter Wasserlauf; Oleander: zwei prächtige Sträucher, einer zu jeder Seite des Weges. Ab hier geht es jetzt wirklich bergauf, nach und nach werden auch die übrigen Berge hinter einem immer höher, die Landschaft folgt der Bewegung des Reisenden, so daß, dreht man sich um, der See auf der gleichen Höhe scheint, obwohl er doch weit unter einem liegt. Stufenweise tauchen die rostbraunen undeutlichen Berge auf, die sich hintereinander in der Weite staffeln. Rast im Schatten einer stufenförmigen, rostfarbenen Felswand mit einem fließenden Quellwasser. Wir brechen wieder auf, alles wird größer und weitet sich aus, der hintere Teil des Sees Genezareth verliert sich im Nebelschleier, man erblickt die längliche Kuppel des Tabor, der einem größer vorkommt als die anderen Berge.

SAFED. Die Festung von Safed oberhalb der Ortschaft auf einem Berghang gelegen. – Straßen so eng, daß unser Gepäck nicht hindurchgeht; Menschenauflauf, man will uns sehen, vor allem Juden mit ihren schrecklichen Frisuren. Bei einem von ihnen steigen wir ab, einem Geschäftsträger des französischen Konsulats; er bringt uns in einem kleinen, gewölbten Saal unter, der von einer Hängelampe aus Glas mit drei Gliederketten erhellt wird. Abends Konsultation seitens einer großen Jüdin mit roter Haube, die uns ihr armes, kleines Kind mitbringt, das ganz blaß ist und am Fieber leidet. – Unser Gastgeber rauchte auf dem Diwan von Max seine Tschibuke, mit seinen zwei kleinen Jungen zu meiner Linken.

Rotgoldene, von schwarzen Kieseln leopardenartig gefleckte Berge im Vordergrund; stellenweise entstehen so getigerte Flächen. Alle voraufgegangenen Horizontbeschreibungen vereinigen sich in der Aussicht, die man auf Safed (Bethulien) hat.

Ich verbringe eine scheußliche Nacht voll mit Flöhen, Wanzen und Juckreizen aller Art. Als ich es nicht mehr aushalte, nehme ich den Gehpelz von Max und wage es, die vollgepfropfte jüdische Stube zu durchqueren, um mich im Freien schlafen zu legen. Die ganze Familie liegt bunt durcheinandergewürfelt auf Matratzen herum, der Vater schnarcht, die Mutter pinkelt, das Kind schreit, es stinkt nach Augenflüssigkeit und nächtlicher Furzerei. Ich will versuchen, auf der Terrasse zu schlafen, neben Joseph und Sassetti, die auf einer Matte liegen, Sassetti in seinen Mantel gewickelt, Joseph in seine Filzdecke gewickelt. Es ist dermaßen kalt, und die Haut brennt mir so sehr, daß ich keine Ruhe finde; erst am Morgen, gegen

neun Uhr, bin ich auf meinem Insektendiwan etwas ein-
gepennt. Um elf Uhr machen wir uns zum Aufbruch fertig. Unser Gastgeber erzählt uns von den Gefahren des
Weges: den einen hat man hier ermordet, den anderen dort
bestohlen; vor ein paar Tagen wurde ein Türke getötet,
man hat ihm Kopf und Hände abgeschnitten etc. Unser
Begleitschutz befindet sich noch in der Moschee; all diese
Leute sind auf Reisen von frommem Eifer; bevor sie aufbrechen, bringen sie ihr Gewissen erst ins reine: irgendeiner von uns wird vielleicht auf der Strecke bleiben, das
ist es, was jeder von ihnen denkt, ohne es allzu laut zu
wiederholen.– Kurz, nach allen möglichen Empfehlungen
an die Mucker, die den Maultieren die Glöckchen und
Schellen abgenommen haben, brechen wir auf.

Der steinige Weg führt unter Olivenbäumen her und
beginnt zu steigen; einer unserer Männer, ein munterer
Spaßvogel, dem vorn die Schneidezähne fehlen und der
auf einer kleinen braunen Mähre sitzt, beginnt zu singen;
danach geht es abwärts, und wir kommen in eine Ebene.
Hier war es, wo die Eskorte Abu-Issa und Abu-Ali eine
schöne Tracht Prügel verabreicht hat, weil sie sie beleidigt
hatten; das veranlaßte mich, abends beim Diner statt
von »Gardegelee« (*gelée de garde*) von »Gardenschmelze«
(*dégelée de gardes*) zu sprechen. Joseph sagte bei dieser
Gelegenheit etwas Erhabenes: »Das sind ja Türken, sollen
sie sich doch gegenseitig umbringen, wenn sie Lust haben,
das geht uns nichts an.« Die Gräser sind vom Feuer verbrannt worden, auf diese Weise wird hier das Land ge-
düngt; dies verleiht dem Boden eine schwarze Färbung.

Gegen 5 Uhr erreichen wir Dschisr benat-el-Jakub, wir
schlagen hier unser Lager auf. Zu unserer Linken haben
wir die Brücke, vor uns den Fluß, der zwischen Gräsern
und Schilf dahinfließt; jenseits der Brücke die große,
blaue Fläche von Bahr-el-Hule. Vor der Ankunft an unse-

rer Lagerstätte haben wir auf den Hügeln am Seeufer ein paar Beduinenhütten entdeckt. Max meint, man beobachte uns, es wird Nacht.

Auf der anderen Seite der Brücke eine Karawane mit Dromedaren und Handelswaren, alles liegt auf dem Boden, dazwischen laufen Männer in Habarahs herum, in ihrer Hand die Tschibuke.

In Safed hatten wir einen braven Mann bei uns aufgenommen, der um Erlaubnis gebeten hatte, sich uns zugesellen zu dürfen; es ist ein von der Zeit gebeugter und verbrauchter Alter mit weißem Bart, der bestimmt viele Winter gesehen hat, riesiger Turban, bis an die Zähne bewaffnet; als Pferdehändler führt er eine armselige, weiße Mähre mit sich, die unsere kräftigen Pferde belustigt. Er ist in Österreich, in Persien gewesen! Ein Alter mit sehr viel Erfahrung: »Oh, das ist ein toller Kerl«, sagt Joseph. Er ißt ganz allein auf seinem Teppich, rüstet sein Pferd, verrichtet sein Gebet. Nie habe ich etwas Ausdrucksvolleres als seine Augen gesehen, als er mit Joseph über Vorsichtsmaßnahmen für die Nacht sprach; er stand in diesem Moment Bahr-el-Hule zugewandt, und im Profil: was für eine Auge!

Wir haben gerade erst unser hartgekochtes Proviantei aufgegessen, da spricht Ismael-Aga schon von Aufbruch, obwohl ausgemacht war, sich erst um zehn Uhr in Marsch zu setzen; es wird eingewandt: die Maultiere, die Pferde – kurz: um acht Uhr schwingt man sich wieder in den Sattel. Wir haben während des Diners viel gelacht bei dem Gedanken, nachts einfach kreuz und quer in die Gegend zu ballern, vor allem aus dem Hinterhalt den Troß zu bombardieren, Abu-Ali zu köpfen und den Spaßmacher windelweich zu schlagen.

Es ist vollkommen dunkel, ich kann überhaupt nichts sehen; das Gepäck befindet sich vorne vor uns, davor

reiten jeweils zu zweit (manchmal zu dritt) die Männer
von der Eskorte, Joseph und Sassetti sind hinter uns,
dann kommt der alte Händler, der sein Luchsauge in die
Finsternis richtet; die drei anderen vom Begleitkom-
mando sind ganz hinten bzw. auf der Seite. Wir überqueren die Brücke, dann geht es zwischen Steinen bergauf;
eine Viertelstunde lang werde ich von dem Verlangen nach
Schlaf gepackt, doch das ist jetzt kaum der richtige Augenblick; ich orientiere mich, indem ich der weißen
Kruppe von Maximes Pferd folge; der Possenreißer der
Bande singt aus Leibeskräften in einem klagenden, gellen-
den Tonfall, seine Stimme überschlägt sich dabei; die Hufe
der Pferde stolpern über die Steine. Dann steigen wir
einen sanften Abhang hoch. Gegen zehn Uhr hellt sich vor
uns der Himmel auf, bald tritt der Mond hervor. Wir
befinden uns in einem Gelände mit Johannisbrotbäumen,
sie sind riesig, so groß wie Apfelbäume; hin und wieder
gibt es weite Plätze, wo man alles etwas deutlicher sieht;
ich erinnere mich an etwas zu meiner Linken, das wie ein
großer Talhang aussah, der abwärts führte (bei Tage muß
dieser Weg herrlich sein). Sehr heller Mondenschein, man
kann in seinem Licht gut sehen; wir marschieren zügig
voran, der Weg ist nicht mehr so schlecht. Gegen Mitternacht nehmen wir einen Bissen zu uns. Johannisbrotbäume. Wir sind auf einer Hochebene, wir kommen bei
einem Zeltdorf vorbei, die Hunde heulen, wir müssen den
Mund halten. Von Zeit zu Zeit wird eine Pfeife geraucht
(Smael-Aga bringt mir seine, eine kleine, schwarze Tschibuke mit Knoten und einem Kupferdeckel), wir bewundern im Mondlicht den Wuchs eines Baumes. Mir hat die
Reise in dieser Nacht Riesenspaß gemacht. Die Nacht ist
kalt, gegen Morgen muß ich mehrmals absteigen, um mich
aufzuwärmen. Sassetti fällt vor Müdigkeit fast um, er
sieht hohe Treppen. Der Tag bricht an: wir befinden uns

inmitten von Johannisbrotbäumen und Azaroleen, un-
gleichmäßig verteilte Büschel von Grün, sehr reizvoll. Wir
ziehen in Richtung auf die Ebene bergab, plötzlich taucht
die Sonne auf, sie bringt mein Gesicht zum Glühen; meine
Wangen schmoren; ich steige wieder aufs Pferd. Wir befinden uns etwa auf halber Wegstrecke und haben noch
sieben Stunden Marsch vor uns. Der alte Händler nähert
sich Joseph und weckt in ihm Befürchtungen, die unsere
Männer gar nicht lächerlich finden: »Wir haben zwei be-
denkliche Stunden vor uns.«

Zwei Beduinenfrauen, denen wir zwischen den Bäumen
begegnen; sie scheinen vor uns Angst zu haben; der alte
Händler fragt sie, von welchem Stamm sie seien: sie kommen von der linken Seite. Die Gefahr lauert rechts, von
den kleinen Bergen, aus der Gegend um die Ortschaft
Hauran her; alle Leute unseres Begleitkommandos befinden sich auf dieser Seite und gehen hintereinander in einer
Linie; jeder hat sein Gewehr auf dem Schenkel. Ich habe
mir Kugeln in die Tasche gesteckt, um sie im Kriegsfall
schneller zur Hand zu haben.

Wir marschieren sieben Stunden lang, bis zehn Uhr
morgens, durch diese unermeßliche Ebene, zu unserer
Linken Berge mit schneebedeckten Gipfeln; zur Rechten
verdecken uns die Erhebungen im Gelände, das wieder
ansteigt, die Linien des Horizonts, der sich nach Hauran
zu erstreckt.

Zwei Stunden vor unserer Ankunft in Sasa stoßen wir
auf Spuren eines alten Weges. – Es liegen hier so viele
Steine herum, daß man sich den Hals brechen könnte; die
alte Straße taucht auf und verschwindet wieder; große,
flache Felsblöcke in natürlicher Anordnung setzen sie
fort, die Zahl der Steine verdoppelt sich.

SASA liegt hinten am Horizont inmitten von Grün; wir erreichen es gegen zehn Uhr; vorher noch wurden wir von einer herrlichen Wut gegen Joseph gepackt, wegen seiner tölpelhaften Art, sein Pferd zu führen. Wir schlagen unser Lager unter einem von Wasser umgebenen Baum außerhalb der Ortschaft auf; eine kleine Karawane macht nebenan Rast, man verteilt Stücke eines Kamels.

Um vier Uhr nachmittags wachen wir auf, ich schrubbe mich in einem Bach, der hinter mir fließt und an dem der Alte sich niedergelassen hat.

Bald wird es Nacht, unsere Wachen verrichten ihr Gebet, wir nehmen unser Mahl ein und legen uns auf unseren Betten zum Schlafen nieder. Ich war gerade eingeschlafen, als Joseph schrie: »Hört ihr? Sie kämpfen miteinander!« Ich fahre aus dem Schlaf in die Höhe, er hatte mehrere Gewehrsalven vom Gebirge im Osten her vernommen. Um Mitternacht sind wir aufgebrochen, um halb elf hatten wir uns erhoben. – Die Hunde bellen, der rote Mond steigt am Himmel auf, seine Sichel liegt auf der Seite, er ist weniger schön und weniger odaliskenhaft als gestern, wo er Gestalten von unsäglicher Sehnsucht angenommen hatte. Unter seinem Schein überqueren wir mehrere Flüsse, der Weg ist gut, wir kommen schnell voran.

Nach zwei Wegstunden: Khan-el-Scheik, so etwas wie eine große Festung oder Karawanserei rechterseits des Weges. Wir werden lediglich von den zahlreich auftauchenden Wasserläufen aufgehalten, man wartet die anderen ab, sammelt sich und zieht weiter. Die Sterne verblassen, es wird Tag, wir sind alle über die breite Straße verstreut. Da bist du also, Poesie des Cervantes! Die Berge zur Linken sind von dunkler, perlgrauer Tönung mit Perlmuttschimmer an den Gipfeln; es ist der Schnee. Wir begegnen ein paar Kamelen, man spürt die Nähe einer großen Stadt, jedermann ist froh gestimmt, der Possenreißer kitzelt sein Pferd, damit es ausschlägt und beißt; man zieht Abu-Issa wegen seiner Beiruter Mundart auf. Das Land ist weit, fett, gut bestellt. Wir begegnen einer kleinen Karawane von Kamelen, die Felle schleppen, wir kommen durch ein großes Dorf, unter Bäumen warten wir auf unser Gepäck. Dreiviertel Stunden später erreichen wir den langen, niedrigen Streifen von Grün und Häusern, den wir schon seit geraumer Zeit gesehen haben, und gelangen in eine endlose Vorstadt, auf deren Pflaster unsere Pferde ausrutschen. Haufen von Korn am Boden, Baumwollspinner, Färber, Moscheen, Brunnen, Bäume, deren Äste in Trauben herunterhängen und deren wogendes Grün sich schwebend über der Vielfalt der unter ihnen flimmernden Farben hält, einige schöne Körper von türkischen Gardesoldaten, großer Friedhof, durch den der Weg hindurchführt, mit kleinen grünen Zweigen, die unten an jedem Grabstein stecken (das Oberteil der Grabsteine ist meist konvex in Form eines Zylinders). Wir kommen in die Stadt, wir biegen in mehrere enge Gassen ein, das Gedränge wird schließlich so groß, daß unsere Pferde nicht weiter können. Endlich erreichen wir in Damaskus unser Hotel, wo wir die Herren Stribeck, Husson und Müller wiedertreffen.

DAMASKUS

DAMASKUS. – An diesem Tag, Sonntag, den ganzen Nachmittag gepennt.

Montag, der 2. Mit diesen Herren und dem Janitscharen vom französischen Konsulat mehrere jüdische Häuser besucht. – Morgens ein Bad genommen; dorthin kam Smael-Aga, um mir Lebewohl zu sagen, ich spürte, als ich ihn das letzte Mal ansah, wie meine Augen feucht wurden. – Durch die Basare flaniert, die mir prächtig vorkommen.

Porträts. – Der alte Jussuf vom Hôtel de Palmyre in Jerusalem, ein mageres Männchen in einem staubfarbenen Gewand mit blaßvioletten Blumen; schmuddeliger Riesenturban, darunter eine große Nase, sehr dicke Brauen, alles in allem komisch. Nie zuvor habe ich etwas so einzigartig Graziöses wie seine Gesten gesehen, als er Stephani erzählte, wie ein paar Männer unter der Regierung des Ibrahim-Pascha einen Hund vor sich hergejagt hatten, um in die Trümmer von Jerusalem eindringen zu können; ich konnte mit Hilfe seiner Armbewegungen und Grimassen die Erzählung von Anfang bis Ende verfolgen.

Die dicke Jüdin, die wir letzten Montag gesehen haben, ähnelt Flore aus den Variétés: rasierte Stirn, angemalte und dünnrasierte Brauen; viele Falten um die Augen, gutmütiges und liebenswürdiges Aussehen, schaut von oben nach unten, steht auf ihren mit Perlmuttvierecken besetzten Kothurnen, schiebt ihren dicken Bauch vor. – Dann war da noch eine magere Alte, die zu beiden Seiten des Gesichts anstelle von Haaren Straußenfedern hatte. Sie arbeiteten im Hof unter der Außengalerie. – Schischehs, Nargileh.– Flinke, magere Dienerin aus Abessinien mit durchbohrter Nase.

Das Beste, was uns an Innenhof und Grün begegnet ist,

ist der Hof unseres Hotels mit seinen Weinranken und
Oleandern; die Höfe anderer Häuser kamen uns in dieser
Hinsicht etwas spröde vor; in allen steht in der Mitte ein
Bassin. Die schönsten Gemächer liegen im Erdgeschoß,
die meisten sind nicht möbliert. – Verwendung von Spiegelstücken zwischen den Holzarabesken, auf die Türen
genagelte Kreuzgitterformationen, *idem* auf den Fenster-
läden; die kleinen Deckenbalken, denen man noch die
Baumstammform ansieht, sind blau und grün bemalt mit
aufgesetzten Goldsternen oder Streifen; an manchen
Decken auch herabhängende, polygonale Verzierungen
aus Spiegelstücken, die in der Mitte der Decke eine Rosette bilden. In allen Räumen, von ganz wenigen Ausnahmen abgesehen, ein Wasserbecken, ein Springbrunnen aus
mehrfarbigem Marmor, Mosaikfußboden. In manchen
dieser Wohnungen ist der Dekorationsstil dermaßen ge-
schraubt, daß er mitunter an Louis xv. heranreicht; in
einigen: venezianische Glaslüster, Ausbuchtungen in der
Wand für die Matratzen, Badetücher, Teppiche, nirgends
Türen. Die Höhe dieser Gemächer macht vor allem ihre
Schönheit aus: zwei Ebenen, der Diwan, dann der Boden
in Höhe des Erdgeschosses. Viel Blau unter den Farben; in
die Holzverkleidung eingelegte Rankenornamente aus bemalter Holzarbeit, das ergibt gleichzeitig Farbe und Re-
lief. In den Nischen des niedrigsten Teiles der Wohnung
mannshohe Nischen, von denen einige als krönenden Zierat jene Stalaktitenformationen aufweisen, wie sie in den
Moscheen Kairos so sehr üblich sind; im Hintergrund sind
Malereien angebracht: schreckliche Landschaften, auf jeder Seite ein weißes Haus, dazwischen ein Garten, in der
Mitte eine Zypresse. Auch das Gesims im Hof unter dem
Terrassenvorsprung hat man mit solchen grotesken Darstellungen bepinselt. Ich glaube übrigens, diese Neuerung
ist sehr jungen Datums.

Im ersten jüdischen Haus, das wir mit den Herren Stribeck etc. besuchen, hübsches kleines, blondes Mädchen, das gekommen ist, um die Fremden zu sehen, und die ganze Zeit bei uns bleibt. In demjenigen, das an das zweite stößt(Haus der dicken Frau) und das, so glaube ich, dem Eigentümer unseres Hotels gehört – der gestern von Carlo ganz schön durchgebleut wurde –, findet sich oben im ersten Stock an der Treppe eine kleine, ungefähr sechs Zoll hohe Holzeinfassung, die man überspringen muß, will man in das Bodenspant vor der Kammer gelangen; es umfaßt eine Fläche von etwa vier Fuß im Quadrat und ist für die Sandalen der Besucher gedacht.

Nichts ist uninteressanter als die Synagoge der Juden. Wir sind eines Morgens (letzten Samstag) hingegangen; die Frauen, alle in Weiß, bleiben am Eingang im Hof stehen, nur die Männer und jungen Leute sind in der Synagoge, sie sitzen auf Bänken und lesen (bzw. singen) alle aus einem Buch, ihr Kopf ist mit einem Schleier bedeckt. In der Mitte eine Art Estrade, der Priester wiegt sich in derselben Weise, wie wir es bei dem Juden gesehen haben, der an der Tempelmauer in Jerusalem betete. Vor ihm, auf einer Art Altar (wegen der Menge schlecht zu sehen), zwei, drei Geräte aus Silber, die Galaumröhren ähneln, mit silbernen Kettchen.– Bald fingen sie alle an, aus vollem Halse zu schreien. Zu meiner Rechten hatte ich einen Knaben von etwa zwölf bis dreizehn Jahren, der mit der ganzen Kraft seiner piepsigen Stimme so falsch als möglich sang und sich dabei hin- und herwiegte und psalmodierte; er stand und las in einem Buch, aus dem auch, im Sitzen, ein Mann las, zweifelsohne sein Vater. Etwas weiter rechts, den Rücken an die Mauer gelehnt, ein zahnloser Greis mit schwarzem Turban und Kneifern. Ich weiß nicht, wer hinter mir saß, doch ich fühlte meinen Nacken vom Hauch eines warmen Atems erwärmt, der in

rhythmischen Stößen einer psalmodierenden Brust ent-
strömte.

Die Turbane der hiesigen Juden haben nicht die Form
einer zusammengerollten Binde wie in Jerusalem, Tiberias
und Safed; mir scheint, hier herrscht mehr Freizügigkeit,
manche ähneln ganz und gar dem koptischen Turban. Ich
habe auch keinen dieser wohlvertrauten mondförmigen
Hüte gesehen, wie sie die Frauen in Jerusalem tragen;
dagegen nimmt sich das künstliche Haar aus geflochtener
Seide, das bis auf den Rücken fällt, phantastisch groß
aus und ist sehr schwer. Wir haben in einem der jüdischen Häuser ein Exemplar gesehen, das wohl den ganzen
Rücken bedeckte und bis zur Kniekehle reichte; es war die
reinste Pferdedecke, das Ganze endete in sehr schweren,
stets schwarzen Quasten.

Das ganze Damaszener Leben konzentriert sich auf die
Basare, sie sind ebenso belebt und vor Menschen wim-
melnd, wie die Straßen öde und still sind; die rosa, grünen
oder blauen Gewänder der Männer, die Menge an Seiden-
stoffen, das alles vom sanften Tageslicht von oben beschienen, formt aus dem Ganzen eine großartige, bunt
zusammengewürfelte Farbe von eigentümlichem Reiz. –
Jeder Händler sitzt, den Galaum rauchend, auf der
Schwelle seines Ladens und empfängt dort seine Besucher
und seine Käufer.

Die Läden werden geschlossen; mitten in dieser Szenerie laufen Scherbetverkäufer, Eishändler und die Ga-
laumverleiher herum, die ein Holzkohleöfchen zum An-
zünden der Pfeifen haben; sehr wenig Tschibuken. Hier
und da, mitten im Basar, ein Bad; der Fellache geht ganz
nackt vorüber, nur mit einem Handtuch um den Körper,
er holt Zucker beim Krämer für irgendeinen Kawadscha,
der im Bad sitzt. Auf einem Platz das Grab eines Santons:
durch das Gitter sieht man Stöcke, Krücken, Hüte, Kap-

pen, Lumpen und Fetzen aller Art, die an den Wänden hängen. Ein Santon wandelt ganz nackt umher, eine Art Verrückter, der Grimassen schneidet und dabei schreit; unfruchtbare Frauen kommen, um ihm das Glied zu küssen; es ist nicht lange her, da gab es einen, der sie mitten im Basar besprang; die frommen Türken umstellten sofort die Gruppe und verhüllten sie mit ihren Gewändern vor den Blicken der Passanten. Der Laden unseres Freundes Scheik Bandar-Abdul-Kader war linker Hand, da wo der Basar der Schneider aufhört.

Ein junger Mann mit gelbem Bart, koketten Manieren, elegant aufgeputzt, Turban aus Bagdad, blaues Gewand, kam uns allabendlich im Hotel besuchen; er brachte uns irgendwelchen alten Plunder mit, den er auf dem Rücken versteckt hielt. Wenn ich nicht da war, ließ er sich in Seelenruhe meine Schischeh stopfen und erwartete mich auf dem Diwan. Sein Domestik, ein Abessinier von ausgelassenem Wesen, ist in seiner Heimat umstandslos kastriert worden und trägt die Narben von mehreren Kriegsverwundungen.

Das Bemerkenswerteste an den Basaren und an Damaskus überhaupt ist die Schönheit der Männer zwischen achtzehn und zwanzig Jahren. – Mein Schneider, der mir meine Seidenweste gemacht hat: ein junger Mann, spricht Französisch, vom Konsulat empfohlener Seidenhändler; in seinem Laden, der in einem zum Basar hin liegenden Khan untergebracht ist, hat er vor uns Stoffe ausgebreitet. – Männer im allgemeinen klein mit schwarzem Haar, schwarzen Augen, von weißer Haut. Welchen Erfolg solche Schlingel in Paris haben würden! Wenn ich Frau wäre, ich machte eine Vergnügungsreise nach Damaskus!

Im Basar der Süßwarenhändler; der, bei dem wir Konfitüren eingekauft haben: großer, magerer, blaugewandeter Bursche, im Rahmen seines Ladeneingangs zwischen den Gefäßen und Vasen; auf einer Schale Rachat-Lukum-Stücke. – Höflichkeit und überhaupt gute Manieren der Damaszener; Joseph findet sie sehr verändert, viel weniger fanatisch und viel toleranter als früher. So käme also auch Mahomet zu Fall, ohne seinen Voltaire gehabt zu haben? Voltaire in Groß, das ist die Zeit, die universelle Verzehrerin aller Dinge.

Am Montag, dem Tag nach unserer Ankunft, macht uns der Superior der Lazaristen seine Aufwartung, da er wußte, daß Franzosen im Hotel waren: fettes, unscheinbares, schüchternes Männchen, ähnelt meinem Repetenten aus der sechsten Klasse, Guérard; sein schwarzer Turban ist wie der der Juden, und als ich ihn nach dem Unterschied fragte, hatte er keine Erklärung zur Hand. Er erzählt uns in aller Ausführlichkeit die Geschichte von Pater Thomas, der von den Juden ermordet wurde: seinem Bericht zufolge wurde er niedergemacht und enthauptet, danach hat man seinen Kopf mit einem Stößel zerquetscht. Nichts Sehenswertes im Lazaristenkloster. Während wir da sind, Besuch des Bischofs von Homs und Hama, der mit einem Janitscharenstock erscheint; der Superior küßt ihm die Hand; wir plaudern über Ballons, der Bischof möchte von uns Erklärungen haben. Um welche Gesprächsthemen es sich auch immer handeln mag, diese Herren scheinen mir von achtungsgebietender klerikaler Ignoranz zu sein. Der Superior führt uns in ein christliches Haus, das, so meint er, das schönste der Christen sei; es ist weit weniger schön als das der Juden, auch sind die Landschaftsmalereien auf den Wänden noch anmaßender. Es handelte sich um Seidenfabrikanten: ein Sohn des Hauses, ein Italienisch sprechender Blondschopf mit großer Nase, blieb die ganze Zeit über stehen; sein Biedermann von Vater saß und rauchte die Tschibuke. In der Wohnung längliche Springbrunnenschale.

Wir verlassen die Stadt auf der Ostseite bei Bahr-el-Ateibeh, das Tor ist wie in Jerusalem vergoldet und vermauert. Man kann noch ganz gut die Sockel des früheren Tors an den enormen Steinaufhäufungen erkennen; die aus Schlamm und Kieseln gebaute Basis der neuen leichten Wälle ist noch von dieser Bauart. In den aufgefüllten, wasserlosen Gräben ein paar tote, halb zerfressene, auf der Seite liegende Hunde. Gelbliche herumstreunende Hunde. Es war sehr heiß und die Sonne stach heftig.

Christenfriedhof: lauter Gruften, in jeder wird eine ganze Familie beigesetzt, bisweilen ein ganzer Stamm. Sie sind verfallen, und die ganze Stätte riecht nach Kadavern. Wir beugten uns über die Öffnung einer dieser Gruften und sahen im Innern ein paar menschliche Überreste durcheinander und einen großen, toten Hund herumliegen (zweifellos hatte ihn der Geruch angelockt, er war hineingestiegen, kam dann nicht mehr heraus und mußte dort krepieren), dann, weiter hinten, so etwas wie eine ausgetrocknete, unter den Leichentuchfetzen hart gewordene Mumie. Hier und da einige Köpfe ohne Körper, ein paar Brustkörbe ohne Köpfe und zwischendrin langes, gelbes, goldblondes Frauenhaar, das sich über den grauen Staub schlängelt.

Etwas weiter zeigt man uns die Ruinen einer Kapelle, die an jener Stelle errichtet wurde, wo der heilige Paulus durch die Erscheinung des Engels vom Pferd stürzte. Wir ziehen an den Mauern großer, schattenreicher Gärten vorbei. Diese Mauern sind zusammengesetzt aus etwas wie großen, übereinanderliegenden, quadratischen Brocken aus Schlamm und Kieseln; der Staub, der darauf liegt, wird vom Wind weggefegt und über den Weg gewirbelt. Wir kommen bei den Wällen aus, nahe einem Sumpf, aus dem Raben auffliegen; ein entzückendes Plätzchen, erfüllt von Schatten, Stille und Kühle. So etwas Schönes

und Wohltuendes wie das Grün im Orient! Zu unserer
Linken gibt es einen Brunnen, daneben, auf einem Stein,
sitzt ein Mann, er röchelt uns etwas auf arabisch zu und
reckt uns seine Arme entgegen. Durch die zerfressenen
Lippen hindurch sieht man tief in seinen Rachenschlund
hinab, er ist abscheulich anzuschauen mit seinen Eiterun-
gen und Krusten; an der Stelle der Finger hängen ihm
grüne Fetzen herab: seine Haut; bevor ich mein Lorgnon
aufgesetzt hatte, dachte ich, es wären Lappen. Er ist zum
Trinken hierher gekommen.

Wir betreten eine Art Bauernhäuschen oder Hühner-
hof, wo wir fünf oder sechs männliche und drei oder vier
weibliche Leprakranke sehen. Sie wollen hier Luft schöpfen; eine hat die Nase wie von der Sypilis ganz zerfressen
und auf dem Gesicht ein paar Krusten; das Gesicht einer
anderen ist ganz rot, von einem Feuerrot. Wir haben
schon beim Basar der Parfümhändler einen Mann mit
ähnlichem Gesicht vorbeigehen sehen. Ein junger Mann
mit blassem Gesicht, grün wie Gras, mit Flecken und ein
paar Pusteln. Das alles wimmert, schreit und jammert;
Männer und Frauen sind zusammen, keine Geschlechter-
trennung mehr, auch keine andere Unterscheidung außer
der des Leidens. Als sie von uns ein Almosen bekamen,
hoben sie die Arme zum Himmel, wiederholten immer
wieder: Allah! und riefen den himmlischen Segen auf uns
herab. Ich erinnere mich vor allem an die Frau ohne Nase
mit einem eigentümlichen, pfeifenden Kauderwelsch, das
aus ihrem Kehlkopf drang. Sie leben da ganz allein und
pflegen sich gegenseitig, ohne daß irgend jemand ihnen
beistünde. Im ersten Stadium der Krankheit leidet man
sehr, danach treten allmählich Lähmungen ein. Das
Schlimmste für sie muß sein, sich so zu sehen. Was gäbe
das, wenn an den Wänden ihrer elenden Hütten Spiegel
hingen!

Der Bruder Superior führte uns auch in eine Art Kapelle, die im Hause des Paters Thomas errichtet ist. In der Kammer des Bruders dessen Porträt, ein weißbärtiger Greis mit seinem (zusammen mit ihm ermordeten) Domestiken, der ihm eine Tasse Kaffee reicht. In der Kapelle eine Inschrift, die den Zeitpunkt des Todes von Pater Thomas festhält und die besagt, daß er von den Juden ermordet wurde. Die Stätte gehörte den uniierten Armeniern.

Der französische Konsul, Monsieur Vabeyène, ein feister Reaktionär, aufgedunsen, schwer und plump, glaubt in dieser Welt an nichts anderes als an Rindfleisch, spricht über nichts anderes als über Rindfleisch und materielles Wohlergehen, bewundert sehr Louis-Philippe und wäre lieber Marschall Soult als Molière; spricht bei Tisch mit dem Domestiken englisch. Sein Siegelbewahrer, Monsieur Garnier, bartlos, glatzköpfig, Mondgesicht, sieht aus wie ein altes Weib, zeigt uns obszöne Malereien aus Persien. Das ist in allen Ländern dasselbe: durch die schweinische Absicht wird die Natur unmöglich gemacht; um die Geschlechtsteile vorzuzeigen, werden unwahrscheinliche Positionen dargestellt. Welch schöne Ästhetikvorlesung könnte man über die schweinischen Stiche und Bücher veranstalten! Mir fällt da einer ein, auf dem man eine Frau auf einem Mann sieht; ihr aufgelöstes Haar bedeckt ihren Rücken, und der (zum Vergnügen des Betrachters nackte) runde, rosafarbene, breite Arsch scheint das ganze Bild auszufüllen und strahlt wie eine Sonne; hier zeigt sich eine exzessive Vorliebe fürs Fleisch. Monsieur Garnier zeigt uns persische Tintenfässer und Dosen: Jagdszenen, Männer zu Pferde mit Wurfspießen und großen Bärten, Hunde, Landschaften, Bäume, Felsen und Bäche, über die spornstreichs Männer mit feierlichen Mienen hinwegspringen. Zwei Holztäfelchen für Manuskripteinbände. Auf dem ersten

wird eine Niederkunft dargestellt: die Wöchnerin liegt wie
ohnmächtig vor Schmerzen in enganliegenden, gestreiften
Hosen auf dem Rücken; das Kind wird auf einer Schale
getragen, darum herum stehen Matronen, eine hebt die
Hände zum Himmel (bestimmt erfleht sie für sich dasselbe), eine andere legt den Zeigefinger auf den Mund, um
ihr klarzumachen, daß so etwas sehr weh tut; auf dem
zweiten sieht man die Beschneidung des Kindes; die Ope-
ration wird von einer Matrone ausgeführt: eine Frau hält
eine Ente hin, um das Kind aufzumuntern, eine Dienerin
bringt Scherbet; das Ganze ist reich an naiven Details
aus dem Intimleben, so wie auf den alten, mittelalterlichen Zeichnungen, obwohl das hier stilistisch weit fortge-
schritten und sehr kunstvoll komponiert ist. Solche kleinen Malereien bringen einen sehr ins Träumen, und ich
möchte sie gern mein eigen nennen, um sie an Regentagen
ganz allein am Kaminfeuer in den Händen halten zu können.

Gestern waren wir in einem Caféhaus am Wasser. Dort
ist ein Wasserfall, ein Kind zog sich ganz aus, um Fische zu
fangen; es gibt dort Bäume, man sitzt geschützt unter
durchlöcherten Matten; das Wasser ähnelt dem des Jor-
dans. In der Nähe einer Brücke, außerhalb der Stadt,
rauchten wir eine Schischeh und tranken aus bemalten
Tassen Zuckerwasser mit Schnee.

Samstag, der 7., wir sind um drei Uhr losgezogen, lange
sind wir auf Wegen zwischen Lehmmauern umhergegan-
gen, die große Gärten umschließen und deren Schatten
auf uns herabfiel. Nuß- und Zitronenbäume, alle möglichen Obstbäume, dunkles Grün, kaltes Licht. – Viel Wind
und Wasser, eine Mühle. – Unten großes, halbgeöffnetes
Tor, das Mühltor, es ähnelte dem einer Scheune in der
Champagne. – Ein paar verschleierte Frauen, die wer weiß
wo hingingen und wer weiß wo herkamen; all das war sehr

traurig und sehr herb, zweifellos wegen der Stille auf
diesen leeren, sich ähnelnden Straßen, wo in kleinen Stößen Staub aufwirbelte . . . Und dann dieses so grüne Grün,
dieser Schatten! – Schließlich kommen wir bei den Trümmern einer Moschee aus, wir gehen eine Mauer entlang,
biegen links ab und besteigen den Dshebel Salahahieh.

Oben steht ein verlassener Santon. Bevor man dort
ankommt, geht es durch eine kleine Felsschlucht, wo ein
so heftiger Wind blies, daß es unsere Pistolenhalfter hoch-
hob. Von dort aus übersieht man ganz Damaskus, die
weiße Stadt mit ihren spitzen Minaretten inmitten des
immensen Grüns, das sie umgibt; an die Stadt schließt
sich vom Grüngürtel aus ein langer, weißer Streifen an:
das ist die endlose Vorstadt, durch welche wir gezogen
sind, als wir von Jaffa kamen, und all das Grün ist von
Wüste, von Bergen eingeschlossen. Wir schlagen irgendeinen Rückweg ein, verlaufen uns und kommen an einer
Gartenpforte aus; wir machten kehrt, schlugen die gepfla-
sterte Straße nach Beirut ein, und erst nachdem wir die
ganze Stadt durchquert hatten – die Hunde fingen schon
an zu knurren –, kamen wir zu Hause an, die Sonne war
untergegangen. Abends werden die Straßen von fetten,
friedlichen Hunden in Beschlag genommen, auf jeder eine
Meute von fünfen oder sechsen. Heute, mitten auf der
Straße eine Hündin; sie lag auf dem Rücken und säugte
den ganzen Wurf, ohne daß es jemandem in den Sinn
gekommen wäre, sie fortzuscheuchen.

Sobald die Nacht hereinbricht, werden alle Straßentore
geschlossen. Auf dem Rückweg vom Konsul, als wir dort
abends diniert hatten, haben wir bestimmt an fünf oder
sechs anklopfen müssen; das Schöne daran ist, daß einem
gleich geöffnet wird. Man gibt entweder zwanzig Francs
oder überhaupt nichts.

Da wo der Bazar der Parfümhändler endet, an der

Straße, die man überquert, will man zu dem der Schneider, auf unserem Weg zu unserem Freund, Scheik Bandar, steht an einer Biegung ein Caféhaus mit einem Billardtisch. Europäisch gekleidete Türken hatten es sich auf Stühlen bequem gemacht und sahen den Kugelstößen zu; eine Art lendenlahmer Bardasche markierte mit einem Stock die Punkte. Europa in Asien! Es dringt mit Billard, Kneipe, Paul de Kock, Béranger und Zeitungen hier ein. Wie sich das zivilisiert! Was wird wohl aus dem Orient werden? Er erwartet vielleicht vom Beduinen seine Erneuerung.

Als wir heute um vier Uhr ausreiten wollten, kam Monsieur Guyot, der Superior der Lazaristen, uns besuchen. Er erzählt uns von den Christen hier; die arabischen Priester sind eher Türken als Christen, das nationale Band ist stärker als das religiöse; bei jeder Erbschaft ziehen sie für sich noch vor den Erben bzw. den Gläubigern ein Drittel, manchmal gar die Hälfte ab. – Krasse Ignoranz dieses Klerus, der (ihm zufolge) nur noch von den Schülern der Lazaristen in den Schatten gestellt wird. – Übermäßige Geltung der Frauen in den christlichen Familien: die Frauen sind es ja, die ihnen die Kinder schenken. – Kann sich nicht über die Mohammedaner beklagen, im Gegenteil. – Der Tod von Pater Thomas wurde von einem Blinden gleich in Verse geschmiedet, der damit singend von Tür zu Tür ging und sich davon ernährte; es gibt hier zahlreiche solcher vagabundierender Homere, die sehr großes Ansehen genießen und viel Geld verdienen; der Beduinenscheik bleibt am Zeltrand stehen, um Geschichten zu erzählen oder zu hören; immer wieder das Wunderbare. Geltung der Einbildungskraft außerordentlich. Hier würde ein großer Dichter vom Volk gewürdigt, was bei uns nie der Fall gewesen ist, wenngleich durchaus das Gegenteil behauptet wird.

Die Maroniten sind nicht besser als die Drusen und

zahlen ihnen alles restlos wieder heim, was diese ihnen
antun. Wenn die Drusen ihnen zwei Dörfer verbrennen, so
versäumen sie es nicht, ihnen ihrerseits zwei oder manchmal vier zu verbrennen.

Monsieur Guyot hat in diesen Tagen zwei von seinen
etwa zwölfjährigen Schülern dabei erwischt, wie sie sich
an der Klosterpforte sodomisierten; der eine von beiden
hatte das bei einem Christen gelernt, der ihn für die
Summe von zwanzig Paras entjungfert hat. Dem Superior
zufolge ist die Päderastie hier über alle Maßen verbreitet:
»Großer Überschuß an Männern, aber keine Frauen,von
den Frauen will man nichts wissen.«

Um fünf Uhr Spazierritt aufs Land, an Gärten und
Bäumen vorbei in Richtung Osten. Sehr schönes Wetter,
eine Zeitlang ritten wir Galopp. Die Berge, ganz grau
(golden und blau), die hinter Damaskus emporragen, hoben sich von dem Grün unten an ihrem Fuße ab. Als wir
wieder beim Christenfriedhof vorbeikamen, neben einem
Santon (dem eines christlichen Renegaten, dessen Namen
Monsieur Guyot uns neulich nicht nennen konnte) ra-
stende Dromedare, manche wurden mit Durabrot gefüttert. Ich werde traurig, wenn ich bedenke, daß ich der
Wüste Lebewohl gesagt habe und demnächst keine Kamele mehr sehen werde. *Damaskus, Dienstagabend, halb
zehn, 10. September.*

Am Tage vor unserem Aufbruch aus Damaskus zogen wir
morgens los, um einen Rundgang um die Stadt herum zu
machen, ein Ding der Unmöglichkeit wegen der Menge der
Gärten und der Unterbrechungen zwischen den Wällen: es
gibt deren nur auf der Ostseite. Wir durchquerten eine
Wiese. – Fluß, in dem Soldaten ihre Wäsche wuschen,
über dem Gras ausgebreitet lagen die Hemden mit ihren
weiten Ärmeln. Wir kommen noch einmal am Christen-

friedhof und am Haus der Aussätzigen vorüber. In den Nußbäumen hüpften Eichhörnchen von Ast zu Ast; eines saß gewichtig da und verzehrte eine Nuß, ein anderes sprang, als ich an einer Mauer vorbeikam, von der Mauer auf den Baum.

Donnerstag, um ein Uhr mit Monsieur Courvoisier und seinem Dragoman Giovanni, groß, ausgemergelt, mit freundlich-kindlichem Gesicht, aus Damaskus aufgebrochen. – Ein Christenmucker, der aus Prunksucht über seinem Turban einen europäischen Hut trägt. – Der dicke Janitschar, der vor uns hergeht, verläßt uns mitten im Gebirge von Salameh. – Jenseits des Berggipfels verschwindet Damaskus. Abstieg über die Rückseite, wir erblicken tief unten zwischen grauen Schluchten das kleine, grünende Tal von Dumar; es geht jetzt bergab. Am Eingang des Tales eine Schischeh in einem Café geraucht, das sich unter Bäumen am Wasser befindet und von einer Brücke durchquert wird. Die Straße führt unter Bäumen her über Pfade, wo Wasser fließt; von beiden Seiten rinnt hier und da Quellwasser herab, es kommt aus den hängenden Büschen hervor. – Brücke, wieder von der Form eines aufgespannten Zirkels. – Zur Linken hat man das graue, kahle, trockene Gebirge; rechts den Wasserlauf und die schmale Linie des Tals, viele Pappeln, Vergilpappeln mit zitternden, ganz silbernen Blättern, die sich vom Blau der Atmosphäre abheben. Es geht bergauf, Gelände nicht ganz so kahl wie in Palästina, kleine Sträucher, keine violetten und grau moirierten Töne mehr. – Bei Einbruch der Nacht in Himar angekommen, das Dorf liegt auf halber Höhe; an einer Art Sackgassenkreuzung einquartiert; zwei Gemächer, ich schlafe im Freien.

Freitag, um vier Uhr aufgebrochen. Sehr schlechte und schwierige Wege, Wasserläufe, die die Pferde in der Dunkelheit durchwaten. Nach einer Stunde kommen wir in die

Schlucht von El-Bogat, die mich ganz und gar an die Pyrenäen erinnert, eine Mischung aus Felsen und Grün; mitten auf dem Weg eine tote, zu drei Vierteln zerfressene Hyäne. – Esel- und Muckerkarawanen, die den unsrigen den Weg versperren. – Einige Gipfel noch im Schatten, andere schon von der aufgehenden Sonne beschienen und blau; wir frieren in unseren Nankinghosen. – Die Schlucht endet kurzfristig und fängt wieder an. – Irreguläre Soldaten. – Die Aufzeichnungen können – leider! – nichts über die Farben der Terrains mitteilen, die zwar oft nebeneinanderliegen und gleich beschaffen, aber dennoch jeweils von ganz unterschiedlicher Tönung sind; so zum Beispiel ein blauer Berg und daneben ein schwarzer, und doch ist das weder Blau noch Schwarz!

Um zehn Uhr Rast und Siesta in einem Gurbi gegenüber von Medschdel, es liegt am Fuße des Libanon; mir erscheint es in einem Grau, das stark von Blau überzogen und mit violetter Lasur gestichelt ist; rechts eine große Ebene, die fast ganz vom Fuße des Antilibanon verdeckt wird, den wir gerade hinter uns gelassen haben. – Unter einem durchbrochenen Dach aus trockenem Dorngewächs schöne Weintrauben gegessen. – Soldat aus Urfa mit buntgestreiften Wollsocken; Joseph setzt ihm hart zu, weil er an mein Gewehr gefaßt hat. – Die auf Eseln reitenden Mucker, die wir überholt haben, kommen im Gurbi an und kaufen Weintrauben. Unter ihnen so ein bleicher Bardasche in weiten, grünen Hosen und mit dickem Arsch. – Die Hosen vom Hausvorsteher vorn und hinten mit bestickten Taschen, sie reichen bis unterhalb des Knies. – Große Ebene unter praller Sonne, schöner Weg. Uns gegenüber, etwas nach links zu, am Fuße des Libanon die lange, grüne Linie des Tals von Zahle.

Nach zweieinhalb Wegstunden eine Brücke. Wir kommen unter Bäumen an, über den Pfad fließt Wasser.

Wir erreichen den Eingang von Zahle und steigen in einem großen Haus ab, dessen Eigentümer enteignet worden sind. – Eine Frau schenkt uns Blumen. – Die ganze Gesellschaft ist verblüfft, als ich meine Toilette mache. – Spaziergang. – Rechts auf dem Hügel ein paar Häuser. – Links das baumbestandene Tal, hauptsächlich Pappeln, und auf dem jenseitigen Hang das eigentliche Zahle. Die Straße fällt zum Wasser hin ab, am Rand Lavendelbüschel und kleine, veilchenähnliche Blumen, doch von viel blasserem Blau. – Mühle: an ihr bin ich auf dem Rückweg vorbeigekommen. – Erstes Dorf, der Fluß wird breiter, es geht abwärts, alte Brücke. – Blick auf Zahle am Hang. – Basar (?), eine Art Galerie aus Balken. – In die Stadt hinaufgegangen, Höflichkeit der Einwohner. – In den Straßen findet mich Abu-Issa wieder. – Ich kehre auf demselben Weg zurück. – An der Hausecke, um die man biegen muß, wenn man von der Brücke herkommt, junge Frau mit außerordentlich schwarzen Augen und ebenmäßiger Nase, klein, feist, mit einem Kind auf dem Arm, ganz in Weiß gehüllt. – Ich folge auf der anderen Seite des kleinen Flusses der Uferböschung. – Junge Bengel, die einen von ihresgleichen auf dem Hintern über den Boden schleifen. – Ein paar Männer kommen vorbei und grüßen mich. – Die Mühle, Kamele, Büsche, Gerüche, Wasserrauschen, Vordergründe und Perspektiven (vollendete Komposition, der richtige Zeitpunkt), und unter einem Dachvorsprung eine Frau, die ich von weitem sehe und deren untere Gesichtshälfte ganz verschleiert ist; Nase und Augen erscheinen mir aus der Ferne von sehr strengem und sehr leidenschaftlichem Stil. – Üppiges Diner, den Kaffee bei Sonnenuntergang auf der Terrasse getrunken, Sicht auf die Berge mit verschiedenen Blautönen. Ich lege mich auf der Terrasse nieder; gegen mein Bett gelehnt, rauche ich die Abendpfeife und betrachte die Sterne und drei

Hirtenfeuer, die in der Ebene angezündet sind. Kalte Nacht.

Samstag, der 14. Um 6 Uhr morgens im Morgengrauen aufgebrochen. Sechs Stunden lang marschieren wir durch die große Ebene von Bekaa zwischen dem Libanon auf der linken und dem Antilibanon auf der rechten Seite. Vorherrschend gelbblonde und blaue Farbtöne. Der Libanon ist von einem hinreißenden Azurgrau, der Antilibanon liegt im Schatten und ist fast schwarz. Als wir aufstanden, war die ganze Ebene in Nebel getaucht, sie ähnelte zwischen den zwei Gebirgen einem großen See aus wogender Milch; nach und nach zerteilte er sich in längliche Dunstschleier, die sich senkten und immer mehr von den Berggipfeln freigaben, bis sie sich über den Boden legten und sich die Schwaden in einzelne Schleier auflösten. Zu unserer Linken in den Gebirgsvertiefungen Libanontäler; wir sehen ein paar kleine Dörfer: Malaka, Kurby, Tallin. Auf dem unbebauten Boden trockene Gräser und kleine Disteln; Wasserlauf mitten auf dem Weg. Kleine Anhöhe, die wir besteigen und die die Maultiere umgehen. Zu unserer Linken ein paar große Beduinenzelte, schwarze, viereckige Zelte, in der Mitte nach innen gewölbt, weil sich die Zeltbahn, die von Stöcken gehalten wird, unter dem Druck ihres Gewichtes biegt. – Vereinzelt äsen in den gelbblonden, trockenen, dornigen Gräsern Dromedare, sie werden von einem Beduinen gehütet, der zu Fuß ist, neben ihm sein vollständig gesattelter Schimmel.

BAALBEK. Um halb zwölf reiten wir alle drei voraus, um für uns eine Lagerstelle zu suchen; fünfhundert Schritt von Baalbek entfernt kleiner runder, von Säulen getragener Tempel; dazwischen das Blau des Himmels und die Sicht auf den Libanon. Wir durchstreifen das ganze Gebiet auf der Suche nach einem Lagerplatz und entscheiden

uns für eine Stelle unweit einer Mühle unter einem Nuß-
baum, südlich vom Tempel. Die Farbe der Ruinen von
Baalbek ist wunderbar, manche Säulen sind fast rot geworden; soeben, mittags, nach unserer Ankunft, kam mir
ein Teil vom Fries, der die sechs großen, stehengebliebe-
nen Säulen krönt, wie ein ziselierter Goldbarren vor. Das
ist wirklich eine historische Landschaft, wie sie meines
Wissens noch kein Maler zustande gebracht hat; nichts
fehlt, weder die Ruine noch das Gebirge, noch der Hirt,
noch das dahinströmende Wasser, dessen Rauschen ich
jetzt vernehmen kann. Noch ist der Mond nicht am Himmel, ich hoffe, ihn morgen über dem Fries zu sehen.

Gegen drei Uhr haben wir uns aufgemacht, den Tempel
zu besichtigen, wo wir zwei Stunden geblieben sind. Während wir im schattigen Hof auf einem Stein bei einem
Jungen saßen, der uns als Führer diente und dessen Nase
von einem Sonnenstich verbrannt war, haben wir ganz
laut an das »Imperium Romanum« gedacht. *Samstag,
14. September, Baalbek, halb acht Uhr abends.*

Der an einem Himmel von grellem, kaltem Blau glän-
zende Mond bescheint einen kleinen, jetzt schwarzen Pap-
pelhain, der hinter uns am Ufer des Baches liegt, in dem
Sassetti soeben seine Wäsche gewaschen hat.

Der Tempel oder die Tempel (der Zustand der Verwüstung erlaubt es nicht, die Gesamtanlage zu rekonstituie-
ren) sind gänzlich von einer mittelalterlichen Festung
umgeben oder eher: zugeschüttet, die man mit den Steinen der Tempelanlage und rings um diese herum erbaut
hat. Ein Teil der früheren Einfriedung des Tempels steht
noch an der Westseite; man sieht dort noch riesige zyklo-
pische Steine (ein paar auch an der Südseite), die eine
Mauer bilden und die Monsieur Michaud einer der römischen vorangehenden Epoche zuschreibt. Am besten ist

der Naos erhalten, er war dem Norden zugewandt, sein hinterer Teil geht nach Süden, zur Ebene hinaus. An der Ostseite lehnt eine Säule an der Mauer. Nicht weit vom Eingang befindet sich der Turm, wo Max photographiert hat; innen ist er kreuzförmig, jedes Fenster doppelt; die Breite der Schießscharte wurde nach dem Raum bemessen, den ein Bogenschütze braucht, um seinen Bogen zu spannen. – Loch in der Mitte. – Reste einer großen Kolonnade, sechs schöne Säulen stehen noch in der Mitte des Hofes, hier und da römische Bauten. – Kleine, konsolengekrönte Kapellen in der Mauer. – Eine umgedrehte Muschel bildet den oberen Teil des Innern. – Im Osten und im Norden ist die Festung von Wasser umgeben. – Im nordöstlichen Winkel steht neben Zitterpappeln und Weiden ein ehemaliger Vesta-(oder Venus-)Tempel mit ein paar altersschwachen Überresten, auf denen man noch Fragmente christlicher Malereien erkennen kann. Das Wasser fließt über die Türschwelle eines früheren arabischen Hauses, das jetzt ganz verschwunden ist; davor unter den Nußbäumen hatten gestern Zigeuner ihr Lager aufgeschlagen: eine Frau von rund dreißig Jahren, sonnenverbrannt, den Mund verhüllt, mit ebenholzfarbenen Augen und den Zähnen einer Tigerin, die Füße und Hosen grau vor Staub, wiegte ein Kind, das in einer Hängematte lag, einem Reisebett, das in Wäldern an Bäumen und auf dem Zwischendeck von Schiffen aufgehängt werden kann.

Unter der Festung tun sich zwei lange, breite Stollen auf, der eine im nordöstlichen Winkel, der andere im nordwestlichen Winkel: der erste ist an der Wölbung mit Büsten dekoriert, ähnlich denen an der Decke der äußeren Naosgalerie; sie liegen waagerecht; das Tageslicht, das auf sie fällt, bescheint die Stirn und läßt die Schatten stark hervortreten; das verleiht diesen Figuren Leben, von denen man ansonsten nicht mehr viel erkennen kann. Im ersten Stollen sind wir in zwei Kammern eingedrungen, wo es überhaupt nichts mehr zu sehen gibt. Offenbar dienten diese Gewölbe der Festung als Stallungen für die Pferde. Die Decke der äußeren Naosgalerie ist von geradlinigen Rankenornamenten durchzogen, die sich kreuzen und Rauten bilden; in der Mitte Kaiser- und Kaiserinnenbüsten, keine mehr identifizierbar (ich kann nirgends Jupiter und Leda entdecken, die in dem »Reiseführer« verzeichnet sind). Es machte mir Spaß, mit dem Stock in einem großen, heruntergefallenen Bruchstück herumzustochern.

Die Steine von Baalbek sehen aus, als gäben sie sich tiefen Gedanken hin. Olympischer Eindruck. Zwei Tage lang bin ich allein zwischen ihnen herumspaziert; durch die blaue Atmosphäre wirbelten weiße Flocken, die der Wind den zwischen den Ruinen wachsenden, vertrockneten Disteln entriß. Hin und wieder ein plötzliches Flügelschlagen, das siebzig Fuß über mir vernehmbar wurde: ein im Kapitell verborgener Vogel, der aufflog. Als ich im zweiten Naos war (dessen Eingang von einer Festungsmauer versperrt wird), um das schöne Rot der Steine zu betrachten, ließ sich zu meiner Linken auf dem Kapitell der zweiten Säule ein großer, bemalter Vogel (Falke?) nieder; fuchs- und karminroter Rumpf, die Enden der Flügel schwarz; er saß seelenruhig da, sträubte die Halsfedern und strömte eine stolze Haltung aus. Ich mußte an den Adler Jupiters denken. Wie gut er auf dieses korinthische Kapitell paßte! Etwas später hörte ich leises Vogelzirpen, wie aus höchster Not.

Hier am Eingang findet man die meisten Namen von Reisenden; die alten verschwinden unter neuen, englische, türkische, arabische, französische Schriftzüge, Menschen aus allen Ecken und Enden der Welt, die mir gleichgültiger sind und fremder als die zertrümmerten Steine, über die ich stapfe. Dieses Zeugnis so vieler unbekannter Existenzen, die man schweigend liest, wenn der Wind vorüberzieht und man gar nichts vernimmt, lassen einen kälter als die Namen der Verstorbenen auf den Grabsteinen eines Friedhofs.

Heute war es kalt, zwischen den Säulen fegte stoßweise der Wind hindurch wie zwischen Baumstümpfen; Wolken jagten vorüber, verhüllten die Sonne und gaben sie wieder frei; jedesmal wenn sie auftauchte, leuchtete plötzlich die steinerne Ruine auf, das war wie das Lächeln eines schlafenden Gottes, der die Augen öffnet und sie wieder schließt. – Die Kolonnade im Innern des Hofes, die sechs großen Säulen erblickt, als sie eine goldgelbe Wolke hinter sich hatten. – Doch erst bei vollem Licht zeigt sich ihre ganze Majestät.

Im Naos neun von Konsolen gekrönte Kapellen.

Im Westen eine von Ibrahim-Pascha begonnene Kaserne.

Ausblick auf den Libanon von der Turmhöhe aus, wo Max gearbeitet hat; Schnee zwischen den Gipfeln.

Auf dem Weg zum Vestatempel Baum, der dem Dorf als Holzlege dient.

Heute Mittag bei starkem Wind ausgegangen. – Weißgekleidete Negerinnen, die wir in der Nähe des ersten unterirdischen Stollens sahen und die, wie wir glauben, zu uns herüberriefen; wir folgten ihnen bis zum zweiten Stollen. Wir hatten uns wohl getäuscht, ein Kind und ein Mann (ein Neger) folgten ihnen und beobachteten uns von weitem. – Joseph hat Fieber, er liegt zitternd vor Kälte am Boden unter dem Berg unserer sämtlichen Decken.

Die Festung ist aus den ehemaligen Tempelsteinen erbaut worden; in einer Mauer kann man noch Säulensockel, auf den Kopf gestellte Kapitelle, Pilasterschäfte usw. sehen, die alle entsprechend der Ausrichtung des Mauer-

werks angeordnet sind. Im übrigen macht sie einen ver-
wegenen und soliden Eindruck. Über dem Fries des Naos,
zur Nordseite hin, kleiner Rest einer arabischen Mauer.

Im Hof in die Mauern eingelassene Arkaden wie in
Saint-Jean-d'Acre. *Montagabend, der 16.*

Dienstag; gegen zehn Uhr brechen wir von Baalbek auf,
trennen uns von unserem weißbärtigen Gastgeber, der uns
für die vierzig Piaster mit Segenswünschen überhäuft.
Wir ziehen geradewegs auf Deir el-Ahmar zu, brauchen
drei Stunden, um die Ebene zu durchqueren; außer dem
Libanon vor uns nichts Bemerkenswertes, er setzt sich aus
zwei Teilen zusammen: der erste ist grün und bis zu halber
Höhe des Gebirges höckerig, der andere ganz grau. –
Frauen mit braunen Gesichtern, weißen Schleiern um den
Kopf, sie schneiden das zwischen den trockenen Gräsern
der Ebene wachsende Korn; als wir vorbeikommen, hal-
ten alle inne und betrachten uns gierig und sonderbar, die
Sichel in der Hand.

Um halb zwei kommen wir in Deir el-Ahmar an, nachdem Max noch durch seinen Galopp den Sturz des Gepäcks von zweieinhalb Maultieren ausgelöst hatte. Wir
schlagen unser Lager unter einer Art Schuppen auf, der
von zwei Säulen gehalten wird, umgeben von Hühnervieh, Hunden, Eseln und Frauen. Im großen und ganzen
sind sie häßlich und schmutzig; ihre spitzen Brüste hängen und schwappen innerhalb und außerhalb ihrer vor
Schmutz grauen Kleider hin und her. Auf einen Stock
gestützt, schlendert da gemächlich ein alter Bettler mit
weißem, üppigem Bart und einem hohen, blauen Turban
auf dem Kopf, dessen Form mich an den Kopfputz des
Hohenpriesters aus *Norma* erinnert: es ist ein Priester aus
der Gegend, sozusagen der Ortspfarrer. Rechts, unter einem Schuppen von derselben Art wie der unsrige, sind

Männer damit beschäftigt, Stroh unter die Packsättel der
Esel zu stopfen, sie machen einen ganz fidelen Eindruck,
schwatzen sehr laut und lassen eine Galaum reihum gehen. Einer der Hausbewohner stürzt sich wie ein Wilder
auf ein Stück Zucker, das Sassetti abgebrochen hatte, um
es Joseph zu geben, der mitten im Hof liegt, an allen
Gliedern zittert, mit den Zähnen klappert und auf arabisch, italienisch und französisch phantasiert. Die Frauen
tragen einen Kopfschmuck wie die Jüdinnen, der ihnen
bis auf den Hintern fällt, doch er ist nicht aus seidenen
Schnüren, sondern besteht aus drei dicken Zöpfen aus
Seidenfäden, die durch silberne Kelche festgehalten werden; das alles muß furchtbar schwer sein.

Ich betrachte lange Zeit ein Kind von zwei oder drei
Jahren, das so schmutzig ist, daß man es kaum von seinen
Lumpen unterscheiden kann, durch welche hindurch man
dennoch diese kleinen, niedlichen Kindergliedmaßen wiederfindet, die das Auge anrühren; es spielt ganz allein für
sich, ohne daß jemand auf es achtgäbe, und spricht zu sich
selber unverständliche Wörter in seinem kindlichen Ara-
berjargon. Es versucht, drei Stiele von Tabakpflanzen
zusammenzubinden und sie auf seinen Rücken zu legen,
was geradezu Balken für es sein müssen; oft kippt die
Fracht herunter, dann fängt es geduldig von vorne an. Ich
muß an die sauberen und ordentlich gekleideten Kinder
aus den Tuilerien denken, die unter der Aufsicht einer
Dame oder eines Kindermädchens im Sand spielen; jene
haben eine Schaufel und einen Schubkarren, und man
kauft ihnen schöne Spielsachen. Dieses hier vergnügt sich
trotzdem, auch wenn es nichts von den Neujahrstagen
in Europa oder von dem Sankt-Romans-Jahrmarkt in
Rouen weiß.

In der Nacht ansehnliche Menge von Flöhen, ohrenbe-
täubender Lärm von Hühnervieh, Hunden und Frauen,

die sich streiten, von Kindern, die schreien, von Männern, die ihre Rechnungen machen. Nachdem sich alles beruhigt zu haben scheint, geht die Hausfrau zum Feuer, an dem sich eine Hündin wärmt, die ihre Jungen säugt, packt mir nichts dir nichts die Jungen und wirft sie wie Bälle über die Mauer. Am ruhigsten verhielt sich in der Nacht ein Kamel, das im Hof lag. Im Stall krepierte ein armer Esel, er lag totenstarr auf der Seite und hatte gerade noch die Kraft, ein Bein zu bewegen.

RICHTUNG LIBANON

RICHTUNG LIBANON. *Mittwochmorgen*, um halb sechs trennen wir uns. Maxime will Joseph, der die größte Mühe hat sich zu erheben, nach Beirut zurückgeleiten, und ich werde das ganze Gepäck übernehmen und mich mit Sassetti zum Libanon aufmachen. Es ist früh am Morgen und kalt. Der erste Abschnitt des Libanon, welcher hinter Baalbek beginnt, ist grün und teilt sich seinerseits noch einmal in zwei Abschnitte, wie zwei große Wogen, deren eine über die andere hinwegsteigen will; der eine Abschnitt ist baumreicher, und man könnte ihn fast für einen Wald halten, lauter Johannisbrotbäume. Je höher man kommt, desto größer wird der Libanon, der Antilibanon, wenn man sich umblickt, die Ebene, wenn man nach rechts oder links schaut; danach eine Hochebene, die leicht abfällt und über die man herabsteigt. Unterhalb dieser geneigten und bepflanzten Ebene fließt ein Bach, ein Sturzbach mit eiskaltem Wasser, der vom Gebirge herunterkommt; er springt in natürlichen Kaskaden von einer Stelle zur anderen herab; an einer etwas höher gelegenen Stelle trifft er sich mit einem andern, der sich dort gabelt: so entstehen eine Menge kleiner Bäche, die alle sehr klar sind und insgesamt ein umfassendes, feines Rauschen erzeugen. Mein Pferd will saufen, doch sein Gebiß hindert es daran, das Wasser ist nicht tief genug. Unsere Männer legen sich auf den Bauch und trinken.

Es geht wieder aufwärts, jetzt wird es steiler, die Bäume stehen nicht mehr so dicht beieinander, sie sind kleiner, unglaublich viele sind abgestorben. – Der im übrigen sehr belebte Weg wird immer scheußlicher, Abu-Alis Pferd muß hochgezogen werden, es droht, mitten im Gebirge vor Ermüdung zu krepieren; das eröffnet uns keine

rosigen Aussichten hinsichtlich unseres Gepäcks, das
trotz aller Mühe, die ich mir gebe, auseinanderzufallen
und hinterherzuschleifen beginnt. Wenn auch das Gelände, über das wir marschieren, von weitem bar jeder
Vegetation anmutet, so ist doch etwas davon vorhanden,
hier und da ein kleiner Busch zwischen weißen Kieseln
und der grauen Erde. Der Himmel läßt sein Blau immer
mehr hervortreten, und die Ebene steigt sanft in Richtung Baalbek an und setzt so die Geländebewegung der
letzten, auslaufenden Ketten des Antilibanon fort. Meine
Augen suchen den Schnee, den ich dieser Tage gesehen
habe; ein wenig liegt zu meiner Rechten, drei Gewehr-
schüsse entfernt.

Sassetti wird von Kälte und Müdigkeit überwältigt, die
Maulesel gehen in einem jämmerlichen Tempo oder, besser
gesagt, sie gehen überhaupt nicht mehr vorwärts.

Die Aussicht wird immer weiter, in wenigen Augenblicken werde ich auf den Gipfeln des Libanon sein. Werde
ich auf der andern Seite das Meer sehen? Der Weg macht
eine Biegung und führt um eine Kuppe herum, und über
einen ziemlich engen Zugang (rechts unten, wenn man auf
dem Gipfel steht) gelange ich in ein ganz kleines, wie mit
einem Löffel ausgeschaufeltes Tal, wo es eine Stelle mit
ganz grünem Gras gibt. Danach geht es noch fünf Minuten
aufwärts; auf der rechten Seite Schnee; wenn er geschmol-
zen ist, wächst dort sicherlich Gras.

Von hier oben, vom schroffen Gebirgskamm des Libanon aus, blickt man gleichzeitig (man braucht sich nur
umzudrehen) auf den Antilibanon und auf die El-Beka-
Ebene an der Ostseite des Libanon einerseits und andererseits auf das Zederntal und am Ende dieser schiefer-
farbenen Schlucht mit roten Streifen und schwarzen
Schattierungen auf das blaue, von Nebelbänken bedeckte
Meer. Das Tal beginnt vor einem, neigt sich dann in einer

Kurve nach links, verläuft weiter geradeaus und fällt zum
Meer hin ab. Von hier oben sieht es aus wie ein großer
Durchstich, der zwischen die beiden Gebirgszüge gehauen
wurde, wie ein natürlicher Graben zwischen zwei riesigen
Mauern. Über dem vorherrschenden sehr dunklen Blau-
ton schwarze Stellen: das sind Bäume, zwischen denen
man kleine graue Würfel, Häuser, erkennen kann. Im
Vordergrund rechts Kuppen bis runter ins Tal, wie rosafarbene, regelmäßige, im ganzen gesehen blasse Rückenwirbel; in Richtung auf den Hintergrund abfallend, verblassen sie nach und nach zu einem Grau, das sich mit
dem Weiß des tiefliegenden Terrains vermählt. Zwischen
den einzelnen Kuppen ziehen sich weiße Streifen hin: das
sind die ausgetrockneten Hohlwege der Gießbäche. Hier,
auf dieser Seite, stehen auch die grünen Zedern inmitten
des Graus, das sie umgibt. Im Gesamtbild dieser so weiten
Landschaft machen sie nur ein Detail aus, ich hatte sie mir
viel gewichtiger vorgestellt. Doch davon abgesehen, als
Gruppe, als etwas Unerwartetes in der Komposition hinterlassen sie einen hübschen Eindruck. Links das Gelände
ist sehr uneben, wie eine Woge ausgekehlt, dem Augenschein nach eben und ganz grau, ohne jegliches Grün; die
grünen Farben beginnen erst etwas weiter unten. Rechts
zu (in Richtung Tripolis) der weiße Sockel eines Berges,
wir machen einen Bogen um ihn, um uns nach Ehden zu
begeben. Auf halber Höhe große, grüne Baumgruppe,
noch bevor man in die Ebene kommt, die sich (auf dieser
Seite) bis ans Meer erstreckt. Das Dorf Bscherre scheint
mitten zwischen seinen hohen, grünen Bäumen, die an
Fichten erinnern (es sind aber Zitterpappeln), gänzlich
über den Abgrund gebeugt, und das Tal (von dem wir hier
wegen der großen Höhe, in der wir uns befinden, nur die
Hänge sehen können, die zu ihm hinabführen) macht den
Eindruck, als sei es senkrecht eingekerbt.

Dreht man sich um, dem Antilibanon zu, hat man zunächst den Libanon vor sich: im Vordergrund den kahlen Teil des Gebirges, dahinter das Plateau, das zu dem bewaldeten Teil hin ansteigt. Sein Grundton ist gräulich und hier und da mit grünen Baumgruppen besetzt, das Gelände bildet einen großen Buckel und vereinigt sich dann mit einem Wald aus Johannisbrotbäumen, dessen Ostseite man nicht sehen kann. Daran schließt sich die Bekaa-Ebene an, die den Eindruck macht, als steige sie an und als ließe sie sich zu Füßen des Antilibanon nieder, der seine aufeinanderfolgenden Bergketten eine nach der anderen zusammenrafft. Mir kommt er sehr breit vor, viel stumpfer und geduckter als der Libanon. Mitten in der Ebene der kleine Berg, an dem wir neulich, als wir uns nach Baalbek begaben, vorbeigekommen sind; links scheinen Libanon und Antilibanon sich zu vereinigen und Celisyrien zu umschließen, auf jeden Fall gehen sie ineinander über; rechts die Berge, hinter denen Zahle liegt. Das ist auch die Gegend, wo Maxime jetzt unterwegs ist; da ich gerade auf etwa der halben Höhe des Berges war, versuchte ich, ihn in der Ebene zu erspähen. Kein Vogel, kein Laut, nichts, nur eisiger Wind und das Schwindelgefühl, das sich in der Höhe einstellt.

Tiere und Leute haben mich eingeholt, alle arg mitgenommen; ich hatte schon zuvor das Maultier von der Küche samt Gepäck hinpurzeln sehen, an der Grasstelle, von der ich gesprochen habe; Abu-Ali ist samt Pferd im Gebirge verschollen. Sassetti sieht mir mehr tot als lebendig aus, ich muß ihm meinen Überzieher zum Aufwärmen geben, der ihm das Aussehen eines unglaublich schweren Stehaufmännchens verleiht; er ist vor Kälte steif, sehr niedergeschlagen und entmutigt. Er steigt vom Pferd und kann nicht gehen, stolpert mehrere Male über seine eigenen Füße und besteigt mit viel Mühe schließlich wieder sein Pferd. Man kann von Glück reden, daß er sich dabei nicht den Hals gebrochen hat, er saß nicht fester im Sattel als ein Bündel mit schmutziger Wäsche – in einem fort fragt er mich, wie lange wir noch brauchen –, ich versuche, so gut ich kann, ihm Mut zu machen.

Abstieg, keine Steine, nur Erde. Es ist so steil, daß ich zu Fuß gehen muß. Es geht bergab, das Tal wird breiter, es macht nicht mehr den Eindruck eines Grabens zwischen zwei Mauern, vielmehr einer Schlucht zwischen sehr schroffen Steilhängen. Wir lassen die Zedern zur Rechten hinter uns und dringen in das Tal vor. Nachdem wir wie Hexen von Felsen zu Felsen gesprungen sind und uns Beulen geritten haben – Abu-Issa entrüstete sich jedesmal, wenn wir »Allah!« riefen –, nehmen doch die zwei Dummköpfe ihre ganzen Stimmen zusammen und fragen Männer, die weit hinten auf dem Feld arbeiten, nach dem Weg. Eine halbe Stunde Stillstand, die Maultiere tummeln sich in der Gegend herum, der Esel verirrt sich, der Esel muß gesucht werden. Wir befinden uns am Dorfeingang von Bscherre. Zwei Männer kommen und erklären den Muckern, wie wir wieder auf den rechten Weg gelangen; wir hätten nicht ins Tal hinabsteigen dürfen, sondern von den Zedern aus rechter Hand in gerader Richtung weitergehen müssen. Es gilt jetzt, eine fast senkrechte Erhebung hinaufzusteigen, jedenfalls hat sie die Form eines Zuckerhuts; die Pferde schaffen es unter kräftiger Zuhilfenahme der Sporen; was das Gepäck anbelangt, auf das ich oben fast dreiviertel Stunde warten muß, so war alles zu Boden gefallen, und man mußte die Last von drei Mauleseln auf dem Rücken heraufschleppen.

Während ich noch dort oben auf der Rückseite von Bscherre verweile und das Gebirge vor mir (Talseite) mit seinen roten Farbtönen, den bebauten Stellen, den lichten, grauen Kämmen und den schon im Schatten liegen-

den Tälern und den hügeligen Weiten betrachte, die sich
in zart verschwommenem Schwarzblau dahinter anschlie-
ßen, da taucht eine alte Frau mit sanftem Gesicht und
struppigem, grauem Haar auf und bietet mir aus einem
Napf Reisbrei an. Auf dem Scheitel ihres Kopfes trägt sie
eine Art Silberkegel, der sich nach oben hin erweitert und
vielleicht drei Zoll hoch ist; so etwas wird unter dem
Schleier getragen, das Oberteil ist leicht konvex. Kurz
darauf kommt ein großes, dünnes, weißes Mädchen mit
blauen Augen, weißen Zähnen und einem gutmütigen
Kindergesicht hinzu und stellt sich neben sie, in Höhe der
Zügel meines Pferdes. Von all dem, was sie mir sagen,
verstehe ich nur so viel, daß sie mich zu überreden suchen,
hier zu bleiben und die Nacht bei ihnen zu verbringen; ich
würde mich unterwegs verirren und erst nach Sonnenuntergang in Ehden ankommen. Das Mädchen wirft mir
äußerst ermunternde Blicke zu, ihr blühendes Gesicht
lacht wie der Frühling, und die Alte, die sich hinter sie
stellt und auf sie zeigt, macht mir eine bekannte arabische
Handbewegung und sagt mehrmals: »Buono, buono«. Ich
zögere mit dem Übernachten. Sassetti schläft auf dem
Sattelbaum. Er hat den Leuten, die beim Hochtragen des
Gepäcks halfen und uns lange Reden hielten, ein prächtiges »saublöde Scheißkerle!« gewidmet. In seiner Wut darüber, ihnen nicht verständlich machen zu können, was er
sagte, versprach er ihnen nichts weniger, als sie »mit dem
Säbel in Stücke zu spalten«; danach wieder Windstille.

Wir brechen auf; zwei Maultiere plumpsen in ein Loch;
die wackeren Mucker waren wie stets eine Viertelmeile
von ihren Tieren entfernt. Abu-Issa taucht auf, wir machen uns an die Rettung der Maultiere (unterdessen verlaufen sich die beiden anderen, der Esel ist weiter hinten
bei Hussein). Damit sich die Tiere wieder bis zum Pfad
raufhangeln können, müssen wir den Boden mit unseren

Händen abtragen, um das Gefälle zu verringern; die Maul-
eselin mit den Lebensmittelkisten strauchelt trotzdem.
Ich schreie: »Tajeb!«, Abu-Issa bückt sich und hebt zwei
Kiesel auf, die zwei Lebensmittelkisten fallen runter, ich
schreie immer noch »Tajeb kebir!« Abu-Issa, in jeder Hand
einen Stein, schlägt voller Wucht damit gegen seine Schläfen (sein Turban löst sich), während er unartikulierte
Schreie ausstößt, in denen die Hs und As dominieren; wir
machen uns wieder flott und ziehen weiter. Da die Nacht
bald hereinbrechen würde, mußten wir uns beeilen, wir
waren noch eine gute Stunde von Ehden entfernt. Ich
nehme im Trab den Pfad, der dort hinführen soll, und
merke, daß er mich den Berg hinaufführt; also reite ich
wieder herunter und steuere dann querfeldein das Dorf
an. Am Hang eines Hügels graste eine Herde schwarzer
Ziegen, über dem Meer ging die Sonne unter, und ihr
immenses Rot, das sich hinter den Bergen ausgoß, tauchte
diese Seite des Himmels ganz in Purpur, so daß er wie das
aufgefächerte Rad des Vogels Phönix aussah. Einige
Hänge waren schwarz, andere dunkelblau; im Hintergrund das grüne Massiv von Ehden. Ich steige über alles
hinweg; Felder, Felsen, Hohlwege, Einfriedungen aus auf-
gestapelten Steinen; Sassetti, halb erfroren und mit blassen Lippen, folgt mir von ferne, so gut er kann.

EHDEN. – Der Dorfeingang von Ehden ist sehr reizvoll:
dichte Gruppe von Nußbäumen zwischen großen, weißen
Steinen, der Weg führt unter Bäumen neben einem Wasserlauf her, der rechte Berghang ist bepflanzt. Mir hämmert der Schädel, bei jeder Bewegung des Pferdes tut er
mir weh. Ich frage einen Kapuziner, wo sich das Kloster
der Lazaristen befindet; er gibt mir durch ein Zeichen zu
verstehen, daß es sich im Zentrum des Dorfes befindet;
das veranlaßt mich, an einem großen Khan aus Stein

anzuhalten, wo ein Pferd, das dort stand, so heftig aus-
schlug, daß es das meinige fast umgebracht hätte. – Ich
komme schließlich beim Kloster an; dank meiner Pantomime werde ich von einem sehr schüchternen, jungen
Bruder aufgenommen, der nicht recht weiß, was er mit
mir anfangen soll. Eine Stunde später weckt er mich zum
Essen; ich habe wie ein Toter geschlafen und ziehe vor,
meinen Schlaf fortzusetzen; wegen der Unmenge von Flöhen, die mich die ganze Nacht quälten, war er allerdings
nicht von Dauer.

Donnerstagmorgen. Spaziergang bis ans Ende des Dorfes, bis zu einer kleinen Erhebung, von der aus man jenseits
der Ebene am Meer Tripolis sehen kann. Wir sprechen über
die Maroniten, er kommt mir in Hinblick darauf sehr
zurückhaltend vor. Vor einiger Zeit wollten englische
Geistliche aus Tripolis nach Ehden kommen, um hier den
Sommer zu verbringen; sie waren gezwungen, wieder abzureisen, weil der Maronitenscheik drohte, ihnen das
Haus anzuzünden. Dasselbe passierte ein zweites Mal,
dieses Mal mit der Drohung, das Zelt anzuzünden. Die
Sache wurde vor den Diwan von Beirut gebracht, das
Recht blieb auf seiten der Maroniten, und die Geistlichen
kehrten nach Tripolis zurück. Ich frage meinen Begleiter,
ob sie ihrerseits auf das Zivilleben der Maroniten irgendeinen Einfluß ausüben. Er sagt mir: »Gar keinen!« Vielleicht hing die Frage zu sehr mit dem oben erwähnten
Vorfall zusammen.

Eifersucht des Maronitenklerus auf den lateinischen
Klerus, Ignoranz der Verheirateten unter ihnen; sie sind
gezwungen, als Tagelöhner arbeiten zu gehen, daher
Verachtung und Geringschätzung. Gegen zehn erscheint
der Superior. Spanier mit würdevollen Manieren und ge-
fälliger, brauner Physiognomie; er kehrt von einer Klausur zurück und trägt in einem kleinen Kasten alle sakralen

Geräte für die Meßfeier bei sich. Bei meinem ersten Besuch reden wir ein wenig über die christlichen Religionen des Orients, bis jetzt kommt er mir gelehrter als alle seine Mitbrüder vor, die ich zu Gesicht bekommen habe. Da erscheint der Scheik des Dorfes: häßlich, blond, bekleidet mit einem schönen, goldbestickten Habarah aus schwarzem Tuch und einem roten, silbern punktierten Seidenturban auf dem Kopf. Wir reden über die Drusen, er gibt ein paar Dummheiten von sich, die der Prior noch herauskehrt. Letzterem zufolge (vor ein paar Jahren wurden nach dem Einfall in ein Drusendorf einige von ihren mystischen Büchern unter Beschlag genommen und nach Paris geschickt, sie waren in einem sehr alten reinen Hocharabisch geschrieben) besteht die Religion der Drusen, zumindest nach dem, was man davon in Erfahrung bringen konnte, aus folgendem: Gott schuf das Wort, welches das Gute und das Böse schuf. Mitunter wird das Wort Fleisch und erscheint, jetzt ist es verborgen, vielleicht im Körper eines Tieres oder eines Schurken. Früher oder später wird es wieder erscheinen; wenn ein sehr großer Mann kommt, wird er es sein. Als Napoleon im Orient auftauchte, hatten die Drusen keinen Zweifel, daß er es sei, und sie wollten ihn aufsuchen. Ihre Religion ist eine Art hochentwickelter Pantheismus, dem viele Elemente der Kabbala beigemengt sind. Sie stehen dem Christentum näher als die Muselmanen, jedenfalls nach Meinung des Superiors, der sie in intellektueller Hinsicht sehr hoch einzuschätzen scheint. – Bei manchen Arabern bemerkenswerter Sinn für Metaphysik, oft hat ihn der Scharfsinn ihrer Fragen in Erstaunen versetzt. – Sittenlosigkeit bei den Völkern des Libanon, die der Superior dem Kontakt mit den Türken zuschreibt, wenn sich die Christen im Winter in der Ebene niederlassen. In manchen Dörfern verkauft der Ehemann dem Fremden das »Gebrauchs-

recht« an seiner Frau; vor ein paar Tagen schlug ein arabischer Geistlicher einen Türken zusammen, den er dabei
überrascht hatte, wie er mit einer Frau »Schweinereien
trieb«; als er ihn zur Rede stellte, war seine Hose mit Blut
besudelt, als Erklärung gab er das oben erwähnte Motiv
an.

Den Nachmittag verbringe ich damit, Notizen zu machen, umgeben von Zuschauern, die oft so zahlreich sind,
daß sie mir manchmal völlig den Eingang zum Zelt versperren; sie sagen, sie hätten noch nie so ein schönes Zelt
gesehen.

Abu-Ali meldet sich zur Stelle, er ist mitten in der
Nacht mit seiner Mähre angekommen; unterwegs war er
gezwungen, für fünf Piaster einen Mann zu heuern, der
ihm dabei half, auf sein Tier einzudreschen und es hierher
zu bringen. Er beklagt sich sehr über Joseph und sagt, nie
hätte er einen so üblen Dragoman gesehen; das alles übersetzt vom Laienbruder des Klosters, der mit uns bei
Tische sitzt, kein Wort sagt und beide Ohren spitzt.

Abends, bei Sonnenuntergang, kleiner Spaziergang mit
dem jungen Bruder. Die Berge sind violett, manche Teile
des Himmels zwischen den Hecken und den Nußbaum-
zweigen sind von feuerrotem Gold. Bei der Rückkehr ist
der Himmel ganz orangefarben; vom Korridorfenster des
Klosters aus schöner Abend, sehr helles Mondlicht. Ich
schlafe allein im Zelt ein, auf mein kleines behagliches
Eckchen zurückgezogen.

Freitag, der 20. Sassetti scheint mir recht krank zu sein,
er hat sich mehrmals übergeben, ich nehme Spülungen an
ihm vor. Der Superior ist von seiner Klausur noch ganz
mitgenommen. Meine Beine sind mit Bleiwasserkompres-
sen umwickelt, ich bin allein im Zelt, Fliegen summen, die
Sonne scheint. Wo Maxime jetzt wohl ist? *Ehden, halb elf
Uhr morgens.*

Am Nachmittag geht es Sassetti schlechter, Visite des Karmeliterarztes, eines großen, mageren Italieners; er läßt ihn zur Ader. Gegen fünf Uhr abends schicke ich Abu-Issa nach Beirut, um Suquet zu holen. Abend voller Besorgnisse Sassettis wegen.

Am *Samstagmorgen*: Besserung. Visite des Karmelitenbruders. Maxime trifft um Viertel nach zwölf ein, ganz gestiefelt, erstaunt, völlig abgekämpft. Unter anderen Nachrichten aus Beirut überbringt er mir die vom Tode Louis-Philippes. Abends machen wir gemeinsam mit dem Superior einen Besuch beim Scheik, dem wir ein Schreiben von Pater Hazard übergeben.

Sonntag. – Sassetti wird wieder vom Fieber geschüttelt. Um fünf Uhr brechen wir nach den Zedern auf. Wir folgen der Bergseite, die nach Ehden zu liegt; um halb neun sind wir bei den Zedern. Es gibt nur noch wenige, die aber sehr mitgenommen aussehen und für Zedern nur von mittlerer Größe sind; außerdem werden sie von den benachbarten Bergen erdrückt, was ihre Höhe angeht. Immerhin gibt es ein paar beachtliche alte Stämme, deren Zweige allerdings abgestorben sind; in ein paar Jahren wird es keine Zedern mehr geben. Manche sind mit Namen übersät, der von Lamartine ist von irgendeinem Ordnungsmann entfernt worden. Unter den Zedern zwei grüne Araberzelte. Es sind Engländer, wir sehen unter dem einen eine Lady mit Hut hervorkriechen. Der maronitische Geistliche bietet uns einen Teppich und das Gästebuch an.

Von den Höhen des Libanon aus weniger schöne Sicht als das erstemal wegen des Nebels, der die Ebene von Bekaa bedeckt und den Antilibanon verhüllt; das Meer liegt grau und von Dunst überzogen da, das Zederntal ist weit weniger gewunden, als es mir beim ersten Mal schien; vielleicht weil der Weg weniger steil ansteigt. Ich sehe keinen Schnee mehr, es ist auch nicht mehr so kalt wie

vergangenen Mittwoch. Davon abgesehen liegt eine ewige
Schönheit darüber; beim Abstieg bin ich davon ganz be-
nommen so wie beim ersten Mal. Wir kehren über das Dorf
Bscherre wieder zurück: natürliche Kaskaden über den
Felsen, Wasserfälle und Felsansichten wie auf den Gemälden von Poussin, wahrhaftig ein Land wie geschaffen für
die Malerei, ja, das sogar nach ihrer Vorlage entstanden zu
sein scheint. – Maulbeerbäume und Pappeln. – Bei der
Kirche machen wir halt. – Kinder. – Ein junger Mann
psalmodiert zusammen mit einem anderen aus einem
nicht eingebundenen Buch. – Kleiner Bengel, der nur ein
Wort Italienisch kann: *si*. – Trauerfontäne, die vom Haus
des Scheiks herunterplätschert. – Es geht wieder aufwärts. (Beim Abstieg aus einem irdenen Napf Ziegenmilch
getrunken, die Hirten uns anboten; die Herde war von der
Farbe des Bodens: weißgrau, manche schwarz; sie hielt
sich zu beiden Seiten des Weges auf, der hier von Mauern
aus unbehauenen Steinen gesäumt wurde, und verlief sich
in der Umgebung.)

Um halb zwei in Ehden angekommen, wo wir auf den
Karmeliterbruder treffen, der Sassetti noch einmal zur
Ader gelassen hat. Wir wollen Vorbereitungen treffen, um
ihn morgen nach Tripolis mitzuschleppen.

Josephs Nachfolger und sein Namensvetter, ein kleiner,
schwarzer, magerer Mann, weiße Kniehose, beim Reiten
auch nicht glänzender als sein Vorgänger, in punkto Bildung nun wirklich nicht gekünstelt oder aufgeweckt.

In der Maronitenkirche zu Ehden, die an das Lazaristenkloster grenzt, hängen Leinensäcke, die Puppen von
Seidenraupen enthalten; auf jedem Sack steht der Name
des Besitzers; man bringt sie hierher, um den göttlichen
Segen auf den Inhalt dieser Säcke herabzuholen. Darstellungen mit dem Jesuskind, das der Mönch Maro in seinen
Armen hält. *Donnerstag, 26. September.*

Abends Diner beim Scheik mit Monsieur Amaya. Das Haus des Scheiks ist ein großes Haus aus Stein, an dem ich bei meiner Ankunft aus Ehden angeklopft und das ich für einen Khan gehalten hatte. Uns zu Ehren hat man vor der Tür gekehrt. Wir steigen eine Treppe ohne Geländer hoch und schreiten durch einen Raum zwischen einer Menge von etwa dreißig Dienern durch, und der Scheik, der uns entgegengekommen ist, heißt uns in einem großen Gemach Platz nehmen; er trägt denselben kleinen, vergoldeten Turban wie anläßlich seines Besuchs bei Pater Amaya. Wir werden mit Weihrauch eingenebelt, man besprengt uns das Gesicht mit Orangenblütenwasser; dann kommt ein Domestik mit einem langen Handtuch, damit wir uns die Hände abtrocknen. Diner nach europäischer Art, das aber aus einheimischen Speisen besteht, nach deren Verzehr ich am Abend vor Magenweh zu krepieren wähne.

Am nächsten Morgen bricht Max um fünf Uhr nach Tripolis mit einem vom Scheik gestellten Führer auf, und ich bleibe allein zurück, um das Gepäck vorzubereiten und mich um Sassetti zu kümmern. Ich falte alles und packe alles ein, umgeben von Volk, das mir zusieht, und von Muckern, die mir im Wege stehen. Um halb sieben ist schließlich alles abgefertigt. Sassetti, dem es dem wackeren Karmelitenbruder zufolge bestens gehen müßte (»domani niente, signor, niente«), geht es schlechter als je zuvor, er hat wieder Fieber; ich verabreiche ihm achtzehn Körner Chininsulfat, es hält trotzdem an. – Abu-Issa ist mit dem Schreiben Suquets zurückgekehrt, der mir sagen läßt, daß man pro Tag bis zu zwanzig nehmen darf.

Um drei Uhr nachmittags scheint es ihm so schlecht zu gehen, daß ich nicht weiß, welchen Entschluß ich fassen soll; schließlich entscheide ich mich doch zum Aufbruch. Es galt, so schnell wie möglich zu einem Ende zu kommen, und um halb fünf hieve ich ihn aufs Pferd. Die Wegstrecke bis Jebhaila (zweieinhalb Stunden) war eine Tortur; Monsieur Amaya und mir schnürte sich die Brust zusammen, erst am Abend bei der Ankunft wurde mir etwas freier ums Herz. Bei jedem Schritt hatten wir Angst, er würde herunterfallen, auf jeder Seite hielt ihn ein Mann am Schenkel fest, der arme Bursche hinter mir hörte nicht auf zu fragen: »Wann sind wir da? Wieviel Minuten noch?« – und Monsieur Amaya, dem ich mich näherte: »Dieser arme, junge Mann! Dieser arme, junge Mann!«

Ein paar Minuten vor fünf sagte ich dem Lazaristenbruder und Monsieur Pinna, den ich umarmte, Lebewohl, ebenso dem ganzen armseligen Häuschen, in dem ich angstvolle Viertelstunden durchlebt hatte. Die Sonne ging unter. Dann in vollem Geschirr durch das Dorf galoppiert, um Sassetti einzuholen. Von den Bauern kam ein paarmal: »Messu comb'ah crer'h«. Das Maultier des Paters Amaya lief uns voran, wir konnten kaum Schritt halten, immer wieder mußten wir wegen Sassetti anhalten, der wie leblos auf seinem Pferd, das von dem Ritt nach Beirut noch ganz lendenlahm war, hin und her schwankte; um sich dorthin zu begeben, hatte Abu-Issa dieses Pferd genommen. Steiler Abstieg über scheußliche Wege. Ein paar Ziegenherden. Vor allem links ist das Gebirge imposant: bewaldet, felsig, schwer zugänglich; man klettert durch die Betten mehrerer Wildbäche bergab, wobei man sich fast an die Steine klammern muß. Kuppe dahinter, eine Art Plateau, dann wieder Abhang. Unten daran liegt das Dorf Jebhaila, in dem wir um halb acht eintreffen; es ist völlig dunkel geworden, die Hunde heulen, ein paar Lichter. Unter einem geräumigen Gewölbe im Hause des Maronitenpfarrers ist rasch eine Matratze ausgebreitet. Doch statt sich jetzt bei der Rast zu erholen, geht es unserem Kranken, so scheint es, noch schlechter; ich habe Angst, daß er in dieser Nacht stirbt, das Fieber ist sehr heftig, der

Blick starr, er hat kaum noch Kraft zu sprechen und weiß nicht mehr, wo er ist.

Wir lassen uns unter einem Baum nieder, auf einer Art kleiner Terrasse, die wohl für Empfänge und Kiefs gedacht ist. Pater Amaya drängt mich, meine Waffen zu laden, aus Furcht vor den Schakalen, die uns, wie er meint, vermutlich über unseren Leib laufen werden. »Wickeln Sie sich gut in Ihre Decke ein«, sagt er mir etwas später, »in diesem Dorf hier gibt es viele Schlangen.« Ich sehe, wie er selber sein Gewehr zurechtmacht, und er zeigt mir, wie man, um gut zielen zu können, am Ende des Laufs zwei kleine Papierzipfel anbringen muß. Der Mond war großartig, er beleuchtete das ganze Tal; die Ebene verlor sich in nachtblauen Tiefen, in denen Schweigen herrschte. Wir redeten über die Toten; er berichtete mir von dem Tag, an dem er seiner Mutter ein letztes Mal Lebewohl gesagt hatte, und von allen, die er verloren hat: das war einer der feierlichsten und zutiefst poetischen Augenblicke meines Lebens. Lange noch werde ich sein weites, schwarzes Gewand im Gedächtnis behalten, das sich im Mondlicht abhob, als er sich hingekniet hatte, um sein Gebet zu verrichten, wie auch sein so mütterliches Verhalten im Umgang mit dem Kranken, seine Engelsgeduld, als er für Sassetti mit ein paar Strohhalmen eine Tasse Tee aufbrühen wollte. Wir schlafen mit etlichen Unterbrechungen rund zwei Stunden; die Flöhe, die Besorgnis und die Lust, früh aufzubrechen, halten uns wach.

Um Viertel nach zwei setzen wir uns wieder in Bewegung. Eine Stunde später erreichen wir das, was *die Ebene* genannt wird, die lediglich eine Folge von kleinen Erhebungen und Niederungen ist. Ein langes Feld von alten Olivenbäumen mit knorrigen Stämmen. Der Mond wird blasser, bald wird es Tag. Links vom Weg ein Bach; ich steige ab und wasche mir Gesicht und Hände, köstlich!

Eine Herde von Eseln, auf die Pater Amaya heftig mit
dem Kurbasch eindrischt; ich glaube, daß er Menschen,
die ihm nicht Platz machen wollen, genauso behandelt.
Wir kommen über einen Pfad, der in den Hang eines
Hügels geschlagen ist, er führt an hohem Schilf vorbei.
Plötzlich erblickt man Tripolis, eine weiße Stadt, die sich
der Länge nach über die Ebene erstreckt; ganz hinten am
Ufer des Meeres liegt das Hafenviertel.

TRIPOLIS. Lange Zeit streifen wir durch die Straßen von
Tripolis, ein paar Kinder grüßen den Pater Amaya und
laufen vor uns her, vor allem ein kleiner blasser Knirps
mit herrlich schwarzen Augen, einer nach unten zu etwas
platten Nase, mit einer Haarsträhne über dem Kopf und
einem einfachen Takije als Kopfbedeckung. Ich kann Max
im Karmeliterkloster nicht finden, da er mir entgegen-
gehen wollte; Hussein, den ich auf der Straße treffe, sagt
mir, er sei zum Hafenviertel hin. Kurz, nachdem ich mir
eine gute Stunde lang vergeblich im Kloster die Beine in
den Bauch gestanden habe, schwinge ich mich wieder auf
mein Hottepferdchen (ohne Stiefel, die läßt der Zustand
meiner Füße nicht zu), nehme (für Sassetti) meinen Gehrock mit, den ich auf meine Knie lege, und mache mich auf
zur Hafenstadt, gefolgt von meinem kleinen Spaßvogel.
Am Tor muß ich zehn Minuten warten, bis daß er einen
Esel gemietet hat, und als er endlich den Esel hat, bis er
Kleingeld gewechselt hat.

Im Galopp von Tripolis bis zur Hafenstadt, ein schöner
Weg zwischen Gärten; von Zeit zu Zeit ein paar weiß
verschleierte Frauen in gelben Stiefeln rittlings zu Pferde.
Weit hinten folgt mir mein junger Führer auf seinem
schlechten Esel, ich genieße das Vergnügen, allein zu sein
und unter der prallen Sonne auf meinem Pferd dahinzu-
galoppieren; der Schatten meiner Tarbuschtroddel hüpft

über das dünne Gras am Boden; mit dem großen, vor mir
ausgebreiteten Gehrock habe ich das majestätische Aussehen eines Paschas. Im Hafenviertel spricht mich der
dicke Mustapha-Gasis, ein französischer Geschäftsträger,
an und sagt mir, das Boot sei zum Ablegen bereit. Ich
finde Sassetti, wie er unter dem Eingang zum Khan auf
dem Rücken liegt, mitten zwischen Waren und vorüber-
ziehenden Kamelen; ich bereite ihm eine Limonade und
bleibe noch im Caféhaus am Ufer, um auf Max zu warten.
Hier bekomme ich noch einmal einige Beduinen zu Gesicht, es sind die letzten, ich sage auch den Kamelen
Lebewohl.

Max kehrt zurück, er ist seit dem Morgen auf der Suche
nach mir, endlich haben wir uns wiedergefunden; wir bringen Sassetti an Bord und betten ihn auf die Sandlast des
Schiffes. – Die Offiziere der *Merkur*. – Wir begeben uns in
aller Ruhe nach Tripolis zum Karmelitenkloster zurück,
wo wir die Offiziere der *Merkur* wiedertreffen. Als mein
Name fällt, fragt mich der Leutnant, ob ich nicht der Sohn
des Arztes sei; er sagt mir, er heiße Monsieur Lenormand
und sei mit E. Chevalier verwandt. Das erste und einzige
Mal, daß ich ihn gesehen habe, war 1832 in Rouen bei
Monsieur Mignot, als er gekommen war, um seine erste
Marinemusterung über sich ergehen zu lassen; er hatte
noch nie das Meer gesehen; wir ahnten damals wohl kaum,
weder er noch ich, daß wir uns einmal an der syrischen
Küste wiedersehen würden; damals hatte er noch keinen
Bart, und jetzt treffe ich ihn glatzköpfig wieder.

Lästiges Insistieren des Karmelitersuperiors, der will,
daß wir irgendeine Erfrischung annehmen. – Langer Besuch von Pater Amaya, ich bleibe mit ihm allein, während
Maxime zu Monsieur de Choisey geht. Wir plaudern beide
über die Leidenschaften. Vom christlichen Standpunkt
aus ist der Hochmut die Mutter aller Sünden, insofern er

maßloses Ich-Gefühl ist und alles zum Ich hin lenkt, an-
statt es zu Gott hin zu lenken.

Das Haus der Lazaristen. Ich war morgens dort gewesen und hatte Pater Amaya geholfen, die Fenster zu öffnen und den Diwan in Ordnung zu bringen. – Dicke Frau
des Verwalters. – Wir kommen durch einen verlassenen
Hof, kleiner Garten mit zwei Bananenstauden links,
Treppe ohne Geländer, recht saubere Zimmer. In ihrer
Kapelle zwei einigermaßen erträgliche Gemälde, darunter
ein Porträt des heiligen Vinzenz von Paul. Pater Amaya
beklagt, daß die Würmer ihm alle Bücher seiner Biblio-
thek auffressen. Um sechs Uhr sagen wir ihm Lebewohl
und begeben uns zum Diner bei Monsieur de Choisey.

Monsieur de Choisey (früher Monsieur Gudin), Adjutant
des Herzogs von Nemours, hatte Pech im Spiel und hat
sich nach Tripolis abgesetzt; Durchschnittsmensch und
allzu höflich, überhäuft einen mit Zuvorkommenheiten.
Man fühlt sich unbehaglich in seiner Gegenwart, weil man
viele Dinge nicht anzusprechen wagt. Madame Bellot,
seine Nachbarin, führt den Haushalt, nimmt ihre Hand-
arbeit aus dem Nähtisch, wird wie eine Außenstehende
behandelt; hier wird gesitteter geredet als vor der tugend-
haftesten Dame der Welt. Mein Gott, wie blöde, nicht
offen zu reden! – Sein Dragoman Abdallah. Genauso kann
man in manchen Häusern von Ausländern bei Tisch einem
türkisch gekleideten jungen Mann begegnen, der frisch
rasiert ist und angenehme Manieren hat; *sic* bei Monsieur
Suquet und Monsieur Pitzalozza. Position, meine ich,
über die genauer nachzudenken wäre, in der Mitte zwischen türkischer und europäischer Lebensart. Er muß
viele Geheimnisse von der einen wie von der anderen
Person kennen, muß dem Gatten und der Frau zu Diensten sein, ist nichts als ein Domestik für einhundertfünfzig
Piaster im Monat und muß doch unvermeidlich etwas

anderes sein. Uns wurde in Beirut erzählt, daß er mit ihm
spiele und daß er es sich nicht verkneifen könne, ihn zu
betrügen, er kann nicht anders! Monsieur Pérétié habe ich
nicht wiedergesehen, er hat so einen schönen Schnurrbart
und trägt Sporen, wenn er mit dem Schiff reist; da seine
Jagdwut sich mit seinen alten militärischen Gewohnheiten verbindet, hat er für sich und seine Kameraden eine
Jagduniform ausgedacht.

Mittwochmorgen. – Um fünf Uhr morgens allein, ohne
Dragoman und Gepäck, aufgebrochen; die unbeladenen
Maultiere folgen uns in der Ferne. Dieser Küstenabschnitt
erscheint mir weit weniger schön als der zwischen Beirut
und Saida, hier ist alles trocken und ohne Größe; allerdings gewinnt sie, je weiter man geht. Um zehn Uhr
kommen wir in Batrum, in einem großen, gewölbten
Khan am Meeresufer an, wir benutzen unsere Pantomi-
mik, um etwas zu trinken und zu essen zu bekommen; ein
komischer Vogel, der ein italienisches Kauderwelsch redet, hilft uns etwas dabei. Nach dem Verzehr unseres
Proviantes und einer Menge unreifer Trauben machen wir
auf einer Matte am Boden ein Nickerchen; um 2 Uhr
brechen wir wieder auf. Wie am Morgen hat man von der
Straße fast immer Ausblick aufs Meer. Während der ersten Stunde brennender Durst, das kommt von dem
schlechten Wasser in Batrum, das mir eines der abscheu-
lichsten zu sein scheint, das ich je unterwegs getrunken
habe. Um fünf Uhr abends Ankunft in Dschebail, wir
kampieren unter einem Gurbi auf einem Friedhof, der sich
im Ortszentrum befindet; ringsum lassen sich Tiere und
Menschen nieder. Dschebail ist von Mauern umgeben;
ansonsten habe ich nichts besichtigt, mein Fuß tat mir
viel zu weh, sobald ich laufen wollte.

Um halb zwei funkelte der Mond; ich wecke Maxime,
und um Viertel nach zwei setzen wir uns in Marsch, nach-

dem ich für den letzten Tag in Syrien meine ganz feuchten Stiefel wieder übergezogen habe.

VON DSCHEBAIL NACH BEIRUT. Enges Tal, die einzig mögliche Route, um von Beirut nach Tripolis zu gelangen. Mittendrin eine Burg, die den Durchgang bewacht; sie steht auf einem isolierten Felsen, der so wirkt, als sei er wie ein vorgeschobener Block eigens dafür hierher gestellt worden.

Auf halber Wegstrecke zeigt sich mit einem Mal links die St. Georgs-Bai, und mit einem Mal tauchen auch die Berge des Libanon auf, die man von Beirut aus sehen kann. Es sieht so aus, als würde hier viel Handel getrieben, wir sahen da eine Menge Kamele und ein paar Boote; es wurde gebaut.

Fast noch im Mondschein überquerten wir Nahr-Ibrahim, den Adonis-Fluß, der sich zwischen hohem Schilfrohr dahinschlängelt. An unterschiedlichen Stellen sahen wir in der Dämmerung des anbrechenden Tages zwei, drei Männer im Hinterhalt liegen, die offensichtlich menschlichem Wild auflauerten. Der Adonis-Fluß schien mir von derselben grünlichen Farbe wie sein Schilf zu sein und aus einem engen, tiefen Tal mit senkrecht emporragenden Felsen (den zwei Seitenwänden) hervorzukommen.

Nahr el-Kelb, der Fluß des Hundes. Sehr hohe Brücke, die ansteigt und wieder hinabführt; im Gebirge, direkt im Felsgestein, Figuren mit ägyptischen Posen im Basrelief, erscheinen mir aber aus der Ferne von schlichterer Arbeit. Bis Beirut immer am Rand der Wellen entlang durch den feuchten Sand gewatet und uns mit Wasser bespritzt. Reiterkampf.

Wir biegen nach links und kommen über roten Sand, der Weg ist zu beiden Seiten von hohem Schilf gesäumt.

Wir gehen über eine Brücke, an die wir schon einmal
gelangt waren, als wir eines Morgens einen Spazierritt
machten; wir begegnen ein paar Frauen zu Pferde, einem
Türken, der in einer Tartarawane seinem Harem folgt,
Leuten vom Land; und um neun Uhr morgens sind wir
wieder in Beirut. *Rhodos, Freitag, den 4. Oktober, im Laza-
rett.*

Während wir noch damit beschäftigt sind, unsere Stiefel
auszuziehen, kommt Monsieur César Casatti herein, der
uns in seiner Eigenschaft als Landsmann einen Besuch
abstatten will. Wir treffen hier auch Doktor Poyet wieder,
den wir auf dem Karmel nur flüchtig gesehen hatten. – Gestalten aus dem Hotel Baptista: Monsieur César Casatti,
bräunliche, von einer Brille gehaltene Perücke, Schnurrbart und Spitze, Gesellschaftsanzug, Stock, grauer Hut,
ordentlich und gepflegt gekleideter Tourist, hat einen
ebenso albernen Gesichtsausdruck wie sein Meister; Dr.
Poyet (nennt das Meer »bittere Woge«), dick, gedrungen,
schwerfällig, lebhaft beim Sprechen, im Profil Mischung
aus Germain und Théophile Gautier, verwendet wissenschaftliche Ausdrücke, deren Bedeutung er nicht kennt,
Schönredner, frißt einem aus der Hand, ein schmieriger
Monsieur; seine Gattin und sein Kind kränkelnd und häßlich, alle Gesundheit hat sich auf den Herrn Papa zurückgezogen; ein Scheik mit seinem Schüler, Brille, bartlos,
Strohhut, Ausdruck des Erstaunens: »Im Ernst? Warum
nicht gar!« Deutscher Lehrer mit seinem Jungen, einem
jungen Russen, blond und rot; Courvoisier, junger Schwei-
zer aus Basel, schicklich, Reisender in Sachen Uhrenhan-
del, stets sauber gestriegelt und ordentlich gekleidet.

Wir verbringen die Zeit in Beirut damit, unsere Pakete
zu schnüren. – Dreimal dinieren wir bei Suquet. – Vormittag bei Rogier, nicht so angenehm wie das erste Mal, die

Damen haben weniger Lebensart, mir scheint auch, sie gehören einer weniger gehobenen Gesellschaftsklasse an.

Sonntag, Diner bei Monsieur de Lesparda mit Artim-Bey. – Dr. Pitzalozza mit seinem rundlichen Frauchen, photographische Erfolge desselben.

Dienstag, der 1. Um vier Uhr schiffen wir uns an Bord der *Stambul* ein, wohin wir von dem jungen Henri Dantin, einem Angestellten von Rogier, in einem Boot gebracht werden. Die ganze erste Klasse der Backbordseite ist von Türken und einem Harem belegt worden, der von den Männern getrennt und wie Pferde in eine Box gesperrt ist; die Frauen, Weiße, Negerinnen, junge, alte, liegen auf Matratzen und Teppichen. Auch die arme Frau des Doktors Poyet ist mit ihrem Kind hier; ich habe selten etwas Traurigeres gesehen als den Hut dieser Frau: braun, verschossen, mit ein paar verwelkten Blumen, lag er neben den Halbstiefeln von Monsieur auf dem Dach der Kajüte. Dieser hat seine Entlassung eingereicht und will sich in Konstantinopel niederlassen; uns gegenüber behauptet er, schon in den Diensten Mohammed Alis und des Schahs von Persien gestanden zu haben. An Bord befinden sich auch der Malim des Paschaliks von Beirut und der Scheik von Beirut. Der erstere: dick, weiß, schöner junger Mann, bedeckt mit einem kurzen, lammfellgefütterten Gehpelz, Kneifer, Goldkette, Seidenweste, europäisch gekleidet, nur die Schuhe trug er auf türkische Art wie Pantoffeln; der zweite: hagerer Mann mit langer Nase, schwarzem Bart, Turban und grünem Gürtel, unangenehmer Gesamteindruck. – Der Kapitän wie die gesamte Mannschaft Italiener, spricht Türkisch, bartlos, abgesehen von einem kleinen Schnurrbart. »La pipa di sua esselenza.« – Der Leutnant groß, buckelig. – Ein kleiner Türke, eine Art Bardasche, weißhäutig mit schwarzem Haar, trägt auf dem Kopf die griechische Haube von Mademoiselle Bernier.

Vor dem Ablegen setzte sich eine große, schwarze, magere junge Frau neben das Steuer, in gebrochener Haltung, mit blassem Gesicht, Armreifen aus goldenen Ket-
tenfäden, die quer über den Arm liefen und von einer
einzigen Spange zusammengehalten wurden, der Armreif
war etwa drei Zoll breit und enganschließend wie ein
Handschuh; tiefe, wunderbar schwarze Augen; neben ihr
eine dicke alte Frau, Profil wie bei George, prachtvolle
Partien in der unteren Gesichtshälfte, voll und reichhaltig
wie bei der Vitellius-Büste, trauriger Ausdruck. Sie waren
in Trauer. Ein junger, griechisch gekleideter Mann, auch
er in Trauer, leistete ihnen eine Zeitlang auf der Brücke
Gesellschaft, ging dann weg, als das Schiff die Anker
lichtete. Mit ihnen befanden sich zwei gelbgewandete Negerinnen; die eine hatte außerdem eine rote Jacke, ein
ganz und gar animalisches Gesicht, unter ihrem Mieder
schaukelten ihre Brüste hin und her, sie hielt sich aufrecht, indem sie sich mit gespreizten Händen auf die
Schiffsreling stützte. – Das Kind des Malim, ein kleines
Mädchen von drei oder vier Jahren, dessen Augenbrauen
durch Schminke miteinander verbunden waren.

Mittwochmorgen um sechs Uhr werden auf der Reede
von Larnaka die Anker geworfen. – Am Ufer erstreckt
sich die weiße Linie der Hafenstadt; mir kommt die zy-
priotische Küste nackt und ausgetrocknet vor, man muß
dort kochen vor Hitze; ein paar Palmen. – Larnaka liegt
an einem Knick zwischen der Hafenstadt und dem Fuß
des Gebirges. Der Olymp ragt spitz empor, an der (östlichen) Seite ist er etwas ausgekerbt und von zartbräunli-
cher Färbung. Die zypriotischen Küsten scheinen mir den
syrischen ähnlich; die Küsten von Karamanien sind weniger hoch, aber stärker bewaldet.

Freitag. – Bei kaltem, bewölktem Wetter steuern wir
Rhodos an. Die See, welche die ganze Nacht über aufge-

wühlt war, hat sich noch keineswegs beruhigt, und wir
tanzen ganz hübsch auf den Wellen, um die Hütten der
Quarantänestation zu erreichen, wo uns der Pascha gleich
ein Diner auftragen läßt. Besuch von seinem Dolmetscher
und von Monsieur Pruss, dem französischen Vizekonsul.
*Quarantänestation von Rhodos, Sonntagmorgen, 6. Oktober
1850.*

ANHANG

HINWEIS DER ÜBERSETZER

Flaubert schrieb die Reiseaufzeichnungen, die er während seiner Reise in Ägypten, Palästina, Griechenland und Italien gemacht hatte, nach seiner Rückkehr 1851 in Croisset noch einmal neu. Die erste Fassung der Aufzeichnungen wird in Form kleiner Notizbücher, wie sie seinerzeit üblich waren, als *Carnets de voyage* in der *Bibliothèque Historique de la Ville de Paris* aufbewahrt.

Das Original der Ab- bzw. Neuschrift geriet nach Flauberts Tod in den Besitz seiner Nichte Mme Franklin Grout, der rechtmäßigen Erbin, und wurde im Jahre 1931 versteigert. Alle existierenden französischen Editionen der Reiseaufzeichnungen geben diese zweite Version wieder, die erste Veröffentlichung stammt aus dem Jahr 1910 (*Notes de Voyages*, in: *Œuvres Complètes de G. Flaubert*, Louis Conard, Libraire-Editeur, Paris MDCCCCX). Höchstwahrscheinlich wurde das Manuskript vor seiner Veröffentlichung von Mme Grout überarbeitet. Die vorliegende Übersetzung folgt notgedrungen dieser überarbeiteten Version. Wo deren französische Druckvorlage Auslassungsmarkierungen aufweist (. . .), wurde die fällige Ergänzung so gut wie möglich dem in der *Bibliothèque Historique* verwahrten Manuskript entnommen und von da aus übersetzt.

Flauberts Transkription geographischer und anderer Eigennamen hatte häufig sehr willkürlichen, weil momentgebundenen Charakter. Zur leichteren Orientierung des Lesers wurden für die vorliegende Übersetzung, ungeachtet einer bestimmten Transliterationsnorm, die betreffenden Namen von ihrer richtigen, originalen Schreibung aus eingedeutscht, wobei in erster Linie zeitgenössische deutsche Quellen (Atlanten, Landkarten) zu Hilfe genommen wurden. Unterschiedliche Schreibweisen für ein und dasselbe Wort bei Flaubert wurden vereinheitlicht. Da wo regelrechte Irrtümer Flauberts, z. B. in der Wiedergabe bestimmter Ortsnamen (etwa »Hauran« statt »Gaulan« bzw. »Golan«), vermutet werden dürfen, wurden sie als solche in Rechnung gestellt und mit entsprechender deutscher Schreibweise versehen. Die irrtümliche, aus dem Manuskript herauszulesende Schreibweise des (türkischen) Namens der Almeh Kutchuk-Hanem wurde hier als »Ruchiouk-Hanem« (R statt K) beibehalten.

WORTERLÄUTERUNGEN

Ababdijen: od. *Ababda,* zum Stamm der Bedja (Bega, Beja) gehörend, Hirtennomaden, leben in Kleinfamilien zwischen Nil und Rotem Meer.

Algarade: (span., v. arab. *al-ghâra*) Kriegsgeschrei einer plündernden Reiterschar; per extensionem: Wutanfall, grobe Beleidigung.

Almeh: od. Almē (arab.: »die in Künsten Gelehrte«), Name der umherziehenden Tänzerinnen und Sängerinnen in Ägypten; sie bildeten eine eigene Zunft. Schließlich auch Bezeichnung für Prostituierte.

Ardeb: od. Ardabb, altes orientalisches Hohlmaß unterschiedlich fixierter Größe: in Kairo und für den Außenhandel über Alexandria galt 1 A = 179 Liter.

Arnauten: aus dem Griech. abgeleitete Bezeichnung für Albaner im Osmanischen Reich.

Auzoux-Wachs: Anatomische Puppe aus koloriertem Wachs (vgl. 3. Kapitel in *Bouvard und Pécuchet*).

Azarole: Weißdorn-Art, auch »spanischer Dornenstrauch« genannt.

Bairam: od. Beiram, Bezeichnung zweier großer, islamischer Feste: der kleine B. im Anschluß an den Fastenmonat Ramadan u. der große B. 70 Tage später während der heiligen Wallfahrt nach Mekka.

Barbaresken: frühere Bezeichnung der Einwohner jener Sultanate und Emirate Nordafrikas (*Barbareskenstaaten, Berberei*), die vom 16. bis 19. Jh. unter der Oberhoheit des Osmanischen Reichs standen.

Bardake: in Ägypten und Nubien Bezeichnung für irdene Krüge ohne Glasur, Filtrierkrüge, in denen sich das aufbewahrte Wasser durch Ausschwitzen abkühlt.

Bardasche: (v. arab. *bardaj*, »Sklave«) Lustknabe, »Ganymed«.

Bari: Totenbarke in Altägypten.

Buza: gegorenes, berauschendes Getränk aus Roggenmehl oder gerösteter Hirse.

Cadogan: od. *Catogan*, durch den engl. General Cadogan in Mode gekommene Frisur: die Haare werden zu einem Wulst zusammengewickelt und oben am Kopf befestigt.

Canja: von arab. *kania*, frz. *cange*, Nilbarke mit zwei gekreuzten Segeln, cf. *Dahabieh*.

Canova: Stilbezeichnung, die Flaubert nach dem gleichnamigen italienischen Bildhauer vornimmt; Antonio C. (1757-1822) war Hauptvertreter des italienischen Klassizismus, schuf u. a. Idealbildnisse von Napoleon 1. und dessen Familie.

Chamsin: heißer, staub- und sandhaltiger ägyptischer Wüstenwind aus südl. Richtungen; tritt vor allem im Frühjahr und Herbst auf.

Coufieh: arabische Kopfbedeckung: zusammengerolltes, um den Kopf gelegtes Tuch, von dem zwei Zipfel eingeschlagen werden und die zwei anderen auf die Schultern herabfallen.

Dahabije: od. *Dahabieh*, zweisegelige Nilbarke mit Kajüte und Verdeck.

demotisch: dem. Schrift, die jüngste Phase der altägyptischen Schrift (etwa 600 v. Chr.-400 n. Chr.) und die entsprechende Sprachstufe.

Derwisch: islamischer Mönch.

Diwan: eigentl. Bezeichnung für den türkischen Staatsrat u. andere osmanische Institutionen; seit dem 18./19. Jh. in Europa übliche Bezeichnung für den mit Sitzkissen und Polsterbänken ausgestatteten Empfangsraum vornehmer türkischer Häuser, dann für die Polsterbänke und -liegen selbst.

Dragoman: od. *Drogoman,* Bezeichnung für einen einheimischen Übersetzer, Vermittler und Führer im Osmanischen Reich.

Dromos: der gymnastische Wettlauf im antiken Griechenland, dann auch Bez. für die Rennbahn und für jede Bahn (Gang zu einem Tempel, zu einem Grab) mit weihevollem Charakter.

Drusen: ismaelitische Sekte im Libanon, die den Fatimiden al-Hakim (996-1021) als Verkörperung Allahs verehrt.

Dum: od. *Dumpalme,* Palmenart mit breiten, fächerförmigen Blättern.

Effendi: türk. »Meister«; Ehrentitel und Rang im osmanischen Reich.

Fantasia: Reiterspiele der nordafrikanischen Araber und der Berber, die meist als Wettkampf zwischen mehreren Gruppen ausgetragen werden, wobei es u. a. darauf ankommt, aus vollem Galopp auf der Stelle anzuhalten.

Ferman: od. *Firman,* durch den osmanischen Großwesir u. andere hohe Würdenträger ausgefertigte Erlasse, Erlaubnis- und Passierscheine.

Flabellum: (lat., a. *Muscarium, Muscifugium*), liturgischer Fächer, mit dem früher in christlichen Kirchen Insekten vom Altar ferngehalten wurden; in den Ostkirchen existiert er z. T. noch als bemalte oder geprägte Metallscheibe.

Galaum: (*galaoum*), vermutlich Flauberts fehlerhafte Transkription des pers. *kaliun,* das eine persische Wasserpfeife bezeichnet, die sich von der *Nargileh* (s. dort) dadurch unterscheidet, daß bei ihr der Schlauch durch ein Holzrohr und die Flasche durch eine (holzimitierte) Kokosnuß ersetzt ist.

Gellab: Sklavenhändler

Habarah: od. *Habar,* orientalisches, mantelartiges Gewand.

Hadschi: Bezeichnung für den mohammedanischen Pilger, der die pflichtgemäße Pilgerfahrt nach Mekka (*Hadsch*) unternommen hat.

Jatagan: od. *Yatagan,* kurzer, krummer Türkensäbel, meist ohne Stichblatt und zweischneidig, war die Hauptwaffe der Janitscharen.

Kahveh: od. *Qahveh,* türk. für »Kaffee«.

Kaimakam: eigentl. *Kaim-makam* (arab.: »Stellvertreter«), im Osmanischen Reich Titel des Vorstehers eines Landkreises.

Kamaldulenser: in Camaldoli 1012 vom hl. Romuald gegründete Ordensgemeinschaft.

Kantharidin: kristallisierte weiße Substanz der Kanthariden (Insekten); einer der Hauptbestandteile von Aphrodisiaka, in der Pharmazie auch zu Umschlägen benutzt.

Kavass: od. *Kawasse* (von arab. *kawwâs,* »Bogenschütze«), allg. Bezeichnung für den türk. Polizeisoldaten, insbesondere wurden so die den europäischen Gesandten beigegebenen Sicherheitswächter genannt.

Khan: od. *Chan* (pers. *châne,* »Haus«), Karawanserei im Orient, besonders in der Türkei; per extensionem Bez. für jede Art v. Herberge.

Kief: od. *Kiëff,* türkische Bezeichnung für »Mittagsruhe«, »Siesta«.

Kique: »Latrine«.

Konak: Bezeichnung für die Wohnung eines hohen Staatsbeamten im Osmanischen Reich, dann auch für das Amtsgebäude einer Ortsbehörde.

Kornak: Elefantenführer, im Frz. (*cornac*) davon abgeleitete Bez. für jemanden, der einen anderen führt oder anpreist.

Kurbasch: a. *Karbatsche,* türkische, aus Lederriemen geflochtene Peitsche.

Lituus: bei den Römern oben gekrümmter Stab der Auguren, in Analogbildung dazu Bez. für eine Trompete mit der gleichen gekrümmten Form.

Marabut: (arab. *marbût*, »gebunden«), ein durch Gelübde gebundener mohammedanischer Asket und Einsiedler.

Maroniten, die: Name der orientalischen Christen in Syrien und Libanon, welche die syrische Liturgie beibehalten haben und eine der unierten Kirchen bilden.

Maschallah: Ausruf der Verwunderung, Beifallsbekundung, von arab. *mâ-schâ-Allah*, »was Gott will«.

Mucker: (frz. *moucre*), orientalischer Mauleseltreiber.

Muschrabije: Fenstergitter an orientalischen Häusern, durch das man sehen kann, ohne gesehen zu werden.

Nargileh: od. *Nargîle*, pers. Tabakspfeife; Wasserpfeife mit Schlauch und Glasflasche und einem Kopf aus gebranntem Ton, s. a. *Galaum* und *Schischeh*.

Nasir: im Osmanischen Reich Titel der Staatsminister und gewisser Verwaltungsdirektoren.

Nilometer, das: der Nilmesser.

Nisam: ursprüngl. Titel, welcher 1717 vom Mogulkaiser Farukschir dem Herrscher von Haidarabad verliehen wurde; im Osmanischen Reich als Ehrentitel übernommen, dann auch Bezeichnung der regulären Armee im Unterschied von den irregulären Truppen.

Nopalee: Kakteenart, franz. auch »figuier de Barbarie« genannt, mit eßbaren Früchten.

Oka: od. *Okka*, früheres, im Balkàn und in der Levante gebräuchliches Gewichtsmaß, die Angaben für die in Ägypten gewogene O. schwanken zw. 1,235 u. 1,248 kg.

Okale: od. *Okkelen*, für Läden und Warenlager an Kaufleute vermietete große Gebäude.

Para: Münzeinheit.

Paschalik, der: im alten osmanischen Reich administrativer Bezirk, der einem Pascha unterstellt war.

Pronaos: Tempelvorraum, der von den über die Türwand des Tempelkerns (*Naos, Cella*) vorgezogenen Längswänden gebildet wird.

Pschent: Doppelkrone (gr. ψχεντ), zusammengesetzt aus der Weißen Krone und der Roten Krone, sie weist ihren Träger als Herrscher über Ober- und Unterägypten aus.

Pylon: od. *Pylone*, turmähnliches Gebäude am Eingang ägyptischer Tempel.

Rebab: od. *Rebek, Rabab etc.*, türkische Geige mit höchstens drei Saiten.

Reis: od. *Rais*, türk. Titel für den Vorsteher einer Behörde im Osmanischen Reich, dann auch Bezeichnung für den Kapitän eines Handelsschiffes oder einer Barke.

Ruffiano: in der Levante übliche Bezeichnung für den Zuhälter.

Sais: ägypt. Eseltreiber, Roßknecht, per extensionem Bezeichnung für den Fremdenführer.

Saki: Bewässerungsgraben bzw. Wasserleitung in Ägypten.

Sakije: od. *Sakieh*, Schöpfrad, Wasserhebegerät.

Sandalie, die: auch »der Sandal«, kurzes, breites Boot, urspr. aus Sandelholz.

Santon: aus dem Spanischen ins Frz. übernommene Bezeichnung für *Derwisch* (s. dort!); per ext. auch Bezeichnung für die Grabkapelle eines S.s.

Schaduf: Zieh- bzw. Schwingbrunnen der Fellachen.

Scherbet: od. *Schorbet* (vgl. »Sorbet«), aus dem Türk. stammendes Wort für Erfrischungsgetränke aus Wasser, Zitronensaft, Zucker, Ambra, zerstoßenen Rosinen etc.

Scherif: Titel, den die Abkömmlinge der Prophetenfamilie tragen. Die Sch.s waren von der Almosensteuer befreit und erhielten kleine Pensionen.

Schischeh: arab. für »Flasche«, metonymische Bezeichnung für *Nargileh*, s. dort.

Sekos: gr. für »Einfriedung«, per ext. Bezeichnung für geweihte Stätten und Tempel.

Seraf: s. *Scherif.*

Spenzer: nach Lord Spencer für eine Überweste ohne Schöße.

Speos: ägypt. Felsengrab, unterirdischer Grabraum.

Syrinx, die: griechischer Name der Königsgräber im pharaonischen Ägypten, die in Tubenform in den Stein gehauen waren.

Takije: od. *Tahiah,* Käppchen.

Talari: sg. *Talaro,* in der Levante Bezeichnung für den Mariatheresientaler, der meistens mit festem Kurs an die jeweilige Landeswährung angeglichen wurde.

Tarabuka: od. *Darabuka,* einfellige Tontrommel in Kelchform, deren Fell mit beiden Händen geschlagen wird.

Tarbusch: (von pers. *sar-pûsch*) andere Bezeichnung für *Fes* (rote, wollene Mütze mit Quaste).

Tartane, die: (auf dem Mittelmeer) kleines Schiff mit großem Mast, wird zum Fischfang und zur Küstenschifffahrt eingesetzt.

Teskereh: (arab.) im Osmanischen Reich gültiger Beglaubigungsschein, a. Schuldschein, Quittung u. dergl.

Tschibuke: od. *Tschibuk,* allg. Bezeichnung für die türkische Tabakspfeife.

Typhon: phantastisches Mischwesen der altgriechischen, vom Orient beeinflußten Mythologie; entspricht dem ägypt. *Seth,* dem Gott der Wüste und Oasen, dargestellt als Fabeltier mit krummer Schnauze, aufgerichteten, eckigen Ohren und nach oben gerichtetem Schwanz.

Uräus: Kobra, die sich auf altägyptischen Darstellungen an der Stirn der Könige befindet und Feuer gegen die Feinde speit; Umdeutung der Stirnlocke, die in der Frühzeit als Machtzeichen galt.

Zagarit: durch Stimmemission und schnelles Zungen-schlagen erzeugter Schnalzlaut.

Zingaro: pl. *Zingari*, ital. für »Zigeuner«.

PERSONENREGISTER

Die folgenden Erläuterungen sind meist dem Band 10 der
Œuvres complètes de Gustave Flaubert, Club de l'Honnête
Homme, Paris 1973, entlehnt. Sie beziehen sich lediglich
auf Personen und Werke, die dem heutigen Leser wenig
besagen dürften.

Abbas-Pascha: Pascha von Ägypten von 1849 bis 1854.

Aimée: Dienstmädchen von Maxime Du Camp.

Baron Anca: italienischer Exilierter in Ägypten; hatte
Italien verlassen müssen, weil er Mitglied der provisori-
schen Regierung der Aufständischen gewesen war, die
1848 in Sizilien gebildet worden war.

Artim-Bey: Premierminister und Außenminister des
Vizekönigs Abbas-Pascha; mußte, wegen Unterschlagun-
gen angeklagt, eilends Ägypten verlassen. Flaubert traf
ihn an Bord der *Alexandra* auf der Überfahrt nach Beirut.

Batissier: französischer Arzt und Archäologe (1813-
1884); französischer Konsul in Suez.

Frédéric Baudry: Mitschüler Flauberts, Philologe, Bi-
bliothekar, Mitglied des *Institut.*

Beauvallet: Mitglied der Comédie-Française, der die
großen tragischen Rollen spielte.

Bekir-Bey: in Ägypten lebender Franzose. Er hieß Mari,
war Tambour gewesen und nach 1815 in die Dienste Ägyptens getreten; dort war er Beauftragter für die Fremden-
polizei.

M. Belin: Kanzler und Dolmetscher des französischen
Konsulats.

Louis Bellangé: Mitschüler Flauberts und Bouilhets.

Belzoni: italienischer Reisender (1778-1823), der als erster die Kammern der Pyramide von Gizeh beschrieb.

Monsieur de Béranger: Pierre Jean de B., der volkstümlichste französische Liederdichter des 19. Jahrhunderts, propagierte den spottlustigen Geist des französischen Bürgertums und den Napoleon-Kult.

Boissière: der schon weiter oben erwähnte Gärtner aus Croisset.

Bonenfant: Schwiegersohn des »Onkels Parain«.

Chammas oder *Chamas:* Sanitätsoffizier, der in der ägyptischen Armee Dienst tat; verfaßte lächerliche Tragödien, die Flaubert ihn vorlesen ließ.

Justin de Chasseloup-Laubat (1805-1873): Abgeordneter unter der Julimonarchie.

M. Cloquet: Dr. Cloquet, der Hausarzt der Witwe Flaubert und ihrer Kinder.

Clot-Bey: Arzt aus Marseille, der nach Ägypten ausgewandert war, wo er das Gesundheitswesen ausgebaut hatte; danach Rückkehr nach Marseille.

Louis de Cormenin: Jugendfreund Maxime Du Camps.

Creuzer, Georg Friedrich: deutscher Philologe und Historiker, gestorben 1858; Autor der berühmten *Symbolik und Mythologie der alten Völker,* des bedeutendsten religionsgeschichtlichen Kompendiums der Romantik, das von 1825 an durch Guignaut ins Französische übersetzt wurde (10 Bände bis 1849); eine der Hauptquellen Flauberts für seine Erstfassung der *Versuchung des heiligen Antonius* (1849).

De Kock, Paul: 1793-1871, verfaßte erfolgreiche Romane aus der Welt des französischen Kleinbürgertums.

Du Sommerard: berühmter französischer Archäologe, 1842 gestorben; seine Sammlungen bildeten das spätere Musée de Cluny.

Ennoia des Simon, die: Anspielung auf Flauberts *Versuchung des heiligen Antonius* (Erstfassung 1849), in der die Gefährtin Simons des Magiers, die Prostituierte Helena, erzählt, wie sie in Tyrus griechische Matrosen tanzen ließ.

Eugénie: Dienstmädchen von Mme Flaubert.

Mlle George: Schauspielerin, berühmt wegen ihres reinen griechischen Profils in einem leicht aufgedunsenen Gesicht.

Gleyre: Maler, Freund Flauberts; hatte bereits einen Aufenthalt in Ägypten verbracht.

Guastalla: Jugendfreund Gustaves.

Hamard: Emile H. war seit 1845 mit Caroline, der Schwester Gustaves, verheiratet.

Jomard: Geograph, Reisender, Mitglied des *Institut*. Spezialist Oberägyptens unter der Restauration. Er hatte 1819 einen Atlas (in-folio) von der Oase Syoah veröffentlicht, 1821 einen Atlas der Oasen von Theben und Nubien und 1827 eine Beschreibung von Sennaar in 4 Bänden.

Joseph: Diener von Gustave und Maxime.

Khabel-Effendi: erteilte Maxime Du Camp und Flaubert Unterricht in den Gebräuchen und religiösen Riten der Muselmanen.

Lambert: (= Louis Lambert): französischer Ingenieur, Schüler von Prosper Enfantin; war Direktor der Ecole Polytechnique in Kairo. Flaubert nennt ihn später Lambert-Bey.

Laure Le Poittevin: Schwester von Alfred Le Poittevin und Mutter von Guy de Maupassant.

Leserrec: alter Freund der Eltern Gustave Flauberts.

Linant-Bey: in Ägypten lebender Franzose, der eigentlich Louis de Bellefonds hieß; Direktor der Ponts et Chaussées. Er war an den Vorbereitungsarbeiten zum Durchstich des Suezkanals beteiligt.

Jenny Lind: berühmte zeitgenössische Sängerin.

Lubbert-Bey: ehemaliger Direktor der Pariser Oper; war von dem ägyptischen Vizekönig beauftragt, die

Schauspiele und öffentlichen Lustbarkeiten zu organisieren.

Maurice: Maurice Schlésinger, Musikverleger, Ehemann der Elisa Schlésinger.

Madame Maurice: Madame Elisa Schlésinger.

Michaud und Poujoulat: Herausgeber der *Mémoires pour servir à l'Histoire de France*, eines Kompendiums von 32 Bänden (1836 bis 1839 veröffentlicht), das die Chroniken der Kreuzzüge enthält (auf die hier angespielt wird). Jean-François Michaud hatte schon 1817 bis 1822 eine inzwischen berühmte *Histoire des Croisades* veröffentlicht, die zahlreiche Neuauflagen erhielt.

Mougel-Bey: Normanne, ehemaliger Ingenieur im Hafen von Fécamp, den Flaubert in Kairo getroffen hatte. Er war von der Verwaltung der Ponts et Chaussées beauftragt, die Funktionen eines Direktors des Hafens von Alexandria wahrzunehmen.

Mouriez: Paul Mouriez, den Flaubert oft »Mourier« schreibt, ein Spezialist der Geschichte Ägyptens; veröffentlichte einige Jahre nach der Flaubertschen Reise, von 1855 bis 1858, eine bedeutende, vierbändige *Histoire de Méhémet-Ali.*

Neuville: wahrscheinlich Jean-Guillaume Hyde de Neuville (1776-1857), ehemaliger Marineminister, der ein großer Reisender geworden war.

Ortalli: französischer Arzt im ägyptischen Sanitätsdienst.

»Vater Parain«: Großonkel Gustaves aus Nogent. Gustave spricht immer mit sehr viel Zuneigung und Ironie von ihm.

Monsieur de Radepont: Freund der Familie Le Poittevin, bei welchem Gustave früher zusammen mit seinem Freund Alfred Le Poittevin eingeladen worden war (1837).

»Die Rosenfee«: Komische Oper von Scribe und Halévy.

Ruppel: deutscher Reisender und Naturforscher (1794 bis 1884); hatte 1818 den Bericht über eine Reise nach Ägypten und dem Mittleren Orient veröffentlicht sowie später mehrere Werke über die Gegenden, die Flaubert und Maxime Du Camp durchkreuzten.

Sassetti: Diener Maxime Du Camps, der die beiden Reisenden während des größten Teils ihrer Expedition begleitete.

Sennaar: das alte Nubien.

Soliman-Pascha: französischer Offizier, der im Generalstab des Marschalls Ney am Rußlandfeldzug (Napoleons) teilgenommen hatte; war 1815 ins Exil gegangen und in die Dienste Ägyptens, wo er nach seiner Konversion den Namen Soliman annahm. Zur Zeit der Reise Flauberts war er Generalmajor der ägyptischen Armee.

Veronese, das Gemälde von: offensichtliche Anspielung auf *Die Hochzeit zu Kana* des italienischen Renaissancemalers Paolo Veronese (1528-1588), das im Louvre hängt (1563).

Madame Viardot: berühmte Sängerin, Geliebte Turgenjews.

Villemin: (eigentlich: *Willemin*) junger Arzt aus Alexandria, seit 5 Jahren in Ägypten niedergelassen; er kehrte später nach Frankreich zurück, wo Flaubert ihn mehrmals wiedersah.

REISEROUTE

Die folgende Liste verzeichnet die von Flaubert hervorge-
hobenen Ortsnamen. Es sei darauf hingewiesen, daß die
Bezeichnungen der geopolitischen bzw. ethnischen Ge-
biete Ägyptens und des Vorderen Orients gemäß dem
französischen Sprachgebrauch des 19. Jahrhunderts nicht
bzw. nur teilweise auf die dadurch bezeichneten heutigen
Staatsgebiete zutreffen.

ÄGYPTEN · NUBIEN

DIE PYRAMIDEN · SAKKARA · MEMPHIS

RÜCKKEHR NACH KAIRO

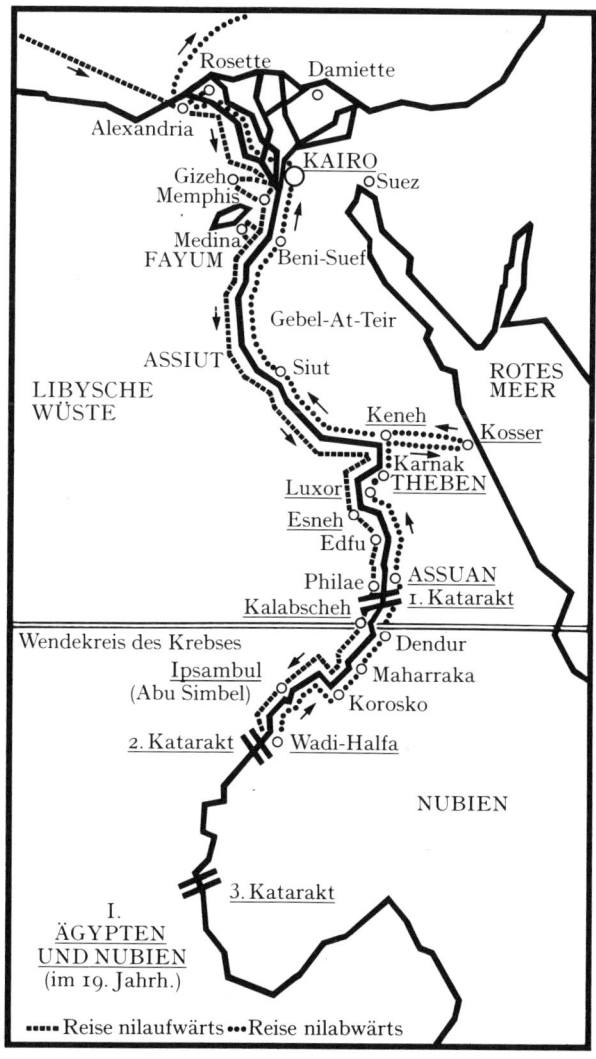

Rosette
Damiette
Alexandria
Gizeh
Memphis
KAIRO
Suez
Medina
FAYUM
Beni-Suef
Gebel-At-Teir
ASSIUT
Siut
LIBYSCHE
WÜSTE
ROTES
MEER
Keneh
Kosser
Karnak
THEBEN
Luxor
Esneh
Edfu
ASSUAN
Philae
1. Katarakt
Kalabscheh
Wendekreis des Krebses
Dendur
Ipsambul
(Abu Simbel)
Maharraka
Korosko
2. Katarakt
Wadi-Halfa
NUBIEN
3. Katarakt
I.
ÄGYPTEN
UND NUBIEN
(im 19. Jahrh.)
▪▪▪▪ Reise nilaufwärts ▪▪▪ Reise nilabwärts

AUF DEM NIL

THEBEN

KOSSER

VON KENEH NACH KAIRO

PALÄSTINA · SYRIEN · LIBANON

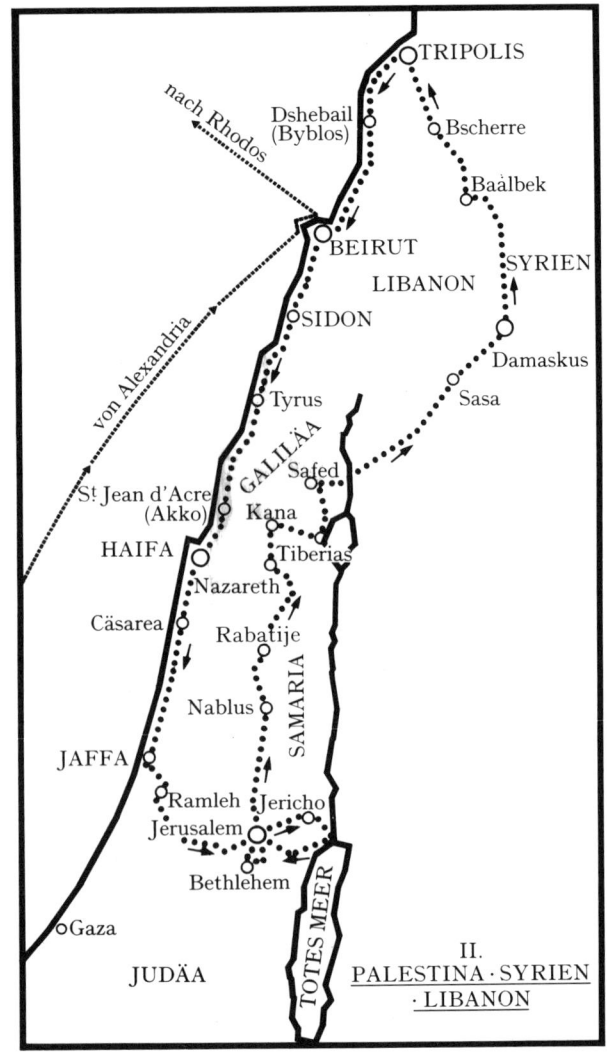

TRIPOLIS

nach Rhodos

Dshebail
(Byblos)

Bscherre

Baàlbek

BEIRUT

LIBANON

SYRIEN

SIDON

von Alexandria

Damaskus

Tyrus

Sasa

GALILÄA

Safed

St Jean d'Acre
(Akko)

Kana

HAIFA

Tiberias

Nazareth

Cäsarea

Rabatije

SAMARIA

Nablus

JAFFA

Ramleh

Jericho

Jerusalem

Bethlehem

TOTES MEER

Gaza

JUDÄA

II.
PALESTINA · SYRIEN
· LIBANON

JERUSALEM

DAMASKUS

RICHTUNG LIBANON

ZUR BEDEUTUNG
DER PHOTOGRAPHISCHEN
DOKUMENTE

Die folgenden Photographien figurierten ebenso wie ihre Legenden erstmalig unter den 125 Abbildungen des zweibändigen, prächtig ausgestatteten Albums *Egypte, Nubie, Palestine et Syrie*, das Maxime Du Camp nach der gemeinsam mit Flaubert unternommenen Orient-Reise im Jahre 1852 bei Gide und J. Baudry in Paris herausbrachte.

Ziel ihrer Aufnahme in den vorliegenden Band ist es nicht, sosehr eine solche Vermutung auch naheliegen dürfte, die »Gegenstände« des Flaubertschen Reisetagebuchs durch die zur gleichen Zeit von Du Camp angefertigten Aufnahmen noch eindringlicher zu veranschaulichen, gewissermaßen durch photographisch exakte Zeugnisse ihre Realitätsangemessenheit unter Beweis stellen zu wollen, sondern eher im Gegenteil: eine trotz gleichzeitiger Begegnung mit ein und derselben Realität abweichende, radikal andere Art der Wirklichkeitswahrnehmung und ihrer Reproduktion vorzustellen als diejenige, die die poetische Textgestaltung Flauberts begründet. Aufschlußreiche Differenzen zeichnen sich allein schon in der Geschichte ihrer jeweiligen (Nicht-)Präsentation ab. Weder hat bekanntlich Flaubert sein Orient-Tagebuch je selber publiziert – Jahrzehnte nach seinem Tode (1880) noch ist es der Öffentlichkeit überhaupt nicht bzw. nur in einer verfälschend »gereinigten« Fassung zugänglich –, noch beabsichtigte der erfolgshungrige Journalist Maxime Du Camp im entferntesten, mit seiner photographischen Luxusausgabe von 1852 eine bildliche Variante oder gar ein Substitut der nichtveröffentlichten Orient-Niederschrift seines Reisegefährten zu liefern: die erste Publikation überhaupt in Europa, die auf der Grundlage der von William Henry Fox Talbot entwickelten Kalotypie (Positiv-Abzüge von Papiernegativen) in dieser Fülle und technischen Perfektion die Möglichkeiten des revolutionierenden neuen Mediums Photographie zur Schau stellt, beansprucht stolz allzu viel Eigengewicht, als daß sie einem konkurrierenden Darstellungsverfahren zu dienen bereit wäre. In mancher Hinsicht sind nämlich die Photographien Du Camps am genauen wissenschaftlich-technologischen Gegenpol der Tagebuchnotizen Flauberts angesiedelt.

Gewiß, nicht erst dem heutigen Betrachter scheinen diese Pionierwerke der modernen Photographie mit einer Aura mythischer Erhabenheit ausgestattet, lassen sie doch trotz ihrer zukunftsweisenden Faktur, ihrer Konturenschärfe und Präzision im Detail unschwer ihre zeitliche Nähe zu jenen allerfrühesten, geheimnisvollen *Excursions Daguerriennes* (1841-1844) aus der Werkstatt des Optikers Lerebours erahnen, unter welchen sich die ersten, wenige Jahre nach der Erfindung der Daguerreotypie gemachten Ägypten-Aufnahmen des bekannten Historienmalers Horace Vernet und seines Begleiters Frédéric Goupil-Fresquet befanden. Dennoch ist ihre ursprüngliche und eigentliche geschichtliche Bestimmung jeglicher Angleichung an den in Werken der Religion, der Kunst und Dichtung aufgehobenen Mythos konträr. In ihnen gelangt vielmehr der (aus umfassenden Vorarbeiten hergeleitete) Anspruch ihres Herstellers Du Camp ans Ziel, wissenschaftlich exakte, der neuesten technologischen Entwicklung angepaßte, archäologische bzw. topographische Bestandsaufnahmen jener selben Kulturdenkmäler, Natur- und Stadtlandschaften des Orients zu erbringen, zu deren Registrierung Zeichner und Wissenschaftler verschiedener Disziplinen seit dem Ägyptenfeldzug Napoleons (1798/9) eine unvergleichlich längere Zeit und außerordentliche Mühen hatten aufwenden müssen. Ihr Gelingen macht mit einem Schlag die immense und notwendigerweise auch – weil menschliche und nicht maschinelle – ungenaue Kopiertätigkeit der Kartographen, Architektur-Zeichner und Hieroglyphen-Entzifferer überflüssig, die während der Julimonarchie im Gefolge der napoleonischen *Commission des Sciences et des Arts* dem Wissens- und Verwertungsdurst der auf industrielle und koloniale Expansion bedachten Nation zu genügen suchten. Genauso hatte der Naturwissenschaftler François Arago bereits 1839, in seinem berühmten Plädoyer, das die Förderung des neuen Mediums durch die französische Regierung zur Folge hatte, die außerordentlichen Rationalisierungsperspektiven der Photographie angepriesen: »Um jene Millionen von Hierogplyphen zu kopieren, die auf den Innen- und Außenwänden der großen Bauwerke in Theben, Memphis und Karnak zu finden sind, bedürfte es vieler, vieler Jahre und unzähliger Zeichner. Mit Hilfe der Daguerreotypie könnte ein einziger diese Arbeit bewältigen.« Als Dokumente eines solchen euphorischen Wissenschafts- und Technologievertrauens erweisen sich Du Camps Photographien auch angesichts des umfassenden und sachlich-trockenen Informations-Apparates, der ihnen in Form einer kulturhistorischen, insbesondere archäologischen Abhandlung und datengespickter Kommentare vorausgeschickt ist. In dem Vermessungs- und Administrationsstil dieses Beitextes tritt unverhohlen die Erfüllung des ministeriellen Forschungsauftrages zutage, dem der saint-simonistische Wissenschaftsjournalist Du Camp speziell durch die Vorlage der Ergebnisse seiner photographischen Pionierarbeit nachzukommen bemüht ist.

Nicht von ungefähr figuriert daher auf manchen Ablichtungen der monumentalen, noch halbwegs im Wüstensand versunkenen Tempelruinen eine menschliche Gestalt (meist ist es Flaubert oder der Diener Joseph Sassetti, in einer dem Klima und der Landestracht gemäßen Aufmachung): keineswegs, weil die Abgebildeten etwa im Geiste zeitgenössischer oder moderner Touristen besonderen Wert darauf gelegt hätten, daß ihr Konterfei vor den erhabenen Zeugen antiker Kultur gleichsam zum Nachweis ihrer eigenen Bildungs-Eroberungen festgehalten werde, sondern schlicht und »objektiv«, damit der mit dem neuen Medium noch nicht vertraute Betrachter in die Lage versetzt werde, sich die Abmessungen der abgebildeten Monumente möglichst realitätsgerecht vorzustellen, um sie dann, auf den Zentimeter genau, im Begleittext nachlesen zu können. Auch unabhängig von jenem Datengerüst des Erläuterungstextes soll die Photographie selbst Realitätsmaßstäbe ungewohnter Art vermitteln. Mit diesem Anspruch aber tritt sie nicht nur gegen die unrentabel gewordene Kopiertätigkeit des wissenschaftlichen Begleitpersonals der Entdecker und Eroberer des 19. Jahrhunderts an, sondern, wie es ihr ursprünglicher Name »dessins photographiques« verrät, konkurrierend gegen jede künstlerische bzw. poetische Wahrnehmung und Inszenierung der »Wirklichkeit«, da sie deren Resultate der Ungenauigkeit, ihre Perspektivetechnik der Irreführung des Betrachters bezichtigen muß. Die ästhetische Provokation, die sie damit auslöst, kann nicht radikal und umfassend genug vorgestellt werden. Die von der zeitgenössischen Kunstakademie als Pflichtübung geforderte Imitatio der klassizistischen Schönheitsnormen fällt unter ihr Verdikt ebenso wie die alte, von der Piranesi-Dynastie auf ihren Gipfel geführte Kunst der Ruinen-Graphik, nicht minder aber trifft es die poetischen Orientbilder eines Chateaubriand, Lamartine, Nerval und gerade auch:

Flaubert. Deren kulturell gefilterte, gestaltende Perspektiven auf die auch von ihr ausgewählten Zeugen des orientalischen Kulturerbes beansprucht die Photographie, als subjektiv motivierte und gefärbte, schlimmer noch: als rein imaginierte, also »illusionäre« Phantasiebilder verwerfen zu können. Als fataler Trugschluß erweist sich denn auch bald die Hoffnung zahlloser, dem modischen Konsumverlangen des bourgeoisen Publikums nach exotischen Evasionen hinterherlaufender Vedutenmaler und Illustratoren, jene Photographien zur Vorlage für eigene Bildwerke zu nehmen, um sich dadurch eigener selektiver Wirklichkeitserfahrung begeben und dennoch ungeminderten Anspruch auf künstlerische Gestaltung erheben zu können; oder auch derjenigen, die es, wie etwa Léon Belly ungeachtet seiner drei längeren Aufenthalte am Nil in seiner Komposition *Pilger auf dem Weg nach Mekka*, für geboten halten, in der Malerei zu einer geradezu photorealistischen Genauigkeit zu gelangen, um damit auf dem genuinen Terrain der Photographie in Konkurrenz zu ihr zu treten, zumindest sich nicht vor ihr überrunden zu lassen. Von seiner historischen Legitimation und Zielsetzung her – und nicht primär durch das technische Implikat seiner beliebigen Reproduzierbarkeit, worauf Walter Benjamin in seinem maßgeblichen Aufsatz abhebt – hat dieses neue Medium jeglicher künstlerisch-poetischen Inszenierung des optisch Wahrnehmbaren bereits einen unversöhnlichen wissenschaftlich-technologischen Kampf angesagt, hat die Kunst/Dichtung zu dem radikal Anderen als sie selbst erklärt.

Daher auch dürfte sich schwerlich ein aufschlußreicheres Arrangement finden lassen als die Instrumentalisierung Flauberts zum physischen Maßstab etwa für die »exakt« abgelichtete Kolossalstatue des Pharaos Ramses II. aus der archaischen Skulpturenfassade der Tempelanlage von

Ipsambul (Abu-Simbel): hier wird der (den Experimenten Du Camps und ihren Resultaten übrigens recht mißtrauisch begegnende) Dichter zum Statisten eines Inszenierungsverfahrens degradiert, das *per se* dazu ausersehen ist, nach Effizienzgesichtspunkten seine gestaltende Introspektion der orientalischen Kultur- und Menschheitsgeschichte in der öffentlichen Meinung der bürgerlichen, wissenschaftsgläubigen Metropole zu diskreditieren. Den, der diesen verschlüsselten Kontrast in dem scheinbar so neutralen Photo erkennt, wird den definitiven Bruch in der Freundschaft zwischen dem schreibenden BildJournalisten und dem Dichter, den die Orient-Reise vollziehen wird, nicht mehr überraschen. Es liegt daher, überspitzt formuliert, in der Natur der von ihm lancierten Photographie, daß Maxime Du Camp in dem eigenen textlichen Bericht über die Orient-Reise von 1849 bis 1851, den er erst 1854 (Indiz einer längeren Überarbeitung?) unter dem Titel *Le Nil, Egypte et Nubie* (ohne Photos, dafür aber mit einer topographischen Karte) veröffentlicht, jegliche Erwähnung Flauberts unterläßt, so als habe er sich auf das abenteuerliche und ertragreiche Unternehmen ganz allein eingelassen.

Auch dürfte es nicht nur den noch ungemein langen Belichtungszeiten zuzuschreiben sein – für seine Daguerreotypien benötigte beispielsweise Horace Vernet zwischen zwei (am Meer) und zwanzig Minuten (am Fuße der Pyramiden) –, daß auf Du Camps »photographischen Zeichnungen«, außer den genannten, keine menschlichen Wesen anzutreffen sind: ihr Ziel ist nicht eine Bestandsaufnahme des Lebens.

Über diese (wissenschafts-, ästhetik-) geschichtlichen Oppositionen hinaus, die sie zu erhellen gereichen, vermitteln die Du Campschen Photos dem heutigen Betrachter indes eine Fülle weiterer, wertvoller Einsichten.

Sie sind, für sich genommen, beeindruckende Zeugen
eines unwiederbringlichen Zustandes zahlreicher Landschaften und Baudenkmäler des Vorderen Orients, der die
Spuren ihres Jahrhunderte währenden Verfalls, ihrer klimatischen und menschlich bedingten Verwüstung noch
unmittelbar zu erkennen gibt und dennoch die ihnen in-
newohnende mythische Kraft als transhistorischen Wi-
derstandsgestus gegen diese umfassende Zerstörungsar-
beit durchscheinen läßt. Der europäische »Registrator«
des 19. Jahrhunderts – Archäologe, Philologe, Photo-
graph usw. – ist sich ebenso wie der reisende Künstler
oder Schriftsteller der beschleunigten Progression dieses
Verwüstungswerkes im Orient bewußt, die das moderne
Industrie-, Kolonial- und Tourismuszeitalter verursacht
hat, und auch deshalb beeilt er sich, das Vorgefundene
dokumentarisch zu »retten«. Damit tritt er gewissermaßen ein gewaltloses Erbe des von Napoleon und Vivant
Denon organisierten, gigantischen Kunstraubs an, dem
die Museen einiger der mächtigsten europäischen Metro-
polen ihre ansehnlichen Ägypten-Sammlungen verdanken. Freilich ist die Plünderung bzw. Zweckentfremdung
der orientalischen Architektur- und Kunstdenkmäler selbst
im 19. Jahrhundert keineswegs ausschließlich das Werk europäischer kolonialistischer Habgier. Nicht selten benutzt
die einheimische Bevölkerung die antiken Monumente in
ihrer Nachbarschaft als Steinbrüche für die eigenen Sied-
lungsbauten, wenn sie sie nicht gar noch profanerer Bestimmung zuführt, wie Flaubert dies etwa für den Horus-
Tempel in Edfu feststellt. Schon Champollion beklagt
anläßlich seiner Forschungsreise durch Ägypten im Jahre
1828, daß er bei seinen Bemühungen um Entzifferung der
Hieroglyphen in zahlreichen Fällen fast zu spät gekommen wäre, so sehr habe die jüngste Geschichte manchen
Tempelbauten und ihren Kunstornamenten zugesetzt

(Esneh, El-Kâb, Elephantine usw.). Und ein Jahrzehnt noch nach Flauberts und Du Camps Orient-Reise wird Charles Lenormant in seinem Buch *Beaux-Arts et Voyages* (1861) in Anspielung auf die Modernisierungsmaßnahmen des langjährigen Statthalters von Ägypten folgenden bezeichnenden Vorwurf erheben: »Mehmed-Ali hat Arkaden, Tempel, Schöne Künste auf den Altären der Industrie geopfert (. . .). Antinoe, Achmounein, Antaeopolis, Elephantine sind in weniger als fünf Jahren dieser Gesinnung zum Opfer gefallen.« [(S. 135, zit. nach Carré 1, 234, n. 3)] Vor diesem Hintergrund betrachtet, hat die technisch-wissenschaftliche Meisterleistung des frühen Photographen dann doch wieder Anteil an jener konservierenden Orient-Mythologie aus dem Geiste der Romantik – die sie eigentlich zu suspendieren antritt –, welche in der archaischen Schönheit, der sinnlichen Monumentalität der orientalischen Kulturen jene Lebensquelle erblickt, an der das von Kriegen und Revolutionen zerrüttete, vom rasenden Tempo seiner Industrialisierung gehetzte Abendland genesen könne. Der handwerkliche Eifer, die asketische Besessenheit, mit denen ein Du Camp ans Werk geht, um unter extremen klimatischen Bedingungen seine Ablichtungen der statuarischen Tempelarchitekturen zu reüssieren – man denke nur an den mühseligen Transport der schweren, sperrigen Apparaturen, die glühenden Temperaturen in seiner stets mitgeführten Arbeitsstätte, der »Camera obscura«, an die sich oft verselbständigenden Emulsionen –, zeitigen bestechend konturenscharfe Resultate, an denen dann paradoxerweise doch noch die Spuren jener humanistischen Verklärung des Orients abzulesen sind. Zumal wenn der heutige Betrachter die Gelegenheit besitzt, die Tempelfragmente von Kalabschah und Dendur, wie sie sich ihm im Ägyptischen Museum zu Berlin bzw. im New Yorker Metropolitan Museum darbieten – denen die ägyptische Regierung sie zum Dank für die vielseitige technische und finanzielle Unterstützung geschenkt hat, die die Bundesrepublik Deutschland und die Vereinigten Staaten in das UNESCO-Projekt zur Dislozierung der Tempelanlagen von Abu-Simbel eingebracht haben –, mit entsprechenden photographischen Abbildungen von Maxime Du Camp zu vergleichen, wird er sich unweigerlich in den Bann dieses mythischen Bewußtseins gezogen fühlen. Auch unter einem solchen Aspekt schien die Reproduktion einiger »photographischer Zeichnungen« Du Camps als Komplementärstücke der ihnen grundsätzlich unversöhnlich gegenübertretenden poetischen Inszenierung des Orients durch Flaubert in dem vorliegenden Band unverzichtbar.

Die photographischen Vorlagen zu diesen Abbildungen stellten freundlicherweise die Bibliothèque Nationale und die Studios Harcourt, Paris, zur Verfügung.

Anregungen zu einer weiterreichenden kulturgeschichtlichen und ästhetischen Reflexion über die Photographie entnehme man den richtungsweisenden Untersuchungen von P. Bourdieu e.a., Hrsg.: *Un art moyen. Essai sur les usages sociaux de la photographie*, Paris 1965, sowie W. Kemp: *Theorie der Fotografie*, I, 1839-1912, Schirmer / Mosel 1980 (mit repräsentativen Auszügen aus den frühesten Schriften zur Photographie und ihrer Abgrenzung gegenüber der Kunst).

Weitere Beispiele aus den Anfängen der französischen Reisephotographie um Maxime Du Camp präsentieren die Kataloge der Ausstellung *Regards sur la photographie en France au XIXe siècle. 180 chefs-d'œuvre de la Bibliothèque Nationale*, Paris, Petit Palais 18.9.-23.11.1980, und der Wanderausstellung *Ägypten zur Zeit Flauberts. Dokumente der frühen Reisefotografie (1839-1860)*, die von der Abteilung für Öffentlichkeitsarbeit der Firma Kodak vorbereitet und im Mai 1981 im Zentrum für Interdisziplinäre Forschung der Universität Bielefeld eröffnet wurde.

A. S.

1. *Kairo.* Haus und Garten im Quartier Frank
(im Vordergrund Flaubert)

2. *Kairo.* Gesamtansicht, aufgenommen von der Westseite

3. *Kairo*. Grabmal der Mameluckensultane. Tal der Gräber

4. Cheopspyramide

5. *Gizeh*. Vorderansicht der Sphinx

6. *Girgeh.* Ali-Bey-Moschee

7. *Großer Tempel von Dendera. Gesamtansicht*

8. *Großer Tempel von Dendera* (mit Flaubert)

9. *Luxor.* Die große Kolonnade des Palastes

10. *Karnak*. Säulengruppe im Palast

11. *Karnak*. Propylon des Chons-Tempels

12. *Palast von Karnak*
Bubastitenhof und Haupteingang
des Hypostylensaales

13. *Palast von Karnak*. Pfeiler vor dem
Heiligtum aus Granit

14. *Medinet Habu.*
Propyläen des Thutmosis-Tempels

15. *Medinet Habu.* Ruinen der Stadt Papa

16. *Gournah* (Kurna). Die Kolosse (des Memnon)

17. *Gournah* (Kurna). Peristyl der Grabstätte des Osymandyas (westliches Ramesseum)

18. Grabmal des Sidi-Abdallah-el-Marabout in Erment

19. *Tempel von Ombos* (Kom Ombo)

20. Ausgang des zweiten Nil-Kataraktes

21. *Philae*. Südwest-Ansicht

22. Großer Isis-Tempel in Philae
Isisköpfiger Thot (Gott der Schrift)

23. *Philae*. Tor und Ruinen einer römischen Kaserne

24. *Kalabscheh.* Skulpturen an der hinteren
Fassade des Tempels

25. *Kalabscheh.* Gesamtansicht

26. *Tempel von Dendur* (ehemals Tantur)

27. *Ipsambul* (Abu Simbel). Die beiden Speoi

28. *Ipsambul* (Abu Simbel). Eingang des Hathor-Speos

29. *Ausblick von oben auf den
zweiten Nil-Katarakt*

30. *Jerusalem*. Östlicher Teil der Stadtmauern

31. *Jerusalem.* Omar-Moschee

32. *Baalbek.* Jupitertempel

ABBILDUNGEN

Die der Legende folgende Zahl verweist jeweils auf die Numerierung in Maxime Du Camps Album *Egypte, Nubie, Palestine et Syrie*, Paris 1852, die Legende selbst entstammt ebenfalls diesem Werk.

KAIRO

1. *Haus und Garten im Quartier Frank* (III)
2. *Gesamtansicht, aufgenommen von der Westseite* (I)
   Im Hintergrund die Zitadelle und die auf Anweisung von Mehmed-Ali aus Alabaster erbaute Moschee.
3. *Grabmal der Mameluckensultane* (VIII)
   Tal der Gräber

MITTELÄGYPTEN

4. *Cheopspyramide.* (IX)
   Cheops – der Souphis bei Manetho –
   der Chufu der Ägypter; IV. Dynastie.
5. *Vorderansicht der Sphinx.* (XI)
   In Stein gehauen auf Befehl von Thutmosis IV. (XVIII. Dynastie). Von den Arabern ›Abou-el-Houl‹ genannt, »Vater des Entsetzens«. Gesamtlänge: 39 Meter; Kopfumfang an der Stirn: 27 Meter; Höhe vom Bauch bis zum Scheitel: 17 Meter.

OBERÄGYPTEN

6. *Girgeh.* (XV) Ali-Bey-Moschee
7. *Großer Tempel von Dendera* (Tentyris) (XVI). Gesamtansicht

Hathor und zusätzlich Isis geweiht. Aus der Zeit der Kleopatra, Augustus und Tiberius.

Gemäuer aus rohem Backstein auf Befehl Mehmed-Alis erbaut, um die Trümmer der koptischen Gebäude der Araber aufzuhalten, die nacheinander um den Tempel errichtet worden waren.

8. *Großer Tempel von Dendera* (Tentyris) (xvii)
   Enthält im Innern nur leere Kartuschen.
   Scheint aus der Zeit der Antoniner zu stammen und Hathor gewidmet gewesen zu sein.

THEBEN

9. *Luxor* (xxv), große Kolonnade des von Amenophis iii. erbauten Palastes, trägt folgenden Weihespruch: »Das Leben, der mächtige und maßvolle Horus, Herrscher durch Gerechtigkeit, Organisator seines Landes, der die Welt in Frieden erhält, da er kraft seiner Stärke die Barbaren gezüchtigt hat: der König, Lenker der Gerechtigkeit, der Geliebte der Sonne, Sohn der Sonne Amenophth, Befrieder der reinen Region (Ägypten), hat dieses Bauwerk errichten lassen und seinem Vater Ammon, dem Herrschergott der drei Zonen des Universums, im Oph des Mittags (dem östlichen Teil Thebens) geweiht. Er hat es in hartem und gutem Stein errichtet, um ein dauerhaftes Gebäude zu errichten; dies hat getan der Sohn der Sonne Amenophth, der Liebling Ammon-Re.«

10. *Karnak* (xxvi). Säulengruppe im Palast.
    Bildete einen Teil der Kolonnade, die dem Heiligtum des Tempels vorgelagert war; dieser war von Amenophth iii. Ammon gewidmet und von Alexander, dem Sohn des Eroberers, wiederaufgebaut worden.

Diese von einer Mauer eingefriedete Kolonnade dient
heute als Getreidespeicher.

11. *Karnak* (XXVII), Propylon des Chons-Tempels
Höhe: 21 Meter; Länge: 12,50 Meter; Höhe des Por-
tals: 15 Meter.
Errichtet von Ptolemäus Euergetes und Physkon;
ihm war ein Dromos von Widdern vorgelagert, die
derzeit zerstört sind; schloß sich an die Sphinxallee an
und verband den Karnak-Palast mit dem von Luxor.
Die Skulpturen stellen Ptolemäus Euergetes und Be-
renike dar (seine Schwester-Frau), die mehreren Gottheiten Opfergaben darbringen, wie auch dem vergött-
lichten Ptolemäus Philadelphos und Arsinoe.

12. *Palast von Karnak* (XXXVII), Bubastitenhof und
Haupteingang des Hypostylensaales.
Der Bubastitenhof wurde begonnen unter den Köni-
gen der 26. Dynastie, vollendet unter den Ptole-
mäern, zerstört durch das Erdbeben des Jahres 16 der
Augusteischen Zeit (27 vor Chr.).

13. *Palast von Karnak* (XXXVIII), Pfeiler vor dem Heilig-
tum aus Granit.
Thutmosis III. und Maut (die Mutter der Götter). Die
Kartusche lautet: Toth-Mes (geboren von Toth). Diese
Pfeiler hatten, wie die Säulen des Bubastitenhofes,
gewiß Votivfunktion und wurden von symbolischen
Figuren aus emaillierter Bronze gekrönt. Mehrere
Basreliefs des Hypostylensaales belegen dies mit Si-
cherheit.

14. *Medinet Habu* (XLVII), Propyläen des Thutmosis-
Tempels.
Die Erbauung geht auf Antoninus den Frommen zu-
rück. Die Kartuschen besagen: Autocrator- Kaesar-
Titus- Aelius- Hadrianus-Antoninus. Das Tor zwi-
schen den beiden Säulen ist älter.

15. *Medinet Habu* (LIII), Ruinen der Stadt Papa.
    Von den Christen aus rohem Ziegelstein um den Me-
    dinet-Habu-Palast herum erbaut, wurde verlassen,
    als die Muselmanen Oberägypten eroberten.

16. *Gournah* (LIV) (Kurna), die Kolosse (des Memnon).
    Beide stellen Amenophth III. dar (den Amenophis der
    Griechen). Heute stehen sie isoliert in der Ebene von
    Kurna, früher standen sie vor den Pylonen des west-
    lichen Amenopheums in Theben.

17. *Gournah* (LIX) (Kurna), Peristyl der Grabstätte des
    Osymandyas (westliches Ramesseum).
    Die geköpften Osiris-Statuen sind die von Ramses
    dem Großen (Sesostris). Die umgestürzte Riesensta-
    tue ist die des Ramses; sie wurde von den Persern
    umgestürzt.

OBERÄGYPTEN

18. *Grabmal des Sidi-Abdallah-el-Marabout* in Erment. (LXII)

19. *Tempel von Ombos* (Kom Ombo) (LXV)
    Tempel von Koum-Ombon (dem ehemaligen Ombos).
    Erbaut von den Ptolemäern Epiphanes, Philometor
    und Euergetes II. Gewidmet den beiden Triaden:
    Sevek-Re – Hathor – Chons-Hor
    Anukis – Isomenofrius – Pseutho.

20. *Ausgang des zweiten Nilkataraktes* (LXVII),
    Grenze zwischen Ägypten und Nubien.

NUBIEN

21. *Philae* (LXIX), Südwest-Ansicht.
    Die Ufermauern. Eine Inschrift besagt, daß sie unter
    Justin restauriert wurden (VI. Jahrhundert). Pylon
    des großen Isis-Tempels.

22. *Großer Isis-Tempel in Philae.* (LXXIX)
Ibisköpfiger Thot (Gott der Schrift). Die Legende
lautet: Thot, Gott der Schrift, Herr des Landes von
. . . (nicht entziffertes Zeichen).

23. *Philae.* (LXXI)
Tor und Ruinen einer römischen Kaserne, die zweifellos von Diokletian erbaut wurde, der die Insel befestigte, als sie an die Blemmyen abgetreten wurde.

24. *Kalabscheh* (XCII), Skulpturen an der hinteren Fassade des Tempels. Isis und Horus Arsiesi.

25. *Kalabscheh* (LXXXIX), Gesamtansicht des Tempels
von Kalabscheh (Talmis).
Über den Ruinen des von Amenophth II. erbauten
Tempels errichtete Ptolemäus Auletes einen neuen
Tempel, der unter Augustus, Caligula und Trajan
vollendet wurde. Er wurde unter Augustus mit folgender Inschrift geweiht: Der Herr Ägyptens, der
Kaiser, Sohn der Sonne, der Herr des Diadems, der
ewig lebende Caesar, der Liebling des Ptah und der
Isis, hat Gebäude zu Ehren seiner Mutter Isis errichtet und diesen schönen Tempel begründet.

26. *Tempel von Dendur* (XCIII) (ehemals Tantur), der Trias
Osiris-Isis-Horus gewidmet.
Skulpturen aus der Epoche des Augustus, durch den
offensichtlich der Tempel errichtet worden ist.

27. *Ipsambul* (CI) (= Abu Simbel).
Die beiden Speoi.
Ipsambul ist der von Champollion bevorzugte Name,
Abu-Sembil der arabische Name. Der große Speos ist
fast durch die Sandmassen verschüttet.

28. *Ipsambul* (CIX), Eingang des Hathor-Speos.
Die Kartuschen lauten: Sonne, Lenker der Gerechtig-
keit und Wahrheit. Durch die Sonne bestätigt, der
Geliebte des Ammon Ramses.

29. *Ausblick von oben auf den 2. Nil-Katarakt* (CXI)
    Von den Arabern ›Balu-el-Hagan‹ (»Steinbauch«) ge-
    nannt.

30. *Jerusalem* (CXIII)
    Östlicher Teil der Stadtmauern. Erbaut im Jahre
    1534 durch Sultan Suleiman II. – Die von einem Mi-
    narett überragte Festung wird von den Türken
    Daud-Kalessu (Schloß Davids) genannt.

31. *Jerusalem* (CXVII), Omar-Moschee.
    An der Stelle des Salomonischen Tempels von dem
    Kalifen Omar nach der Einnahme Jerusalems durch
    die Muselmanen errichtet (638 n. Chr.), als katholi-
    sches Gotteshaus umgewidmet durch Gottfried von
    Bouillon (1099), dem muselmanischen Kultus zu-
    rückerstattet durch Saladin (1187 n. Chr.).

32. *Baalbek* (CXXIII). Jupitertempel.
    Ostseite.

Umschlagabbildung: *Ipsambul* (CVII), westlicher Koloß
des Phré-Speos.
   Porträt von Ramses (Sesostris), das fast ganz in der
Erde begraben ist. Gebleicht durch die Modellierversuche
eines englischen Touristen.

Photos: Bibliothèque Nationale Paris

DIE ENTFÜHRUNG DES EREMITEN
IN DIE WÜSTE

>»Mais les vrais voyageurs sont ceux-là seuls qui partent
>Pour partir, cœurs légers, semblables aux ballons,
>De leur fatalité jamais ils ne s'écartent,
>Et sans savoir pourquoi, disent toujours: Allons!
>
>Ceux-là dont les désirs ont la forme des nues,
>Et qui rêvent, ainsi qu'un conscrit le canon,
>De vastes voluptés, changeantes, inconnues,
>Et dont l'esprit humain n'a jamais su le nom!«
>
>Baudelaire, in dem Maxime Du Camp gewidmeten,
>letzten Gedicht der *Fleurs du Mal, Le Voyage*[1]

Die Melancholie des Barbaren

Nur widerstrebend, von seinem Freund, dem Journalisten Maxime Du Camp gedrängt, verläßt Gustave Flaubert am 22. Oktober 1849, fast achtundzwanzigjährig, seine normannische Landeinsamkeit in Croisset: den Orient, dem diese Abreise gilt, hat er sich, so bezeugen es seine bisherigen dichterischen Unternehmungen, insbesondere die soeben niedergeschriebene *Versuchung des heiligen Antonius*, doch längst selber erschlossen, ist über alle geographischen Grenzen hinweg mit der Hemmungslosigkeit seiner expansiven Wünsche auf der Suche nach der sinnlichen Pracht ferner Paradiese hinausgestürmt und wähnt sich nun als Initiierter ihrer Mysterien.[2] Wozu also überhaupt noch abreisen?

Der Orient, dem jener andere zustrebt, vermag die Verlockungen des eigenen schwerlich zu überbieten: in diesem nämlich hat sich der junge Romantiker seit geraumer Zeit eingerichtet.

Von seiner frühesten Jugend an hat sich unter der faszinierenden Gestalt ästhetischer und moralischer Extreme der Orient in seine Phantasie eingeschlichen, hat sich schließlich, nach jenem ominösen Januar des Jahres 1844, als der Jurastudent einer schweren Nervenkrise anheimfiel, die in psychosomatischer Deutlichkeit seine Absage an jegliche »bürgerliche« Berufsausübung verriet und seine Zuflucht zur passiven Gegenwelt des visionären Erlebens einleitete, zur Metapher schlechthin für die poetische Kreation des also Zurückgezogenen ausgeweitet. In dem Netzwerk der Persönlichkeitsstruktur des jungen Mannes, deren Bedeutungsgesetze Sartres monumentale Psychopathographie *Der Idiot der Familie* zu ergründen bemüht ist, lassen sich einige lebensgeschichtliche Momente ausfindig machen, die diese Entwicklung des Orients zur ästhetischen Erfahrungsfigur *par excellence* des Heranwachsenden besonders befördert haben dürfte.

Richtete sich der pathologische Vorfall von Pont-l'Evêque als Revolteakt des – im Vergleich zu Achille, dem Erstgeborenen und Epigonen – »mißratenen« Sohnes gegen die erdrückende, unfehlbare Autorität des Vaters, der als angesehener Chefarzt am Hôtel-Dieu in Rouen den Prototyp des erfolgreichen bürgerlichen Wissenschaftlers verkörperte, so hat dessen Tod im Januar 1846 die Effizienz des väterlichen Lebensmodells jedoch keineswegs geschmälert. Im Gegenteil: als unumstößliche Drohung der Positivität nistet sich die Vater-Imago in der Psyche des gering geschätzten Sohnes ein und fordert geradezu dessen Zuflucht zu einem radikal anderen, dem bürgerlichen Wertsystem opponierenden, nicht minder idealen Existenzmodell heraus: dem Orient der Imagination. Befördert wird seine Flucht in die Spiegelwelt der Ideale weiterhin durch den frühen Tod der geliebten Schwester Caroline (im März desselben Jahres), die ihre Vermählung

nur bis zum ersten Kindbett überlebte. Das schwesterli-
che Liebesmodell konterkariert in Zukunft – zusammen
mit dem autoritätsheischenden Blick der rigiden Mutter –
jedes seiner sexuellen Abenteuer, wie es seine vehemente
(Brief-)Beziehung zu der Dichterin Louise Colet erhellt,
und verlangt grundsätzlich die Projektion seiner erotischen Wünsche auf den fernen Liebeskörper der erträum-
ten Orientalin.

Im Landhaus zu Croisset, das ihm (welche Ironie seiner
poetischen *condition*!) sein Vater zur Verfügung gestellt
hat, findet der kränkliche Bürgersohn zu jener Immobilität, die seine leidenschaftliche Hingabe an diese ideale
Weiblichkeit erst ermöglicht. Diese vollzieht augenfällig
eine Mimesis der spezifisch »mütterlichen« Lebensweise
gemäß der Rollenverteilung im bürgerlich-patriarchali-
schen Familienverband, da sie wie jene eine paradoxale,
aktive und zugleich passive Existenzweise begründet, die
sinnliche Teilhabe an der Fülle des Lebens nur über den
asketischen Rückzug von ihr und Einsicht in die Aktualität nur durch die kulturelle Erinnerung ihrer Vergangenheit zu gewährleisten verspricht. Erst »mütterliche« Eingeschlossenheit und »Passivität« (als Gegenfiguren der
öffentlichen Aktivität des Vaters) erwirken paradoxerweise den Zutritt zu jenem nicht-domestizierten, »wilden«
Leben, das in der zeitgenössischen kolonialen Figur der
»Barbarei« sich versinnbildlicht. »Ich trage in mir die Melancholie der barbarischen Rassen«, gesteht Flaubert
Louise Colet in einem Brief vom 13. August 1846, »mit ihrem Wandertrieb und ihrem eingeborenen Ekel am Leben,
welche sie ihr Land zu verlassen hießen, wie um sich selbst
zu verlassen«.[3] Doch kann ihn weder der Elan eines revo-
lutionären Banketts in Rouen, an dem er Weihnachten
1847 teilnimmt, noch der Anblick der Pariser Revolu-
tionsausschreitungen vom Februar 1848, denen er ge-

meinsam mit den Dichterfreunden Louis Bouilhet und
Maxime Du Camp in der Rue Helder und im entscheiden-
den Augenblick der Erstürmung der Tuilerien beiwohnt,
von der Stätte seiner kreativen Immobilität, seiner Erfahrung des »Barbarentums«[4], an deren gesellschaftlichen Gegenort, das unmittelbare politische und soziale Geschehen
im »zivilisierten« Frankreich, weglocken. »Ich weiß nicht«,
schreibt er Louise Colet wenige Wochen nach dem Sturz
Louis-Philippes, »ob die neue Form der Regierung und der
gesellschaftliche Zustand, der daraus hervorgehen wird,
für die Kunst günstig ist. Das ist die Frage. Man wird
kaum bürgerlicher und belangloser sein können. Und
noch dümmer – ist das möglich?«[5]

Der grenzenlose Orient der Kunst: Jugendträume

> »In diesen Ländern dort sind die Sterne vier-
> mal so groß wie die unsrigen, es brennt die
> Sonne, die Frauen winden sich und bäumen
> sich auf in den Küssen, unter den Umarmun-
> gen.« G. Flaubert an Ernest Chevalier, Rouen,
> 15. März 1842[6]

Auf der Suche nach einem (männlichen) Identifikations-
modell, das die eigene »weibliche«, insbesondere »mütterliche« Lebensweise als poetische Erfahrungs- und Produk-
tivitätsformel verkörpert, trifft Flaubert alsbald auf eines
der schillerndsten Leitbilder der Mythologie des Okzidents: den heiligen Antonius. Spätestens seit der Renaissance hat die Kunst den frühchristlichen Asketen und
Einsiedler aus der ägyptischen Wüste seiner ausschließlich hagiographischen Bedeutung enthoben und zum Pro-
totypen des poetischen/künstlerischen Visionärs schlechthin eingesetzt. Dieser Heilige fasziniert die Kunst gerade

deshalb, weil in ihm auf ideale Weise die existentiellen Paradoxien des Dichters / Künstlers selbst, zu einer unerschöpflichen Kreativitätsfigur verdichtet, zur Darstellung gelangen. Als Schauender, d. h. Adressat traumhaft entgrenzter Wirklichkeitsphänomene, ist er doch zugleich unentwirrbar deren Erzeuger, da diese »Erscheinungen« seiner eigenen Imagination entspringen, wenngleich nicht in beliebiger, privater, sondern stets in kulturell kodifizierter, den kollektiven Symbolsystemen entsprechender Gestalt. Desgleichen die Gegenstände seiner Visionen: sie entfalten sich zu unerhörter, weil von keiner funktionalen Wahrnehmungsästhetik mehr verantworteter sinnlicher Pracht, zu wunderbarer Größe und Fülle, und weisen dennoch zugleich die Stigmata der moralischen und ästhetischen Negativität auf, die das Dogma ihnen zufügt, so daß sie sich ihrem Subjekt als Monster, Dämonen, satanische Bedrohungen seines Lebensheils aufdrängen. Und vor allem: die visionäre Hervorbringung dieser vom Dogma tabuisierten Geheimnisse des sinnlichen Lebens verdankt sich der Askese, dem äußersten Verzicht auf die physischen Fundamente des sozialen Lebens, wie auch die Stätte ihrer ästhetischen Entfaltung der absolute Gegenort jeglicher Gemeinschaft und Urbanität ist: die Wüste. Nicht von ungefähr dient gerade der Eremit aus der ägyptischen Wüste der neuzeitlichen Kunst als Figur der Erfahrung alles (im Sprachgebrauch der Moderne) »surrealen« Lebens zur Inszenierung der jeweiligen politischen, moralischen, ästhetischen usw. Andersartigkeit, denn immer schon, wenngleich nicht notwendigerweise ausdrücklich, verbindet sich in der Imagination des christlichen Okzidents diese Welt der verbotenen Paradiese, der Hemmungslosigkeit und sinnlichen Schönheit, mit den hermetischen Territorien des »heidnischen«, sarazenischen Orients.

Einen aus der Feder Jacques Callots stammenden Stich zu Breughels *Versuchung des heiligen Antonius*, deren Original ihn 1845 im Palazzo Balbi zu Genua magisch angezogen hat, heftet er im August 1846 (so ein Brief an Louise Colet aus dieser Zeit) an die Wand seines Arbeitszimmers, zur immerwährenden Anschauung: seither erwächst ihm aus dieser Komposition die Figur des orientalischen Visionärs zu immer zwingenderer Bedeutung für das eigene Leben, und so stattet er sie, damit sie zu seinem schöpferischen *Alter Ego* werde, mit den Attributen der eigenen anti-väterlichen, anti-bürgerlichen Orient-Sehnsüchte aus. Deshalb finden sich in der dialogischen Prosa seiner am 24. Mai 1848 begonnenen *Tentation* die Abbilder sämtlicher »orientalischen« Phantasiekonstrukte wieder, die seit seinen frühesten Schreibversuchen die eigenen Wünsche und Ideale verkörpern. Wie in der Erzählung *Rage et impuissance*, den richtungsweisenden Jugendwerken *Novembre* (1842) und *L'Education sentimentale* (Erstfassung von 1845), sind dies die Figurationen des Monumentalen, der sadistischen Leidenschaften, der pantheistischen Sehnsüchte, aller erdenklichen Perversionen der Leitbilder des einheimischen Spießertums, und wenn sie sich nicht in der »barbarischen« Natur selber zeigen, dann verkörpern sie sich vorzugsweise in Prostituierten oder in Despoten, die an den Sardanapal eines Byron und Delacroix erinnern oder sich als orientalische Entsprechungen zu Nero, dem dauerhaftesten seiner Identifikationsmodelle, gebärden. In den Bildern der eigenen pubertären Revolte lebt zugleich die poetische Opposition einer ganzen Jugendgeneration, der romantischen Bewegung, wieder auf, wie es sich leicht anhand ihrer Verwandtschaft mit Victor Hugos *Orientales* von 1829, dem nach der *Préface de Cromwell* (1827) folgenreichsten Manifest der romantischen Dichtung, feststellen ließe. Mehr noch:

seine *Tentation* erweist sich als Summe des zeitgenössischen mythologischen Wissens über den Orient, da sie die Perspektiven des bedeutendsten religionsgeschichtlichen Kompendiums der Romantik, der *Symbolik und Mythologie der alten Völker* von Georg Friedrich Creuzer, in die szenischen Stationen eines groß angelegten lebensgeschichtlichen Entwicklungsmodells überführt. Mit wildem Eifer greift Flaubert die subversiven Thesen dieses vielbändigen Werkes auf, das, mit zahlreichen Kupfern illustriert, seit 1825 durch Guignaut ins Französische übertragen wird – *Religions de l'Antiquité, considérées principalement dans leurs formes symboliques et mythologiques* –, aber schon Jahre zuvor durch Benjamin Constant in den Intellektuellenkreisen der Metropole bekannt gemacht wurde.[7] Ebenso wie Friedrich Schlegels *Sprache und Weisheit der Inder* und die (erst) 1823 dem französischen Leser zugängliche *Bhagavad-Gita* von August Wilhelm Schlegel, verlagert die aufsehenerregende Untersuchung Creuzers den Ursprungsort der Kulturen des Okzidents aus der topographischen Karte seines religiösen, politischen und ästhetischen Dogmatismus – mit den Parametern Rom, Griechenland und dem Heiligen Land der Christenheit – fort und zurück nach Indien, in jene entlegenen Zonen des Orients also, die Europa von der Warte seiner militärischen, wissenschaftlich-technischen Überlegenheit aus stets zu Kultstätten der Barbarei und Dekadenz erklärt hatte, um ihre Kolonisierung zu rechtfertigen.

Welche Wirkung die in Deutschland ausgearbeitete neue Genealogie der okzidentalischen Kultur[8] zumal innerhalb des französischen Denkens der ersten Jahrhunderthälfte hervorrufen mußte, mag man an der gebieterischen Macht ermessen, in die gerade erst die Große Revolution von 1789 das republikanische Rom eingesetzt hatte, indem sie es zum Modell für die aus ihr hervorge-

gangene Staats- und Gesellschaftsverfassung erhob. Napoleon hatte dieses Rom des Jakobinertums imperial gewendet, im Konkordat von 1801 durch seine Allianz mit
dem römischen Katholizismus mit ideologischer Allmacht
ausgestattet und, etwa durch das große Gründungswerk
des *Code civil*, den künftigen Generationen als normative
Struktur verpflichtend auferlegt. Selbst das Bürgerkönig-
tum Louis-Philippes (1830-1848) hält ja trotz unterschiedlicher ökonomischer und politischer Zielsetzungen
an dieser Identifikation mit dem Modell Rom fest, wie es
sein Selbstverständnis im kolonialistischen Umgang mit
Algerien oder auch der ästhetische Kanon seiner Kunst-
Akademien veranschaulichen könnte, die unter dem Ge-
spött der Karikaturisten, zumal eines Honoré Daumier,
der von industriellem Aufschwung und Börsenspekula-
tion aufgewühlten Nation ein erstarrtes klassizistisches
Schönheitsideal zu verordnen suchen.

Flauberts privater Revolte gegen die Vater-Imago entspricht auf gesamtgesellschaftlicher Ebene Creuzers An-
griff auf das im römischen Vorbild am reinsten verkörperte Dogma des Okzidents, insbesondere Frankreichs.
Deshalb schöpft der junge Schriftsteller so unermüdlich
an jener mythologischen Quelle und ihren französischen
Entsprechungen, vor allem Edgar Quinets *Du génie des
religions* von 1842 und Guillaume Pauthiers *Les livres
sacrés de l'Orient* von 1840, da sie einstimmig den Orient
zur »Wiege der Welt« erklären und den von den Segnungen
des Fortschritts enttäuschten Zeitgenossen die subversiven, schöpferischen Kräfte einer »*Renaissance orientale*«[9]
verkünden. Wenn er seinen ägyptischen Eremiten dann
nach dem Vorbild eines Faust oder Ahasverus (der Titel-
figur des großen epischen Romans von Quinet) auf die
Reise in den Kosmos der verlockenden Illusionen schickt,
führt er ihm als seinem *Alter Ego* die faszinierenden Ent-

deckungen dieser neuen Mythologie in einem schwindeler-
regenden Panorama vor. In der Reihenfolge ihrer von
Creuzer nachgezeichneten geschichtlichen Entstehung,
von Osten nach Westen, defilieren die Göttergestalten der
archaischen Menschheit an dem visionären Subjekt vorbei: von den polymorphen Figurationen des Hinduismus
über Zoroaster, Apis, den Demiurgen des pharaonischen
Ägyptens, den griechischen Olymp und seine römischen
Abbilder, bis hin zu dem Gott Israels. Als flüchtige Stationen einer rasanten Bilder-Passage gelangen sie in
seinem Blick zu ihrer letzten, ohnmächtigen Epiphanie,
und ihr Verlöschen fällt als äußerste Bedrohung auf jenen im Schlußteil evozierten Christengott zurück, an dessen Absolutheit sich die Hoffnung des Eremiten dogma-
tisch klammert. Entsprechend der neuen Mythologie,
aber nicht minder gemäß der eigenen, von Spinoza ge-
prägten Anschauung, stattet Flaubert die Götterbilder
der Menschheit von den Ufern des Ganges mit sinnlicher
Schönheit am reichsten aus; vor ihnen verblaßt die Erscheinung des Monotheismus zur Abstraktheit von Kon-
zepten. Damit aber übernimmt der Dichter noch keineswegs die Hierarchie des Creuzerschen Geschichtsbildes.
Vielmehr erlaubt ihm sein »dramaturgisches« Verfahren
einer poetischen Inszenierung der vorgegebenen Mythologie, einen anderen Ort des Orients als Indien zur
Ursprungsstätte sämtlicher Imaginationsgebilde zu erklären: er bestimmt dazu die »genetische Materie« seines
Visionärs, die ägyptische Wüste, privilegiert den Vorderen Orient gegenüber jedwedem anderen mythenerzeu-
genden Territorium. Indem er Ägypten, die Wüste, zur
poetischen Kreativitätsmetapher schlechthin bestimmt,
setzt er zugleich den Asketen Antonius, die traditionelle,
von der Kunst beanspruchte Figur der Erfahrung »surrea-
ler« Andersartigkeit[10], in eine neue, höchst aktuelle

Machtfülle ein: er beauftragt ihn mit der szenischen Erschaffung des gesamten subversiven Orients der Moderne. Diese Abweichung von der maßgeblichen Mythologie der Romantik kennzeichnet die unverwechselbar neue Qualität seiner *Tentation*; sie tritt selbst im Detail zutage.[11] So werden beispielsweise den auf die ägyptische Wüste als ihrem Herkunftsort verweisenden Mythengebilden Sphinx und Chimäre Aktivitäten anheimgestellt, die sie mühelos als Partialverkörperungen des poetischen Subjekts Antonius selber erkennbar werden lassen.

Der Sphinx (der entsprechend der griechischen Herkunft dieses Namens im Französischen männlichen Geschlechts ist): »Ich also wahre mein Geheimnis (. . .), ich weite meinen Augapfel in der Anschauung des Unendlichen. (. . .) Um es nicht zu vergessen, wiederhole ich mir inmitten meines Schweigens das Mysterium der Schöpfungen, das, was die Zeit mir erzählt, der Regen mir gesagt hat, was die Karawane der Reiche sang, die zu meinen Füßen vorüberzog . . .«

Die Chimäre: »Ich hingegen bin leicht und fröhlich; ich eröffne den Menschen gleißende Perspektiven mit Paradiesen in den Wolken und fernem Glück (. . .). Um die Fackel der Dichter schwirre ich im Delirium, mein Atem durchweht ihre Haare, und sie hüpfen vor Freude beim plötzlichen Kontakt der Gedanken, die sie streifen; mit einer eigens für sie geschaffenen Stimme trage ich an ihre Ohren die Harmonie der Welten heran (. . .), und durch goldene Dämmerung hindurch erscheinen ihnen furchterregende Kolosse, die sie vor Enthusiasmus aufschreien lassen.«[12]

Ein Gegengift: der Orient der anderen

>»Comment ferez-vous pour parler de l'Espa-
gne quand vous y serez allé?« H. Heine zu Th.
Gautier, vor dessen Abreise nach Spanien

Für einen solchen Orient aber ist im zeitgenössischen
Kulturbetrieb kein Platz. Nachdem Flaubert sein 541-
Seiten-Manuskript vier Tage lang seinen Freunden Maxime Du Camp und Louis Bouilhet vorgetragen hat, lautet das Urteil der erschöpften Jury einhellig: ins Feuer
damit! Dieses »Mysterium« – wie der Autor seine *Tentation*
(so Du Camp in seinen *Souvenirs littéraires* von 1882) in
Anlehnung an ihre dialogische Vorstudie, sein »altes My-
sterienspiel« *Smarh* aus den Jahren 1838-39, nennt[13] –
lasse es an dramatischer Spannung vermissen, ermüde
durch monotone, lyrische Wechselreden und papierene
Gelehrsamkeit, kurzum: sei keinem Leser zuzumuten. Um
solche Hirngespinste in Zukunft zu vermeiden, möge sich
Gustave doch, so der Journalist, der konfliktreichen Aktualität des französischen Alltagsleben zuwenden, etwa
jener Skandalchronik aus der heimatlichen Provinz, die
sich im Gerichtsprotokoll über die Untreue und den
Selbstmord der Ehefrau des Arztes Delamare nachlesen
lasse. (Aus der poetischen Anatomie dieses *corpus delicti*
wird dann in der Tat ein knappes Jahrzehnt später die
auf ihre Weise skandalöse *Madame Bovary* hervorgehen.)
Vor allem aber gelte es, unverzüglich die sorgfältig vor-
bereitete Reise in den »wirklichen« Orient anzutreten,
welcher bald die illusionäre Hinfälligkeit jenes anderen
erweisen werde. Unterstützt wird dieser Appell durch
den Hausarzt der Flauberts, Dr. Cloquet, der seinem an
>*nervosisme*< leidenden Patienten – so lautet der medizi-

nische Befund für die Jahrzehnte später durch Charcot in
Umlauf gebrachte Rede von der »Hysterie« – entsprechend
den Therapievorstellungen seiner Zeit seit längerem drin-
gend einen ausgedehnten Aufenthalt in heißem Klima
anrät und mit diesem Argument auch die Witwe seines
verstorbenen Kollegen zu überreden versteht, eine entsprechend lange Trennung von ihrem geliebten Sohn in
Kauf zu nehmen. Therapeutisch ist seitens der Freunde
diese Abreise weiterhin intendiert als endgültige, auch
geographische Trennung von der in ihren Liebesbemü-
hungen »lästigen« Dichterin Louise Colet, mit der sich
Gustave seit mehr als einem Jahr überworfen hat. Als
Repräsentanten der *jeunesse dorée* ihres bourgeoisen und
kolonialen Zeitalters verheißen sie dem neurotischen Eremiten aus Croisset in der Prostitution der Töchter des
Orients die unbeschwerte Erfüllung seiner Liebeswünsche
und damit die Erlösung von seiner Angst vor den ihm
»drohenden« Institutionen Ehe oder Konkubinat.

An Gründen, Motiven für einen Aufbruch in ein Territorium der Andersartigkeit mangelt es also nicht; daß sie
grundsätzlich der eigenen Befindlichkeit entsprechen, hat
Gustave bereits im Januar 1848 bewiesen, als er aus dem
Bewußtsein seiner Eingeschlossenheit heraus – »Ich lebe
in einer Gruft« – Louise Colet seine Evasionswünsche ge-
stand: »Ah, wenn Sie die Lust, das Bedürfnis kennten, die
ich in mir spüre, mein Paket zu schnüren und in die Ferne
aufzubrechen, in ein Land, dessen Sprache ich nicht verstehe, fern von allem, was mich umgibt, von allem, was
mich niederdrückt!«[14] Und schon am 6. Mai 1849 zeichnete sich in einem Brief an Ernest Chevalier eine genaue
Reiseroute ab: » . . . im Oktober oder Ende September
haue ich ab nach Ägypten. Ich mache eine Reise durch
den ganzen Orient. Fünfzehn bis achtzehn Monate werde
ich weg sein. Wir fahren den Nil hinauf bis nach Theben,

von dort geht es nach Palästina, dann Syrien, Bagdad, Basrah, Persien bis zum Kaspischen Meer, Kaukasus, Georgien, an der Küste Kleinasiens entlang, Konstantinopel und Griechenland, wenn uns Zeit und Geld übrigbleibt.«[15]

Sämtliche Vorkehrungen sind getroffen, und dennoch ist Gustave nur mit einem gewissen Zwang zur Abreise zu bewegen. Das vernichtende Urteil, das die beiden Freunde als Anhänger der ästhetischen Normen der tonangebenden Pariser Öffentlichkeit über seine Initiation in die poetischen Geheimnisse des Orients verhängt haben, erschüttert sein schriftstellerisches Selbstbewußtsein aufs tiefste, da es von einer radikalen Umkehrung seiner eigenen Semantik des Orients ausgeht und diese fordert. Versprach Gustave sich bislang von der Begegnung mit dem zeitgenössischen Orient eine sinnlich-ästhetische Bestätigung seiner »surrealen« Erfahrung der grenzenlosen Territorien seiner Imagination, so wird er nunmehr in deren »realistische« Gegenwelt hinausgetrieben, die ihn in einem therapeutischen Schock von sämtlichen Versuchungen seiner visionären Vergangenheit kurieren soll. Seine Widerstände gegen einen solchen Exodus in die nunmehr zur Bedrohung gewendete Andersartigkeit äußern sich nicht nur augenblicklich in heftigen Emotionen, sie werden als Trauer über den zum Scheitern verdammten Lebensentwurf seiner *Tentation* noch lange seine Wahrnehmung der Wirklichkeits-Alternative bestimmen. Erst in Damaskus, Anfang September 1850, kann er Louis Bouilhet brieflich mitteilen, daß er sich fast von dem »furchtbaren Schlag« erholt habe, den ihm *Saint Antoine* versetzt hat: »Ich rühme mich keineswegs, nicht noch ein wenig betäubt davon zu sein, aber ich bin nicht mehr krank davon, wie ich es während der ersten vier Monate meiner Reise war. Ich sah alles durch den Schleier von

Öde hindurch, mit dem mich diese Enttäuschung eingehüllt hatte . . .«[16]

Dabei sind die Räume des »anderen« Orients, in die der
»realitätstüchtige« Wissenschaftsjournalist Maxime Du
Camp seinen Einsiedler-Freund entführt, alles andere
denn Orte der Verunsicherung des zeitgenössischen bürgerlichen Bewußtseins; im Gegenteil: seit einem halben
Jahrhundert haben sie sich zu idealtypischen Projektionsstätten der politischen und wissenschaftlichen Mythologie
der Moderne gewandelt. Zwar besichtigt Flaubert, um sein
Vorwissen über die Kulturen seines entferntesten Reiseziе-
les zu vertiefen, noch am 28. Oktober 1849 in Begleitung
Louis Bouilhets die Ninive-Galerie des Louvre mit ihren
berühmten, von Botta herbeigeschafften assyrischen
Bas-Reliefs; aber schon wenige Tage später, nach ihrer
Beratung mit dem orienterfahrenen Maler Gleyre in Lyon,
beschließen die Reisenden – so Flauberts Brief an seine
Mutter aus Marseille vom 2. November –, ihre im Mai
festgesetzte Route um Kurdistan, Persien und Georgien zu
verkürzen und ihr vorrangiges Interesse auf Ägypten und
Palästina zu richten; der Rückweg soll über Kleinasien,
Griechenland und Italien verlaufen. Der Vordere, in Ägypten verkörperte Orient rückt nicht von ungefähr in das
Zentrum ihrer Realitätserkundung: Ägypten nämlich ist
für das bürgerliche Bewußtsein im zeitgenössischen
Frankreich zum Inbegriff des modernen Orients schlechthin geworden, da sich seit einiger Zeit auf das Nilland die
wirtschaftlichen und technologischen ebenso wie die so-
zial- und kulturpolitischen Experimente, ja Utopien der
Metropole als einem modellhaften Entwicklungsfeld richten.[17] Diese herausragende Bedeutung als Paradigma für
die Moderne verdankt Ägypten letztlich der weitsichtigen
kolonialen Strategie Napoleons, der mit seinem Feldzug
von 1798/9 nicht allein die militärische Unterwerfung der

osmanischen Provinz suchte, sondern gleichzeitig ihre (na-
tur-, kultur-)wissenschaftliche Erkundung und admini-
strative Domestizierung mit dem Ziele ihrer vollständigen
Assimilierung an den Okzident betrieb. Ungeachtet der
kurzen Dauer dieser Expedition und obwohl hauptsächlich die orleanistische Julimonarchie die wissenschaftliche
»Investition« in das Nilland beachtlich förderte, verbindet
sich im Geschichtsbewußtsein des französischen Bürgertums der Jahrhundertmitte die Erneuerung Ägyptens
doch unzertrennlich und genetisch mit dem Namen und
Mythos Bonapartes.

Es ist also keineswegs beliebig, in welchen Teil des
Orients die Suche nach Wirklichkeitserfahrung die Reisenden führt: das Spektrum der historisch-politischen Semantik des Orients, also des europäischen Bewußtseins
von diesem, ist kaum weniger weit und vielfältig als die
unter diesen Namen subsumierten geographischen Territorien.

Nicht betrifft ja der »Orient« Maxime Du Camps das
exemplarische Morgenland des 18. Jahrhunderts, Persien
oder China, worin die aufklärerische Zivilisationskritik
eines Montesquieu und Voltaire die Idealtypologie von
Gegenmodellen für die Gesellschaft des Ancien Régime
aufspürte. (Bezeichnenderweise hat der jugendliche Vol-
taire-Verehrer Flaubert seine orientalischen Wunsch-
träume auch auf China projiziert.) Desgleichen geht es
ihnen nicht primär um jenen Orient der 20er Jahre, dem
das erste idealistische Engagement der europäischen
Künstler, Dichter und Intellektuellen (Lord Byron, V.
Hugo, E. Delacroix usw.) zugunsten eines unterdrückten
Volkes und seiner Kultur gegolten hat: Griechenland in
seinem Befreiungskampf gegen die türkische Fremdherr-
schaft. Diese »heroischen« Gefilde des Orients hat Du
Camp ebenso schon besucht wie seinen für die Julibour-

geoisie schlechthin repräsentativen Teil: Algerien, welches noch im Jahre des Regierungsantritts Louis-Philippes (1830) erobert und zur französischen Kolonie gemacht wurde.[18] Auch auf diesen Orient hat sich ja die Herrschaftskritik der oppositionellen Kunst schon gerichtet: Delacroix, der 1832 Algerien bereiste, insistiert in seinen Gemälden und Gouachen, etwa in seinen *Frauen von Algier*, auf der antiken Würde, der tragischen Leidenschaft und Schönheit jener selben Menschheit, der die Julibourgeoisie nur Barbarei, Dekadenz, Häßlichkeit zu unterstellen vermag. Doch ein Jahr nach dem Sturz der Julimonarchie und als schon Louis-Napoléon, der »kleine« Neffe des großen Bonaparte, die Präsidentschaft über die von vielen als Übergangsregierung empfundene Zweite Republik übernommen hat, zieht es den für Zeitströmungen stets empfindlichen Journalisten Du Camp in einen »aktuelleren«, für die Moderne repräsentativeren Orient. Bezeichnenderweise strebt er nicht in das von der romantischen Mythologie entdeckte Indien, da dieses für die portugiesische, englische oder holländische Kolonialmacht, nicht aber für das gegenwärtige Frankreich von wirtschaftlichem und anderweitigem Interesse ist.

Werke des Bonapartismus

»Dieser wunderbaren Ebene würdig schien
mir einzig die Erinnerung an den Ruhm meines Vaterlandes: ich erblickte die Reste der
Bauwerke einer neuen Zivilisation, die vom
Genius Frankreichs an die Ufer des Nils getragen worden war . . .« Chateaubriand: *Itinéraire de Paris à Jérusalem*[19]

Aus der Perspektive des französischen Patriotismus steht
Ägypten um die Jahrhundertmitte synonym für den »modernen« Orient. Diese Moderne aber beginnt mit Napoleon, und ihre Entwicklung ist trotz wechselnder ideologischer Rechtfertigungen nach wie vor in der politischen
Mythologie des Bonapartismus aufgehoben.

Jahrhundertelang hatte das Nilland das Interesse der
europäischen Kolonialmächte nicht wecken können. Seit
der Entdeckung des Seeweges um das Kap der Guten
Hoffnung und der Kolonisierung des indischen Subkonti-
nents waren seine Handelsstraßen verödet, seine Bevölkerung der doppelten Ausbeutung durch die türkische
Administration und die Militärkaste der Mamelucken,
innerem Terror und verheerenden Seuchen ausgeliefert.
Napoleons Imperialidee greift hinter diese Dekadenz
der osmanischen Satrapie zurück: sie strebt nicht allein
die Wiederbelebung des traditionellen Selbstverständnis-
ses der französischen Könige als Schirmherren der Christenheit im »heidnischen« Orient an und damit im Sinne
der alten Kreuzzugsbewegung die »Befreiung« Palästinas,
des Vorderen Orients überhaupt, vom Türkenjoch, sondern umschließt auch den zukunftsweisenden Anspruch,
die pharaonische Hochkultur aus ihren archäologischen
Zeugnissen zu erschließen und zu vermessen, um sie als

erhabenes archaisches Kulturerbe der aus der Revolution hervorgegangenen, neuen Zivilisation des Okzidents einzuverleiben. Zwei französische Reiseberichte, die kurz vor Ausbruch der Revolution erschienen waren, Savarys *Lettres sur l'Egypte* (1785-86) mit ihrer Vorliebe für das Alte Ägypten, und Volneys mit wissenschaftlich-empirischer Akribie und Trockenheit aufgezeichnete *Voyage en Egypte et en Syrie* (1787), hatten zugleich mit einem differenzierten soziologischen, politischen und kulturgeschichtlichen Vorwissen zur Aktualität des Vorderen Orients gewissermaßen die Legitimation für eine solche zivilisatorische Mission mitgeliefert. Breit ließ sich Volney über das desolate Ausmaß an Anarchie in den ausgepowerten Fellachensiedlungen aus und beschwor dabei die notwendige Intervention eines starken, genialen Eroberers, welcher allein der allgemeinen Dekadenz Einhalt gebieten könne.

Als der solchermaßen wohlvorbereitete General, der sich seit seiner frühesten Jugend für die orientalische Kultur und Geschichte begeisterte, im Auftrag des Directoire seine europäischen Erfolge in Ägypten zu wiederholen antritt, befinden sich im Gefolge seiner Grande Armée nahezu 170 Wissenschaftler aller Disziplinen, von der Archäologie und Sprachwissenschaft über die Geographie bis hin zur Physik und Mathematik. Dieser *Commission des Sciences et des Arts* und dem aus ihr hervorgegangenen, am 29. 8. 1798 in Kairo gegründeten *Institut d'Egypte* mit dem berühmten Mathematiker Monge an der Spitze, erteilt Napoleon den Auftrag, im Hinblick auf die Errichtung einer modernen Kolonialadministration eine Bestandsaufnahme des ägyptischen Kulturerbes sowie der gegenwärtigen Zustände vorzunehmen. Den Geist und das Vorgehen der von dem Strategen selbst berufenen Kommission repräsentiert vielleicht am eindrucksvoll-

sten der schon im Acien Régime zum Porträtisten des
Hofes und der Salons aufgestiegene Zeichner Vivant Denon. Seinen literarischen und journalistischen Ruhm begründet er als Pionier der modernen Kriegsberichterstat-
tung: Vom Rücken seines Reittieres aus skizziert er mit
eiligem Zeichenstift und oftmals in vorderster Front das
unterägyptische Kampfgeschehen, die legendäre Schlacht
bei den Pyramiden vom 21. Juli 1798, die Vernichtung der
französischen Flotte bei Abukir, durchstreift das Nildelta
und schildert den Mameluckenaufstand in Kairo. Seine
kühnsten, farbigsten Aufzeichnungen verdanken sich
freilich seiner Teilnahme an dem Expeditionskorps des
Generals Desaix, der bis zu den Katarakten in Oberägypten vordringt und die Arabische Wüste bis nach Kosseir
am Roten Meer durchquert. 1802 legt er in zwei Foliobän-
den und einem aus 141 Kupfern bestehenden, prachtvol-
len Atlas die Ergebnisse dieser Reportagen unter dem
Titel *Voyage dans la Basse et Haute Egypte pendant les
campagnes du général Bonaparte* der französischen Öffentlichkeit vor und befördert damit jene spezifische Ausprägung der bonapartistischen Mythologie, wie sie in der
Historienmalerei eines Baron Gros und Horace Vernet
oder in den Bilderbögen der populären *Imagerie d'Epinal*
zu ihrer »heroischsten« Entfaltung gelangen wird.[20]
     Aber der Name Vivant Denon steht auch für die kolo-
nialistische Kehrseite solcher in die Moderne weisenden
journalistischen Erkundungen. Seine Begeisterung für die
Schätze der Pharaonenzeit hat ihn dazu verleitet, den
größten Kunstraub der auf diesem Felde ohnehin recht
ruhmreichen napoleonischen Ära – man denke nur an
Bonapartes Plünderung der Schatzkammer des San-
Marco-Domes in Venedig – zu organisieren; freilich mußte
er einen beachtlichen Teil seiner Beute bald den sieg-
reichen Engländern zurücklassen, welche damit die kost-

bare ägyptische Sammlung des British Museum begründeten. Als langjähriger Direktor des Louvre jedoch findet Vivant Denon, der als einer der wenigen Auserwählten Napoleon bei seiner überstürzten, heimlichen Rückkehr nach Europa (23. August 1799) begleiten durfte, reichlich Gelegenheit, die mitgeführten Schätze zu katalogisieren, wissenschaftlich auszuwerten und der wachsenden Kunstneugier des weltstädtischen Publikums zugänglich zu machen.

Das rasche Ende (1801) der durch die Grande Armée eingeleiteten administrativen Zähmung Ägyptens hat nicht verhindert, daß sich die Gründungsleistung Napoleons über einen längeren Zeitraum zu einer umfassenden wissenschaftlich-technologischen und literarisch-künstlerischen Erschließung des Vorderen Orients ausweitete. Die Kontinuität der Forschungsarbeiten des *Institut d'Egypte* veranschaulichen allein schon die zahlreichen Folianten der monumentalen, im Geiste der aufklärerischen *Encyclopédie* verfaßten und ab 1808 erscheinenden *Description de l'Egypte*, deren letzten Band im Jahre 1826 – Ironie des Schicksals – der Restaurations-König Karl X. entgegennimmt. Doch ebenso breit gefächert wie das Spektrum der politischen Verwendungsmöglichkeiten solcher Ergebnisse ist auch die Vielzahl der literarischen Dokumente, die nach dem Beispiel eines Vivant Denon oder in Abgrenzung zu ihm die jeweilige Aktualität des Vorderen Orients zu erkunden beanspruchen. Nicht selten verlaufen dabei die Grenzen zwischen den orientalischen Projektionsstätten der Subjektivität des Reisenden selbst und den Feldern seiner empirischen Wahrnehmungen fließend, da es hier wie dort um die Integrierung des Fremden in die Mythologie bzw. Ökonomie des einheimischen Lebens geht.

Selbst einige Jahre nach der vom Odium der Brutalität

umwobenen Palästina-Expedition Bonapartes ist Chateaubriand noch ungebrochen vom Ideal einer christlichen Erlösungsmission beseelt, wenn er im Jahre 1806 zu den heiligen Stätten aufbricht. Seine Reiseeindrücke, deren Niederschrift sich in der Zweitausgabe seiner *Martyrs* von 1810 und in dem erst 1811 veröffentlichten *Itinéraire de Paris à Jérusalem et de Jérusalem à Paris, en allant par la Grèce, et revenant par l'Egypte, la Barbarie et l'Espagne* wiederfindet, gipfeln in einem pathetischen Hymnus auf die Landschaften Palästinas, die für ihn die poetischen Wahrheiten der Bibel illuminieren; gleichzeitig steht seine Verachtung für die Kultur der Pharaonen einer näheren Kenntnisnahme Ägyptens entgegen. Auch Lamartine, der seine 1835 veröffentlichte *Voyage en Orient* eingangs zu einem »grand acte de ma vie intérieure« erklärt[21], faßt seine Reise in den Libanon als »Wallfahrt« in das heilige Land der biblischen Dichtung auf und spinnt angesichts der ihm unausweichlich scheinenden Dekadenz des Osmanischen Reiches den napoleonischen Traum von der Hegemonie Europas in seinen lyrischen Exkursen weiter. Die bedeutendste poetische Alternative zu Denon stellt indes erst Nervals Expedition dar, die dieser ab 1844 in den Zeitschriften *L'Artiste*, *Revue des Deux Mondes* usw. und unter dem Buchtitel *Les femmes du Caire* 1848 veröffentlicht. Als *flâneur* und *homme de lettres* in einem sucht Nerval bei seinem Aufenthalt in Unterägypten, Palästina und Libanon (1842/43) weniger die Spuren der pharaonischen oder christlichen Antike als vielmehr, aus Überdruß am bourgeoisen *Juste-milieu* der Hauptstadt, die Initiation in das Mysterium des zeitgenössischen Islams. Die Schilderung seines Ehe-Abenteuers mit der javanischen Sklavin Zeynab entfaltet sich dabei zu einem so anschaulichen Panorama der Sitten und Lebensgewohnheiten Ägyptens, daß sich Victor Hugo, so die Überlieferung, nach der Lektüre dieses Werkes eine eigene Reise an den Nil ersparen zu können glaubt.[22]

Während der Julimonarchie rückt Ägypten jedoch vor allem in den Mittelpunkt wissenschaftlicher und experimenteller Interessen der Franzosen. Champollion, dem 1822 die Entzifferung der Hieroglyphen gelungen ist, hat mit der *Correspondance* seiner Reise von 1828/29 der französischen Gelehrtenwelt die Notwendigkeit der Errettung des ägyptischen Kulturerbes vor dem endgültigen Verfall erneut eindringlich aufzuzeigen versucht. Unter seinem Einfluß und angeregt durch die Werke des von ihnen bewunderten Karl Richard Lepsius, des bedeutenden deutschen Archäologen und (späteren) Begründers des Ägyptischen Museums in Berlin, unternehmen nunmehr zwei Repräsentanten der liberalen Universitätsgelehrsamkeit, Jean-Jacques Ampère und Xavier Marmier, ausgedehnte Forschungsreisen an den Nil; ihre Ergebnisse – *Voyages et recherches en Egypte et Nubie*, Revue des Deux Mondes 1846-1849; *Du Rhin au Nil (...) Souvenirs de voyage*, zwei Bände, 1847 – tragen dazu bei, die Exempelfunktion Ägyptens für die Wissenschaftspraxis des orleanistischen Bürgertums weiter zu verstärken. Die europäerfreundliche Politik des ägyptischen Vizekönigs, Mehmed-Ali, hat schon im Jahre 1833 eine Schar von Saint-Simonisten, nicht zuletzt ihre Anführer Prosper Enfantin und Charles Lambert, ermuntert, Ägypten zum Experimentierfeld ihrer industriellen Utopien zu erwählen. Wenn auch ihre Pläne zum Durchstich des Suezkanals und zum Bau eines Staudammes im Nildelta vorerst scheitern, so sind doch ihre frühsozialistischen Reformvorstellungen nicht ohne Auswirkungen auf das politische und soziale Klima ihres Gastlandes geblieben. Im orleanistischen Frankreich indes – aber dies wird nur den heutigen Betrachter verwundern – kommen selbst die saint-

simonistischen Erneuerungsgedanken letztlich dem bonapartistischen Mythos zugute. Höchst aufschlußreich in
dieser Hinsicht sind folgende patriotischen Worte, die das
Akademiemitglied Marmier noch 1847 zur Verteidigung
der Grande Armée Napoleons gegen den Vorwurf des Van-
dalismus findet, den britische Touristen während seines
Ägyptenaufenthaltes geäußert haben: »Diese Bande von
Plünderern hat auf ihrem Weg sämtliche Verbesserungs-
ideen gesät, die seit einem Vierteljahrhundert Ägypten
groß und reich gemacht haben. Die französische Armee
hat für Ägypten auf der Skala seiner dauerhaftesten
Werte dieselbe Bedeutung erlangt, die der Nil für seine
alljährliche Prosperität besitzt. Sie hat dort die fruchtba-
ren Keimzellen der Wissenschaft, das Lebenselement der
Zivilisation, in den Boden gesenkt.«[23]

Der Auftrag

> »Ich mache diese wunderbare Reise nicht um
> mich selbst zu betrügen, sondern um mich an
> den Gegenständen kennen zu lernen.« Goethe,
> *Italienische Reise*, 17. September 1786 aus
> Verona[24]

Dieses spezifische Klima der Versöhnung von moderner
Wissenschaftsgläubigkeit und Patriotismus bonapartisti-
scher Prägung bildet den ideologischen Hintergrund auch
der Ausreise in den Vorderen Orient, zu der Maxime Du
Camp seinen Dichterfreund zu bewegen versteht. Der
Zeitpunkt ihres Aufbruchs dürfte deshalb unter gesamt-
gesellschaftlichen Gesichtspunkten nicht minder aufschlußreich sein als unter privaten: er erfolgt in jener
kurzlebigen Zweiten Republik, deren Präsident Louis-
Napoléon bereits unter geschickter Ausnutzung der My-

thologie seines großen Vorfahren die Vorbereitungen zu seinem Staatsstreich (Dezember 1851) und zur Machtübernahme als Kaiser Napoleon III. trifft.

Die Ziele, die der dem Saint-Simonismus zuneigende Journalist Du Camp mit der vorwiegend Ägypten geltenden Expedition verbindet, sind unschwer zu ermitteln, es bedarf dazu nicht einmal eines Rekurses auf seine wortgewandten *Souvenirs littéraires* von 1882. Kaum dürfte ihn vorrangig die Sorge um eine möglichst bequeme Reise und die Gastfreundschaft der französischen Konsulats- und Missionsvertreter im Ausland dazu bewogen haben, für sich einen Forschungsauftrag des Ministeriums für Öffentliche Bildung einzuholen, der ihn verpflichtet, das Wissen der neuen Regierung über den Vorderen Orient auf den aktuellsten Stand zu bringen. Ihm geht es vielmehr darum, die wissenschaftliche, zumal die archäologische Vermessung der Kulturmorphologie der Gastländer mit Hilfe der neuesten technischen Errungenschaft, der Photographie, voranzutreiben, die ungemein zeitraubende Registrierarbeit eines Vivant Denon, Champollion oder Ampère so zu rationalisieren, wie es Arago im Jahre 1839 der Regierung als Möglichkeit der Photographie in Aussicht gestellt hatte. Bislang machen sich nämlich die Ergebnisse der Experimentierlust auf diesem Sektor noch bescheiden aus. Zwar hat sich schon zehn Jahre zuvor der bekannte (bonapartistische) Historienmaler Horace Vernet auf ägyptischem Terrain in der Kunst des soeben erfundenen Mediums versucht, aber sein schwieriger Umgang mit den komplizierten Apparaturen hat nur wenige gelungene »photographische Zeichnungen« – etwa der Pompejus-Säule, der Pyramide von Cheops, aus dem Tal der Könige – gezeitigt, die Lerebours 1841 in den ersten Band seiner *Excursions photographiques* aufgenommen hat. Und noch Mitte der vierziger Jahre sind Gérard de

Nervals Bemühungen, Naturlandschaften des von ihm bereisten Orients daguerreotypisch festzuhalten, am handwerklichen Ungeschick des Dichters und an den ungünstigen klimatischen Bedingungen gescheitert. Doch Nerval kann sich noch, wie er seinem Vater nach der Rückkehr gesteht, mit den besseren Darstellungsverfahren seiner Maler-Freunde über dieses Versagen der Technik hinwegtrösten: »Die chemischen Lösungen veränderten sich durch die Hitze; ich konnte höchstens zwei oder drei Aufnahmen machen; glücklicherweise habe ich Freunde, die Maler sind, Dauzats und Rogier, und deren Bilder sind besser als alle Daguerreotypien.«[25]

Derartige Tröstungen kann der Saint-Simonist Du Camp nicht mehr zulassen: im Vertrauen auf den Erfolg seiner technischen Fertigkeiten nimmt er vielmehr den Wettstreit mit der Kunst als einem in Zukunft »unrentablen« Medium der Wirklichkeitsaneignung auf. Durch umfassende handwerkliche und historische Kenntnisse vorbereitet und mit den neuesten Präzisionsinstrumenten ausgerüstet, in deren Geheimnisse ihn der frühe Meister der Photographie Gustave de Gray eingewiesen hat, sucht er der neuen Wissenschaft zum Durchbruch zu verhelfen. Ungleich mehr als von anderen, geisteswissenschaftlichen Tätigkeiten kann er von dem Gelingen dieser Rationalisierungsbemühungen gesellschaftliche Achtung und beruflichen Aufstieg in die Elite des fortschrittsgläubigen Industriezeitalters für sich erhoffen.

Vor diesem Hintergrund zeichnen sich Flauberts Beweggründe, die aus der Ablehnung seiner *Versuchung des heiligen Antonius* resultierende Lethargie schließlich doch zu überwinden und die seit langem ausgemalte Reise anzutreten, als eminent widerständliche ab, aber dennoch haben auch sie, auf eine konträre Weise zwar, Anteil an der Mythologie des Bonapartismus.

Ihn lockt gewiß nicht jener Forschungsauftrag des Landwirtschafts- und Handelsministeriums, den Maxime für ihn erwirkt hat und dessen Privilegien er durch die Sammlung und Vorlage von Wirtschafts- und Handelsinformationen insbesondere über die Häfen in Ägypten, die Karawanen und Basare »begleichen« soll. Seine Einstellung zu derartigen staatlichen Kooperationsangeboten hat der Verfechter des *L'Art pour l'Art* seit langem schon so deutlich bekundet, daß ein Ministerialer sie nur in völliger Unkenntnis des Beauftragten hat erteilen können. Zwar ist der Bürgerssohn durchaus bereit, sich im Orient als offizieller Staatsgast behandeln zu lassen, eine Verpflichtung zur Gegenleistung erwächst ihm daraus jedoch keineswegs. »Ich werde Dir ein eindeutiges Geständnis machen«, schreibt er seinem Freund Louis Bouilhet am 4. Juni 1850 aus dem fernen Girgeh, »ich kümmere mich um meinen Auftrag sowenig wie um den König von Preußen. Um ›meine Mission gewissenhaft zu erfüllen‹, hätte ich auf meine Reise verzichten müssen. Das wäre eine gar zu große Dummheit gewesen. (. . .) Kannst Du Dir vorstellen, wie ich mich in jedem Land nach den Ernten, nach dem Ertrag, nach dem Verbrauch erkundige? Wieviel Öl produziert man, wieviel Kartoffeln frißt man? Und in jedem Hafen: wieviel Schiffe? welche Tonnage? wieviel fahren ab, wieviel laufen ein? dito, Übertrag, andererseits usw. Scheiße! Ah nein, ich frage Dich, wäre das denkbar! Und wenn man nach so vielen Schändlichkeiten (mein Titel ist bereits eine hinreichende) einige Schritte unternähme, die Freunde sich bemühten und der Minister ein freundlicher Mensch wäre, würde ich das Kreuz bekommen! Tableau! Genug für den Vater Parain! Nein, tausendmal nein, ich will nicht, weil ich mich selbst so sehr ehre, daß nichts mich ehren kann.«[26]

Dies heißt nicht, daß er in seinem Tagebuch nicht hin

und wieder, zumal in seiner Darstellung des ersten Kairo-Aufenthalts, von (teilweise vergeblichen) Bemühungen berichtete, Handelsauskünfte zu erhalten oder zu einem konsularischen Abkommen zu gelangen; aber nichts deutet eben darauf hin, daß er selbst und nicht etwa Maxime das Agens solcher Vorstöße gewesen ist.

Keine Frage: mit der modernen technologischen Version des patriotischen Expansionsdranges hat der Dichter aus Croisset wenig im Sinn. Dafür aber verbinden ihn seine poetischen Jugendträume, wenngleich nicht auf geradlinige Weise, deren älterem Komplementärstück in der Heroismuskonzeption des Bonapartismus: nicht deren militärischer Wirklichkeit, sondern deren poetischer, in der Imagination sich auslebender Gegenkraft. Wer genau hinschaut, wird in den »orientalischen«, weil grenzenlosen Schönheits-, Liebes- und Machtphantasien seiner bisherigen Werke die pubertären, aber gewaltlosen Entsprechungen der im Enthusiasmus gründenden militärischen Großtaten Napoleons entdecken. Wenn Gustave also schließlich in den Vorderen Orient aufbricht, dann tritt er auf einem eminent mythischen Terrain des bonapartistischen Heroismus den Wettstreit mit diesem Vorbild an, um sich die Überlegenheit der poetischen Eroberungen über die des Militärstrategen unter Beweis zu stellen. Auffälligerweise vollzieht ja seine und Du Camps Reiseroute die bedeutungsvollsten Etappen der Ägypten- und Palästina-Expedition der Grande Armée nach; einer ausdrücklichen Erwähnung dieser Fixpunkte bedarf es jedoch nicht, da sie im zeitgenössischen Bewußtsein wie selbstverständlich auf den Namen Bonapartes zurückverweisen. So etwa läßt sich aus dem Entwurf eines Palästina-Abstechers, den er, schon in Kairo angekommen, am 1. Dezember 1849 seinem Freund Louis Bouilhet schickt, mühelos das unausgesprochene Modell herauslesen:».. . wir werden von Kairo nach Jerusalem durch die Wüste über den Sinai reisen. Das ist eine Angelegenheit von mindestens fünfundzwanzig Tagen. Unsere Karawane wird aus zwölf Kamelen bestehen. Kannst Du Dir unsere Figur darauf vorstellen! Nach der Ankunft in Jerusalem werden wir vielleicht vor Erschöpfung krepieren.«[27]

Ein abenteuerliches Projekt also, das darauf angelegt scheint, durch seinen komödiantischen, burlesken Charakter das Pathos des heroischen Vorbildes – der höchst verlustreichen, im Desaster endenden Palästina-Expedition Napoleons – der Lächerlichkeit preiszugeben. Nicht anders dürfte von der Warte Flauberts aus die Exkursion nilaufwärts bis in die Grenzregionen Nubiens oder auch ihr waghalsiger, beinahe verhängnisvoller Ausritt von Esneh nach Kosseir am Roten Meer beabsichtigt bzw. interpretierbar sein: als anti-mythische, »groteske« Rekapitulation der »heroischen« Unternehmungen des Generals Desaix und seines Kriegsberichterstatters Denon.

Daß im Bewußtsein der Zeitgenossen unweigerlich Bonapartistisches mitschwingt, wenn es um den Vorderen Orient geht, beweist schon folgendes metaphorische Diktum, mit dem Victor Hugo im Vorwort seiner *Orientales* aus dem Jahre 1829 den langjährigen ägyptischen Statthalter, Mehmed-Ali (»Ali-Pascha«), feiert: »Der alten asiatischen Barbarei mangelt es vielleicht nicht in dem Maße an überragenden Männern, wie unsere Zivilisation dies weismachen möchte. Es gilt, sich daran zu erinnern, daß sie es ist, die den einzigen Koloß hervorgebracht hat, den dieses Jahrhundert Bonaparte gleichstellen könnte – falls es für Bonaparte überhaupt ein Äquivalent geben kann –: diesen genialen Mann, Türken und Tataren in Wahrheit, diesen Ali-Pascha, der im Verhältnis zu Napoleon das ist, was der Tiger gegenüber dem Löwen, der Geier gegenüber dem Adler ist.«[28]

Zwar ist dieser Napoleon Ägyptens wenige Monate, bevor Du Camp und Flaubert ihre Reise antreten, gestorben (August 1849)[29], aber zunächst noch richten sich auch auf seinen Nachfolger, Abbas-Pascha, die Hoffnungen der Europäer, er werde das Erbe Bonapartes weiterhin gut verwalten. Wie ein Zeichen der Bestätigung dieser Erwartungen macht sich folglich der erste Eindruck vom Orient aus, den Flaubert seiner Mutter am 17. November 1849, zwei Stunden vor der Ankunft im Hafen von Alexandria, brieflich mitteilen kann: es ist der Serail des Abbas Pascha, den er »wie eine schwarze Kuppel über dem Meer« auftauchen sieht.

Im Gegensatz zu Maxime Du Camp, dessen Interesse sich auf die Moderne, die Pionierleistungen des neuen Mediums Photographie richtet, sucht Flaubert hier die entscheidende Begegnung mit der heroischen Vergangenheit: der eigenen, in den Visionen des heiligen Antonius verdichteten, wie auch der kollektiven, im bonapartistischen Mythos aufgehobenen. Diese unterschiedlichen Erwartungen an den Orient spiegeln sich alsbald in radikal voneinander abweichenden Verhaltens- und Wahrnehmungsweisen. Zwar erstellt der eine »photographische Zeichnungen«, die mit erstaunlicher Schärfe dieselben Pyramiden, Tempelruinen, Landschaften ablichten, die auch der andere in seinem Tagebuch, seiner Korrespondenz vermerkt, aber die Arten ihrer Inszenierung, also letztlich ihrer Wahrnehmung, weichen so sehr voneinander ab, daß ihren Gegenständen nicht mehr dieselbe Bedeutung zukommt. Trotz zahlreicher augenscheinlicher Parallelen hat der Orient des einen mit dem des anderen nur wenig gemeinsam.

Das Schauspiel des Grotesken: Wahrnehmungsweisen

>>Il vaut mieux être œil tout bonnement.<<
Flaubert an L. Bouilhet, 13. März 1850

Es dürfte nicht schwerfallen, bereits aus der Beobachtung der jeweiligen physiologischen Disposition des Dichters und des Journalisten die unterschiedlichen Interessen abzuleiten, die ihre Wahrnehmung der fremden Wirklichkeit bestimmen.

Maximes Tagesablauf erschöpft sich in rastloser Geschäftigkeit. Obwohl er wie Gustave Tagebuch führt, gelten seine Aktivitäten fast ausschließlich der Planung und Organisation der Etappenziele, des Transportes, der Besichtigungen, der Empfänge durch Diplomaten und politische Repräsentanten des Gastlandes, vor allem aber dem aufwendigen Verfahren der Photographie. Er scheut keine Mühe, selbst in der glühendsten Hitze seine sperrigen Apparaturen aufzubauen und zahllose Versuche mit (für heutige Verhältnisse) unvorstellbar langen Belichtungszeiten zu wiederholen, um in der winzigen Dunkelkammer an Ort und Stelle die gelungenen Aufnahmen aufs Papier zu bannen. In den Fokus seines Blicks geraten zumal jene archäologischen und natürlichen Denkmäler, die durch zahlreiche Generationen von Zeichnern und Forschern in Frankreich schon zu Berühmtheit gelangt sind: indem er sie mit dem Wunderwerk seiner neuen Technik >>exakter<<, >>realitätsgerechter<< abzubilden sucht, bestimmt er das wissenschaftsgläubige Publikum der Metropole zu ihrem eigentlichen Adressaten. Um den Ansprüchen dieser Öffentlichkeit – und damit auch dem Regierungsauftrag – zu genügen, betreibt er gleichzeitig umfangreiche Vermessungsarbeiten, deren Ergebnisse er, zusammen mit Kommentaren zur Religions- und Architekturgeschichte, 1852 der Wiedergabe seiner schönsten Photographien in dem zweibändigen Prachtalbum *Egypte, Nubie, Palestine et Syrie* hinzufügen wird. Seine Wahrnehmung gehorcht folglich, sosehr ihre (technischen) Hervorbringungen auch Verblüffung bewirken mögen, einer grundsätzlich konformistischen Einstellung auf die Erwartungen der maßgeblichen Öffentlichkeit der Moderne.

Anderes verrät die Grunddisposition des Reisenden Flaubert.

Zunächst eine kuriose, aber bezeichnende Paradoxie: Obwohl er die stürmische Überfahrt nach Alexandria im Gegensatz zu dem seekranken Pariser Baron Du Camp bei bester Gesundheit und phantastischer »gallischer« Laune übersteht, so daß man ihn mit einem Mal, kaum daß die heimatlichen Regionen seinem Blick entschwunden sind, für genesen halten könnte, verfällt Flaubert jedoch alsbald wieder jener Immobilität, die spätestens seit Januar 1844 sein Verhältnis zur Außenwelt bestimmte. Gewiß, während der ersten zwei Monate in Unterägypten, in Kairo oder anläßlich seines aufregenden Ausritts zu den Pyramiden und der Sphinx von Gizeh, treibt ihn noch die Vielfalt und Intensität des Neuen an; doch schon die im Februar 1850 begonnene Nilfahrt auf der Canja befördert seinen Rückfall in die alte Passivität, welche sich vollends angesichts der zahllosen Tempelruinen in Oberägypten wieder seiner bemächtigt, auf deren Registrierung sein Begleiter besteht. Wie früher gegen den Vater, wendet sich diese Passivität nunmehr gegen die hektische Betriebsamkeit dieses Freundes, verrät aber ebenfalls erneut nur seine Fähigkeit zu einer tiefergreifenden Wahrnehmung der Wirklichkeit, wie Du Camp dies selbst in seinen

Souvenirs littéraires bewundernd eingestehen muß. Flauberts Indifferenz gegenüber der Arbeitswut Du Camps vermag nämlich augenblicklich in begeisterte Aufmerksamkeit umzuschlagen, sobald er auf Erscheinungsformen nicht-domestizierten, »wilden« oder archaischen Lebens stößt, die ihm gewissermaßen die Kehrseite der bourgeoisen Zivilisation seiner europäischen Heimat vor Augen führen. Es fasziniert ihn jegliche drastische Abweichung von der Monotonie, der Biederkeit und Häßlichkeit des im *habit noir* der Julimonarchie symbolisierten bürgerlichen Alltags: die Buntheit und Polyphonie der Markt- und Basarszenen, die scharf geschnittenen Silhouetten der Karawanen in der Wüste, die metaphysischen Farben der Luftspiegelungen, die fanatischen Gesten nackter, »abnormer« Derwische. Schon wenige Wochen nach seiner Ankunft in Kairo hebt er in einem Brief an L. Bouilhet sein »gewaltiges Erstaunen über die Städte und Menschen« hervor, führt dieses auf die Erfahrung eines »neuen Elements« zurück, »das zu sehen ich nicht erwartete und das hier ungeheuer verbreitet ist, nämlich das Groteske. Die ganze alte Komik des geprügelten Sklaven, des griesgrämigen Frauenverkäufers, des betrügerischen Händlers ist hier sehr jung, sehr wahr und voller Reiz.«[30]

Grotesk in hohem Maße ist für ihn jedoch alles Pathologische.

Geradezu magisch angezogen fühlt sich der Sohn des Chirurgen von all den unverhüllt sich zeigenden Krankheiten, Monstruositäten, Perversionen. Von der Pest oder Syphilis zerfressene, schauerlich entstellte Körper, verwesende und von Raubtieren angenagte Kadaver führen ihm die drastische Gegenwart jener »Barbarei« vor Augen, die das zeitgenössische *juste-milieu* als Bedrohung des von ihm repräsentierten Fortschritts so fürchtet: das Pandä-

monium bürgerlicher Hygiene, welches das Seuchenhos-
pital ihm zur Schau stellt, verschafft ihm jene selben
Ekstasen, die ihm bisher nur seine Imagination als Teilhabe an den Orgien der spätantiken Dekadenz gewähren
konnte.

Desgleichen faszinieren ihn die plötzlich und willkür-
lich verhängten physischen Strafen und Züchtigungen,
insbesondere die Manifestationen jener Bestialität, die
der Okzident schon immer zu Markenzeichen des »barbarischen« Orients erklärte. Höhepunkte seiner Erfahrung
des so gearteten Grotesken ist das auf allen Stufen der
Hierarchie von den Inhabern der Macht praktizierte
Kopfabschlagen ebenso wie jener von einem alten Ritual
geforderte Ritt eines Lokaldespoten über eine Straße aus
300 Menschenleibern. Übersteht der Ausführende diesen
grausamen Akt nur in einem Schwächeanfall, so weidet
sich der europäische Zuschauer mit geradezu orgiastischer
Lust daran. Ähnlich intensive Gefühle vermittelt ihm,
wenn wir der plastischen Ausführlichkeit seiner Beschreibung vertrauen, das an Horrorszenen nicht zu überbie-
tende Interieur eines Irrengefängnisses.

Also disponiert die »Passivität« des registrierenden
Auges keineswegs zur Empfindungs- oder Teilnahmslosig-
keit, im Gegenteil: als Widerstand gegen die auf Verwertung und Nützlichkeit ausgerichtete Aktivität des Wis-
senschaftlers/Photographen erst macht sie das Subjekt
für die Erscheinungsformen des »Wilden« empfänglich,
und dessen Weigerung, verwertend im Sinne der modernen Ökonomie einzugreifen, meint noch lange nicht die
Preisgabe jeglichen Interesses. Nicht von ungefähr entspricht das »passiv« wahrgenommene Groteske/Monströse
des Orients bisweilen auf verblüffende Weise den gegen
die väterliche bzw. gesellschaftliche Autorität aufbegeh-
renden Identifikationswünschen des jugendlichen Dich-

ters. »Ich hätte«, vertraut er schon in *Novembre* (1842)
einem *Alter Ego* an, »über kniende Völker hingaloppieren
und sie mit den vier Hufen meines Rosses zerstampfen,
hätte Dschingis-Khan, Tamerlan, Nero sein (. . .) mögen.«[31] Das »objektiv« registrierende Auge versichert ihn
gewissermaßen bestätigend der Wirklichkeit jener selben
Lebensformen, die seine poetische Imagination zuvor zu
Gegenfiguren der teleologischen, rationalistischen und
»progressiven« Ökonomie seines bürgerlichen Zeitalters
modelliert hat. Ihren Wert, d. h. den Grund ihrer Bevor-
zugung gegenüber allen anderen Erscheinungsformen der
orientalischen Wirklichkeit, beziehen sie aus jener vorge-
faßten Negativität. Die Wirklichkeit des vorfindlichen
Lebens im Orient bekräftigt daher stets die durch die
Immobilitätsmetapher verbürgte, voraufgegangene dich-
terische Erfahrung, da die ihrer Wahrnehmung zugrunde
liegenden Selektionsprinzipien mit deren Produktivitäts-
formel übereinstimmen.

Bezeichnenderweise erhellt Flaubert das »barbarische«
Leben des Orients nicht, um es nach Art des Vaters kurieren, in das Korsett eines physiologischen oder ästhetischen *juste-milieu* zwingen zu wollen. Kein therapeuti-
sches Bedürfnis stellt sich bei ihm angesichts der Leiden
dieser Menschheit ein: vielmehr defilieren sie als realistische Figuren des anderen, nicht-domestizierten Lebens
– wie zuvor die imaginierten an seinem heiligen Antonius –
an seinem Auge vorbei, als Schauspiel, in welchem für ihn
die Widerständlichkeit der Natur gegen die idyllischen
Naturkonstruktionen des zeitgenössischen Exotismus zur
Epiphanie gelangt.

Verweigert seine anti-konformistische Wahrnehmung
einerseits dem Leben die Sympathie des teilnehmenden
Gefühls, so erfüllt sie umgekehrt, entgegen der Ästhetik
des Rationalismus, die tote Materie mit Leben, um sie auf

subversive Weise in die Gegenwart hineinzuholen. Die wunderbar erhaltenen Wandfresken in den Grabkammern aus pharaonischer oder spätantiker Zeit entlocken ihm nicht, wie einem kunstverständigen Touristen, Bekundungen einer Begeisterung, die die Werturteile einer modischen Ästhetik widerspiegeln, sondern Bilder aus dem Geiste der *gauloiserie* oder der zeitgenössischen galantlasziven Salonmalerei, welche die Festkultur des Pariser Bourgeois evozieren: »... diese Fräuleins (sc.: auf einem Fresko, das ein Totenmahl darstellt) tragen durchsichtige Gewänder, das erinnert an die Bordelle (sc. des Malers) Devéria, 1829.« Bei der Betrachtung der gewaltigen Palastruinen von Karnak stellt er sich die unbotmäßige Frage, ob in einer solchen Architektur nicht ganze Menschen auf Eisenstangen aufgespießt und wie Lerchen beim Bankett von Riesen serviert worden sind. Vom Anblick der antiken Monumente in Luxor schweifen seine Gedanken an die ferne Place de la Concorde aus, wohin seit einigen Jahren einer der Obelisken verpflanzt ist, um das ägyptische Steinmonument mit einer empfindsamen Seele auszustatten, die in Trauer über seine Entwurzelung gegen die Grausamkeit seiner Verpflanzung in das Lebenszentrum der modernen Metropole aufbegehrt. Diese Art von Verlebendigung der archaischen Monumente opponiert selbst da, wo sie sich als *gauloiserie* gebärdet, einer normativen Verwertungsabsicht, wie sie die Selektions- und Klassifizierungsbemühungen des Wissenschaftlers und seines militanten Pendants, des Kolonisators, bestimmt. Sie richtet sich sowohl gegen den Anspruch des Archäologen, eine alte Hochkultur aus Steinfragmenten in ihrer Authentizität zu rekonstruieren, wie auch gegen den Wunsch des Photographen, den mondänen Kreisen der Hauptstadt Bilder vorzulegen, die ihre eigenen Erwartungen an die exotische Ferne, die eigenen kulturellen

Vorurteile also, bestätigend inszenieren. In dieser widerständlichen Dimension verbindet sich seine Wahrnehmung des Orients dessen voraufgegangener poetischer Erfindung aus der Imagination des Eremiten Antonius.

Von dorther mutet es den Leser nicht mehr paradox an, daß diese Art der Wirklichkeitserfahrung in dem Reisenden eine Steigerung seiner dichterischen Empfindsamkeit bewirkt. »Trotzdem vollzieht sich in mir ein Fortschritt«, teilt er am 4. September 1850 L. Bouilhet mit, »ich fühle mich jeden Tag empfindsamer, leichter erregbar werden. Ein Nichts treibt mir die Tränen in die Augen. Es gibt unbedeutende Dinge, die mich bis ins Innerste packen. Ich versinke in endlosen Träumereien und Abschweifungen. (. . .) Für die Rückkehr habe ich mir große Schwelgereien vorgenommen. So steht es mit mir.«[32] Die »klassische« Version eines solchen Geständnisses hatte Goethe auf seiner italienischen Reise am 10. November 1786 von Rom aus in folgende Worte gefaßt: »Ich lebe nun hier mit einer Klarheit und Ruhe, von der ich lange kein Gefühl hatte. Meine Übung, alle Dinge wie sie sind zu sehen und abzulesen, meine Treue das Auge Licht seyn zu lassen, meine völlige Entäußerung von aller Prätention, kommen mir einmal wieder recht zu statten und machen mich im Stillen höchst glücklich.«[33]

Da es sich bei alledem um die Übersetzung vorfindlicher, physischer Wirklichkeit, und nicht um rein Imaginiertes, handelt, schlägt sich diese Wahrnehmung in einem Stil nieder, der sich gegenüber dem der *Tentation de Saint Antoine* durch seine außerordentliche sinnliche Intensität auszeichnet. Die Differenz zwischen der Niederschrift der aus Literatur und Kunst abgeleiteten Orient-Erfahrung dort und deren Konfrontation mit der sinnlichen Materialität der Phänomene hier ließe sich vielleicht am klarsten in der Gegenüberstellung der beiden Evokationen der

Sphinx von Gizeh veranschaulichen: aus der Verkörperung der Passivität des poetischen Enigmas ist hier der enthusiastisch inszenierte »Vater des Schreckens« geworden, in dessen Monstruosität die Unbezwingbarkeit des gesamten archaischen Orients zur Darstellung gelangt. Bis in ihre kleinsten Artikulationen hinein vollzieht die Schrift eine Versinnlichung ihrer »dramaturgischen« Aufgaben: sie radikalisiert sich im Kontakt mit einer als monströs erfahrenen Andersartigkeit, macht sich selber zur Bühne dieser nichtdomestizierten Wirklichkeit, indem sie schroff, stichwortartig, ohne jegliches versöhnliche Moralisieren und ohne therapeutische Bemühungen den Phänomenen der »Wildheit« Ausdruck verleiht. Dieser Stil opponiert gerade durch seinen als Mangel mißzuverstehenden Fragmentcharakter nicht nur der versöhnlichen Glätte der »photographischen Zeichnungen« eines Maxime Du Camp, sondern zugleich jeglicher Verwertungsabsicht im Sinne kolonialistischer Vereinnahmung.

Die Genese der Schrift aus der Differenz

Der Ort, von dem aus die semantischen Neuerungen dieser Reise-Niederschrift zu ermessen sind, ist folglich nicht allein ein Stadium in der Entwicklung des Schriftstellers Flaubert selbst: die *Tentation*, in deren Stil angesichts dieses Zuwachses an Sinnlichkeit die mannigfachen Anleihen an die »papierene« Buchkultur der romantischen Mythologie deutlicher zutage treten. Er umfaßt vielmehr das gesamte Netzwerk des zeitgenössischen Wissens über den Orient, seiner diskursiven Verwertung: darauf also gilt es, die Flaubertsche Schrift ebenfalls zu beziehen, um ihre poetischen Besonderheiten bestimmen zu können. Ebenso wenig wie die Reiseroute zufällig verläuft – da sie durch die Vorgaben des bonapartistischen »Heroismus« abgesteckt ist –, erweist sich auch die schriftliche Wiedergabe der auf ihr gemachten Erfahrungen als spontane Aufzeichnung vordergründiger, im schlechtesten Sinne touristischer Beobachtung. Auch wo sie überhaupt nicht den Anschein erweckt, ist doch die Flaubertsche Notiz jeweils auf einen Prätext (oder mehrere) bezogen, mit dessen Anspruch auf Wiedergabe von Wirklichkeit sie sich kreativ auseinandersetzt. Eine solch komplexe Bezugnahme ist unvermeidlich, will der Autor nicht nur Bekanntes wiederholen, da es ja um die Jahrhundertmitte kaum ein Bauwerk, eine Landschaft, eine Eigenart der sozialen und politischen Kultur des Vorderen Orients gibt, die nicht schon im Stereotypenkanon des gebildeten französischen Bürgers fest verankert wären. Seine Vorbehalte gegenüber der Photographie Maxime Du Camps, welcher diesen orientalistischen Wissenstand seiner Zeitgenossen am unmittelbarsten in seiner Nähe verkörpert, legen die Vermutung nahe, daß er mit ähnlicher Distanz sämtlichen literarischen und verwandten Medien dieses Vorwissens entgegentritt.

In der Tat würde eine sorgfältige stilistische Analyse die Erkenntnis freisetzen, daß Flauberts Reise-Schrift dem gesamten zeitgenössischen Vorwissen über den Orient den Prozeß macht. Da, wo seine Beobachtungen besonders lakonisch ausfallen, geht man gewiß nicht fehl in der Annahme, deren Gegenstand sei schon so hinlänglich bekannt, daß er gewissermaßen nur noch stichwortartig abgerufen zu werden braucht. Ergeht er sich aber in ausführlichen Schilderungen von vollendeter syntaktischer Harmonie, so liegt es nahe, die Absicht einer modifizierenden oder radikal anderen Betrachtungsweise als der geläufigen dahinter zu vermuten, so daß auch hier der Text seine besondere Gestalt aus der Differenz zu dem Vorgegebenen bezieht. In jedem Fall scheint Flaubert verändernd in den Stereotypenkanon seiner Zeit eingreifen und über diese Abweichungen eine subversive, wenngleich nicht notwendigerweise zur Veröffentlichung bestimmte, Gegenschrift begründen zu wollen.

So geht es beispielsweise meist um die Hervorhebung von Unterschieden, wenn er die Verfasser kartographischer oder mythologischer Werke, Champollion-Figeac etwa oder Creuzer, namentlich erwähnt. Am auffälligsten aber tritt diese Absicht in seinen ironischen Anspielungen auf die stupide Vereinnahmung der orientalischen Kulturdenkmäler durch die europäischen, insbesondere französischen Touristen zutage, die dort die Spuren ihrer gewichtigen Präsenz hinterlassen haben. Empört er sich in Philae noch über die Verwüstungen, die religiöser Fanatismus in Jahrhunderten an den Tempelbauten angerichtet hat, so mokiert er sich schon in der Ebene zu Theben über das obligatorische Staunen, das der bourgeoise Besucher den Memnon-Kolossen zollt – Grund genug für ihn selbst, diese Steinblöcke für absolut unbedeutend zu erklären: »Wie viele Bourgeois haben nicht schon ihre Blicke zu ihnen erhoben? Jeder hat seinen kleinen Spruch von sich gegeben und ist dann weitergezogen.« Den Geist des Tourismus symbolisieren in besonderem Maße die Spuren aus der Julimonarchie. Wenn er unter den zahllosen Graffitti, die die Wände der Chefrenpyramide verunzieren, ein Konterfei Louis-Philippes in der berühmten, von Philippon erfundenen Birnenform bemerkt, bedarf dies verständlicherweise keines Kommentars. Fällt ihm jedoch am Heiligen Grab in Jerusalem ein durchaus ernstgemeintes, großformatiges Porträt desselben Bürgerkönigs ins Auge, dann vermag er seinen Spott über eine solche Anmaßung kaum zu zügeln: »Ach, du groteske Figur, du bist also wie die Sonne! Da beherrschst du die Welt mit deiner

Pracht, dein Licht erstrahlt bis hin zum Grabe Jesu!«
Mehrfach stöhnt er über die Rollenzwänge, die die Notwendigkeit von Besichtigungen ihm abverlangt, und beginnt jedesmal dann der antiken Monumente überdrüssig
zu werden, wenn sie den seriellen Charakter von touri-
stischen Sehenswürdigkeiten annehmen: ». . . die ägyptischen Tempel gehen mir furchtbar auf die Nerven. Wird
das ebenso sein wie mit den Kirchen in der Bretagne, den
Wasserfällen in den Pyrenäen?« Die Allgegenwart des
europäischen Banausentums begegnet ihm freilich auf
sinnfälligste Weise in den Scharen von Namenszügen, die
bisweilen in solcher Dichte und Unleserlichkeit die Wände
der pharaonischen Grabkammern bedecken, daß sie mit
den Hieroglyphen zu wetteifern scheinen. Diese Unsitte
erinnert den Leser der französischen Reiseliteratur des
19. Jahrhunderts unweigerlich an die bekannte, typische
Geste des Jerusalem-Pilgers Chateaubriand: dieser hatte,
da es ihm sein christlicher Hochmut und seine Verachtung
für die Kultur des Nillandes untersagten, sich von Kairo
aus (wo er auch nur kurz verweilte) selbst zu den Pyramiden zu begeben, einen Boten dorthin ausgesandt mit
dem Auftrag, seinen Namen an angemessener Stelle in das
Monument einzugravieren.

Mag man hier nur vermuten, daß das berühmte litera-
rische Vorbild gemeint ist, wenn es um die Phänomenolo-
gie des europäischen Hochmuts im Orient geht, so gibt
es andererseits genügend beredte Anzeichen dafür, daß
Flauberts Ausführungen über Palästina, Judäa und Libanon speziell als entmystifizierender Gegenentwurf zu dem
»dogmatischen« Modell Chateaubriands gelesen werden
müssen. Nicht von ungefähr vermerkt er im Hinblick auf
den Berg Karmel anläßlich seines Eintritts in das Heilige
Land des Evangeliums: »Ich denke an Chateaubriand in
Palästina, an Jesus Christus, der barfuß über diese Stra-

ßen schritt . . .« Dies klingt nach einem Programm, nach
der Evokation eines ganzen Darstellungsmodells, und
in der Tat zeichnet sich Chateaubriands Hymnus auf
die biblischen Landschaften und Städte Palästinas als
Hintergrundfolie für den Flaubertschen Reisebericht ab:
freilich als negative Deutungsvorlage, deren Gültigkeitsanspruch durch den neuen Text bestritten wird. Die illu-
sionslosen Beobachtungen des Agnostikers Flaubert bewirken insgeheim stets auch einen Affront der größten
Autorität in der neueren christlichen Literatur: »Jerusalem ist ein von Mauern eingefriedetes Beinhaus« – »Überall Ruinen, es riecht förmlich nach Grab und Verwüstung«
– »Gottes Fluch scheint über der Stadt zu liegen«. Angesichts des kleinlichen Hasses, der die verschiedenen Religionen selbst an der Stätte des Heiligen Grabes trennt,
entschwindet ihm jede Möglichkeit, Ergriffenheit auf-
kommen zu lassen: ». . . ich wurde so sehr von Kälte und
Ironie erfüllt, daß ich ohne jeden weiteren Gedanken wegging.« Dies liest sich wie ein direkter Einspruch gegen
Chateaubriand, der nach seinem Besuch der Grabeskirche
pathetisch verkündete: »Ich verbürge mich dafür, daß
selbst die am allerwenigsten religiöse Einbildungskraft
nicht umhin kann, angesichts der Begegnung so zahlreicher Völker am Grabe Jesu Christi in Wallung zu geraten,
angesichts jener in hundert verschiedenen Sprachen her-
vorgebrachten Gebete, an jener selben Stelle, an der die
Apostel vom Heiligen Geist die Gabe empfingen, alle
Sprachen der Erde zu sprechen.«[34]

Den deutlichsten Affront freilich bringt das Unbe-
wußte des Reisenden hervor: In dem Furz, der ihm bezeichnenderweise beim Einzug durch das Jaffa-Tor, als
Programmerklärung gewissermaßen, entweicht, äußert
sich auf rabelaisianische Weise und beredter als jede
Spottrede, Flauberts tiefinnerliche Aversion gegen die

pathetische Verherrlichung Jerusalems durch die her-
kömmliche Pilgerliteratur, womöglich sogar – dies könnte
seine (nur augenzwinkernd vorgetragene) Entrüstung
über diesen »Voltairianismus seines Anus« erklären – seine
Auflehnung gegen das unantastbar erhabene »Vorbild«
des Evangeliums selbst, den Einzug Jesu in Jerusalem, zu
dessen parodistischem Nachvollzug er nunmehr unab-
dingbar bestimmt erscheint.

Wie ernüchternde Gegenreden zu Chateaubriands (und
anderer: siehe Marmier) patriotischer Rede von den zivi-
lisatorischen Leistungen der Grande Armée und ihrem
Nachruhm im Orient muten auch Flauberts nur stich-
wortartige, kommentarlose und fast versteckte Anspielungen auf die Palästina-Expedition Napoleons an,
welche gewissermaßen deren traurige Kehrseite in Erinnerung rufen. In dem syrischen Küstenstädtchen Saint-
Jean-d'Acre (Akko), das Napoleon zwei Monate vergeblich belagerte, fällt ihm ». . . eine kleine Pyramide«, ein
Grabmal, auf: »sie markiert die Überbleibsel der Franzosen in Saint-Jean-d'Acre, während der Expedition Bonapartes.« Auch in Jaffa, dem Inbegriff des grausamen Ver-
rats Bonapartes an den türkischen Besatzungstruppen,
sind die Spuren der Grande Armée verwischt: ». . . Gärten
(an der Stelle des französischen Heerlagers von Bonaparte)«; nur das Pestkrankenhaus verweist (unausgespro-
chen) auf den Schauplatz des berühmten Gemäldes von
Gros (1804, im Louvre), das Napoleon, der doch in Wirklichkeit seine von der Pest befallenen Soldaten mit Opium
vergiften ließ, zum charismatischen, väterlichen Tröster
derselben umdeutet.

Weiblichkeitsbilder

Keine andere Figur der Fremde verkörpert die Sehnsüchte, Vorurteile und Projektionen des christlichen Okzidents so sehr wie die orientalische Frau: sie ist die
Summe der Imagination von Weiblichkeit schlechthin, da
ihre Wirklichkeit den Blicken des Uneingeweihten entzogen ist. Ihre Metamorphosen reichen von der arabischen
Prinzessin aus *Tausendundeinernacht* über die schöne
Maurin aus dem Geiste des von Mauren entvölkerten Spaniens des 17. Jahrhunderts bis hin zur Odaliske der zeitgenössischen Exotik-Mode. In den zwielichtigen Innenräumen seiner Imagination stellt der Europäer dieses
Mysterium bald als juwelenüberladenen Fetisch, bald als
lüsternes Abbild seines eigenen erotischen Begehrens zur
Schau, das um so aufreizender ist, je trostloser die Lebenswelt seines Erzeugers sich ausnimmt. Zwar werden erst
unter dem Zweiten Kaiserreich die Sumpfblüten des
Voyeurismus zu ihrer blendendsten Entfaltung gelangen[35], doch bereits um die Jahrhundertmitte kennt die
dem Geschmack des Bourgeois verpflichtete Salon-Malerei jenen Frauenakt, der sich als Einblick in die Geheimnisse eines Harems-Interieurs ausgibt, jedoch nur mühsam seine Herkunft aus den Boudoirs und Bordellen der
Hauptstadt verschleiern kann. Seit dem Ende der zwanziger Jahre freilich begehrt die Kunst der romantischen
Revolte gegen derartige Phantasiegebilde auf, indem sie
mit ästhetischen Mitteln die Projektionen benennt, die
hier am Werke sind und die das dargestellte Wesen zur
Gefangenen kolonialistischer Gelüste bestimmen. In der
Melancholie seiner *Frauen in Algier* von 1832 erhebt
Delacroix einen leidenschaftlichen künstlerischen Einspruch gegen die idyllische Rede von der in ihrer Harems-

Eingeschlossenheit glücklichen Odaliske, verweist deren Ursprung in das kolonialistische Bewußtsein derselben, die sich zur Eroberung Nordafrikas aufgemacht haben.

Auf dem Felde der Literatur beansprucht der exzentrische Romantiker Gérard de Nerval, mit seiner Artikelserie *Les femmes du Caire, Les esclaves du Caire* und *Le harem du Caire*, die er zwischen Mai und September 1846 in der *Revue des Deux Mondes* und, in Buchform, 1848 im Verlag des *L'Artiste* herausgibt, die Vorurteile seiner Zeitgenossen mit der poetischen Umschrift seiner ausgedehnten Orient-Erfahrung der Jahre 1843-44 zu konfrontieren. »Kairo ist die Stadt der Levante, wo die Frauen am hermetischsten verhüllt sind«, lautet der erste Satz dieses Dokuments, das die orientalischen Innenräume zu erschließen verspricht, ». . . Ägypten, das bedächtige und ehrfürchtige, ist immer noch das Land der Rätsel und Mysterien; wie früher umgibt sich auch heute noch die Schönheit mit Schleiern und Bändern, und diese traurige Einstellung entmutigt leicht den frivolen Europäer.«[36] Zwar entlehnt Nerval manche Einzelheit dem in Frankreich vielbeachteten *Account of the Manners and Customs of Modern Egyptians* von William Lane (London 1836 und 1837), aber seine eigenen Beobachtungen sind nicht minder dazu angetan, den illusionären Charakter so beliebter Kunstfiguren wie der »belle captive« oder »sultane favorite« hervortreten zu lassen, von denen der jugendliche Victor Hugo in seinen *Orientales*-Gedichten geschwärmt hatte: ». . . ist es nicht ermutigend zu sehen, daß in einem Land, dessen Frauen als Gefangene gelten, diese in den Bazaren, den Straßen und Gärten zu Tausenden auftreten, allein nach Laune umhergehend, oder zu zweit, oder auch in Begleitung eines Kindes? In der Tat, die Europäerinnen haben nicht soviel Freiheit . . .«[37]

Bei seinem Bemühen, die verbreitete Trivialvorstellung von dem schönen, aber sprachlosen Schau-Objekt eines allmächtigen Paschas zu widerlegen, scheint ihm allerdings bisweilen seine Begeisterung für alles Islamische, die ihn schon in seiner Jugend zum Erlernen der arabischen Sprache verleitete, die Feder geführt zu haben. So nutzt er beispielsweise einen Ausblick auf den Sklavenmarkt im Palast Abd-el-Kerims, wo Negerinnen feilgeboten werden (Kap. XII), zu einem nahezu hymnischen Exkurs über die Zivilisation des Gastlandes: »Also weinte die einzige Sklavin, die dort weinte, beim Gedanken, ihren Herrn zu verlieren; die übrigen schienen sich nur aus Angst darüber zu beunruhigen, daß sie allzu lange ohne einen solchen (sc. Herrn) ausharren müßten. Dies spricht gewiß für den Charakter der Muselmanen. Vergleichen Sie damit bitte einmal das Los der Sklaven in den amerikanischen Ländern! In Ägypten jedenfalls verrichtet nur der Fellache Feldarbeit. Man schont die Kräfte des Sklaven, der teuer ist, und man beschäftigt ihn höchstens mit häuslichen Verrichtungen. Darin besteht der gewaltige Unterschied zwischen dem Sklaven der türkischen Länder und dem des Christentums.«[38] Diese Euphorie weicht freilich einer eher ambivalenten Einschätzung der Lage, wenn der Autor seinen eigenen Umgang mit der javanischen Sklavin Zeynab erinnert, die er, um seinem alten Wunsch nach größtmöglicher Anpassung an die islamischen Sitten stattzugeben, auf einem solchen Markt gekauft und geheiratet hatte. Zwar vermittelt ihm die Ehe mit dem exotischen Wesen durchaus ungewöhnliche Kenntnisse der sozialen und juristischen Situation der vermeintlich Rechtlosen im Orient, zwingt ihn jedoch bald, seine Hoffnungen auf eine harmonische Fortführung dieser *mésalliance* zu begraben.

Die nichtsdestoweniger provokativen, Dichtung und

Wahrheit unentwirrbar verflechtenden Zeugnisse Nervals
besitzen durch ihre Ausführlichkeit und ihre Verbreitung
durch die tonangebenden Zeitschriften des liberalen Bürgertums ein solches publizistisches Gewicht, daß kein
nachfolgender Orient-Reisender umhin kann, sich auf
ihre Deutungsmuster zu beziehen. Flaubert scheint insbesondere Nervals Ausführungen über die Wirklichkeit der
Frau im Orient als den mit Autorität ausgestatteten Prätext anzusehen, gegen dessen Gültigkeitsanspruch es die
eigenen Erfahrungen zu setzen gelte. Manche seiner Tage-
buch-Eintragungen zu diesem Thema gewinnen erst dann
eine kohärente Bedeutung, wenn sie als Einsprüche gegen
die Behauptungen Nervals gelesen werden.

Die intensivste Begegnung Flauberts mit der Weiblichkeit des Orients, die nachhaltigste ganz gewiß, deren Spuren sich durch sein gesamtes Romanwerk hindurch verfolgen lassen, ist seine Liebes-Episode mit der *Almeh*
(Tänzerin und Kurtisane) Kutchuk-Hanem in Esneh. Die
Faszination, mit der er das Erscheinen dieser syrischen
Schönheit, ihren »Bienentanz« und sodann die Nacht mit
ihr in seinem Tagebuch wiedergibt und an die verschiedenen Adressaten seiner Briefe vermittelt, findet nur dann
eine Erklärung, wenn in deren Gestalt seine ausgeprägte-
sten Jugendträume von Lust und bisweilen auch vulgärer
Sinnlichkeit zusammentreffen. In der Tat erfolgt der Auf-
tritt Kutchuk-Hanems als Epiphanie eines Idols, eines
profanen Gegenbildes des (im katholischen Sinne) »Gna-
denbildes« der Jungfrau Maria, das sich in der Höhe den
unten Stehenden manifestiert: »Auf der Treppe uns gegenüber, umgeben von Licht, steht eine Frau, deren Konturen sich vor dem blauen Hintergrund des Himmels abheben . . .«

(So ähnlich wird Flaubert die jungfräuliche Karthage-
rin Salammbô vorführen, in entsprechendem kultischem

Ornat zwar: als »Idol«, das von der Höhe ihres »Himmels«, des väterlichen Palastes, über eine Treppe in die Versammlung der »Barbaren« herabsteigt.) Bezeichnenderweise kann nur eine Kurtisane die Rollenerwartungen erfüllen, die der jugendliche Sensualist an sein Weiblichkeits-Ideal stellt. Weder eine Mutterfiguration – welche nur die eigene Mutter verdoppeln würde – noch (wie im Falle Nervals) eine Sklavin könnte sich ihm als Idol erweisen, d. h. ihm mit den ikonographischen Merkmalen eines solchen ausgestattet erscheinen, sondern nur eine Prostituierte, da sie allein die Kehrseite der verhaßten bürgerlichen Prüderie verkörpert und dennoch zugleich im Medium des Geldes, der erkauften Ersatzbefriedigungen, aufs tiefste in die Ökonomie dieses selben Bürgertums eingebunden ist. Es vollzieht sich also hier die Epiphanie eines eminent einheimischen Idols, das letztlich nicht fremder ist als ein orientalisch verkleidetes Pariser Freudenmädchen; entscheidend ist allein die Herkunft dieses Bildes aus dem ambivalenten System der europäischen Bedürfnisbefriedigung. Daher darf es auch den Leser nicht mehr merkwürdig anmuten, daß gerade das Kollektivwesen *par excellence*, die schon in den Reiseberichten eines Prisse d'Avennes, E. Combes und M. Gisquet erwähnte »Touristen-Attraktion« und ehemalige Mätresse des Regenten Abbas-Pascha geeignet ist, in der Erinnerung Flauberts mit dem Urbild der Privatheit der Liebenden zu verschmelzen, das er sich selbst erwählt hat: Judith. So paradox es erscheinen mag, daß er überhaupt diese biblische Heroine, die männermordende Retterin ihres Volkes, entgegen der gesamten exegetischen Tradition zu einer Figur der »Intimität«, der Zärtlichkeit und des Sinnenrausches, umwidmen kann, um sich selbst in der Rolle des »Barbaren« Holofernes zu sehen, so selbstverständlich ist es andererseits für ihn, daß gerade eine

Prostituierte die symbolische Repräsentanz des privaten Glücks übernimmt.

Größer könnte der Gegensatz zu Nervals (anfänglicher) Idealisierung der Sklavin, d. h. der aus der Typologie der Europäerin ausgeschlossenen, anderen Frau, nicht sein als im Augenblick dieser »idealen« Erscheinung der Kutchuk-Hanem. Die Besonderheit der Begegnung des Dichters mit seinem Ideal verbietet es aber, dieses Ereignis in die Dauer einer Beziehung zu überführen, wie dies Nerval durch einen Ehevertrag mit der Fremden versucht hatte. Augenblicklichkeit ist ebenso erforderlich, damit eine solche Liebesbegegnung sich als Erfüllung lange gehegter Ideale verwirkliche, wie die Plötzlichkeit der Epiphanie, das unerwartete »Aufleuchten« ihrer Verkörperung. Ähnlich konträr zu Nerval verläuft auch die Desillusionierung des männlichen Subjekts dieser Begegnung. Der langsamen Demontage der Idealgestalt der schönen, sprachlosen Sklavin durch die zunehmend sich emanzipierende, sich verlebendigende Frau Zeynab steht hier Flauberts Versuch einer Wiederholung des illuminierten Augenblicks gegenüber: dieser schlägt notwendigerweise in Enttäuschung um – die Wiederkehr macht nur den Verfall des Idols deutlich –, da es das Wesen der Epiphanie ist, auch der entlarvenden, daß sie nur momentan ein paradoxales, intensives Bild der Erkenntnis freisetzt. Auffälliger noch opponiert Flauberts Wahrnehmung der Sklavin als Kollektivwesen den entsprechenden, bisweilen fast idyllischen Perspektiven bei Nerval.

An Häufigkeit, so der Eindruck des Tagebuch-Lesers, scheint in Ägypten die Versklavung der Negerin ihrer »zivilisierten« Entsprechung, der Prostitution der Orientalin, kaum nachzustehen. Die Bilder, in die Flaubert seine diesbezüglichen Beobachtungen faßt, sind erneut von nahezu mythischer Anschaulichkeit. So etwa nimmt

der Reisende von seiner Canja aus das ihm entgegen-
kommende, nilabwärts fahrende Handelsschiff gleichsam
als ein vorübergleitendes Gemälde wahr, auf dem die
Physiognomien von apathischen Negerinnen sich wie
eine Schafherde ausmachen, die zusammengepfercht zum
Schlachthaus abtransportiert werden: »Alle die Köpfe
sind friedfertig, keinerlei Gereiztheit in ihren Blicken, das
ist der übliche stumpfe Ausdruck des Tieres.« Der Anblick
ihrer von Tätowierungen zernarbten Körper bestärkt dabei noch die Vorstellung von – melancholischer – »Wildheit«, die diese Szene erweckt, und bestimmt sie zu einem desillusionierten Gegenbild zu Nervals Skizze von
der fröhlich scherzenden Schar der Sklavinnen im Palast
des Paschas. Besondere Glaubwürdigkeit erhalten solche
Tableaus auch dadurch, daß Flaubert sich jeglicher Be-
kundung von Mitleid oder Teilnahme enthält, also nicht
unbedingt eine »objektive« Beobachtung emotional zu ver-
zerren trachtet. Im Gegenteil: statt Mitgefühl zu üben,
verhält er sich nicht selten völlig konform der privilegier-
ten Rolle, die ihm sein offizieller Status als Bevollmächtigter einer europäischen Regierung verschafft, und provo-
ziert sogar solche Szenen, die die Unterdrückung der Frau
offenkundig werden lassen: »Ich erstehe zwei Frauenzöpfe
plus dazugehörigem Schmuck; die Frauen, denen man sie
abschneidet, weinen; ihre Männer jedoch, die sie abschneiden, verdienen zehn Piaster pro Zopf.« Sein anschließen-
der Kommentar mutet geradezu zynisch an, da der Autor
dieses höchst symbolischen Aktes nunmehr in die Rolle
des philanthropischen Beobachters schlüpft: »Es muß ein
furchtbarer Jammer für diese armen Frauen sein, die sehr
daran zu hängen scheinen.« Ähnlich ambivalent mutet
sein Kommentar zur Fronarbeit eines zehn- bis zwölfjährigen Mädchens an, das ihm als Sais zugewiesen wurde,
dessen Dienste er jedoch nicht ausgeschlagen hat: »Sind

also die Eltern in diesem Land noch dümmer als die in unserem?« Die ansonsten von keinerlei moralisierender Reflexion begleiteten Beobachtungen setzen überdies die dem üblichen Kolonialismus-Klischee zuwiderlaufende Erkenntnis frei, daß die Frau im Orient, insbesondere natürlich die Afrikanerin, von den männlichen Angehörigen ihres eigenen Volkes nicht minder ausgebeutet wird als von den europäischen oder levantinischen Händlern. Auf diese Weise ergibt sich ein desolates Panorama von der allgemeinen Kolonisierung der Frau im Orient, welches mit den Nervalschen Aufzeichnungen schwerlich zu vereinbaren ist. Eines der nachhaltigsten »Bilder« erinnert Flaubert anläßlich seiner Überfahrt von Alexandria nach Beirut. An Bord fällt ihm »eine kleine Negerin« auf, »die christlichen Händlern aus Syrien gehört; sie vergoß Ströme von Tränen und blieb fast die ganze Zeit über in der Sonne neben dem Schornstein auf der Seite liegen.« Durch eine Parenthese kenntlich gemacht, schwenkt seine Imagination zu einer Straßenszene in Alexandria ab, wo man den eigentlichen Nutznießer dieses Mädchenhandels vermuten muß: »(In den Straßen von Alexandria flaniert ein Halunke von Neger herum, der auf europäische Art gekleidet, mit Hut und Stock ausgestattet ist.)«

Die Widerständlichkeit des Verborgenen

»Zwischen dem Ich des heutigen Abends und dem Ich jenes Abends liegt ein Unterschied wie der zwischen einem Leichnam und dem Chirurgen, der ihn seziert.« In diese bekannte anatomische Metapher faßt Flaubert im Juli 1851 nach seiner Rückkehr von der schließlich über Griechenland und Italien führenden Reise seinen Zuwachs an Erfahrung zusammen, der ihn von dem nunmehr zwei

Jahre zurückliegenden pathologischen Zustand im Augenblick der Ausreise trennt. Diese Distanz des souveränen, sezierenden Blicks, die gewiß auch seiner derzeitigen Abschrift der Tagebuchnotizen zugute kommt, bildet allerdings für den Schriftsteller selbst noch keinen ausreichenden Grund für eine Veröffentlichung seines Manuskripts. Von seinem Stil und den sich darin äußernden Erkenntnisinteressen her widerstrebt auch das »fertige« Manuskript der Vermarktung, da es unvermeidlich nur die Zahl der Reisetagebücher und damit das Stereotypen-Arsenal des Publikums erweitern würde.

Der Bruch mit dem karrierehungrigen Journalisten Du Camp ist damit vollzogen. Es kommt nicht mehr, wie nach der gemeinsamen Bretagnereise der beiden im Jahre 1847, zum Versuch einer Versöhnung ihrer unterschiedlichen Wahrnehmungs- und Darstellungsweisen, welcher damals zu der stilistisch heterogenen Niederschrift von *Par les champs et par les grèves* (»Über Felder und Strände«) geführt hatte, für dessen gerade Kapitel Maxime, ungerade Gustave verantwortlich zeichnete. Aber während damals die Nicht-Veröffentlichung der jeweils sorgfältig überarbeiteten Reisenotizen vereinbart und (aus Motiven des poetischen Stolzes gegenüber dem Banausentum des Publikums) eingehalten wurde – erst 1885 gibt die Nachlaßverwalterin Flauberts nur die ungeraden Kapitel dieses Werkes heraus –, hütet diesmal nur Flaubert noch den Ehrenkodex der jugendlichen Anti-Bourgeois, der es verbietet, die durch die Reiseerfahrung erlangte Initiation in die Geheimnisse des eigenen Ichs, der eigenen ästhetischen Gestaltungsprinzipien, unmittelbar und unverschlüsselt einer sensationsgierigen Öffentlichkeit zugänglich zu machen.

Maxime Du Camp hingegen, der gleich nach seiner Rückkehr in die Leitung der *Revue de Paris* eingetreten ist, gedenkt seinen »gesellschaftlichen« Auftrag in Erwartung seiner Rentabilität zu erfüllen. Die Veröffentlichung seines zweibändigen, luxuriös ausgestatteten Photo-Albums *Egypte, Nubie, Palestine et Syrie* im Jahre 1852, einer wirklichen Sensation im Bereich des jungen Mediums Photographie, bringt ihm den begehrten Erfolg in den mondänen Zirkeln der Hauptstadt ein, er wird dem inzwischen durch einen Staatsstreich zum Kaiser Napoleon III. avancierten Neffen des großen Bonaparte vorgestellt und erhält die (von Flaubert im vorhinein bespottete) Ehrenlegion. 1854 läßt er unter dem Titel *Le Nil* sein eigenes Reisetagebuch folgen, das sich allerdings nur über seinen Ägypten- und Nubien-Aufenthalt erstreckt. Den Namen seines Gefährten erwähnt er darin nicht, die Ichform seines Berichtes suggeriert dem Leser, er habe allein diese Reise unternommen. So läßt er sich beispielsweise in noch enthusiastischeren Tönen als dieser über seine eigene Begegnung mit »Koutchouk-Hanem« aus (»petite rose«), schildert ungeniert die von ihm selbst vorgenommene Öffnung von Mumienschreinen und beklagt gleichzeitig die verheerenden Folgen, die Champollions genaue Angaben zu den Kunstwerken in den Höhlen von Beni-Hassan gezeitigt haben: »Die Engländer, die Franzosen, die Deutschen, die Russen, die Amerikaner sind über die Gräber von Beni-Hassan hergefallen wie über ein erobertes Land und haben sie geplündert . . .« Flaubert ist voller Verachtung für dieses journalistische Erfolgsstück seines ehemaligen Gefährten, das mit einer Empfehlung an seinen Adressaten Théophile Gautier schließt, er möge die Regionen des friedlichen Nil bereisen, »und Du wirst Dich jünger, stärker, fruchtbarer, leidenschaftlicher und Gott näher fühlen!«[39] Am 12. Oktober 1853 schon schreibt er Louise Colet (zu der er seine alte Beziehung wieder angeknüpft hat) im Hinblick auf das ihm bekannte Manuskript Du Camps: »Der arme Kerl klammert sich an alles und klebt seinen Namen auf alles. Was für ein Abstieg ist dieser *Nil!* (. . .) von *Topahor* zum *Nil,* über die Zwischenstufe des *Livre posthume,* zeigt sich ein erschreckender Verfall, und jetzt ist er am tiefsten gesunken und vom Kaliber des jungen Delessert . . .«[40]

Gegenüber dem eitlen, von wissenschaftlichem Ehrgeiz überfrachteten Bericht des Journalisten nimmt sich das – unveröffentlichte – Flaubertsche Tagebuch wie eine straffe Folge dichter, lebendiger Bilder aus, die ihre poetische Originalität aus ihrer subtilen, ironischen Einbindung in ein komplexes Prätext-Netz von literarischem und archäologischem Vorwissen beziehen. Gegenüber der *Tentation de Saint Antoine* von 1849 hat die stilistische Inszenierung der Wahrnehmungsgegenstände all das an Sinnlichkeit gewonnen, was Flauberts Initiation in die unversöhnliche »Groteske«, die Widerständlichkeit des »mittelalterlichen«, mameluckischen, barbarischen Orients« zuzuschreiben ist, dem daher vor allem sein Auge sich fasziniert zuwendet. Damit aber sind die Visionen des Eremiten in ihrer poetischen Gültigkeit keineswegs hinfällig geworden; vielmehr wird ihre Genese aus dem Enthusiasmus durch die reiche, plastische Fülle der Figurationen des Monströsen noch bestätigt. Also kehrt der Dichter »geheilt« zurück, da ihm sein Einblick in die sinnliche Macht des nicht-domestizierbaren, nicht-kurierbaren Orients zur Bestätigung der Widerständlichkeit seiner poetischen *Versuchung,* nicht zu deren Suspendierung gereicht. Unterpfand dieser durch neue, einprägsame Bilder der »Barbarei« angereicherten Widerständlichkeit ist aber auch unter diesem Aspekt deren Nicht-Öffentlichkeit, da anderenfalls das Publikum diese lebendigen Bilder rasch zu Klischees verfestigen und dem eigenen Arsenal von Stereotypen über den Orient einverleiben würde. Allzu groß wäre nämlich die Versuchung, aus Äußerungen wie folgender, die Flaubert am 14. November 1850 Louis Bouilhet übermittelt, ein gleichsam touristisches Klischee abzuleiten: »Als wir an Abydos vorbeikamen, habe ich sehr viel an Byron gedacht. Das ist sein Orient, der türkische Orient, der Orient der Krummsäbel, der albanischen Kostüme und der vergitterten Fenster, die auf das blaue Meer hinausgehen. Mir ist der versengte Orient der Beduinen und der Wüste, mir sind die purpurnen Tiefen Afrikas, das Krokodil, das Kamel und die Giraffe lieber.«[41]

Gleich dem Enthusiasmus hat ihn auch der *ennui*, die »lassitude permanente«, auf der Reise nie verlassen und kehrt mit ihm nach Hause zurück. Schon in Konstantinopel zeichnete sich in einem Brief an seine Mutter (15. Dezember 1850) diese Rückkehr in die poetische Disposition der Immobilität als Konsequenz aus seiner faszinierten Erfahrung der »grotesken« Realität des Orients ab: »Der Kontakt mit der Welt, an der ich mich seit vierzehn Monaten gewaltig gerieben habe, veranlaßt mich, mich mehr und mehr in mein Schneckenhaus zurückzuziehen; Vater Parain, der glaubt, daß Reisen die Menschen verändert, irrt sich. Was mich angeht, so kehre ich als der zurück, als der ich aufgebrochen bin . . .«[42]

Nur im Verborgenen kann dieses Werk seine eigenständige Bedeutung als Ursprungsort der unverwechselbar realitätsnahen, weil desillusionierend-antidogmatischen Ästhetik Flauberts hüten, und nur in der Verschlüsselung der späteren, großen Romanwerke und Erzählungen kann es seine oppositionellen Erfahrungen angemessen in Szene setzen. Erst in einer Romanfiktion, die den Prozeß der Eliminierung einer Emma Bovary aus der zeitgenössischen Provinzgesellschaft, die der karthagischen Fürstentochter Salammbô aus dem theokratischen Staat der afrikanischen, vorrömischen Antike gleichermaßen differen-

ziert als Nachweis der universellen Kolonisierung der
Weiblichkeit, der okzidentalischen wie der orientalischen,
aufrollt[43], gelangen die Hinweise des Reisenden auf die
Versklavung der Frau im Orient zu ihrer eigentlichen
poetischen Subversivität. In einem weiteren Sinne steht
die Reise-Niederschrift somit am Anfang jener »afrikanischen« Ästhetik, die die gesamte Romankreation Flauberts bestimmen wird und deren »barbarisches« Werk sich
bereits in folgendem Brief vom 4. September 1850 aus
Damaskus ankündigt: »Zu den ersten Studien, denen ich
mich nach meiner Rückkehr widmen werde, gehört bestimmt das all der jämmerlichen Utopien, die unsere Gesellschaft erregen und drohen, sie mit Ruinen zu bedecken.
(. . .) *Die Albernheit besteht darin, Schlußfolgerungen ziehen
zu wollen.*«[44]

André Stoll

ANMERKUNGEN

1   Erschienen in der *Revue Française* vom 10. April 1859 und in der 3. Ausgabe der *Fleurs du Mal*; nach Baudelaire, *Oevres complètes*, éd. M. A. Ruff, Paris 1968, S. 123.

2   Die lebens- und werkgeschichtlichen Daten zu Flaubert sind den Monographien von V. Brombert (*Flaubert*, Paris 1971) und M. Bardèche (*L'oeuvre de Flaubert*, Paris 1974) entnommen, vereinzelte entwicklungspsychologische Anmerkungen auch der groß angelegten Untersuchung von J.-P. Sartre: *Der Idiot der Familie. Gustave Flaubert 1821 bis 1857*, 5 Bde., deutsch von T. König, Reinbek 1977-1980.

3   Zit. nach: *Oeuvres complètes de Gustave Flaubert*, Bd. 12: *Oeuvres diverses. Fragments et ébauches. Correspondance*, Club de l'Honnête Homme, Paris 1974, S. 494. – Falls nicht anders vermerkt, entstammen die Zitate aus dem Briefwechsel Flauberts auch im folgenden dieser Ausgabe (abgekürzt: *Oeuvres*), ihre Übersetzung besorgte wie hier der Herausgeber.

4   Vgl. zur Bedeutungsgeschichte des Begriffs »Barbaren« die gewichtige Arbeit von P. Michel: *Les barbares. 1789-1848*, Lyon 1981.

5   An Louise Colet, Croisset, März 1848; zit. nach G. Flaubert: *Briefe*, herausgegeben und übersetzt von H. Scheffel, Zürich 1977, S. 110. (Im folgenden unter der Abkürzung *Briefe*)

6   *Oeuvres*, Bd. 12, S. 388.

7   Siehe W. P. Sohnle: *Georg Friedrich Creuzers ›Symbolik und Mythologie‹ in Frankreich*, Göppingen 1972, S. 136 ff.

8   Vgl. zum Kult vom Mythos und seinen romantischen Quellen M. Frank: *Der kommende Gott. Vorlesungen über die Neue Mythologie*, 1. Teil, Frankfurt am Main 1982, S. 73-106. – Zu den poetologischen Aspekten der »neuen Mythologie« s. K.-H. Bohrer: *Friedrich Schlegels Rede über die Mythologie*, in ders.: *Mythos und Moderne. Begriff und Bild einer Rekonstruktion*, Frankfurt am Main 1983, S. 52-82.

9   Vgl. die grundlegende Untersuchung zur französischen Romantik von R. Schwab: *La Renaissance orientale*, Paris 1950. –

Die Einbindung des jungen Flaubert in diese Erneuerungsbewegung zeigt J. Bruneau: *Le ›Conte Oriental‹ de Gustave Flaubert*, Paris 1973, auf.

10   »Surreal« meint hier uneingeschränkt die von der surrealistischen Theorie und Poetik beanspruchten, im »Blitz« der Paradoxie illuminierten Zonen der Wirklichkeit, die sich rationalistischer Wahrnehmung entziehen (vgl. A. Bretons *Manifest des Surrealismus* von 1924 oder seinen Roman *Nadja*).

11   In seiner Rezension der *Madame Bovary* vom 18. Oktober 1857 hebt Baudelaire u. a. auch enthusiastisch »die hohen *ironischen* und *lyrischen* Qualitäten« hervor, »die in extremem Maße *die Versuchung des heiligen Antonius* illuminieren«. Zwar bezieht sich dieses Lob des leider nur fragmentarisch vorhandenen Werks (der »Geheimkammer« des Flaubertschen Geistes) auf die teilweise veröffentlichte Zweitfassung von 1856, da diese aber eine stark gekürzte Überarbeitung der Erstfassung von 1849 ist, gilt seine Aussage auch für jene erstere. (*Oeuvres complètes*, a.a.O., S. 453).

12   Zit. nach *Oeuvres*, Bd. 9, Paris 1973, S. 200-201.

13   M. Du Camp: *Souvenirs littéraires*, Bd. 1, Paris 1882, S. 313-320. Du Camp erniedrigt übrigens dieses »Mysterium« böswillig zu einer »Übertreibung des *Ahasvérus* von Edgar Quinet«.

14   Zit. nach *Oeuvres*, Bd. 12, S. 620.

15   In: *Briefe*, S. 114.

16   Das., S. 152.

17   Wertvolle Hinweise auf die (im folgenden skizzierte) Rolle Ägyptens im politischen, wissenschaftlichen und literarischen Diskurs des französischen 19. Jahrhunderts enthalten folgende Untersuchungen: J.-M. Carré: *Voyageurs et écrivains français en Egypte*, 2 Bde., Le Caire 1933, 2. Aufl. 1956. – E. W. Said: *Orientalismus*, Frankfurt – Berlin – Wien 1981. – Einleitung des Herausgebers H. Arndt zu Vivant Denon: *Mit Napoleon in Ägypten. 1798-1799*, Tübingen o.J., S. 7-44.

18   Dargelegt in M. Du Camp: *Souvenirs et paysages d'Orient*, Paris 1848.

19   Zit. nach Chateaubriand: *Oeuvres romanesques et voyages*, éd. M. Regard, Bd. 11, Paris 1969, S. 1137.

20 Repräsentative Beispiele dieser volkstümlichen Bildwerke finden sich in dem Ausstellungskatalog *Französische Bil-
derbogen des 19. Jahrhunderts*, Sammlung Sigrid Metken, Staat-
liche Kunsthalle Baden-Baden, 1972. Kap. VII.

21 A. de Lamartine: *Voyage en Orient* (1835), Paris 1850, S. 8.

22 Nach Arsène Houssaye: *Le livre*, S. 90, zit. nach J.-M.
Carré, a.a.O., II, S. 32.

23 X. Marmier: *Du Rhin au Nil*, Paris 1847, S. 488.

24 Goethe: *Italiänische Reise*, in: *Goethe's saemmtliche Werke
in 40 Bänden*, 23. Bd., Cotta'sche Verlagsbuchhandlung, Stutt-
gart und Tübingen, 1856, S. 47.

25 G. de Nerval: *Voyage en Orient*, in ders.: *Oeuvres*, II, éd. A.
Béguin et J. Richer, Paris 1978.

26 In: *Briefe*, S. 142.

27 Das., S. 122-123.

28 V. Hugo: *Les Orientales*, Préface, in ders.: *Odes et ballades*.
Les Orientales, éd. J. Gaudon, Paris 1968, S. 322-323.

29 Ein aufschlußreiches Spektrum der zeitgenössischen europäischen Meinungen über diesen Gründer der bis 1952 herrschen-
den Dynastie enthält der Dokumentationsband *Mameluken, Paschas und Fellachen. Berichte aus dem Reich Mohammed Alis,
1801-1849*, Hrsg. T. von Münchhausen, Tübingen o. J.

30 An Lous Bouilhet. Kairo, 1. Dezember 1848; in: *Briefe*,
S. 120/1.

31 G. Flaubert: *November*, Frankfurt 1981 (it 411), S. 42.

32 In: *Briefe*, S. 153.

33 Goethe: *Italiänische Reise*, a.a.O., S. 159.

34 Chateaubriand: *Itinéraire de Paris à Jérusalem*, a.a.O.,
S. 1069.

35 Erhellende Einblicke in diese Salon-Intérieurs vermitteln
die Bildbände von Ph. Jullian: *Les Orientalistes*, Fribourg 1977,
und J. Harding: *Les peintres pompiers. La peinture académique en
France de 1830 à 1880*, London-Paris 1980.

36 G. de Nerval: *Les femmes du Caire*, in: *Oeuvres*, a.a.O., S. 90.

37 Das. – Auf ähnliche Weise geht Vittoria Alliata mit den
Vorurteilen des heutigen Europäers ins Gericht: *Harem. Die Freiheit hinter dem Schleier*, München 1981.

38   Das., S. 190.

39   M. Du Camp: *Le Nil. Egypte et Nubie*, 2. Ausg., Paris 1860,
S. 303-304, 309.

40   In: *Briefe*, S. 296/7.

41   Das., S. 161.

42   Das., S. 162/3.

43   Weiterführende Deutungsperspektiven zu Flauberts Prozeß der Ausgrenzung des Weiblichen aus der zeitgenössischen
Geschichte entwickeln M. Bosse und A. Stoll: *Die Agonie des
archaischen Orients. Eine verschlüsselte Vision des Revolutions-
zeitalters*, Nachwort zu G. Flaubert: *Salammbô*, Frankfurt 1979
(it 342), S. 401-448, sowie C. van Kleffens und A. Stoll: *Das
perverse Ideal. Stationen der Pathologie des modernen Heiligen*,
Nachwort zu G. Flaubert: *Drei Erzählungen / Trois Contes*, Frankfurt 1982 (it 571), S. 297-402, bes. S. 305-318

44   In: *Briefe*, S. 154.

INHALT

Französische Literatur
im insel taschenbuch

Honoré de Balzac: Das Chagrinleder. Aus dem Französischen von Hedwig Lachmann. Herausgegeben von Erika Wesemann. it 1278
– Eugénie Grandet. Aus dem Französischen von Gisela Etzel. Herausgegeben von Eberhard Wesemann. it 1127
– Die Frau von dreißig Jahren. Aus dem Französischen übertragen von Werner Blochwitz. it 460
– Glanz und Elend der Kurtisanen. Aus dem Französischen von Felix Paul Greve. it 1232
– Das Mädchen mit den Goldaugen. Aus dem Französischen von Ernst Hardt. Mit einem Vorwort von Hugo von Hofmannsthal. Zehn Illustrationen von Marcus Behmer. it 60
– Tolldreiste Geschichten. Aus dem Französischen von Benno Rüttenauer. Mit Illustrationen von Gustave Doré. it 911
– Über die Liebe. Sein Weltbild aus seinen Werken. Zusammengestellt und mit einem Essay herausgegeben von Stefan Zweig. it 715
– Vater Goriot. Aus dem Französischen von Franz Hessel. Herausgegeben von Erika Wesemann. it 1167
Charles Baudelaire: Die Blumen des Bösen. Übertragen von Carlo Schmid. it 120
Pierre Augustin Caron de Beaumarchais: Die Figaro-Trilogie. Der Barbier von Sevilla oder Die nutzlose Vorsicht. Der tolle Tag oder Figaros Hochzeit. Die Schuld der Mutter oder Ein zweiter Tartuffe. Deutsch von Gerda Scheffel. Nachwort von Norbert Miller. Mit zeitgenössischen Illustrationen. it 228
William Beckford: Vathek. Aus dem Französischen von Franz Blei. Mit einem Vorwort von Stéphane Mallarmé. it 1172
Hector Berlioz: Groteske Musikantengeschichten. Aus dem Französischen von Elly Ellès. it 859
George Clémenceau: Claude Monet. Betrachtungen und Erinnerungen eines Freundes. Mit farbigen Abbildungen und einem Nachwort von Gottfried Boehm. it 1152
Alphonse Daudet: Briefe aus meiner Mühle. Aus dem Französischen übertragen von Alice Seiffert. it 446
– Montagsgeschichten. Aus dem Französischen von Eva Meyer. it 1251
– Tartarin von Tarascon. Die wunderbaren Abenteuer des Tartarin von Tarascon. Mit 45 Zeichnungen von Emil Preetorius. it 84
Denis Diderot: Erzählungen und Gespräche. Übersetzt von Katharina Scheinfuß. it 554
– Jakob und sein Herr. In der Übersetzung von Mylius. Herausgegeben von Horst Günther. it 772

Französische Literatur
im insel taschenbuch

152/2/10.90

Französische Literatur
im insel taschenbuch